제2판

ECONOMIC SECURITY AND EXPORT CONTROL

경제안보와
수출통제

정인교 · 조정란 · 이은호

제2판 발간사

　최근 몇 년 사이 경제안보와 수출통제는 세계무역기구(WTO) 규범에 버금갈 정도로 국제무역 및 글로벌 공급망에 미치는 영향이 커졌지만, 이에 대한 전문 서적은 그다지 많이 출판되지 않았다. 2023년 초 발간된 「경제안보와 수출통제」에 대해 많은 분들이 관심을 보여주셨다. 이에 보답하기 위해 금년에 저자들은 제2판 작업에 착수했다. 초판에서 표현이 부정확한 부분을 바로잡고, 독자들의 이해를 돕기 위해 이미지 자료를 추가했다. 또한 초판에서 서술한 내용 중 시의성이 떨어지는 부분을 현 시점에 맞게 업데이트하고, 제13장에 미국의 외국산 직접제품 규칙(FDPR)에 대한 내용을 추가했다.

　본서는 경제안보 관점에서 수출통제를 종합적으로 제시하기 위해 집필되었다. 국내에서 최초로 발간된 저서이고 일반인들을 대상으로 집필된 것이므로 핵심 내용을 가급적 쉽게 설명하고자 했다. 초판을 읽은 독자들은 미·중 갈등 구도에서 수출통제의 중요성과 향후 글로벌 통상질서에 미칠 영향을 파악할 수 있었다고 했다. 일부 기업인들은 본서가 강조하는 기술안보 내용을 읽고 대응 방안을 자체적으로 마련할 수 있었다고 했다. 저자로서 자부심을 가지게 됨은 당연할 것이다.

　미국은 중국뿐만 아니라 우크라이나를 침공한 러시아에 대해서도 수출통제를 나날이 강화하고 있으며, 다른 한편으로는 동맹국들과 새로운 글로벌 수출통제체제를 구축하고자 외교통상적 노력을 기울이고 있다. 수출통제의 기존 국제협의체인 바세나르체제(WA), 핵공급국그룹(NSG) 및 미사일기술통제체제(MTCR)는 만장일치제로 운영되고 있는데, 러시아와 중국이 회원국으로 참여하고 있어 이 조직들을 미국의 구상에 맞게 개편하는 것은 가능하지 않다. 얼마 안가 미국은 신바세나르체제를 공식화할 수 있다. 현재 미국과 일본 등 일부 동맹국들은 반도체와 반도체 생산장비에 대한 수출통제 규정에 대해 긴밀하게 협력하고 있다.

　2023년 히로시마에서 개최된 세계 주요 선진국(G7) 정상회의에서 디리스킹(탈위험)을 대중국 정책으로 채택했다. 다만, 첨단전략산업에 대해서는 디커플링(분리)을 지속할 것이고, 이를 위한 수단으로 수출통제제도가 주로 사용될 것이다. 미국의 수출통제제도는 전략물자 외에 기술, 투자, 인력이동, 금융, 물류 등을 두루 포함하고 있다. 한정된 분량으로 구성된 본서가 이들 내용 모두를 자세하게 다루지는 못했지만, 대부분의 핵심 내용에 대해 논의하였다.

저자들은 오늘날 국제무역의 핵심 규범으로 자리잡은 수출통제제도의 주요 내용을 한권의 책으로 정리하고자 했다. 제2판에 미처 포함하지 못한 내용과 향후 새로운 수출통제 규정이 국제적으로 이슈화되면 제3판 발간 작업을 서두를 것이다. 이론을 다루는 저서와는 달리 경제안보 시대에 내용이 나날이 진화하는 수출통제제도는 잠시만 손을 놓아도 시의성에 문제가 생기게 된다. 이 점에 대해서는 독자들의 너그러운 이해를 구하고자 한다.

끝으로 본서 초판의 문맥을 가다듬은 준 독자와 제2판 발간에 힘써 준 박영사 관계자에게 감사드린다. 부족하지만 본서가 경제안보 전문가, 국제통상학자, 기업인들에게 도움이 되기를 기대한다.

2024. 4. 1.

저자 일동

미중 패권경쟁으로 기존 세계경제 질서가 흔들리고 있다. 우리에게 익숙한 자유무역 통상질서와 글로벌 공급망은 자국 우선주의와 탈중국 정책으로 조정이 불가피하다. 코로나19 팬데믹, 자연재해, 수출입 제한 등으로 공급망 단절이 발생하고 있고, 러시아의 우크라이나 침공 전쟁으로 에너지와 식량 위기가 심각해지고 있다.

이러한 상황에 대응하기 위해 각국은 경제안보 역량 강화를 최우선 정책으로 설정하고 있다. 국제적으로 경제안보에 대한 정의가 아직 확립되어 있지 않지만, 국가적으로 필수적인 경제활동이 가능하도록 국제적인 협력체제를 구축하는 것으로 경제안보를 정의할 수 있다.

세계무역기구(WTO) 출범을 주도했던 미국은 WTO가 중국의 비시장경제적 요소를 규율하지 못한다는 이유로 WTO 다자통상체제에 대한 기대를 접었고, 상소기구 작동 중지로 WTO는 세계무역의 관리자로서의 기능을 상실한 상황이다. 대신 미국은 유럽 국가와 무역기술이사회(TTC), 아시아지역과는 인도태평양 경제프레임워크(IPEF), 중남미 국가와 '경제번영을 위한 미주 파트너십(APEP)'을 추진하고 있다. 달리 말하면, 미국은 중국과 러시아 등 경제안보 우려국가를 제외한 국가들과 새로운 다자통상 질서를 모색하고 있다.

도널드 트럼프 대통령 이후 미국은 통상정책에서 국가안보 관점을 중시해왔고, 국가안보 차원에서 우방국 혹은 서방진영과의 경제안보를 추구하고 있다. 자연스레 국가안보는 경제안보 논리로 확대되며, 경제안보는 민주주의, 평화, 인권, 시장경제 등에 대한 가치를 공유하는 국가와의 공급망 관리를 지향하게 된다.

또한 미국은 첨단기술이 국가안보에 결정적인 역할을 하는 것으로 확신하고 있다. 첨단기술에 대한 관리는 수출통제, 투자, 인적 교류 등 다양한 측면에서 이루어지고 있다. 전통적으로 대공산권 수출통제체제였던 코콤 이래 수출통제 제도에 대한 우방국의 시선은 곱지 않았다. 미국은 안보적 관점을 중시하지만, 다른 국가들은 상업적 이해관계를 우선하기 때문이다.

이로 인해 미국은 국내법으로 강력한 수출통제제도를 도입하고 유지해 왔다. 중국이 권위주의 국가로 전환되었고, 러시아의 우크라이나 침공으로 국가안보와 경제안보의 중요성을 우방국들이 인식하게 되면서 국제사회는 이전과 달리 미국의 고강도 수출통제제도를 수용해나가고 있다. 이제 수출통제제도가 경제안보를 실현하는 핵심 수단이 된 것이다.

국제무역은 세계경제 성장의 원동력이었고, 세계화가 빠르게 진행되던 시기에 세계경제의 성장률도 높았다. 탈세계화 주장도 있으나, 앞으로의 세계화는 경제안보와 수출통제를 중시하는 방향으로 발전해 나가게 될 것이다. 2022년 10월 백악관이 발표한 국가안보전략 보고서에서 미국은 자국의 수출통제제도를 국제적으로 조화 및 확산시켜 나갈 것임을 시사했다.

수출지상주의에 익숙한 국내에서는 수출통제에 대한 인식 수준이 낮은 편이다. 하지만 우리가 익숙한 세계질서는 역사의 한 장면으로 기록되었고, 과거로 되돌아 갈 수 없다. 미국이 우방국과 구축하려는 수출통제제도를 제대로 이행해야만 국가안보 및 경제안보가 보장될 수 있는 시대가 되었다. 이러한 상황 변화를 인식하지 않고는 생존이 어려울 것이다.

국내외적으로 경제안보와 수출통제에 대한 단편적인 정보가 많이 유통되고 있지만, 이에 대한 핵심 내용을 체계적으로 정리한 서적이 없다는 점을 수출통제 당국이 인식하고 필자에게 이 책 집필을 제안하면서 집필을 구상하게 되었다. 이 책의 발간을 지원해 준 전략물자관리원 관계자에게 감사드린다. 책의 주제상 전략물자관리원의 연구자료를 일부 사용했음을 밝혀둔다. 그리고 이 책이 발간되기까지 편집 및 교정에 애써 준 박영사 배근하 과장님께 감사드린다.

저자 일동

목 차

제 2 부

국제 전략물자 관리체제

제 3 부

최근 주요국의 경제안보 정책 이슈

제 4 부
신냉전 시대 수출통제 제도

부 록

우리나라 전략물자 수출입고시 및 관련 별표

표 목차

그림 목차

제1부

글로벌 통상환경과 경제안보

제1장 코로나 이후 글로벌 통상환경과 국제질서

1. 신냉전 시대: 공급망 재편

2020년 3월 코로나19 팬데믹(세계적 대유행)이 선언되고, 전 세계가 봉쇄(록다운)되면서 경제활동이 올스톱되는 사상 초유의 대혼란을 겪었다. 2021년 하반기부터 백신과 치료제가 보급되면서 일부 국가들이 봉쇄조치를 점진적으로 해제하게 되었고, 지역에 따라 경제활동이 정상화되기 시작했다. 2023년 5월 세계보건기구(WHO)는 코로나 19 팬데믹 종료를 공식선언했다. 하지만, 언제라도 코로나19 변이가 발현하거나 또 다른 팬데믹이 발생할 수 있다는 우려가 적지 않다. 더구나 미국이 중국에 대해 각종 견제 조치를 발동하는 가운데, 러시아의 우크라이나 침공(2022년 2월), 팔레스타인 무장정파 하마스의 이스라엘 침공(2023년 10월) 등으로 세계경제의 지정학적 위기가 가시지 않고 있다.

미국은 코로나19 봉쇄로 물자 부족이 심각해지자 중국에 대한 견제를 일시 완화시키기도 했다. 그러나 중국의 기술패권 정책과 정치체제가 미국에게 심각한 안보적 위협이 된다는 인식에는 변함이 없다. 바이든 대통령은 트럼프 대통령의 대중국 강경정책을 유지하면서도 정교한 방식으로 중국을 견제하고 있다. 한편 2022년 2월 러시아의 우크라이나 침공은 권위주의 정치체제의 문제점을 전 세계에 각인시켰다. 국제사회는 독립 국가를 무력으로 침공하고 민주주의와 인권을 유린하는 러시아에 대해 분노했고, 미국의 대러시아 경제제재에 동참하게 되었다. 러시아에 대한 경제제재의 핵심은 포괄적인 고강도 수출통제 조치로, 이는 향후 미국의 새로운 국제질서 형성에 시사하는 바가 크다.

세계무역기구(WTO)는 지구촌의 세계화, 국제무역의 분업화, 글로벌 공급망의 확충에 기여했다. 그러나 미국은 WTO 규범이 중국의 비시장적인 거래 관행을 규제하지 못하고, 오히려 중국의 무임승차를 허용하는 것으로 판단하고 WTO 고사(枯死) 작전에 돌입했다. 2018년 미국은 일방적인 관세 부과를 통하여 '자국 우선주의' 등 다양한 보호무역주의적 조치를 발동함으로써 30년 넘게 지속되었던 '차이메리카' 시대는 막을 내리게 되었다. 미국은 중국에 대해 전략적 경쟁 관계에 이어 실질적인 신냉전 관계에 돌입했다. 즉 중국을 안보적 위협 대상으로 보게 된 것이다.

러시아 사태는 신냉전 구도를 더욱더 명확하게 만들었다. 제2차 세계대전 직후 미국은 소련과 사회주의 진영에 대해 수출통제 체제에 기반한 봉쇄정책을 실시했다. 그러나 1991년 소련 붕괴로 냉전이 와해되고, 미국은 탈냉전 시대 글로벌 리더국가로서 1995년 WTO 체제 출범을 주도했다. 이후 신냉전 시대를 맞이한 미국은 신봉쇄정책을 추진하고 있고, WTO를 대체할 새로운 국제통상 체제를 모색하고 있다. 이 과정에서 미국은 중국과 러시아에 발동한 다양한 수출통제 조치를 전략적으로 활용할 가능성이 높다.

백신과 치료약 보급으로 코로나19에 대응할 수 있게 되었다고 해서 세계 경제가 코로나19 이전 상황으로 회귀하지는 않을 것이다. 세계 경제가 올스톱될 정도로 너무나 큰 충격에서 세계 경제의 프레임이 바뀌었다. 특히 효율성을 기반으로 확장되어 온 글로벌 공급망은 안정성과 회복력을 중시하는 방향으로 재편이 불가피하다. 포스트 코로나 시대에도 세계 각국은 공급망 다변화 및 국산화, 핵심 광물 재고 확보, 통상·외교적 활동 등을 통해 공급망의 복원력과 안정성을 추구하는 경제안보(economic security) 역량을 확충하고 있다.

지난 30여 년간 미국을 비롯한 전 세계는 중국의 공급망과 상품에 주로 의존했다. 하지만 미국은 더 이상 중국의 공급망에 의존하지 않고 국가안보 차원에서 미국 내 공급망을 확충하고 있다. 신냉전체제를 공식화하고 미국과 중국 중 하나를 선택하도록 강요하고 있다. 미국은 국제사회에 탈중국 및 리쇼어링(Reshoring)[1] 압력을 가하면서, 리쇼어링이 어렵다면 중국 외 제3국으로의 니어쇼어링(Near Shoring) 혹은 우방국으로의 리쇼어링(Friendly Shoring)을 요구하고 있다.

미국은 공급망 조정을 신냉전 수단으로 활용하고 있다. 포스트 코로나 시대 글로벌 통상환경은 공급망 왜곡, 재편과 깊게 관련되어 있고, 공급망의 안정성은 경제안보의 핵심요건이 된다. 포스트 코로나 시대의 다양한 통상현안이 글로벌 통상환경 및 공급망 재편에 영향을 미칠 수 있다. 제1장에서는 공급망 재편 관점에서 미·중 패권갈등, 경제안보 리스크 부각, 디지털화, 탄소중립 기조의 글로벌 확산에 대해 살펴보고자 한다.

---

1 리쇼어링은 해외로 진출했던 기업의 국내 회귀를 의미하나, 최근 문헌에서는 미국내 공급망 구축을 포괄적으로 의미하는 경우가 많다.

2. 코로나 이후 글로벌 통상이슈

가. 미·중 패권갈등[2]

WTO 출범과 냉전 종식으로 사회주의계획경제권이 시장경제로 전환되고, 세계 경제가 인플레이션 없이 높은 수준의 성장을 구가했던 2000년부터 2008년 글로벌 금융위기 발생으로 최악의 경제난을 겪기 직전까지의 시기를 '골디락스 경제(Goldilocks Economy)'라고 한다.[3] 말 그대로 이 시기에 세계 경제는 안정적인 성장을 누렸고, 글로벌기업에 의한 공급망은 국민경제를 넘어 전 세계적으로 확산되었다. 글로벌 공급망은 자연스레 중국을 주목하게 되었고, 중국은 공급망 확대의 최대 수혜국이 되었다. 중국의 공급 역량은 어마어마했으며, 저가의 소비재는 세계시장에 공급되었고, 각국의 제조업은 중국산과 경쟁하기 어려웠다. 중국이 원자재를 대거 수입함에 따라 자원 부국들은 초호황을 누렸고, 개발도상국들은 글로벌 공급망의 확산과 세분화에 따라 국제분업 구조에 참여하게 되었고 골디락스 시대를 누리게 되었다.

국경 간 생산공정을 세분화시켜 글로벌 공급망의 효율성이 높아질수록 대내외 충격에 의한 위험성은 커지게 된다. 그러나 골디락스 시대를 경험한 국가와 기업들은 리스크 관리보다는 공급망의 효율성을 중시했다. 생산단가를 낮추기 위해 생산공정을 더욱 세분화하고, 국경 간 중간재 무역을 활성화하는 것이 글로벌 기업의 일반적인 비즈니스 관행이 되었다. 이로 인해 복잡하고 긴 공급망 체계가 형성된 것이다.

2001년 9·11 테러와 같은 새로운 유형의 안보위협 상황이 발생했지만, 미국 중심의 글로벌 단일 리더십 체제가 유지될 것이란 시각이 일반적이었다. 글로벌 금융위기가 발생하기 전까지 미국 중심의 국제질서를 위협할 수 있는 국가는 없었다. WTO 출범의 주역인 미국은 글로벌 리더 국가로서 WTO 질서 유지에 노력했고, 미 해군 등 군사력을 바탕으로 국제무역 항로의 안전항행을 보장하는 등 글로벌 무역질서 및 공공재 제공에 적극적이었다. 이 시기 미국은 어

---

2 자세한 내용은 정인교(2021b)를 참조하기 바란다.

3 영국의 전래 동화인 "골디락스와 세 마리 곰"에 나오는 골디락스 소녀가 온도가 적당한 죽을 먹은 것을 경제학자 슐먼(David Shulman)이 인플레이션 없이 안정적으로 성장하는 경제에 비유한 것이다.

느 국가도 넘볼 수 없는 패권국가였고, 미국의 글로벌 공공재 제공 의지도 강했다. 국제정세가 대체로 순탄했기에 다국적 기업들은 공급망을 확충시킬 수 있었다.

냉전 종식으로 사회주의 이념을 추종하는 국가가 급격하게 줄어들었고, 일부 국가를 제외하고는 외국인의 투자자산을 일방적으로 몰수하는 국가가 거의 없게 되어 해외직접투자가 급격히 증가했다. 중국은 이념직 색채를 최소화하여 2001년 말에 WTO 회원국이 될 수 있었다. 중국 지도자들은 중국 개방을 이끈 등소평 주석의 온건한 대외정책을 준수함에 따라 미국과도 우호적인 관계를 유지할 수 있었다. 중국은 기술획득과 경제발전을 추진하기 위해 외국인 직접투자 유치에 국가적으로 움직였고, 얼마 안 가 '세계의 공장'이 되었다. 2004년 세계 1위 무역 국가로, 2010년에는 미국 다음의 경제규모(G2)로 성장했다.

2008년 글로벌 금융위기는 패권국인 미국의 위상에 치명상을 입혔다. 이러한 틈새를 파고들어 중국의 후진타오 주석은 세계 경제위기 극복에 리더십을 보였고, 중국 굴기(崛起)를 내세웠다.[4] 2010년 서울에서 개최된 G20(세계 주요국) 정상회의에서 후진타오 주석은 금기시되어 왔던 달러 패권의 문제점을 공개적으로 거론했다. 이는 글로벌 금융위기가 발생한 국가의 화폐가 세계 기축통화로 통용되고 있는 것을 비판한 것으로, 미국은 중국 위안화의 국제화를 넘어 달러 패권 도전을 시사하는 것으로 받아들였다.

이에 미국 전략가들은 중국을 잠재적(전략적) 경쟁자로 인식하게 되면서 2011년 오바마 대통령은 "아시아로의 회귀(Pivot to Asia)" 전략과 환태평양경제동반자협정(TPP) 추진을 결정하게 되었다. 한편 2013년부터 중국을 이끌게 된 시진핑 주석은 중화주의(中華主義)의 영광을 오늘날 중국공산당(CCP) 주도로 실현하고자 하는 '중국몽'(中國夢, 중국의 꿈)을 국정 목표로 내세웠다. 새 지도자가 국민들에게 희망적인 정치이념을 제시한 것으로 이해되었으나, '일대일로(一帶一路)', '중국제조 2025' 등의 정책이 구체화되면서 미국은 중국의 본격적인 패권 도전이 시작된 것으로 인식하고 견제정책을 고도화시키게 되었다.

2016년 미국 대선에서 반중국 및 신몬로주의(고립주의) 정책을 공약으로 내세

---

4 굴기(崛起)는 우뚝선다는 의미이다.

운 공화당의 트럼프 후보가 45대 미국 대통령으로 당선되는 이변이 발생했다. 이로써 미국 국민의 반중국 정서가 널리 확산되어 있는 것이 확인되었다. 2020년 46대 대통령으로 당선된 민주당의 바이든 대통령도 트럼프 행정부의 중국 정책을 계승하여 중국에 대한 디커플링(경제분리)과 미국내 공급망 구축 등의 정책으로 대중국 압박을 강화하고 있다. 미·중은 돌이킬 수 없는 본격적인 대결체제로 돌입했고, 기존 중국이 참여하는 공급망의 조정이 불가피해졌다.

나. 공급망 교란과 경제안보 리스크

코로나19 이전에 이미 세계 경제는 경쟁적 보호무역주의에 노출되어 있었고, 포스트 코로나 시대에도 주요국의 보호무역주의는 지속될 것이다. 미·중 갈등, 러시아·우크라이나 전쟁, 수출통제 강화 등으로 공급망 불안 및 교란 가능성이 높다. 촘촘하게 짜여진 지구촌의 공급망 사슬에서 한 지역에서의 지정학적 리스크는 공급망 사슬 위에 있는 모든 국가에게 영향을 미치게 된다. 글로벌 공급망 사슬의 일부에서 발생한 병목 현상은 관련 산업과 국민경제 전반으로 영향을 확산시키게 된다.

처음에는 공급망 혼란은 단순히 원부자재 조달의 문제로 사람들은 생각했다. 그러나 코로나19, 화웨이 등 중국기업에 대한 미국의 제재, 인도네시아의 석탄 및 팜유 수출규제 등으로 인한 전 세계적인 공급망 리스크, 우리나라는 일본 수출규제, 차량용 하네스(전기선다발)와 반도체 수급 차질, 요소수 대란 등의 공급망 위기를 겪었다. 그리고 러시아·우크라이나 전쟁 이후에는 식량, 에너지 등 소비부문에도 수급 차질이 발생하였다. 안전한 공급망은 곧 경제안보이며, 경제안보의 중요성이 국내외적으로 부각되기 시작하였다.

현재 세계는 공급망 안정성 확보를 위한 경제안보 역량을 확충하고 있다. 지금까지 '팩토리 아시아(Factory Asia)' 공급망에서 핵심축 역할을 해왔던 중국의 공급망이 크게 조정되고 있다. 미국과의 통상마찰이 격화되자 중국은 '쌍순환(雙循環)' 정책을 수립하고 자국내 완결형 부가가치사슬을 구축하기 시작했다. 쌍순환은 대내부문과 대외부문 간 선순환을 의미하는 것으로 중국 당국은 설명하고 있지만, 실상은 부품과 기술의 해외의존을 줄이고 중국내 공급망 확충이 주요 목적이다.

그림 1-1 응고지 이웰라 WTO 사무총장과 정인교 인하대 국제통상학과 교수

자료: WTO 홈페이지

WTO 사무총장, 응고지 오콘조이웨알라(Ngozi Okonjo-Iweala)는 2022년 다보스포럼에서 "러시아·우크라이나 전쟁과 코로나19로 인한 공급망 혼란으로 세계적 기업들의 중국 탈출이 가속화되고 있다"고 말했다.[5] 코로나19 초기의 예상과 달리 공급망 혼란이 장기화되면서 글로벌 기업들이 비용 절감보다는 공급망 안정성과 회복력을 더 중시하게 되었고, 이로 인해 탈중국 기업이 늘어나고 있다고 분석했다. 권위주의 정치체제로 인한 리스크도 탈중국의 원인으로 작용했다. 2022년 세계 대다수 국가들이 '위드 코로나' 체제로 전환해 일상으로 복귀했지만, 중국은 '제로 코로나' 정책을 고수했다. 권위주의 정권이 아니라면 상하이, 북경 등 2천만 명의 인구를 가진 도시들을 방역 목적으로 장기간 봉쇄할 수는 없다. 초거대 도시에서 현지 비즈니스가 올스톱되는 현상을 경험한 중국 진출 글로벌기업들이 공급망의 안정성을 심각하게 우려하지 않을 수 없었을 것이다.

공급망 리스크를 줄이는 방법은 리쇼어링과 가치사슬 지역화를 통해 공급망 길이를 축소하거나 공급망 불안 요인이 큰 국가와의 거래를 조정하는 것이다. 따라서 대중국 의존도가 높으면서 국내 완결형 공급망 구축이 현실적으로 가능하지 않은 우리나라의 경우, 중국 중심의 기존 공급망의 취약성을 관리하면서 미·중 패권갈등, 보호무역주의, 신통상질서 등을 고려하여 공급망을 다변화하는 전략을 모색해야 한다.

---

5 https://www.washingtonpost.com/business/2022/04/27/wto-supply-chains-ukraine-covid/

국제무역통상연구원(2022)에 따르면, 우리나라는 대중국 공급망 취약품목이 많다. HS 코드 10단위 기준 2019~2021년 3년 연속으로 중국산을 가장 많이 사용하는(중국 수입의존도 1위) 품목 3,225개 중, 대중국 수입의존도 70% 이상, 대중국 연간 수입액 5백만 달러 이상, 대세계 무역수지 적자 등 총 4개 기준을 모두 충족하는 품목('취약품목')이 397개인 것으로 나타났다.

2021년 통계를 기준으로 할 경우, '취약품목'은 대중국 전체 수입에서 품목 수 기준 3.5%에 불과하나 금액으로는 23.6%를 차지하였다. 이중 중국산에 대한 의존도가 90%를 초과하는 품목은 213개로 취약품목 전체의 절반 이상인 53.7%를 차지하였고, 가공단계별로 구분하면 중간재가 205개로 51.6%로 절반을 넘었다. 다음으로 소비재 125개(31.5%), 자본재 49개(12.3%), 1차산품 18개(4.5%) 순인 것으로 나타났다(국제무역통상연구원 2022). 품목 수로는 화학공업제품, 수입액을 기준할 경우 전자·전기제품의 비중이 상대적으로 높았다.

이 통계 수치는 우리나라와 중국 간 무역이 중간소재 위주로 거래된다는 것을 말해준다. 중간재는 국내 생산에 직결될 수 있다. 따라서 많은 중간재에서 공급망 교란이 발생할 수 있음을 인식해야 하고, 다른 국가보다 더 빠른 대처와 함께 전반적인 경제안보 대책을 수립해야 한다.

다. 디지털화와 디지털통상

디지털화란 데이터, 네트워크, AI 등 디지털 기술을 적용하여 기존 비즈니스를 변화시키거나 새로운 비즈니스를 창출하는 것으로, 전통산업에 디지털 기술을 적용하여 새로이 창출하는 비즈니스 모델의 총체적 변화를 의미한다. 코로나19로 인해 사회경제활동이 비대면 방식으로 급속히 전환되면서 산업데이터 활용의 중요성이 높아졌다.[6] 4차 산업혁명의 확산과 비대면 경제의 활성화, 글로벌 공급망 재편의 거대한 흐름 속에서 AI·빅데이터·블록체인과 같은 디지털 기술을 제조업과 서비스업을 포함한 경제 전반에 적용하는 경제의 디지털화가 전 세계적으로 확산되고 있다.

---

6 소비 데이터에 AI기술을 접목하여 제품 추천, 예측 배송 등 맞춤형 유통 서비스를 실시하거나, 딥러닝을 통해 목표 성능을 만족하는 성분 조합을 계산하여 신소재를 개발하는 등 신제품·신서비스를 창출하는 것을 산업 디지털화의 사례로 볼 수 있다.

국제기구 및 선진국의 연구기관들은 디지털통상 및 디지털경제 규모를 측정하는 방법을 모색 중이나, 디지털통상에 대한 정의와 범위에 대한 국제적 합의는 없다. 디지털통상은 국경 간 인터넷상의 제품 판매와 온라인 서비스 공급뿐만 아니라 글로벌가치사슬(GVC)을 가능하게 하는 데이터 흐름, 스마트 제조를 가능하게 하는 서비스, 기타 수많은 플랫폼 및 애플리케이션을 포착하는 광범위한 개념이다. 사물인터넷(IOT)은 전자제품, 자동차, 건물을 포함한 50억 개 이상의 개체를 연결하며, 2024년까지 약 270억 대의 장치가 지속적으로 데이터를 생성하고 이를 저장하거나 국경을 넘어 전송하게 될 것으로 예상된다(USTR 2020).

세계 주요국가들은 디지털화를 전통적인 생산·소비 방식의 대전환 및 변화의 흐름을 신산업 발전의 기회로 포착하고, 디지털 기술과 산업데이터를 활용한 정보를 바탕으로 가치사슬 전반의 혁신과 고부가가치화, 산업경쟁력 향상을 위한 지원을 늘리고 있다. 과거 구글, 아마존 등 빅테크 기업들은 개인정보 데이터를 마케팅, 시장조사, 금융 등 서비스 분야에서 주로 활용해 왔으나, 지금은 신제품 연구개발, 유통, 애프터서비스(A/S), 고객관리, 생산 등 스마일커브(Smile Curve)상의 가치체계 전반에서 생성 및 수집되는 산업데이터 활용을 통하여 엄청난 부가가치를 창출하고 있다.

성공적인 디지털화를 달성하기 위해서는 하드웨어 측면과 소프트웨어 측면 이외에 법·제도적 측면 모두에서의 경쟁력도 필요로 한다. 인터넷, 데이터센터, 컴퓨터, 스마트폰 등이 하드웨어라면, 소프트웨어의 예는 AI나 빅데이터 기술 등이 될 수 있다. 제도적 측면은 디지털화를 뒷받침하는 법적 규범으로, WTO에서는 1998년부터 전자상거래 규범에 대해 논의해 왔으나, 전자 전송에 대한 일시적 무관세 이외에 가시적인 성과를 내지 못하고 있다.

국가 간 이해관계 차이로 WTO에서 다자간 디지털 통상규범 합의가 어렵다는 것을 간파한 미국은 지역무역협정(RTA)을 통해 데이터의 국경 간 이동 자유화, 데이터센터 국내화 금지, 소스코드 공개 금지 등 빅테크 기업에게 유리한 디지털통상 규범 확산에 통상외교 역량을 집중하고 있다. 2016년 타결된 TPP(CPTPP), 2018년 미국·멕시코·캐나다협정(USMCA), 미·일 디지털통상협정(USJDTA) 등에서 미국의 규범이 반영되었다. 일본, 호주, 캐나다 등 TPP 혹은 USMCA 회원국은 미국의 최신 버전 디지털통상 규범을 채택한 셈이다.

11

제1장 코로나 이후 글로벌 통상환경과 국제질서

표 1-1 주요 무역협정의 디지털통상(전자상거래) 장(Chapter) 주요 내용

	한·미FTA	CPTPP	USMCA	미·일협정
적용 분야 및 거래형태	전자상거래	전자상거래	디지털통상	디지털협정
무관세 원칙 및 무차별 원칙	의무	의무	의무	의무
전자 인증 및 전자서명	의무	의무	의무	의무
소비자보호	협력	의무	의무	의무
국경간 데이터 이동 보장	협력	의무	의무	의무
개인정보 보호	선언적	의무	의무	의무
컴퓨팅센터 지역화 금지		의무	의무	의무
소스코드 공개 요구 금지		의무	의무	의무
플랫폼기업 면책			의무	의무
공공데이터 접근 촉진			의무	의무

자료: 협정문 기초로 저자 작성

디지털통상의 핵심 규범은 TPP에서 처음으로 의무화되었고, USMCA에서는 무역협정 사상 처음으로 '디지털통상' 명칭의 챕터(장)가 포함되었다. USMCA는 TPP보다 강화된 규정을 도입했다. 콘텐츠의 위법성에 대해 인터넷 플랫폼 사업자(ISP)가 책임을 지지 않도록 하는 면책 조항이 대표적인 예이다. 미국은 자국의 빅테크 기업들이 국제적으로 데이터 자원의 확보와 활용을 용이하게 만들기 위해 무역협정을 통해 우호적인 제도적 환경을 조성하고 있는 것이다.

미국에 비해 유럽연합(EU)은 데이터 주권 보호에 치중하는 경향이 있으나, 역내 디지털화와 디지털통상 활성화를 위해 2022년 2월 「EU 데이터법(Data Act)」을 제정하기로 했다. 동 법은 IoT 제품의 사용자를 데이터 생산 주체로 간주하고 사용자의 데이터 접근성을 기업이 보장하도록 하고, 대기업이 수집한 IoT 데이터를 중소기업에 제공해야 하며, 비상사태 시 정부에게 데이터를 무상으로 제공하는 의무를 기업에 규정하였다. 동 법이 시행되면 일정 규모 이상으로 유럽에서 영업하는 국내 ICT 관련 기업도 EU 역내에서 생산된 산업데이터를 사용자, 중소기업 및 국가와 공유해야 하는 의무를 지게 된다.

한편, 중국은 디지털통상 관련 일부 조항에 대해서 미국과 정반대 입장을 유지하고 있다. 인터넷 주권주의 정책에 따라 중국 당국은 기업들이 데이터를

자국 내 데이터센터에 저장하도록 하고 소스코드 검열 권한을 갖고 있다. 중국은 자국 내에서 축적되는 엄청난 규모의 데이터의 가치를 중시하고, 자국의 디지털 기업 육성을 위해 독자적인 디지털통상 규범 체계를 확립하고 있다.

디지털화와 디지털통상은 글로벌 공급망 재편을 가속하게 한다. 디지털화는 노동을 대체하는 새로운 생산요소이면서 높은 부가가치를 창출하는 신산업의 기반이 된다. 4차 산업혁명 시대 빅데이터 활용은 산업의 국제경쟁력과 직결되며 세계 경제 판도에 큰 영향을 미치게 된다. 빅데이터가 임베디드 시스템화(하드웨어와 소프트웨어 결합)되면서 자동화(로봇) 기계에 지능을 추가함에 따라, 사람이 조종하던 로봇 운용도 시스템화되어 생산성 향상과 새로운 고부가가치 산업 창출에 기여하게 된다. <그림 1-2>에서 보듯이, 디지털화는 제조 비용을 더 낮추고 서비스 활동에 대한 대가를 더 키우는 방향으로 스마일커브(Smile Curve)를 변화시킨다. 이는 공급망에도 영향을 미치게 된다.

인터넷에 연결된 기기의 수가 많아지고 디지털화가 진전되면서 시장과 사람의 연결성 강화는 글로벌 공급망 확장에 기여하게 된다. 디지털화는 기술과 자본이 풍부한 미국 등 선진국에게 유리한 생산요소이며 새로운 성장동력이 된다(매킨지 2018). 생산 부문이 디지털화되면서 자본과 기술집약도가 증가하는 대신 노동집약도는 하락(즉, 디지털화가 노동 대체)하게 된다. 또한 기업활동의 Smile Curve에

그림 1-2 디지털화와 스마일커브 변화

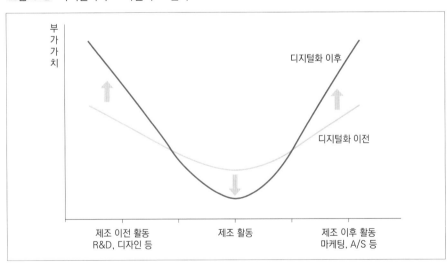

서 주로 선진국에서 수행되는 연구개발(R&D), 마케팅 등 서비스 활동의 부가가치가 더 커지고, 개도국의 생산활동에 대한 부가가치가 줄어들게 된다.

디지털화 자원 보유, 속도, 규모, 정책에 따라 미래산업의 경쟁력이 결정되며, 자본력이 많으면서 기술강국인 선진국은 디지털화에 유리한 입장이다. 디지털화로 산업경쟁력을 향상시키기 위해서는 디지털기술과 함께 고품질의 방대한 데이터가 필요하다. 하지만, 데이터에 대한 각국의 제도는 점점 더 다양해지고 일부 국가는 규제를 강화하고 있어 공급망 관리에 애로를 가중시키게 된다. 디지털은 기술 및 자본집약적이므로 디지털화 전환 및 산업발전을 위해서는 자금력이 풍부한 글로벌 기업의 진입이 유리해지고 국내로의 기술전파 가능성이 있는 반면, 승자독식 디지털·플랫폼기업 특성상 국내 기업 퇴출 우려가 상존하고 있다. 디지털화는 글로벌 산업지형 및 공급망에 상당한 영향을 주게 될 것이다.

라. 탄소중립 기조의 글로벌 확산

기후변화에 대응하기 위해 국제사회는 1997년 '교토의정서'를 채택했고, 2016년 파리기후협정을 발효시켰다. 교토의정서는 선진국에게만 의무를 부여했지만, 파리기후협정은 개도국에게도 온실가스 감축 의무를 부과하고 있다. 파리기후협정은 지구 기온 상승을 산업화 이전보다 최대 1.5°C로 제한하는 목표를 설정했다. 이를 위해 세계 200개에 가까운 국가가 탄소 배출량에 대해 2050년까지 탄소중립(넷제로)을 달성하기로 합의했다. 탄소중립은 온실가스 배출 축소와 흡수·제거로 실질적인 순배출량이 0(Zero)가 되는 것을 의미한다. 탄소중립은 온실가스 배출과 흡수가 균형에 이른 상태이다. 프랑스, 뉴질랜드, 스웨덴 등의 국가는 탄소중립 법률을 제정하였고, 미국, EU, 일본, 우리나라는 2050 탄소중립 목표 달성을 선언하였다.

기후변화 대응에서 선진국은 개도국의 기후변화 역량 확충을 지원하기로 하고 선진국이 더 많은 책임을 지도록 했다. 현재의 온실가스에 대한 책임론이 제기되어 온 상황에서 대부분의 개도국들이 파리기후협정에 참여한 것은 온실가스를 감축하도록 하되 목표치 달성에 자율성을 부여했기 때문이다. 국가별 목표치를 유엔(UN)에 제출하고 대책을 시행하기로 했지만, 강제성이 없고 국제적 제재를 받지 않아도 된다.[7] 다만 선진국은 일종의 국제적 압력(Peer Pressure)이나 국내의 정치·사회적 분위기로 인해 자발적으로 구속력 있는 법을 만들어 실제로 이행할 수 있다.

전 세계가 기후변화 대응에 참여해야 한다는 선진국의 논리 중 하나는 개도국의 무임승차와 '탄소누출(carbon leakage)' 우려이다. 환경규제가 약한 국가들의 탄소 배출량 증가가 선진국의 감축을 능가하여 결과적으로 세계 배출 총량을 증가시킨다는 것이 탄소누출이다. 기후변화 대응은 관련 기술개발과 함께 기업의 생산방식 변화를 필요로 한다. 미국, EU 등 선진국이 압도적으로 유리할 수밖에 없고, 개도국들은 선진국의 논리를 또 다른 '사다리 걷어차기'로 인식하게 된다. 중국과 인도가 선진국 주도 기후변화 대응에 반대하는 이유이다.

온실가스 감축과 환경문제가 WTO 다자간 통상이슈로 부각되기 시작했고, 환경·기후변화 대응과 무역 연계가 진행되고 있다. 기후변화 대응은 선진국과 개도국 간 입장 차이가 큰 대표적인 분야이다. 시민사회가 발달한 선진국에서는 적극적인 대응을 요구하는 정치적 압력이 강한 반면, 산업화 단계에 있는 개도국은 선진국의 온실가스 감축 요구를 선진국의 보호무역 조치로 인식하는 경향이 강하다.

최근 체결된 무역협정에 환경 조항 혹은 장(Chapter)이 포함되어 있지만 탄소중립과는 거리가 있고 회원국의 환경법 준수를 강조하는 정도이다. 기후변화 대응을 활성화하는 수단으로 선진국은 WTO 다자통상체제를 통해 환경과 무역 연계를 추구하고 있으나, 현재의 WTO 상황으로 보면 진전을 기대하기 어렵다. EU에서는 기후변화 변화에 대한 시민사회의 요구와 함께 EU 자체의 높은 환경 규정으로 인한 역내 산업의 경쟁력 약화를 우려해 2023년부터 탄소배출량이 높은 철강, 알루미늄, 시멘트 등을 대상으로 탄소국경조정제도(CBAM)를 시범적으로 운용하기로 했다. CBAM은 탄소배출을 이유로 비EU산 공산품에 일종의 관세를 부과하는 것으로, EU 자체 환경규제를 비EU 국가로 적용한 사례이다. 중국을 비롯한 개도국들은 CBAM이 EU의 보호무역주의에 기반한 일방적인 조치라고 반발하고 있어 실행 가능성이 불투명한 상황이다.

기후변화 대응의 필요성에 대해서는 공감대가 형성되어 있어 어떤 형태로든

---

7 파리기후협정은 국제적 검증시스템을 만들어 2023년부터 5년마다 기존 목표치를 검토하기로 하였다.

향후 탄소중립 기조는 확산될 것이고, 이 경우 기존 탄소집약적 에너지, 원료, 중간재와 최종재화는 글로벌 공급망에서 점진적으로 대체되고 제품을 만드는 방식과 제품의 특성 자체를 변화시킬 것이다. 또한 이 과정에서 과도기적인 공급망 왜곡과 충격이 빈발할 가능성이 있다. 각국이 탄소중립 목표를 약속한 시점에 달성하기 위해 대표적인 탄소집약적 에너지원인 석탄의 사용을 감축하게 되면서 예기치 못한 전력 수급 교란과 함께 에너지 다소비 품목을 중심으로 공급 부족 현상이 발생하고 있다.

2021년의 경우, 호주산 석탄 수입 중단과 중국 내 탄광 폐쇄 조치로 중국내 전력이 부족하게 되었다. 전력 부족은 탄광 조업에 차질을 빚게 되어 석탄 수급을 더 어렵게 만들었다. 전력난이 발생하면서 알루미늄, 마그네슘, 암모니아 등 전기 다소비 품목의 생산에 차질이 발생했다. 이들 원재료 생산부족은 이를 사용하는 자동차 등 후방산업에 연쇄적인 타격을 가했다. 석탄 생산 부족에다가 전력난으로 중국은 전력 소모가 많은 암모니아 생산을 줄였고, 암모니아 부족으로 요소 비료 생산도 차질을 빚게 되었다. 요소 수급 불균형을 우려한 중국이 요소 수출을 통제하면서 우리나라에서는 요소수 대란이 발생했다(국제무역통상연구원 2022b).

3. 코로나 이후 국제질서와 경제안보

가. 러시아의 우크라이나 침공[8]

코로나19 팬데믹으로 3년 만에 열린 2022년 세계경제포럼(WEF 또는 다보스포럼)[9] 연차총회의 주제는 '전환기에 선 역사(History at a Turning Point)'였다. 얼핏 생각하면 역사의 흐름에 결정적인 영향을 주게 된 사건으로 전염병 팬데믹, 미·중 패권갈등, 탈세계화 등을 생각할 수 있겠지만, 다보스포럼 주최 측은 러시아의 우크라이나 침공을 가장 중시했다. 실제로 2022년 전쟁으로 인해 에너지와 식량

---

8 이 부분은 정인교(2022d,e) 등의 내용을 중심으로 작성하였다.

9 참고로 WEF 다보스포럼은 전 세계 정·재계 주요 인사 5000여 명이 매년 스위스 알프스산맥의 휴양도시 다보스에 모여 글로벌 현안을 논의하는 세계에서 가장 영향력 있는 포럼이다.

수급 교란으로 전 세계는 극심한 인플레이션을 겪었고, 러시아산 핵심 광물 공급 부족으로 여러 산업의 공급망이 타격을 입었다.

2022년 포럼의 시작과 끝은 우크라이나 전쟁이었다. 클라우스 슈바프 다보스포럼 회장은 러시아의 우크라이나 침공은 2차 세계대전과 냉전 이후 국제질서 변화와 같은 사건으로 역사책에 기록될 것이라고 개막식에서 언급했다. 개막식의 하이라이트는 젤렌스키 우크라이나 대통령의 기조연설이었다. 그는 '자유 수호를 위해 전 세계가 최대한 협력'해야 하고, 러시아에 대한 경제제재를 '최대한' 높여야 한다고 말했다. 그는 러시아에 대해 국제사회가 최대한의 경제제재를 부과하고, 군사장비 면에서 열세인 자국에 대한 지원을 조기에 늘리도록 공개적으로 요청했다.

러시아산 석유 금수, 국제금융과 무역, 투자 등에서 러시아를 완전하게 차단해 경제난을 가중시켜야만 러시아가 전쟁을 멈출 것이라고 젤렌스키 대통령은 주장했다. 또한 우크라이나 군대가 군사강국 러시아의 진군을 늦추고 있고, 자국 국민의 용기가 민주 세계를 단합하게 되었다고도 말했다. 마지막으로 2022년 WEF 대주제인 '전환기에 선 역사'를 언급하며, 우크라이나가 러시아의 동진을 막지 못하면 러시아는 인근 다른 유럽국가를 침략할 것이고, 폭력이 세계를 통치하게 될 것이라고 목소리를 높였다.

WEF에 참여한 다수 정치지도자들은 푸틴 러시아 대통령이 서방세계의 분열과 러시아에 대한 경제제재 해제를 위해 의도적으로 세계 식량위기를 조성하고 있다고 주장했다. EU의 정책을 브리핑하는 세션에서 우르줄라 폰데어라이엔 EU 집행위원장(국가 원수)은 우크라이나 농산물 수출을 차단하고 있는 러시아의 군사활동과 전략을 맹렬히 비판하는 데 발언 시간의 대부분을 할애했다.

그녀는 러시아가 우크라이나 농업 생산 기반시설을 집중적으로 파괴하고 있고, 흑해 봉쇄에 이어 곡물창고, 트럭 등 수송용 장비, 항만설비 등 수출용 제반 설비에 집중포격을 가해 우크라이나 항구에 보관되어 있는 2천만톤 이상의 곡물의 수출을 막고 있다고 비판했다. 세계적인 식량위기 발생을 선제적으로 막기 위해 우크라이나 곡물이 육로를 통해서라도 수출될 수 있는 방법과 더불어 우방국들이 흑해 지역에 해군력을 파견하여 수출선박의 항해가 가능하도록 군사력을 동원해야 한다고 제안했다.

러시아에 이어 우크라이나 곡물 수출이 차단되면서 2022년 상반기에 세계 곡물가격은 50% 이상 올랐고, 많은 저개발국에서는 곡물 수급에 비상이 걸렸다. 참고로 러시아와 우크라이나는 세계 곡물 공급의 1/3 정도를 차지하는 농업 대국이다. 곡물 부족 사태에 대비하기 위해 아르헨티나, 인도, 인도네시아, 말레이시아 등 30여 개 국가가 곡물 수출을 금지하면서 세계 곡물가격 인상 압력이 커지고 있다.

데이비드 비슬리 유엔 세계식량계획(WFP) 사무총장 역시 러시아 비판에 참가했다. 러시아의 우크라이나 곡물 수출이 차단됨에 따라 이미 저소득국의 4천만 명이 기아 상태로 내몰렸고, 앞으로 3억 명 이상이 기근에 시달리게 될 것을 우려하면서, 러시아의 식량무기화가 제2차 세계대전 이후 최악의 식량위기를 촉발시켰다고 비판했다. 응고지 오콘조이웨알라 세계무역기구(WTO) 사무총장은 2022년 5월 제12차 WTO 각료회의에서 회원국들이 곡물 수출규제를 당장 풀어 러시아 전쟁으로 심화된 세계적인 식량위기에서 벗어나야 함을 촉구했다.

젤렌스키 대통령이 언급한 바와 같이, 러시아의 침공에 격분한 민주주의 서방세계는 권위주의 정치체제의 리스크를 실감하게 되었다. 이로 인해 서방세계가 모처럼 단합하게 되었다. 러시아의 전쟁에 대해 미국이 전례를 찾아볼 수 없을 정도의 '최고 강도의' 포괄적 경제제재를 발동하자 미국의 동맹국들이 대거 참여했다. 경제제재에 동원된 조치들은 그동안 미국이 구축해 온 수출통제 제도에 기반하고 있다. 최근 몇 년 사이 미국이 중국에 대해 몇 가지 조치를 취하면서 국제사회의 동참을 요청했을 때 대부분 미적거리던 상황과는 대조적인 현상이 나타난 것이다.

나. 경제안보 인식 제고

제2차 세계대전 이후 미국은 국제통화기금(IMF), 세계은행(WB), 유엔(UN), WTO, 세계보건기구(WHO) 등과 같은 다자기구를 통해 세계 패권국가로서의 위상을 지켜왔다. 하지만 최근 10여 년 사이 미국의 입장은 상당히 바뀌었고, 다자주의는 코로나19 이전에 이미 위기에 처해 있었다. 냉전시대 서방세계의 리더 국가로서 미국이 구축했던 다자주의는 냉전 종식 이후 세계화가 진행되면서 제 역할을 하지 못했다. 다자기구의 정치적 경직성이 개혁을 가로막았다. 기술

발전과 무역 확대가 결합되어 계층 간 불평등을 심화시켰고, 미국에서는 중국의 WTO 가입이 이 문제를 악화시켰다는 주장이 설득력을 얻었다. 이는 2016년 미 대선에서 트럼프 후보가 승리할 수 있었던 배경이다.

중국 지도부의 중화주의 기치도 상황을 악화시켰다. 시진핑 주석 취임 이후 중국은 글로벌 패권을 넘보기 시작했다. 인구 규모와 경제성장률 차이로 조만간에 중국 경제가 미국을 능가하게 될 것이지만, 미국은 첨단기술 분야에서 세계 최고라는 자부심을 갖고 있다. 첨단기술 추격에 중국 특유의 국가주의 방식을 적용한 것이 '중국제조 2025'이다. 디지털 기술은 산업발전과 군사안보는 물론이고 중국 공산당의 통치체제를 공고히 하는 데에도 유용하게 사용되고 있다. 중국제조 2025는 산업정책을 넘어 중국의 권위주의 정치체제를 뒷받침하는 핵심 수단인 것으로 미국은 파악했다. 특히 미·중은 반도체를 미래산업 판도 및 안보 역량에 큰 영향을 미칠 수 있는 전략자산으로 간주하고 있다.

글로벌 기업의 기술 전수를 조건으로 중국 내수시장 진출을 허용하는 중국의 관행을 미국은 중국 정치체제에 기반을 둔 약탈적 기술침탈로 봤다. 오바마 대통령 시절 미국은 중국의 비시장경제적 요소를 지적하면서도 WTO 회원국인 중국에 대해 결정적인 조치를 취하기 어려웠다. 후임 트럼프 대통령은 역대 행정부가 중국에 대해 지나치게 유화적이었다고 비판했다. WTO 규범과 배치되는 일방적 조치를 발동했던 트럼프 대통령이 WTO 탈퇴를 언급한 것도 이 때문이다. 대통령 취임 직후부터 트럼프 대통령은 중국의 기술추격 방식을 공개적으로 비판하기 시작했고, 2018년 중국의 비시장경제적 요소와 안보적 위협을 이유로 미국 국내법을 발동하여 본격적으로 중국을 제재하였다. 이들 조치는 WTO 규정 위반할 가능성이 농후하지만, 미국은 그다지 의식하지 않는 듯하다.

자국의 노동과 인권 규정이나 가치를 중국에 일방적으로 적용한다는 점에서 바이든 대통령 역시 현재의 WTO 다자통상체제를 더 이상 준수하지 않는 것으로 볼 수 있다. 2021년 12월 바이든 대통령은 중국 신장 지역의 기업들이 강제노동을 통해 수출상품을 정상가격보다 싸게 생산하는 것으로 판단하고 이들 강제노동 상품의 수입을 금지하는 '위구르족 강제노동 금지법'에 서명했고, 이 지역 면화를 사용했다는 혐의로 일본 유니클로 제품의 수입통관을 허용하지 않았다. 자국법을 역외로 일방적으로 적용하는 것은 다분히 국제통상법 위반임에도 신장 위구르족 탄압에 대한 미국의 조치에 EU도 동조하고 있다. 2021년 EU는 공급망에서 발생하는 인권 유린 및 환경 악화를 조사해 벌칙을 부과하는 '공급 망 실사법' 제정을 논의하기 시작했다.

앞으로 어떤 형태로 구체화될지 판단하기 어려우나 미국은 현재의 다자체제 를 포기하고 인권과 민주주의, 시장질서를 존중하는 동맹국을 중심으로 새로운 국제질서를 구축하고 있다. 이 과정에서 상당 기간 신냉전의 지속은 불가피할 것이며, 중국 견제에 초점을 맞춘 공급망의 조정과 이로 인한 경제안보적 리스 크가 심화될 수 있다. 첨단기술제품에 대한 미국내 공급망 구축에서 보듯이 바 이든 대통령은 포괄적인 수출통제와 더불어 공급망 정책을 중국 견제의 핵심수 단으로 활용하고 있다. 그 내용을 살펴보면 중국에 대한 기술이전을 방지하고, 미국 주도로 동맹국과의 기술개발 협력을 강화해 나갈 것임을 알 수 있다. 이미 EU와는 '무역기술이사회(TTC)'를 가동하고 있고, 남아시아와 아태지역과는 인도·태평양경제프레임(IPEF)을 구축하고 있다. 그리고 북미지역에는 '미국-멕시코-캐나다 협정(USMCA)'을, 중남미 지역과는 미주 경제번영 파트너십(APEP)을, 대 만과는 대만 이니셔티브를 가동하고 있다.

그림 1-3 세계 주요 지역에 대한 미국의 협력체

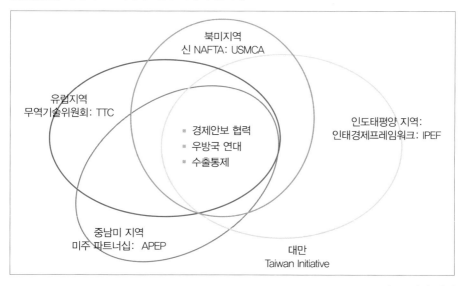

자료: 필자 작성

코로나19 등 자연적 재해가 공급망 관리와 경제안보의 중요성을 강화시켰고, 미국의 신냉전 구상 실현을 촉진시키는 촉매로 작용했다. 러시아의 우크라이나 침공은 중국의 패권 추구에 이어 권위주의 정치체제의 리스크를 가감 없이 보여줬다. 이러한 리스크를 목격한 세계의 많은 국가들이 미국이 주도한 대러시아 경제제재에 동참하게 되었다. 더구나 중국과 러시아가 협력하는 상황은 신냉전 구도 및 미국의 새로운 국제질서 형성에 대한 명분을 두텁게 할 것이다.

포스트 코로나 시대 통상환경은 공급망에 위협이 되고 있다. 미·중 패권갈등 강화, 경제안보 리스크 상존, 디지털화 가속화, 탄소중립 기조 확산 등 글로벌 통상현안은 공급망 재편에 큰 영향을 미칠 수 있고, 미국은 공급망 재편을 새로운 국제질서 확립에 활용하고 있다. 공급망의 복원력과 안정성은 국민경제의 지속적인 성장에 긴요한 자산이 되고 있다. 지정학적인 리스크에다가 전 세계적인 디지털화와 탄소중립 기조 확산은 선진국과 개도국 간 갈등을 초래하게 되고 글로벌 공급망 재구성에 상당한 영향을 미치게 될 것이다. 이들 이슈 역시 경제안보적 관점에서 관리해야 한다. 2021년 하반기 요소수 사태에서 경험했듯이 공급망과 경제안부 관점에서 보면 중요하지 않은 사항이 없다. 과거 어느 때보다 민관 정보 공유와 협력이 필요하다. 정보를 취합하고 전략적으로 판단하는 경제안보 당국의 역량 역시 확충되어야 경제안보를 튼실히 할 수 있다.

제2장 경제안보와 공급망 위기

1. 경제안보의 개념

최근 몇 년 사이 경제안보(economic security)란 용어가 널리 사용되고 있다. 그러나 경제안보의 개념에 대해서는 국제기구 및 국가마다 차이가 있다. 국제기구들은 개인의 경제적 여건에 중점을 두는 반면, 미국과 일본 등의 국가에서는 국민경제의 관점에서 경제안보의 개념을 정립하고 있다. 즉 전자는 2차 세계대전 이후 확립된 안정적인 다자통상체제를 전제로 하고 있지만, 후자의 경우 다자통상체제가 흔들리면서 발생한 국제관계의 변화에 바탕을 두고 있다.

전쟁이나 자연재해 등으로 인한 난민 지원에 특화된 국제적십자(ICRC)는 경제안보를 개인, 가정 또는 지역사회가 그들의 필수 요구를 지속적으로 가능하게 하고 존엄하게 충족시킬 수 있는 능력으로 정의한다. 따라서 ICRC의 정의에 따르면, 개인의 특성, 환경 및 문화적 배경에 따라 다를 수 있지만, 음식, 기본 주거지, 의복 및 위생, 생계를 유지하는 데 필요한 필수 자산과 의료 및 교육 등은 경제안보의 필수 요구 사항에 해당된다.

국제노동기구(ILO)는 노동자와 일자리를 중심으로 경제안보를 7개 분야(소득, 대표성, 노동시장, 고용, 일자리, 근로조건, 직업훈련)로 구분하여 정의하고 있다. 7개 분야 전체를 보면, 경제안보보다는 경제보장이 더 정확할 수 있지만, ILO는 소득, 건강, 교육, 주거, 정보 등에 대한 사회보장 위주로 경제안보 개념을 확립한 것이다.

미국은 첨단기술 개발과 공급망 안정성 차원에서 경제안보를 규정하고 있다. 트럼프 대통령은 중국과의 전략적 경쟁에서 미국의 우위를 유지하기 위해 기술안보와 전략물자관리 체계를 강화시켰고, 바이든 대통령은 전략기술 개발 지원과 국내·우방국 공급망 구축에 돌입했다. 이러한 상황을 종합하여 미국 상무부는 "경제안보가 국가안보"라는 슬로건하에, 중요한 기술과 필수품을 국내에서 생산하며, 외국의 불법거래 관행, 지적재산 도용, 사이버 범죄 등으로부터 미국의 경제적 번영과 안보를 지켜내는 것을 경제안보로 설정하고 있다.

미국 국토안보부는 글로벌 시각에서 경제안보를 상세하게 규정하고 있다.

미국과 세계의 경제적 번영은 국경을 넘는 상품과 서비스, 사람과 정보, 자본과 기술의 흐름에 점점 더 의존하고 있는데, 이러한 흐름을 위협하는 테러리스트와 범죄자에 대한 체계적인 대응 역량을 경제안보로 간주하고 있다. 국내 이해관계자 및 국제적인 협력체계를 구축하여 항공 및 컨테이너 보안 유지와 더불어, 통신 및 정보 인프라를 포함한 운송, 우편 및 운송 경로, 자산 및 인프라 분석으로 글로벌 공급망 보안 유지에 중점을 두고 있다.

2022년 일본은 특정 중요물자[1]의 안정적 공급 확보 및 전기 · 가스 · 수도 등 특정 사회기반 서비스의 안정적 제공 확보에 관한 제도, 특정 중요기술의 개발지원 및 특허출원의 비공개화[2]에 관한 제도를 포괄하는 「경제안보추진법」을 제정했다. 미국과 마찬가지로 일본은 경제안보 차원에서 기술개발 지원과 공급망 안정성을 중시하고 있다. 즉 국민의 생존에 중요한 물자에 대한 대외의존을 줄이고, 외부 세력이 자국의 공급망을 교란시키는 사태를 미연에 방지하는 것이 일본이 설정한 경제안보의 목적이다.

우리나라에서 경제안보 이슈가 본격적으로 제기된 것은 2021년 하반기 중국의 수출규제에 제대로 대처하지 못해 발생한 요소수 대란 사태이다. 기획재정부 장관을 위원장으로 산업통상자원부 장관, 외교부 장관, 국정원장 등이 참석하는 '대외경제안보전략회의'를 신설했다. 또한 기획재정부 차관을 위원장으로 과기정통부, 외교부, 문체부, 농식품부, 산업부, 복지부, 국토부, 해수부, 식약처, 관세청, 산림청 등이 참여하는 '경제안보테스크포스(TF)'를 구성해 글로벌 공급망 충격에 대비하는 경제안보 핵심품목의 공급망을 관리하기로 했다. 이 당시 경제안보는 공급망 관리가 주요 과제이고, 공급망은 국제무역과 불가분의 관계를 갖고 있으므로 무역안보로 이해해도 무방할 것이다. 경제안보 개념이 아직 유동적이고, 무역안보와 중첩되는 부분이 많지만 본서에서는 경제안보로 총칭해서 사용하고자 한다.

---

1 특정 중요물자는 국민의 생존에 필수적이고 민생 · 경제활동에 의거한 중요 물자로 해당 물자 또는 그 원재료를 말한다. 해외의존도가 높은 품목의 경우 외부의 행위로 인해 국가 및 국민의 안전을 해칠 사태의 발생을 미연에 방지하기 위해 안정적 공급의 확보가 특히 필요하다고 인정되는 물자를 말한다.

2 국가 및 국민의 안전을 위해 우려가 큰 발명의 특허출원을 금지해 왔으나, 경제안보추진법에서는 특허신청을 허용하되 기술보안과 보상 등의 별도 조치를 허용하기로 하였다.

이처럼 우리나라는 물론이고 미국과 일본에서 공급망 리스크는 경제안보의 핵심으로 간주된다. 공급망은 다양한 요인에 의해 영향을 받게 되고, 영향을 줄 수 있는 요인은 늘어날 것이다. 코로나19 팬데믹 발생과 각국의 봉쇄로 세계는 최악의 공급망 교란을 경험했다. 또한 수출규제 등 각국의 정책 변화도 공급망에 큰 영향을 미치게 된다. 본서의 제2부에서 상세히 논의하겠지만, 오늘날의 공급망은 안정적인 다자통상체제와 전략물자 수출통제 체제를 전제로 구축된 것이다.

전략물자의 개념은 기술발전과 시대적 상황에 따라 가변적이다. 현재의 미·중 패권갈등 구도에서는 대상 품목이 더 늘어날 수 있다. 본서 제1장 글로벌 통상환경에서 논의한 바와 같이, 공급망 교란 요인은 상존하고 있고, 앞으로도 언제든지 발생할 수 있다. 이 장에서는 최근의 공급망 교란 사례를 살펴보고자 한다. 공급망 교란 사례가 빈번하게 언론의 헤드라인을 장식하고 있지만, 체계적으로 정리된 자료가 없어 여기에서는 우리나라와 연관이 큰 공급망 교란 사례를 중심으로 논의하고자 한다.

2. 최근의 공급망 교란 사례[3]

2020년 이후 기존 글로벌 공급망이 지닌 두 가지 문제점이 국제적으로 드러났다. 첫째, 글로벌 공급망이 점점 단순해짐과 동시에 여러 분야에 영향을 미쳐 글로벌 충격에 매우 취약하다는 것이다. 실제로 팬데믹은 글로벌 공급망에 충격을 크게 증폭시켰는데, 팬데믹 동안 공급망 교란이 전 세계 수출입을 25%나 감소시켰다(Cigna 외 2022). 그리고 팬데믹 회복 단계에서 급증하는 글로벌 수요와 공급의 차질로 인한 수급 불일치가 글로벌 인플레이션을 심화시켰다. 수요는 각국의 재정금융 정책으로 조정할 수 있지만, 글로벌 공급병목 현상은 정책당국이 개입하여 해소하는데 한계가 있다.

둘째, 글로벌 공급망이 소수의 국가에서 조달되는 원자재에 의존하고 있어 언제든지 공급망에 교란이 발생할 수 있다는 점이 분명해졌다. 지정학적 여건

---

3 자세한 내용은 정인교(2021c)를 참조하기 바란다.

이 변화하는 가운데 전략적 목표가 다른 국가가 무역파트너로 부상할 때 원자재는 언제든지 무기화될 수 있다. 예를 들어, 2020년 기준 중국은 전 세계 희토류 채굴에서 절반 이상을, 희토류 정제 실적의 85%를 보유하고 있다(White House 2021). 희토류와 같이 특정 국가에 대한 과도한 의존은 글로벌 공급망을 교란하는 주요 원인이 되고 있다.

가. 공급망 교란: 자연적 요인과 인위적 요인

공급망 리스크는 자연재해로 인한 공급망의 자연적 단절과 특정 국가의 의도적인 정책 변화로 인한 인위적 충격으로 구분할 수 있다. 전자의 예로는 일본 동북부 지방에서 발생한 2011년 대지진을 들 수 있다. 지진으로 인한 쓰나미가 일본 동북부 지역을 초토화시키게 되어 발생한 핵발전소 폭발로, 전기 생산과 현지의 산업이 초토화되었다. 일본 전역에 산재한 산업단지로 중간재 공급이 중단되면서 일본의 경제시스템이 마비되었고, 일본산 중간재를 사용하던 해외 기업들의 조업도 큰 영향을 받았다. 몇 개월 후 태국 방콕 지역에서의 홍수로 차오프라야강이 범람하면서 공급망 차질이 발생했다. 일본·동남아 글로벌 공급망이 정상화되는데 수개월이 걸렸다.

정책 변화로 인한 공급망 교란 역시 심각하다. 체코, 폴란드 등 구소련 연방의 일원이었던 동유럽 국가들이 북대서양조약기구(NATO)와 EU에 가입하자 푸틴 러시아 대통령(당시 러시아 총리)은 2000년 반서방 정책과 강대국 지위 복귀를 기대하며 세계 최대의 천연가스 독점기업이었던 가즈프롬을 국유화하고, 서유럽으로 연결된 가스관을 통제하면서 가스 자원을 외교적 무기로 활용하였다.

2010년 8월 푸틴은 자국의 밀 생산이 급감하자 밀 수출 중단을 선언했다. 세계 최대 밀 수출국의 조치는 국제 밀 가격을 치솟게 했고 북아프리카 장기독재 국가의 정권 퇴진 운동의 도화선이 되었다. 세계 최대의 밀 수입국인 이집트에서는 밀 재고량이 떨어지면서 국민 주식인 빵 가격이 급등하였다. "빵을 달라"는 시위대는 무능한 무바라크 정권 퇴진을 요구했다. 러시아 밀 수출금지 조치가 이집트, 튀니지, 리비아 등 중동 지역 민주화 운동의 계기를 촉발한 것이다.

국내에서 공급망의 안정성에 대한 국가적인 경각심을 갖게 된 계기는 2019년 7월 일본의 정치적 수출규제이다. 일본은 반도체 및 디스플레이 생산에 투입되는 폴리아미네이드 등 첨단물질의 수출을 규제하였다. 2020년 초 코로나19 바이러스가 중국 우한에서 발생한 이후 자동차 전기다발(하네스)의 중국 현지 생산이 차질을 빚게 되자 국내에서의 자동차산업 조업도 영향을 받게 되었다. 또한 차량용 반도체 부족으로 국내뿐만 아니라 미국의 자동차 조립공장 가동이 중단되는 상황도 발생했다. 2021년 말에는 중국이 요소 수출을 규제하면서 중국산 요소에 전적으로 의존하던 우리나라는 요소수 부족으로 디젤엔진을 탑재한 차량, 물류트럭, 청소차 등의 운행이 중단되는 요소수 대란을 겪었다.

나. 일본의 수출규제와 공급망 위기

일본은 세계에서 가장 먼저 기업의 공급망을 체계적으로 관리한 국가이다. 1960년대부터 일본에서는 적기생산방식(JIT)으로 불리는 공급망 관리체계를 만들기 시작했다. 미국 경영학계에서 토요타 자동차 생산방식으로 체계화시킨 JIT는 공급망 내의 재고를 최대한 줄여 비용을 절감하는 방식이다. 대부분의 경영학 교과서에서는 JIT 방식의 공급망 관리체계가 소개되었고, 1990년대를 전후하여 세계화 물결 속에서 확산된 글로벌가치사슬(GVC)은 JIT 방식을 생산공정 수준으로 세분화시켰다.

아이러니하게도 일본은 JIT의 문제점을 가장 먼저 실감한 국가이기도 하다. 센카쿠열도(尖閣列島) 영유권에 대한 분쟁을 벌이던 2010년 일본의 해상보안청 순시선과 중국 어선이 충돌하면서 중일 관계는 급격히 악화되었다. 중국에서 대대적인 일본 제품 불매운동이 일어났고, 중국은 첨단제품 제조에 필수적인 희토류(希土類)의 대일본 수출규제에 나섰다.[4] 이를 계기로 일본 기업들은 중국에 대한 과도한 의존이 공급망 안정을 심각하게 위협할 수 있다는 점을 인식하게 되었다. 이를 계기로 중국 이외에 한 개 이상의 대체 공급지역을 확보하는

---

4 희토류를 이용한 중국의 국제적 영향 행사는 일본에 그치지 않을 것이다. 희토류 생산에서 중국은 채굴부터 제품 생산까지의 모든 가치사슬을 보유한 유일한 국가이고 세계 최대 희토류 보유·생산국이다. 첨단산업 발전으로 희토류 수요가 지속적으로 늘어나고 있지만, 우리나라는 희토류의 90%를 중국에서 수입하고 있다. 희토류 수요가 늘어나면서 가격도 급등하고 있다. 중국은 지난 2014년 희토류 관련 기업을 6개 국유기업으로 통합하였고, 2021년 남부 장시성에 세계 최대 '중국 희토그룹'을 출범시켜 자원무기화 준비를 마쳤다(국제무역통상연구원 2021). 한편 미국은 2022년 8월 "인플레이션 감축법(IRA)"을 통해 중국산 핵심 광물물질 사용을 배제시키는 규정을 도입했다.

'China＋1' 정책에 나서게 되었다. 이로써 반세기 가까이 유지해오던 JIT는 막을 내리고 공급망의 효율성 못지않게 안정성을 고려하는 기업 경영방침을 확립하게 되었다.

트럼프 대통령 집권 이후 중국의 체제적 위험성이 표면화되면서 일본은 중국에 대한 리스크 관리를 더욱 강화했다. 탈중국 기업에 대해 파격적인 규모로 정부 보조금을 지급하면서 자국으로의 생산설비 회귀(리쇼어링)를 유도하였다. 이 시점에 일본은 자국의 기술을 무기화할 수 있는 방안을 모색했다. 마침 미국이 안보적 위협을 이유로 중국의 최첨단 기술기업인 화웨이에 수출통제 체제를 적용하는 것을 보고 우리나라에 대한 조치를 검토하였다.

2019년 6월 말 일본 오사카에서 개최된 세계 주요국(G20) 정상회의에서 한·일 정상은 서로 눈길도 맞추지 않는 등 냉랭한 모습을 보였다. 정상회의 다음 날인 7월 1일 일본 경제산업성은 플루오린 폴리이미드, 포토레지스트(PR)와 고순도 불화수소(에칭가스) 등 반도체와 디스플레이 생산에 필수적인 3개 물질의 한국 수출에 대한 규제조치를 발표했다. 동 조치 이전에는 일본 기업이 한국으로 이들 물질을 수출할 때 자동적으로 수출허가가 났지만, 조치 이후에는 수출 건별로 경제산업성의 수출허가를 받아야 한다는 것이었다. 이에 국내 반도체업체들은 수출허가에 몇 개월이 소요될 수 있고, 경우에 따라 수출 자체가 허용되지 않을 수 있게 됨에 따라 반도체 핵심물질 확보 및 공급망 관리에 비상이 걸렸다.

이러한 일본의 수출규제는 2018년 10월 30일 우리나라 대법원의 강제징용 판결에 대한 보복조치라는 것이 정설이다. 대법원은 일본 전범기업의 손해배상 책임을 인정했다.[5] 이명박 정부 이후 소원해진 양국 관계가 일본의 수출규제로 나타난 것이다. 일본 정부는 한국이 수출통제 체제를 제대로 이행하지 않아 자국의 안전 보장을 위해 조치를 취했다고 발표했고, 이후 양국은 한동안 수출관리에 대한 공방을 지속했다.

일본의 조치는 3개 품목 수출규제로만 끝나지 않았다. 한 달 후 일본 아베 신조(安倍晋三) 총리는 각의(국무회의)를 열어 우리나라를 백색국가(안보 우방국)에서 제외하기로 결정한 것이다. 일본은 바세나르 협정(Wassenaar Arrangement) 당사

---

5 피고인은 일제시대 신일철주금(현 일본제철)이다.

국으로서 일정 조건을 충족하는 국가들에 대해 전략물자 수출허가 과정에서 간소화된 절차를 적용하는 국가를 백색국가로 분류하고 있다.[6] 백색국가로 전략물자를 수출하는 일본 기업은 일반포괄허가를 받아 3년 동안 간소화된 수출절차를 이용할 수 있다. 반면 비백색국가에 대해서는 일본 당국이 언제든지 수출에 제동을 걸 수 있게 된다.[7]

이에 우리나라는 4개 품목에 대한 수급계획을 발표하였고,[8] 우리도 일본을 수출관리 우대국가에서 제외하기로 결정했다.[9] 또한 우리 정부는 한·일군사정보보호협정(GSOMIA, 지소미아) 종료, WTO에 일본 제소 등 일련의 조치를 발표했지만, 일본은 자국의 조치를 유지했다. 국내 기업들은 핵심물질 공급 차질로 생산에 애로를 겪었고, 정치·사회적 현안을 외교적으로 풀지 못하면 국내 공급망 위기가 언제든지 발생할 수 있다는 점을 깊이 인식하게 되었다.

다. 코로나19 팬데믹

2020년 상반기부터 코로나19 팬데믹으로 생산라인이 중단되며 수출입 물동량이 얼어붙었다. 국내외 자동차산업은 코로나19로 생산에 가장 큰 타격을 받은 대표적인 산업이다. 코로나19 최초 발생지인 중국 우한의 봉쇄로 국내 자동차 메이커들은 조업을 중단할 수밖에 없었다. 우한에서 생산되어 국내로 수입되는 자동차용 전기선다발(하네스)의 공급이 끊겼기 때문이다. 높은 기술력이 필요하지 않은 저가 부품이지만, 한 지역의 공장에 전적으로 의존했기에 조달선을 변경하는데 수개월이나 소요되었다. 차량용 반도체 칩 후공정을 담당하는

---

6 이 결정에서 일본은 수출관리 국가 분류체계를 변경했다. 기존 백색국가와 비백색국가를 A·B·C·D 4개 등급(그룹) 국가로 분류하기로 했다. 백색국가에 해당하는 A그룹은 미국, 영국, 프랑스, 독일 등 26개국이고, 우리나라는 터키, 에스토니아 등과 함께 비백색국가인 B그룹에 포함시켰다.

7 일본이 규정한 전략물자는 1120개로, 이 중 미사일·핵물질·생화학무기 등 263개의 민감 품목은 백색국가를 포함한 모든 국가에 수출할 때 개별허가를 받아야 한다. 단, 백색국가로의 수출일 경우, 일반포괄허가로 수출허가 절차가 면제된다.

8 산업통상부는 "소재·부품·장비 경쟁력 강화대책"(소부장)을 통해 일본산 수입품을 국산으로 대체하거나 제3국으로부터 수입하는 방안을 발표했다.

9 우리나라 전략물자수출입고시를 개정하여 백색국가인 '가' 지역을 '가의1'과 '가의2'로 나누고, 기존 백색국가는 '가의1'로, 일본은 새로이 만들어진 '가의2'로 분류했다. 이로써 우리나라가 지정한 백색국가는 29개국에서 28개국으로 축소되었다. 자세한 내용은 〈부록 7〉 참조.

그림 2-1 상하이컨테이너운임지수(SCFI) 추이

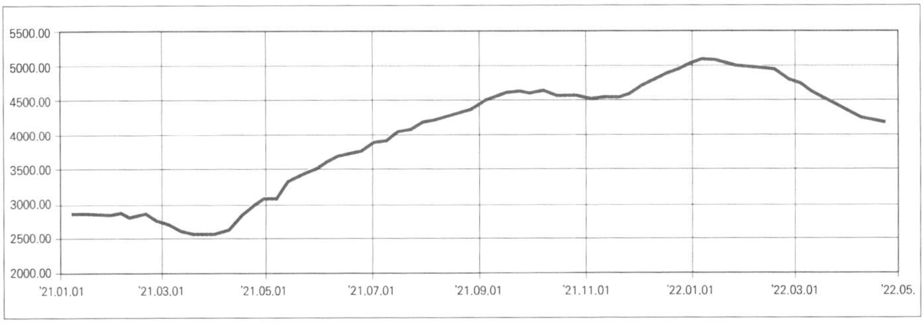

자료: 상하이거래소(Shanghai Shipping Exchange)

동남아 국가 소재 조립라인이 팬데믹으로 멈춰서면서 전 세계 자동차 메이커들 역시 조업을 단축해야 했다. 코로나19 팬데믹 기간 전 세계 자동차 수출입 물동량 감소는 공급 부문에서의 차질 때문이었다.

물류대란도 물동량 급감에 중요한 요인으로 작용했다. 장기 봉쇄에 대비하기 위해 식품과 생활필수품 수요가 급증하면서 수입 주문이 늘었지만, 공항과 항만은 운영 차질로 물류 적체와 지연이 심각해지고 운임비가 크게 올랐다. 물류서비스 수요는 급증한 반면 물류서비스 공급은 크게 줄어들었다. 더구나 글로벌 금융위기 이후 국제무역의 성장세가 둔화되면서 세계 주요 선사의 신규 선박 발주도 줄어들었다. 코로나19 감염 우려로 항만 폐쇄가 빈발한 가운데, 수에즈 운하 사고, 주요 항만 인프라 사고 등 악재로 2021년 연초 대비 연말 국제 해상 컨테이너 운임은 2배로 올랐다. 중국 의존도가 높으면서 상하이항만과 깊은 연결성을 갖고 있는 우리나라는 한동안 수출입 물량을 선적할 국제 컨테이너를 확보하지 못하는 애로를 겪었다.

이처럼 코로나19는 무역에서 국제물류의 중요성을 각인시키게 되었다. 글로벌 물류서비스 산업의 구조적 취약성과 국경 간 물류에 의존한 공급망의 한계를 실감하게 되었다. 공급망 지역화와 더불어 이를 뒷받침할 수 있는 안정적인 물류망 확충이 전 세계 국가의 과제로 대두되었다. 물류대란은 어떤 상황에서도 발생할 수 있지만, 그동안 이에 대한 고려가 부족했다. 특정 지역에 편중된 공급망의 불균형 문제가 누적되어 왔고, 코로나19의 충격이 기존 공급망의 불안정성을 가시화시켰다. 특정 품목과 지역에 대한 높은 의존성은 언제든 무역

안보에 위협요인이 될 수 있고, 장기적으로 산업경쟁력을 악화시킬 수 있다.

2022년 들어 백신 접종 확대와 치료제 보급 등으로 각국은 '위드 코로나' 정책을 시행하게 되었으나, 중국은 '제로 코로나19' 정책을 고수했다. 중국 당국은 제로 코로나 정책하에 한 지역이나 도시에서 코로나19 감염자가 확인되면 해당 지역 봉쇄와 전 주민을 대상으로 코로나19 검사를 실시했다. 2022년 3－5월 중국에서 '경제수도'로 불리는 상하이가 한 달 넘게 완전봉쇄되었고,[10] 그 결과 상하이를 중심으로 한 창장 삼각주경제권은 심각한 물류대란에 봉착했다. 상하이와 저장성, 장쑤성을 아우르는 창장 삼각주는 1억 6천만 명의 인구가 중국 국내총생산(GDP)의 20%를 담당하고 있다. 상하이 봉쇄는 중국은 물론이고 글로벌 공급망에 충격을 주게 되었다. 상하이를 오가는 물류 트럭의 수가 절반으로 줄어들었고, 항만 운영이 차질을 빚으면서 상하이 앞바다에는 수백 척의 화물선이 하역을 위해 대기하는 상황이 발생했다. 국내 기업들은 권위주의 정권이 통치하는 국가의 잠재적 리스크를 실감하게 되었다.

라. 요소수 사태

요소수는 요소(尿素)를 물에 녹여 만든 액체로, 디젤(경유) 엔진, 석유화학, 철강, 시멘트, 발전 등 다양한 산업부문에서 사용되고 있다. 디젤 엔진을 탑재한 자동차가 배출하는 배기가스에 포함된 대기오염물질인 질소산화물(NO_x)을 제거하는 촉매로 사용된다. 우리나라는 2019년부터 디젤차 배기가스 규제를 강화하여 요소수를 촉매로 사용하는 장치 부착이 의무화되었다.

석탄 소비량이 많은 중국은 부산물인 암모니아를 이용할 수 있어 요소 생산에 유리했고, 자연스레 중국은 세계 최대 요소 생산국이 되었다. 2018년 올림픽을 전후하여 중국은 환경보호 차원에서 자국의 석탄 생산량을 줄이면서 오히려 석탄 수입을 늘려왔다. 2020년 5월 미국의 대중국 정책을 지지한 호주에 대한 보복으로 중국은 호주 석탄 수입을 금지했다. 2021년 9월 중국에 석탄을 수출하던 아프리카 기니에서의 정변으로 석탄 수급에 차질이 발생했고, 2021년 10월에

---

10 수도 북경도 상하이와 유사한 수준으로 수개월 봉쇄되었고, 중국 내 대부분의 크고 작은 도시에서 이동제한 조치가 발동되어 생산활동에 심각한 차질이 빚어졌다.

는 석탄 광산이 많은 산서성(山西省)에서 대홍수가 발생하여 중국 내 석탄 생산이 줄어들었다. 발전용 석탄 부족으로 전기대란이 발생하면서 중국이 화학산업 조업을 단축하자 요소 생산도 줄어들었다. 때마침 요소 비료 국제가격이 급등하자 중국 업체들이 요소 비료 수출을 늘리면서 중국 내 요소 재고량이 적정량을 밑돌았다. 농업용 요소 비료 확보를 위해 2021년 10월 중국 정부는 요소 수출을 규제했다.

일본 수출규제의 영향은 관련 기업에 한정되었으나, 요소수 대란은 우리 사회 전반에 영향을 미쳤다. 디젤엔진을 장착한 트럭과 버스의 운행에 차질을 빚었다. 전국 노선버스 총 5만 대 중 2만여 대가 요소수 부족으로 운행을 중단할 상황이었고, 화물과 택배 트럭이 멈춰 서게 되어 물류대란이 우려되었다. 요소수 대란은 심지어 심지어 청소차, 군용트럭 등 사회 전반에 영향을 미쳤지만, 중국의 요소 수출금지에 대한 우리나라의 공급망 대응은 너무나도 안일했다. 우리 정부는 화물차의 요소수 부족 사태가 발생한 다음에야 비로소 요소수의 존재와 그 중요성을 파악했을 정도이다.

흥미롭게도 우리나라에서만 요소수 대란이 터졌다. 일본은 지국 내 요소 생산설비를 가동하고 있고, 인도 등 다른 국가들은 이미 충분한 물량을 비축해 문제가 없었다. 반면 우리 기업들은 국내외 가격 차이를 고려하여 2011년 국내 요소 생산을 중단하고 요소의 원료인 암모니아도 전량 수입으로 전환했다. 일본이 요소수의 전략적 가치를 인식하고 요소 및 암모니아의 자체 생산설비를 유지할 때, 우리나라는 중국에만 의존했을 뿐 수입선을 다변화하지 않았고, 중국의 규제 2주 후 국내에서 요소수 품귀 현상이 발생하면서 사태를 파악하기 시작했다. 한마디로 경제안보와 공급망 대책이 너무나 부실했다.

중국의 수출규제 의도와 무관하게 우리나라는 요소수 사태로 큰 혼란을 겪었다. 대통령이 나서서 요소수 확보를 지시했고, 호주산 요소수를 비행기로 공수하는 장면이 뉴스로 방출되는 촌극이 벌어졌다. 중국은 자국의 수급 여건을 고려한 수출규제 조치로 설명하고 있지만, 중국이 길들이기식 의도적인 조치를 취했다는 주장도 있다.[11] 요소수 사태는 코로나19 사태 등으로 국제적 신망을

---

11 중국 기획설은 우리나라가 미국의 봉쇄정책에 참여하지 않고 중국과의 거래를 유지하도록 하기 위해 중국 당국이 의도적으로 우리나라의 요소수 사태를 야기했다는 것이다. 우리나라에서의 요소수 대란을 국제사회

잃은 중국이 우호적 국제여론을 형성하기 위해 기획한 통상외교 심리전이라고 하지만 이를 뒷받침할만한 신뢰할 수 있는 근거를 찾기 어렵다.

3. 공급망 리스크 대응

우리나라는 전 세계에서 공급망 리스크가 가장 큰 국가 중 하나이다. 신냉전 기조하에 미국은 새로운 국제질서를 추구하고 있고, 중국은 자국 중심의 공급망을 구축하면서 언제든지 수출규제 대상 품목을 늘릴 수 있다. 우리나라가 우려해야 할 사항은 중국에 의존하고 있는 품목의 공급망 불확실성이 요소수만으로 끝날 상황이 아니라는 점이다.

요소수 사태를 계기로 우리나라 제조업의 대중국 의존도를 분석한 한국무역협회에 따르면,[12] 2021년 1−9월 기준 단일국가로부터의 수입 비중이 80% 이상인 품목 3941개 가운데 1850개(46.9%)가 중국산이다. 특히 마그네슘 잉곳(주괴)의 경우 중국산이 국내 소요량의 100%를 차지하고 있으며, 산화텅스텐은 94.7%, 수산화리튬은 83.5%, 네오디뮴 영구자석은 86.2%에 이른다. 이 모두 국내 각종 제조업 분야에서 필수 원자재에 해당하는 품목들이고 중국이 수출규제에 나설 경우, 제2, 제3의 요소수 사태가 터질 수 있다.

일본의 수출규제 이후 산업통상자원부는 수입의존도가 높은 품목을 조사해 대응 체계를 마련했다고 발표했지만, 요소수는 관리 품목에 포함되지도 않았다. 그리고 요소수 사태 직후 정부는 경제안보테스크포스팀(TF)을 꾸렸지만, 대러시아 경제제재 대응 미숙으로 국제적 물의를 빚었다. 2022년 2월 말 미국을 위시한 국제사회는 우크라이나를 침공한 러시아에 대해 고강도 경제제재를 발표하고, 우리나라의 참여를 요청했지만, 적기에 대응하지 못해 우리나라는 무역상의

에 보여줌으로써 중국의 경제역량을 제대로 인식하도록 하기 위해 국제심리전을 전개한 것으로 보는 시각이 있다. 석탄 부족으로 전력대란이 발생했지만, 요소 생산량을 줄였더라도 인도에 대해서는 충분한 물량을 확보할 수 있는 기회를 제공하면서 우리나라에 대한 수출을 규제했다는 것이다. "요소수 대란은 미·중 패권싸움에 섣부른 '중립' 노선을 표방하는 것이 더 위험함을 보여준다. 중국이 감사해하기는커녕 세계를 상대로 한 자원전쟁의 힘을 과시하기 위해 한국경제를 타깃으로 삼았다."(2022년 5월, 국회 코로나19 경제포럼)

12 무역신문(2021), "[세계는 지금] 탈중국, '어떻게'가 관건… 핵심은 구조적 공급망 안정", 12월 17일.

불이익을 당할 뻔했다. 화들짝 놀란 정부가 입장을 급선회해 국제사회의 경제제재에 동참하기로 하면서 사태를 겨우 수습할 수 있었다.

글로벌 공급망 리스크 관리는 세계가 당면한 과제이다. 기업들은 공급망의 안정성과 효율성을 종합적으로 평가하고, 장단기적 관점에서 리스크를 관리해야 한다. 공급국가가 통제할 수 없는 리스크 요인이 항상 있을 수 있다는 점을 명심해야 하고, 복수의 공급자 유지, 안정적 수준의 재고 확보 등으로 리스크에 대비해야 한다. 기후변화 등의 이유로 자연재해 빈발도가 더 높아질 수 있고, 경우에 따라 엄청난 손실을 수반할 수 있다.

자연재해로 인한 공급망 훼손이나 왜곡은 일정 시간 후 회복이 가능하지만, 정부의 의도적인 정책 변화는 공급망 자체를 영구히 변경시킬 수 있다. 미·중 갈등 장기화와 디커플링(의도적인 경제분리), 신냉전체제 등으로 요약될 수 있는 현재의 국제 정치적 갈등은 자연재해보다 훨씬 더 큰 규모와 범위로 공급망을 재편시키는 요인이 될 수 있고, 코로나19 팬데믹 이후 특정 국가에 대한 지나친 의존은 위험하다는 인식을 전 세계에 상기시켜 주었다. 촘촘하게 얽힌 글로벌 공급망 구조로 정책 변화는 세계 경제로 영향을 미치게 된다. 동아시아에서의 나비 날개짓이 캘리포니아에 해일을 일으킨다는 '나비효과'는 이를 상징적으로 예시하는 용어이다. 중국의 호주산 석탄 수입금지가 중국 내 석탄 생산 감소와 맞물리면서 전력 부족 사태와 생산설비의 조업 교란으로 중국 경제는 물론이고 세계 경제가 영향을 받았다.

트럼프 행정부의 대중국 강경정책을 계승한 바이든 행정부는 국제무역질서에서 중국을 배제하는 디커플링을 추진 중이다. 반도체, 디스플레이 등 첨단전략산업의 생산설비를 미국 내에 구축하는 공급망 정책을 추진 중이다. 미국은 WTO 보조금협정에도 아랑곳하지 않고 자국 내 반도체 산업에게 520억 달러를 지원하는 등 적극적인 산업정책으로 돌아섰다. 그리고 미-EU "무역기술이사회(TTC)"를 결성하여 양 지역 간 기술표준을 확립하고, 일본과 인도, 호주 등과 인도·태평양전략을, 호주와 영국과는 외교안보협의체인 오커스(AUKUS) 등을 결성하여 중국을 다방면으로 견제하고 있다. 그리고 마침내 2022년 5월 남아시아와 아태지역 경제협력체인 인도·태평양 경제 프레임워크(IPEF)를 출범시켰다(정인교 2021c).

시진핑 국가주석하의 중국이 권위주의 정권과 이념적 색채를 강화하고 있고, 미국은 중국의 비시장경제적 요소와 '군－기업 연대(Military-Corporate Fusion)'을 지속적으로 문제삼고 있다. 미국이 새로운 국제무역질서를 형성하고자 하는 것도 이와 관련이 있다. 여러 아시아 국가가 미·중 양국으로부터 줄서기 압력을 받고 있지만, 신냉전과 디커플링의 체감도는 국가별로 차이가 클 것이다. 미국과의 안보 협력을 유지해야만 하는 우리나라는 미국의 정책에 참여하지 않을 수 없다. 또한 세계 제2의 경제대국이면서 지리적으로 가까운 중국과도 원만한 관계를 유지할 수 있도록 외교적 노력을 경주해야 할 것이다.

미국의 디커플링 정책에도 불구하고 중국과의 거래를 완전히 끊는 것은 쉽지 않다. 미국도 전략적 혹은 선택적 디커플링을 추구하고 있다. 확실한 것은 기존 중국과의 공급망이 그대로 유지되기는 어렵다는 점이다. 중국과의 공급망을 조정하는 것은 큰 비용을 수반하게 된다. 이로 인해 일본, 호주 등을 제외한 많은 국가들은 미국의 반중국 동맹에 적극적으로 화답하지 못했다. 하지만, 현재의 미·중 갈등이 적어도 10년 이상 지속될 것임을 고려하면 생각을 달리할 수밖에 없을 것이다. 미국은 자국의 법과 규정 위반을 이유로 중국 대표 기업인 화웨이를 비롯한 수많은 중국 테크 기업의 국제 거래를 중지시켰고, 2022년 초 SK하이닉스의 첨단 반도체 극자외선(EUV) 노광장비의 중국 공장 반입 논란에서 알 수 있듯이 미국은 수출통제 체제 등 각종 규정을 동원하여 중국과의 거래를 차단할 수 있다. 이는 정책 요인이 공급망의 방향을 정하는 예인 것으로 볼 수 있다.

글로벌 생산 활동과 투자 확대로 세계 경제의 연결성이 높아 한 지역에서의 공급망 문제는 전 세계로 확산된다. 어떤 이유로든 공급망 교란이 발생할 수 있는 국가에 의존도를 줄여야 한다. 현재 국제정세하에서 중국에 대한 의존도를 줄여가면서 'China＋1'과 공급망 다양화를 서둘러 추진하는 것이 국내외 기업이 취할 수 있는 공급망 리스크 대책이 될 것이다. 또한, 생산공정별 리스크를 종합분석하여 통합하거나 안전지역으로 공급선을 변경해야 하고, 리쇼어링(본국으로의 회귀)이나 국내 생산설비 증설과 국산 부품조달을 검토할 필요가 있다.

미국의 정책과 국제정세의 변화로 중국을 중심으로 한 '팩토리 아시아(Factory Asia)'가 조정되고 있다. 중국의 역할은 동아시아 생산 분업체제에서 점진적으로 위축될 것이고, 그 공간을 차지하기 위한 국가 간 경쟁이 벌어지게 될 것이다. 일본은 대만과 손잡고 반도체 등 4차산업 협력에 박차를 가하고 있고, 동남아의 태국, 필리핀 등 일본 기업이 제조클러스터를 구축한 국가와의 공급망 강화에 외교·통상적 노력을 기울이고 있다. 과거 정부하에서 악화된 한·일 관계로 양국 간 산업협력은 고사하고 외교적 접촉도 어려운 실정이다. 아시아 공급망에서 우리나라의 취약한 지위를 보강하기 위해 일본과의 관계를 개선시켜야 한다. 2022년 5월 집권한 윤석열 정부는 일본과의 관계 정상화를 추진했다. 그 결과 2023년 수출규제 문제를 해결함에 따라 팩토리 아시아 재구축에 한·일이 협력하는 기반을 마련하게 되었다.

코로나19, 미·중 무역분쟁, 러시아의 우크라이나 침공 등 국제정세 불안 등으로 글로벌 공급망 위기가 지속되면서 팬데믹 종식 시기를 전후하여 인플레이션 압력이 높아졌다. 물류 지연, 운임비 폭등, 국제 원자재가격 인상, 중간재 수급 차질 등 공급망 교란이 지속되면서 기업 활동에 막대한 장애요인이 대두되었다(국제무역통상연구원 2022a). 이로 인해 공급망 안정성 강화는 전 세계 국가와 기업의 핵심 과제가 되었다. 코로나19와 같은 예측 불가능한 자연재해는 언제든 발생할 수 있고, 글로벌 공급망은 타격을 입게 된다. 공급망 보완을 위해서는 공급망에 대한 정확한 정보를 파악해야 하고, 공급망 충격 발생 시 동원할 수 있는 위기대응 프로그램을 구축해야 한다는 인식이 국제적으로 높아졌다.

정부는 공급망 관리역량을 확충해야 한다. 무역통계에 기반한 조사로는 허점이 너무 많다. 따라서 미국을 비롯한 동맹국들의 수출통제 체제 운영을 실시간으로 모니터링하여 공급망에 미칠 영향을 분석하고 대응 방안을 모색해야 한다. 특히 수출통제 기관 간 국제적 협력체계를 공고히 하고 정보교류 시스템을 개선해야 한다. 끝으로 경제안보 시각에서 아무리 국내외 공급망 안정성을 거론하더라도 기업의 적극적인 협력과 참여, 민관의 원활한 소통이 없으면 제2, 제3의 요소수 사태는 언제든 발생할 수 있으므로 기업은 정책당국과의 정보 공유에 적극 나서야 한다.

제3장 역사를 바꾼 기술과 전략물자

1. 전략물자와 국가안보

　　2021년 가을, 우리나라는 생각지도 못했던 위기를 경험했다. 일반 국민에게는 생소한 요소수 부족 사태로 디젤엔진을 탑재한 버스와 화물차 운행이 중단될 위기를 맞았다. 2020년 초 미국에서 화장실용 휴지가 동이 났다는 소식과 함께 슈퍼마켓의 텅 빈 상품진열대 장면을 TV 뉴스에서 보기도 했다. 중국에서 자동차 부품이 생산되지 않아 국내 완성차 생산이 지연되었던 언론 보도도 있었지만, 국내에서 공급망 위기를 실감하게 해준 것은 요소수 사태였다. 이 사태는 중국이 호주와의 외교적 갈등 끝에 호주산 석탄 수입을 중지한 것이 시발점이었다. 중국 내에서 발전용 석탄이 부족하게 되고 이에 따라 석탄을 원료로 생산하던 요소의 생산이 줄어들게 되자 중국은 요소수 수출을 중단했다. 우리나라에서는 디젤엔진 차량에 의무적으로 사용하는 요소수를 중국산에 많이 의존하고 있었는데 갑자기 수입할 수 없게 되는 바람에 모든 화물 수송이 정지되고 건설공사도 중지되는 사태 일보 직전까지 갔었다. 우리나라 특유의 신속한 대응으로 파국은 면했으나 공급망 위기가 우리 일상에 아주 가까이 있다는 사실을 새삼 깨닫게 해주었다.

가. 독일의 암모니아 생산 - 하버 보쉬 공법 개발

　　오래전 선진국 대열에 진입한 영국과 독일에서도 특정 제품이 부족하여 국가안보까지 위태로웠던 시기가 있었다. 1차 세계대전 개전과 동시에 국제 공급망이 교란되면서 영국과 독일은 화약과 질소비료 부족 사태에 직면하게 되었다. 화약과 질소비료에서 공통되는 주원료는 암모니아인데, 당시에는 암모니아를 주로 칠레 초석(saltpeter)으로 만들었다. 그런데 1914년 12월 독일 함대가 포클랜드 해전에서 영국에 의해 격파당하자 해상 수송로가 차단된 독일은 화약이 부족해 패전할 위기에 봉착했다. 그러나 독일 칼스루헤 대학 교수였던 프리츠 하버(Fritz Haber, 1868~1934)는 공기 중의 질소를 뽑아내어 암모니아를 제조하는 방법을 개발하였고, 일류 화학기업인 BASF의 카를 보쉬(Carl Bosch, 1874~1940)는 이를 산업화시켰다. 이 방법으로 생산된 암모니아는 쉽게 화약과 비료로 전환될 수 있었다. 하버-보쉬 공법 덕분에 독일은 자국 내에서 화약과 비료를 계속 생산하여 국민의 생계를 책임지면서도 전쟁을 계속 수행할 수 있었다. 하버-보쉬 공법이 세계 식량 증산에 공헌한 바는 지금도 높게 평가되며, 이를 인정받아 하버는 1918년, 보쉬는 1931년에 각각 노벨 화학상을 수상했다.

나. 영국의 코다이트 화약과 이스라엘의 건국

칠레 초석을 조달할 수 있었던 영국도 다른 이유로 1차 세계대전 초기에 화약이 부족했다. 총포의 장약인 코다이트(Cordite) 화약의 부자재인 아세톤을 생산할 수 없었기 때문이다. 전쟁 이전 영국은 아세톤의 원료 광물을 적국인 독일과 오스트리아로부터 수입하고 있었다. 영국 정부는 아세톤의 대체 제조법을 공모하였고, 이와 관련하여 동갑내기 두 영웅이 등장한다. 첫 번째 인물은 해군성 장관이던 윈스턴 처칠(Winston Churchill, 1874~1965)이고, 두 번째 인물은 화학자인 하임 바이츠만(Chaim Weizmann, 1874~1952)이다. 벨라루스 출신 유대인이었던 바이츠만은 녹말을 발효시켜 아세톤을 만드는 방법을 개발한 후 처칠을 면담하여 자신의 기술을 제안하였다. 처칠은 즉시 사업 추진 결정을 내리고 바이츠만에게 개발의 전권을 주었다. 이후 영국 해군성과 탄약부는 각각 바이츠만을 고문으로 모시고 공장을 건설하였고 1916년부터 옥수수를 발효시켜 아세톤을 생산하기 시작하였다. 옥수수 수입이 어려워지자 자국산 마로니에 열매도 원료로 활용했다.

바이츠만의 기술 덕분에 영국은 아세톤과 코다이트 화약을 차질 없이 만들 수 있었다. 로이드 조지 총리(David Lloyd George, 1863~1945)는 그에게 작위를 수여하는 방안을 국왕에게 상신하겠다고 하였으나, 바이츠만은 자신이 아니라 유대인들을 위한 보상을 간곡히 요청하였다. 로이드 총리는 아서 밸푸어(Arthur Balfour, 1848~1930) 외무장관에게 지시를 내려 영국 내 유대인 사회의 지도자였던 로스차일드(Lionel Walter Rothschild, 1868~1937)에게 서한을 보내게 하였다. 이 문서가 팔레스타인 내 유대인 국가 건설을 약속한 역사적인 '밸푸어 선언'(1917)이다. 바이츠만은 1921년에 세계 시온주의자 회의 의장이 되었고, 1934년부터는 팔레스타인에서 연구소장으로 활동하였다. 그리고 밸푸어 선언 30년 후인 1948년 5월에 이스라엘이 건국되면서 초대 대통령이 되었다.

1차 세계대전을 치른 다른 국가들도 독일과 영국의 사례에서 좋은 교훈을 얻었다. 일본은 1차 세계대전이 끝나자 이탈리아에서 암모니아 생산기술을 도입하여 세계 2위 규모의 질소비료공장을 화약공장과 함께 함경남도 흥남에 건설했다. 암모니아의 전략적 중요성을 알고 있는 일본은 2021년에도 수요의 77%를 자국 내에서 생산하고 있었다. 암모니아는 요소와 요소수의 주원료이기도 하기에 이것이 일본에서 2021년에 요소수 파동이 발생하지 않은 이유이다.

2. 공산국가들의 전략기술 취득

가. 소련의 전략기술 취득

한 국가의 운명을 바꿀 수 있는 것은 전략물자만이 아니다. 전략기술의 확보 여부도 마찬가지로 중요한 역할을 한다. 전략기술에는 첨단 원천기술과 제조공정에서의 생산기술도 모두 포함된다. 강대국들은 자국이 보유한 기술은 최대한 발전시키려 노력하고 적국에 유출되지 않도록 철저히 단속하는 한편, 상대국이 가진 기술은 어떠한 방법을 동원해서라도 확보하려고 하였다. 이러한 현상은 특히 소련이라는 공산국가가 출범하고 동서 진영이 대립하게 되면서 두드러지게 나타났는데, 최신 기술이 부족한 공산 진영 국가들은 서방의 기술을 획득하려 하는 활동을 지속적으로 전개하여 왔다.

1928년 제1차 경제개발 5개년 계획을 시작할 무렵 소련의 공업과 군사력은 제정 러시아 시절보다도 오히려 약해졌을 정도로 서방 국가들에 비해 뒤처져 있었다. 소련은 서방으로부터 기술을 도입하려 했고 일부 서방기업들은 자국 정부의 만류에도 불구하고 적극적으로 협력해주었다. 대표적인 기업으로는 소련의 첫 번째 자동차 공장인 GAZ가 1929년에 건설될 수 있도록 지원하고 기술자의 교육훈련까지 제공해준 미국의 포드 자동차가 있다. 소련이 이를 어떻게 평가했는지는 스탈린이 1944년 미국 상공회의소로 보낸 서신에서 헨리 포드가 세계에서 가장 위대한 사업가 중 1인이며 신의 가호를 빈다고 쓴 것을 보면 짐작할 수 있다. 포드 외에도 굴지의 서방 기업들이 소련의 제1차 경제개발 5개년 계획에 참여하였는데, 미국에서는 제네럴 일렉트릭(GE), RCA(전자회사)와 웨스턴 전기(Western Electric), 독일에서는 AEG와 지멘스, 영국에서는 메트로폴리탄─비커스(重電氣기업으로, 현재 영국 GEC의 모태이다), 스웨덴에서는 ASEA(디지털분야 기업인 ABB의 모태 기업 중 하나)와 에릭슨, 프랑스에서는 TSF(Thomson-CSF의 모태 기업) 등이 소련 측과 계약을 체결했다.

계약 내용은 모두 포드와의 계약과 유사하여 최초에는 서구 기업 제품의 라이선스 생산으로 시작하고 기술자 상호 파견 및 교육 등 기술이전을 병행하는 내용이 포함되어 있었다. 마침 서구에서는 대공황이 한참 진행 중이었고 강대국 간에는 군축 합의가 진행되고 있었기에 대형 방산 기업들의 경영이 어려워진 상황이었고 이들에게는 소련의 협력 제안이 달콤할 수밖에 없었다. 서방 기업들의 지원은 2차 세계대전의 향방에도 영향을 주었다. 소련은 단시간 내에 중공업 역량을 강화시켰고, 이를 통해 확보한 무기생산 능력으로 2차 세계대전에서 독일을 물리칠 수 있었다.

대기업이 자기 이익을 위해 스스로 소련을 도와준 것도 있지만 우수한 방산 기술을 자국 정부가 채택해주지 않아 소련에 판매한 경우도 있었다. 대표적인 사례가 2차 세계대전에서 소련을 상징하는 무기였고 한국전쟁에서도 우리에게 쓰라린 기억을 남겨준 T-34 전차에서 사용된 미국의 서스펜션 기술이다. 1차 세계대전 중 세계 최초로 전차를 개발한 영국에 이어 늦게 참전한 미국도 전차 개발을 추진했다. 미국의 자동차 경주 선수이고 발명가이자 공학자인 J. 월터 크리스티(John Walter Christie, 1865~1944)는 전차를 계속 연구하다가 야지 주행 성능에 중점을 둔 서스펜션 시스템을 개발하고 M1928 전차를 만들었다. 이 서스펜션 시스템 덕분에 현대 전차와 유사한 수준인 시속 68km라는 고속 주행이 가능했고, 이 기술은 "크리스티 서스펜션"이라고 불리게 되었다. 그런데 미 육군 전차 위원회(Tank Board)는 전차의 역할이 보병의 참호전 돌파 지원이라고 생각하고 고속 주행보다는 두꺼운 장갑과 강한 화력을 선호하여 M1928 전차의 대량생산을 거부했다. 그러자 크리스티에게 그때까지 전차 개발에서 성공을 거두지 못하고 있던 소련이 접근했다. 소련은 자국 정보기관의 위장 회사를 통해 M1928의 개량형인 M1931 전차 2대와 관련 부품의 판매, 기술권리와 특허의 사용권한 이전, 그리고 생산공장 건설에 대한 기술지원까지 포함하는 계약을 크리스티 측과 체결했다. 서스펜션 시스템에 특별히 관심이 있던 소련 측은 전차에서 포탑을 분리하여 농업용 트랙터로 위장하게 했고 미국 육군성이나 국무성의 사전 허가없이 수출되었다. 이렇게 수출된 크리스티 서스펜션을 가장 유명하게 만든 것은 2차 세계대전의 명품 무기 중 하나인 T−34 전차이다. 독일군이 부러워하던 소련 무기 중 대표적인 것이고, 많은 전문가들은 2차 세계대전에서 최고의 전차라고 인정하게 되었다. 2차 세계대전이 끝나고 5년이 지난 후인 한국전쟁에서도 초기에 미군이 투입한 경전차들이 T−34를 감당하기 어려워 M−26 퍼싱 전차를 투입했어야 할 정도였다.

2차 세계대전이 끝난 이후에도 소련의 서방 기술 획득 노력은 계속 되었다. 첫 번째로 꼽을 수 있는 기술은 4발 폭격기 설계기술이다. 2차 세계대전 중 4발 폭격기를 제대로 생산하고 운용한 국가는 영국과 미국 밖에 없었다. 특히 미국의 B−29 폭격기는 크기는 물론이고 속도, 고도, 항속거리, 폭장량 등 모든 성능 면에서 이전까지 있던 어떤 폭격기들보다도 우월했다. 전투 성능뿐만 아니라 인간공학적 측면에서도 큰 발전이 이루어져 B−29는 여압(與壓) 비행실 (pressurized cabin)을 갖추고 냉난방이 제공되어 고공 작전도 산소마스크 없이 일반 전투복만 입은 상태에서 비행을 할 수 있었다. 소련은 대전 중 미국에게 B−29를 공여해달라고 두 차례나 요청했으나 미국은 첨단 폭격기를 넘겨줄 의사가 전혀 없었고 실제로 거절했다. 그런데 1944년 중반부터 미국이 중국 기지로부터 B−29를 발진시켜 일본과 만주를 폭격하는 과정에서 4대가 기계적 고장 등으로 인해 소련 영내에 불시착하게 되었다. 당시 대일 선전포고를 하지 않고 중립을 주장하던 소련은 이 기체들을 미국에 돌려보내주지 않고 완전히 분석하고 역설계하는 데 활용했다. 스탈린은 소련의 폭격기 제작사인 튜볼레프社에게 B−29를 그대로 베끼라고 지시하여 2년 만에 복사판 B−29를 20대 만들어냈고 Tu−4라고 명명되어 소련 최초의 4발 대형 폭격기가 되었다. Tu−4는 후속 Tu−80와 Tu−85의 개발에 기반이 되었고, 지금도 러시아 공군이 사용하는 터보프롭 4발 폭격기인 Tu−95 Bear에도 영향을 주었다.

냉전시대 때 소련이 서방기술을 가져가 잘 활용한 두 번째 사례는 제트엔진이다. 한국전쟁 중 미그−15 전투기들이 갑자기 등장하자 UN군은 엄청난 충격을 받았다. 2차 세계대전 중에는 미국과 영국으로부터 무기 공여 프로그램으로 전투기를 수천 대씩 받아쓰던 소련이 어떻게 5년도 되지 않아 서방보다 우월한 제트 전투기를 양산할 수 있게 되었을까? 물론 2차 세계대전 종전 후 나치 독일 의 연구결과를 가져간 것도 도움을 주었지만, 핵심 원인은 1946년 영국 정부가 소련에게 롤스로이스 제트엔진인 넨(Nene) 엔진과 더웬트-V(Derwent V) 엔진을 매입할 수 있도록 허가했기 때문이었다. 이에 따라 1947년에 넨 엔진 25대와 더웬트 엔진 30대가 소련으로 선적되었다. 소련은 바로 역설계 작업을 시작하 여 넨 엔진은 RD-500으로, 더웬트 엔진은 RD-45라는 이름의 소련제 엔진을 탄생시켰다.

미그-15 전투기에서 1947년 12월 30일에 첫 비행을 한 1호 시제기부터 3호 시제기까지는 넨-II 엔진이 장착되었다. 1948년 말에 출고된 1호 양산 시험기 에는 더웬트 엔진의 국산화 모델인 RD-45 엔진이 장착되었다. 미그-15 중 가장 유명한 모델인 Mig-15 bis는 소련 클리모프 엔진사에서 제작한 VK-1 엔진을 장착하고서 1949년 처음 출고되었고 1950년 중반부터 양산되기 시작하 였다. VK-1의 개발에서 영국 기술로 가장 큰 발전을 이룬 부분은 소재였다. 영국산 제트엔진에서 사용되는 Nimonic 80 합금을 분석하고 이와 대등한 성능 을 내는 KhN-80T 합금을 국산화시킨 덕분에 소련산 제트엔진들이 100시간 무정비 운전 시험을 통과할 수 있었다. 한국전쟁에서 영국은 2차 세계대전 시 개발되었던 미티어(호주 공군) 또는 시-뱀파이어(영국 해군) 수준의 전투기만 갖고 있어 미그-15와는 상대를 하지 못했고, 영국의 전투기 수준이 소련을 다시 따 라잡는 데에는 긴 시간이 걸렸다. 미국은 미그-15가 한국에 등장한 이후 긴급 투입한 F-86F 세이버 전투기가 대등한 수준이었는데, 기체와 엔진에서 나오는 비행 성능, 예를 들어 가속 능력이라든지 최대 속도와 고도 등은 미그-15가 더 우수했다. 다만 미 공군은 우수한 조종사의 기량과 조준경 성능 덕분에 공중 전에서 우세를 유지할 수 있었다.

20세기 후반에 들어와서 서방의 기술이 소련의 군사력을 향상시킨 가장 유 명한 사례는 1987년의 도시바 공작기계로 소련의 핵잠수함의 정숙도가 갑자기 향상된 사건일 것이다. 냉전 시절 미국은 소련 핵잠수함이 출항한 직후부터 계 속 밀착 추적하여 유사시에는 바로 격침하려고 했고 탐지 방법으로서 적 잠수함이 내는 스크류 소음을 듣는 방법을 이용하였다. 잠수함의 스크류 소음을 줄이려면 스크류의 형상을 복잡하게 만들어야 하고 그러기 위해서는 컴퓨터로 대형 3차원 형상을 깎아낼 수 있는 공작기계가 필요한데 소련은 이러한 기계가 없었다. 그런데 1986년에 미국은 소련이 새로 투입한 "아쿨라" 잠수함의 소음 발생 수준이 이전 모델들보다 획기적으로 낮아진 것을 알게 됐고 곧 놀라운 사실을 발견했다. 우방국가인 노르웨이의 수치제어장치가 같은 우방국가인 일본이 생산한 첨단 공작기계에 장착되어 소련으로 수출되었고, 소련이 이를 이용하여 복잡한 형상의 잠수함 스크류를 깎아냈다는 것이었다.

조사 결과 일본 도시바와 노르웨이 Kongsberg에게 소련의 KGB 소속 위장 기업이 접근하여 당시 서방세계의 수출통제 제도인 코콤(COCOM)에 의해 수출이 통제되는 대형 수치제어 공작기계의 수출을 타진했고, 양 사는 각각 복잡한 회피 기법을 동원하고 자국의 수출통제 담당 기관에게 허위로 신고한 후 물품을 수출한 것이 밝혀졌다. 1987년 3월 미국 언론들이 이에 대한 기사를 내면서 상황이 커졌고, 결국 일본 정부는 경찰 수사 결과에 근거하여 1987년 5월에 도시바 기계에 대해 14개 공산권 국가에 대한 모든 수출을 1년간 금지하는 명령을 내렸고 임원 2명을 구속하였다. 외환법도 손을 보아 코콤 제재를 어기는 기업에 대한 처벌을 강화했고, 첨단기술제품 수출을 검토하는 고위급 전략물자 수출통제위원회를 구성하기로 했다. 노르웨이 정부도 사실상 국영기업이던 Kongsberg가 개입된 사실을 알게 된 후 Kongsberg의 무역본부를 폐쇄하고 동 거래에 개입되었던 Kongsberg의 임직원을 모두 해고했으며 이미 소련 측에 인도한 하드웨어와 소프트웨어에 대한 후속 지원을 종료시켰다. 또한 전면 강화된 수출통제법의 제정을 추진하였다.

그러나 더 큰 상황은 미국 의회에서 벌어졌다. 일단 미국 행정부는 도시바의 랩탑 PC와 Kongsberg의 대함 미사일을 구매 중단하는 것과 같은 보복 조치를 하였다. 그런데 마침 그때가 미국과 일본 간에 무역 전쟁이 가장 심할 때였다. 미국 의회는 상호주의와 "평평한 운동장"을 강조하면서 2,000쪽 분량의 보호무역 법안을 준비 중이었고 자국 시장이 닫혀있는 국가의 기업은 미국에 투자하는 것을 제한하겠다는 내용도 포함하려 하고 있었다. 미국 사회가 전반적으로 소위 "Japan Bashing"을 하고 있을 때 당시 공산체제 사회주의 진영을 이끌던 소련의 잠수함 전력 강화를 우방인 일본의 기업이 첨단 장비를 제공하여 도와주었다는 것은 정치적으로 매우 좋은 소재였다.

1987년 7월 1일, 미국 상원은 일본을 무역 제재하는 옴니버스 무역법안[1]을 통과시키면서 도시바와 Kongsberg의 미국 내 영업을 최대 5년간 금지하는 내용도 포함시켰다. 이에 대해 도시바는 엄청난 로비 활동으로 대응했고 미국 행정부도 원래 법안의 보복내용에는 반대 입장이었다. 이러한 노력의 결과로 1988년 7월과 8월에 미국 하원과 상원을 각각 통과하고 1988년 8월 23일 레이건 대통령이 서명하여 발효된 옴니버스 통상 및 경쟁력법(Omnibus Foreign Trade and Competitiveness Act of 1988[2])에서는 당초에는 도시바와 Kongsberg에게 5년간 미국시장 진입을 봉쇄하여 연간 25억 달러의 손실을 주려고 했던 것이 3년간 연방정부 조달에서만 배제시키는 것으로 바뀌었고, 도시바가 감수해야 할 피해는 연간 2억 달러로 줄어들었다.

이 법이 외국 기업인 도시바와 Kongsberg를 3년간 연방조달에서 배제시킬 수 있었던 것은 코콤 통제를 위반하여 동서 진영의 전략적 균형에 영향을 주게 된다면 어떤 외국인이라도 2년에서 5년 사이의 벌칙을 줄 수 있도록 하는 조항이 포함되었기 때문이다. 다만 고의성이 없고 당사국 정부가 효과적인 수출통제 시스템을 갖추었을 경우에는 대통령이 벌칙을 유예할 수 있도록 하였다. 코콤 통제 위반으로 균형이 깨진다면 미국의 군사적 대응능력을 회복시키는 데 드는 비용을 민사적으로 배상하도록 미국 법무장관이 외국 위반자들을 고소할 수 있게 하는 조항도 포함되었다. 이 조항에 따라 일본과 노르웨이의 정부는 모두 자국의 수출통제 제도를 재검토하는 한편 코콤 통제 위반사례의 적발 역량을 강화시키게 되었다. 특히 일본은 전략물자수출위원회를 새로 설립하였고 수출허가 담당 직원 규모를 2배로 늘렸으며 이전까지 큰 액수가 아니었던 코콤 분담금의 규모도 늘렸다. 또한 미국으로부터 수출통제 전담 공무원을 초빙하여 자국의 수출통제 제도 선진화를 자문하도록 했다. 그리고 1989년에는 통상산업성 유관기관으로서 CISTEC(一般財団法人 安全保障貿易情報センタ)이라고 하는 센터를

---

1 옴니버스 무역경쟁력법(Omnibus Trade and Competitiveness Act of 1987). Export Administration Act(1979)과 Export Administration Amendments Act(1985)의 수정법안

2 레이건 대통령이 1988년 5월 24일에 거부권을 행사했고 상원 재의결 실패로 의회가 법안을 수정하였다.

새로 설립했다. 이 센터는 민간 기업들이 자율적 수출통제 관리시스템을 갖추고 운영할 수 있도록 지원하고 컨설팅을 해주고 있으며, 해외 최신 정보를 취합, 분석하고 정리하여 기업에게 전달하는 활동을 하고 있다.

나. 중국의 전략기술 취득

냉전 시대에 소련이 서방 기술을 몰래 취득했다면 중국은 1980년대부터 2000년대까지 서방 국가들의 사실상 지원하에 국방과 민수 분야 모두에서 선진 무기와 기술들을 입수할 수 있었다. 냉전시대 서방 국가들의 전략 중 하나는 중국을 "소련 군사력에 대한 균형추"로 만들자는 것이었고, 중국에게 첨단 군사 장비를 팔고 기술을 이전해줘 러시아에 대한 역학구도를 유리하게 하는 동시에 상업적 이익도 챙길 수 있을 것으로 생각했다고 한다.

이에 따라 1980년대에는 서방 국가들이 중국에게 첨단 무기를 적극적으로 판매하고 개발을 지원한 사례가 많았다. 민간 항공분야에서는 1985년에 맥도널더글라스사가 MD-82 여객기를 중국과 공동생산하는 계약을 체결하고 이에 필요한 방대한 기술과 설계 데이터를 넘겨주었다. 무기 분야에서는 레이건 행정부가 중국에 대한 무기류 수출을 시작하면서 전투기용 항법 장비, 대잠수함 어뢰, 해군 함정용 가스터빈, 야포 생산기술 향상 사업 등을 포함하여 다양한 물자와 기술이 판매되었다. 이 중 유명한 사례는 S-70C 블랙호크 헬리콥터인데, 중국이 이를 참고하여 매우 유사한 형상의 하얼빈 Z-20 헬리콥터를 개발했고 지금도 사용하고 있다.

미국의 핵심 국방기술이 중국으로 넘어간 것이 문제가 되기 시작한 것은 1990년대 클린턴 대통령 때였다. 휴즈(Hughes Electronics Co.)사와 로랄(Loral Space & Communications Ltd.)사 등 미국 업체들이 자사의 위성을 중국의 창정 시리즈 로켓에 실어 발사하는 과정에서 중국의 기술부족과 품질불량으로 수 건의 사고가 발생하자 사고원인 분석 및 성능 개선을 적극적으로 자문해준 것이 드러났기 때문이다. 이 업체들은 의회와 수사당국의 조사 이후 재판을 받고 무기수출통제법(Arms Export Control Act) 집행 역사 중 가장 큰 벌금을 냈다. 미국 의회는 1999년 5월 Cox Report를 발간하고 핵탄두의 소형화, 로켓 등 첨단 국방기술의 중국 이전 가능성에 대해 우려하기 시작했다.

민간 분야에서도 대중 기술 이전으로 서방국가 산업이 피해를 보는 사례들이 나타나기 시작했다. 대표적 사례는 고속철도 분야에서 발견된다. 중국은 2003년에 북경－상해 고속철도 건설 계획에서 외국 기술 도입을 추진하면서 서방의 고속철도들을 경쟁시켜 고속철 기술을 중국에 이전해주게끔 하는 전략을 구사했다. 결국 서방 기업 중 참여하게 된 지멘스(독일), 알스톰(프랑스), 카와사키(일본), 봄바디에(캐나다)의 4개사가 모두 기술을 이전해주게 되었다. 중국은 이를 활용하여 독자적인 고속철도 기술개발사업을 철도부－과학부 공동 사업 등을 통해 추진하였으며 최고 속도 등의 기술 수준도 단계적으로 높여 나갔다. 그러면서 전국적인 고속 철도망을 건설하고 자체 개발한 기관차와 열차들을 투입해나갔다. 중국은 2011년 1월에 이미 시속 200km 기준으로 고속철도망 총 길이가 세계에서 가장 긴 나라가 되었고, 2020년 말 기준 총 길이가 38,000km로서 세계 고속철도 길이의 2/3가 중국에 있을 정도가 되었다. 중국의 고속철도 산업이 성장함에 따라 가격 경쟁력도 커졌고, 원천기술을 제공했던 독일에서는 독일철도공사(DB)가 고속 기관차나 철도 부품을 조달할 때 중국산 제품을 구입하는 방안을 검토할 수밖에 없는 지경까지 이르게 되었다.

냉전 시대에 공산권 국가로 고급 기술이 넘어가게 된 사례들을 정리해보면, 소련은 자체적으로 기술개발을 하려고 노력하는 동시에 합법, 편법적 수단을 모두 동원하여 서방의 선진기술을 도입하려고 노력했고 상당 부분에서 성공을 거두었다. 소련의 제조업 기반 구축, 제트엔진 개발, 잠수함의 저소음화 등이 서방 기업들의 기술로 가능하게 되었고, 대형 폭격기는 2차 세계대전 중 운좋게 입수한 미국의 B－29 기체 덕분에 신속히 개발할 수 있었다. 1980년대 이후 중국도 소련과 비슷한 방법을 이용하여 선진 기술을 획득하였는데, 이 기술들이 중국의 국방력뿐만 아니라 경제력 강화에도 활용되고 기존의 세계 균형에 변화를 가져오게 되자 서방 국가들이 기술보호를 중심으로 하여 수출통제와 투자스크리닝 제도를 강화하게 하는 요인이 되었다(이은호 2022).

3. 기술자의 역할

가. 중세 이후 유럽내 기술자 이동과 제국의 흥망

아무리 훌륭한 제품이나 기술이라도 그들을 다루는 기술자가 없으면 소용이 없다. 최종적으로는 기술자가 가장 중요한 전략 자산인 셈이다. 과거 수백 년간의 세계 역사에는 주요국들이 기술자들을 우대하여 유치하려 했던 사례가 많이 발견된다. 전쟁에서 승리한 국가가 패전국 기술자들을 전리품처럼 데려간 사례는 20세기에도 있었다. 지금도 미국이 고급 기술자 비자 제도(NIW)를 운영하는 등 여러 나라들이 기술자 유치제도를 경쟁적으로 운영하고 있다.

군사력에서 기술이 핵심적 역할을 하게 된 것은 화약을 이용한 무기가 나온 이후부터였다. 특히 적군의 성이나 군함을 부술 수 있는 대포는 군사력의 균형을 크게 바꾸었다. 화약이 처음으로 개발된 곳은 중국이었으나 대포가 본격적으로 발전된 곳은 유럽이었는데, 14세기에 이슬람 국가와 기독교 국가들이 서로 싸우면서 대포의 제작과 사용 기술을 발전시켰다. 이들 중 특히 오스만 제국은 기술과 지식에 큰 가치를 부여하고 매우 실용적 태도를 견지하여 기술자라면 종교가 기독교이든 유대교이든 상관하지 않고 우대하였다. 15세기 후반 비잔틴 제국을 공략하던 제7대 술탄인 메흐메드 2세(Mehmed II)는 헝가리의 대포 기술자였던 오르반(Orban)을 초빙하여 초대형 대포를 만들도록 했고, 그가 만든 Basilica 대포를 이용하여 그때까지 난공불락이던 콘스탄티노플의 성벽을 깨뜨리는데 성공하였다. 공격이 시작되고 나서 53일만인 1453년 5월 29일에 콘스탄티노플이 함락되었고, 이와 함께 1,500년 역사의 로마 제국이 사라지게 되었다.

영국도 대포 기술을 발전시킨 덕분에 해군 전력을 강화시킬 수 있었다. 16세기 영국은 튜더 왕조의 헨리 7세부터 엘리자베스 1세 여왕까지 3대에 걸쳐 프랑스 등에서 외국인 대포 기술자들을 영입하는 한편 자국 내 제철산업을 육성시켜 저가이면서도 품질이 좋은 주철 대포(cast iron cannons)를 대량 생산할 수 있게 되었다. 영국 해군은 주철 대포가 기존의 청동 대포보다 훨씬 저렴해지자 이를 많이 실을 수 있도록 군함의 설계를 변경하고 전술도 원거리 포격 위주로 변경하였다. 이를 통해 영국 해군은 1588년 8월에 스페인의 무적함대(Armada)를 격파했고, 이렇게 차지한 제해권을 20세기까지 놓치지 않았다.

오스만 제국과 영국이 기술자를 우대하여 군사기술을 발전시킬 수 있었던 반면에 그 반대로 행동한 국가들도 있었다. 스페인은 1492년에 종교재판을 강화하면서 신교도를 포함한 자국 내 모든 이교도에게 가톨릭으로 개종할 것을 강제하였다. 이에 스페인과 포르투갈에 거주하던 많은 유대인들은 암스테르담으로 이주했다. 이후 16세기 후반에 네덜란드에 공화국(Dutch Republic)이 설립되자 이베리아 반도에 남아서 겉으로만 개종하고 비밀리에 유대교를 따르던 유대인들도 여기로 이주하였다. 이들 중 일부는 1630년 무렵부터는 상업국가로 성장하던 영국으로 이주하기 시작했고, 17세기 중반 영국 내전(English Civil War)에서 호국경(Lord Protector)이 된 올리버 크롬웰(Oliver Cromwell)이 유대인의 입국을 전면 허용하자 많은 유대인들이 영국으로 이동하였다. 이것은 영국이 세계적 경제권력을 갖기 시작한 계기가 되었다. 1694년 영국은 세계 최초의 중앙은행인 영란은행(Bank of England)을 설립했고 화폐 발행권 제도도 만들어내는 등 세계 경제를 선도하게 되었다.

프랑스도 17세기에 우수한 기술자를 내쫓은 역사를 갖고 있다. 종교 개혁 이후 프랑스에는 개신교 정신에 투철했던 위그노(Huguenots)라는 그룹이 있었다. 칼뱅파인 프랑스 개혁교회에 속하는 사람들이 주로 해당된다. 1598년에 앙리 4세 국왕이 낭트 칙령(Edict of Nantes)을 선포하면서 위그노들은 프랑스에서 중요한 직업과 지위를 가지고 안정적으로 살고 있었는데, 1643년에 즉위한 루이 14세는 1685년 10월에 퐁텐블로 칙령(Edict of Fontainebleau)을 발표하여 낭트 칙령을 취소하고 개신교를 불법화하였다. 이에 많은 위그노들은 프랑스를 버리고 인근 유럽국가와 북아메리카로 이주할 수밖에 없었고, 이들이 떠난 프랑스에서는 두뇌 유출 상황을 맞게 되었다. 추방된 위그노들을 가장 적극적으로 받아들인 나라는 당시 낙후된 국가에 속하던 프러시아였는데, 포츠담 칙령(Edict of Potsdam)을 발표하여 적극적으로 위그노를 유치하였다. 독일인 스스로도 낭트 칙령의 취소가 자국의 산업화에 큰 기여를 했다고 평가할 정도로 독일로 이주해온 위그노들이 독일 산업발전에 미친 긍정적 효과는 대단했다. 위그노들은 자신들이 프랑스에서 해오던 직조업과 의류 제조업을 프러시아에서 새로 시작하였는데 이것은 19세기에 프러시아가 유럽의 주요국 중 하나로 부상하도록 하는 기반이 되었다. 영국, 네덜란드와 아일랜드에서도 위그노 이주민들은 직조업의 수준을 높이는 데 기여했다.

나. 20세기 기술자의 이동 및 원자탄과 미사일의 탄생

기술자들이 정치, 종교와 신념의 차이에 따라 쫓겨나고 다른 나라들이 이들을 영입하면서 나타난 결과는 역사에서 계속 비슷하게 나타났다. 그러나 이러한 교훈은 항상 쉽게 잊혀지는 것으로 보인다. 20세기에도 기술자들의 강제 이주가 일어났고, 이들은 지금까지도 최강의 전략무기인 원자탄과 탄도탄을 만들어내게 된다.

1차 세계대전 직후 유럽 대륙에서는 여러 나라에서 전체주의가 발흥하고 반유대주의가 퍼지면서 많은 지식인들이 외국으로 피신하게 되었다. 특히 독일에서는 1933년 1월에 히틀러가 총리로 임명되어 나치가 정식으로 권력을 장악하고 4월에는 "직업공무원 회복법(Berufsbeamtengesetz)"을 제정하여 "충분히 아리안 민족이지 못한 사람"의 후손들을 공직에서 해고하였다. 독일 대학의 교직원은 모두 공무원이었기에 유대인 교수들은 모두 직장을 잃게 되었다. 앞서 기술한 1차 세계대전에서의 경험으로 강대국들은 국가안보가 위기에 처할 때 과학기술이 어떤 도움을 줄 수 있는지를 알고 있었다. 그럼에도 불구하고 독일에서는 과학자라고 하더라도 유대인이라면 모두 배척했다.

영국과 미국은 이를 기회로 활용했다. 이들은 대공황시기임에도 불구하고 특별 채용 프로그램을 마련하여 쫓겨난 독일 과학자들에게 직장을 제공하면서 받아들이기 시작했다. 1939년 연쇄 핵분열을 처음으로 발견한 나라는 독일이었으나 이를 이용하여 원자탄을 실제로 제조하는 방법에 대한 보고서를 처음으로 작성한 사람들은 영국으로 피신한 유대인 과학자들이었다. 그리고 윈스턴 처칠은 1차 세계대전에서의 아세톤 사례에 이어 과학기술과 관련한 중대한 결정을 또 내리게 된다. 이 보고서를 받아들여 1941년 세계에서 가장 먼저 원자폭탄 개발을 지시한 것이다.

한편 미국은 과학자들의 자발적 제안에 따라 과학기술 전담 조직으로 과학연구개발청(OSRD)을 설립하고 레이더, 근접신관 등을 개발하고 있었다. 1941년 가을, 영국은 원자탄 단독개발이 어렵다고 판단하고 미국에게 관련 자료를 모두 넘겨주었고 OSRD는 원자탄 개발을 위한 조직으로 소속 부서로서 "맨하탄 프로젝트"를 출범시켰다. 여기에서도 유럽 출신 유대인 과학자들이 큰 역할을 한 것은 잘 알려진 사실이다.

나치 독일은 현재까지도 가장 중요한 전략무기 중 하나인 탄도탄을 개발했다. 1933년까지 과학분야 노벨상 수상자를 가장 많이 배출한 국가가 독일이었던 점을 감안한다면 당연한 일이다. 나치 독일의 V-2 로켓은 세계 최초로 개발된 탄도미사일이다. 이때 사용된 설계나 기술들이 현대의 대륙간 탄도탄이 사용하는 것과 기본적으로 같을 정도로 당시 나치 독일이 이룬 성과는 대단하다고 생각된다. 이러한 성과를 거둔 기술자는 1937년 약관 24세에 페네뮌데연구소의 기술 총괄 책임자로 임명된 베르너 폰 브라운 박사였다. 폰 브라운 박사와 그가 이끄는 연구팀은 V-2 로켓을 개발하고 양산체제를 구축하는 일까지 성공시켰으나, 전쟁이 막바지에 이르자 나치 친위대(SS) 대장인 하인리히 힘러(Heinrich Himmler)가 자신의 권력욕으로 폰 브라운 박사를 체포하여 거의 죽일 뻔한 일이 발생하고, 종전 직전에는 V-2 연구진이 연합군 포로가 될 우려가 있을 경우 이들을 모두 죽이라고 SS가 지시하게 되자 폰 브라운 박사와 연구진들은 모두 미군에게 자발적으로 투항하게 되었다. 미군은 이미 진행하고 있던 나치 독일의 첨단 기술과 기술자들을 자국으로 옮겨가는 작전의 일부로서 폰 브라운 박사와 약 500명의 독일 기술자들을 미국으로 이주시켜 로켓 연구를 계속하게 하였다. 폰 브라운이 나치 당원이고 SS대원이었다는 점도 불문에 붙였다. 다만 이들은 이주 초기에는 미국 국내파 로켓 기술자들과의 경쟁으로 인해 크게 대우를 받지 못했다. 그러나 1957년의 스푸트니크 쇼크 이후 미국이 소련과 우주 경쟁을 시작하면서 앨라배마 헌츠빌에 마셜 우주비행센터가 설립되고 폰 브라운이 초대 소장으로 임명되어 본격적으로 우주 탐사 로켓 개발을 시작할 수 있었고 결국 1969년 7월에 아폴로 우주인들이 달에 착륙할 수 있게 해준 새턴-V 로켓을 개발하는데 성공하였다.

나치 독일의 로켓 기술자들이 대부분 미군에게 투항해버렸기에 소련군은 로켓 기술자들을 많이 확보할 수 없었다. 그러나 소련도 자국의 로켓 기술자들을 소련군과 함께 독일로 진주시켜 남아있는 독일 기술자 중 유용한 사람들을 찾아 소련으로 데려갔으며, 모스크바 북서쪽 300km 지역에 새로 설립된 로켓 연구소인 NII-88에서 당시 소련 기준으로는 우대를 하면서 로켓 개발을 하도록 했다. 그러나 소련에는 코롤료프라고 하는 훌륭한 로켓 기술자가 이미 있었고, 소련인들은 어느 정도 기술을 이전받은 후에는 독일인들을 배제하고 스스로 로켓을 개발하기 시작했다. 결국 1953년에 스탈린이 죽은 후 독일 기술자들은 모두 본국으로 귀국했고 소련인들은 자체적으로 개발한 로켓으로 스푸트니크 위성을 발사하는데 성공했다.

4. 생산기술의 중요성

한 나라가 전쟁을 하게 되면 이전까지는 쉽게 확보해오던 물자들도 갑자기 구하기 어렵게 되거나 아니면 훨씬 많은 양이 필요하게 된다. 전시에 공산품을 안정적으로 수급하려면 최대한 자체적으로 생산을 하는 방법이 바람직하며, 이를 위해 해당 제품에 대한 효율적인 생산기술을 확보하는 것이 긴요하게 된다. 실제로 주요 열강들은 두 차례 대전을 치르는 동안 무기류 생산은 물론이지만 의약품이나 섬유 염색제 등을 대량 생산하는 능력을 갖추기 위해서도 큰 노력을 기울였다.

2차 세계대전에서 자재와 인력을 효율적으로 투입하여 최대의 생산을 얻어내는 일을 가장 잘 해낸 국가는 미국과 독일이다. 미국은 다른 교전 당사국에 비해서 가용 자원이 많았는데도 생산성 측면에서 가장 훌륭한 성과를 보여주었고, 독일도 연합국 측에 비해 부족한 자원을 최대한 효과적으로 사용함으로써 긴 전쟁을 수행할 수 있었다. 비교가 되는 국가는 일본인데, 기술과 물자도 부족했지만 생산기술 면에서도 미국이나 독일과 비교가 되지 않는 수준이어서 전쟁물자의 성능이 낮았을 뿐만 아니라 물량도 모자랐다.

가. 미국의 리버티급 수송선

미국의 생산 능력을 대표적으로 보여주는 첫 번째 사례는 리버티(Liberty)급 수송선이다. 2차 세계대전에서 미국은 생산된 전쟁물자들을 배에 싣고 유럽으로 보내야 했다. 이 수송선들을 독일 U보트 잠수함들이 격침시키고 있었는데, 미국은 격침당하는 것보다 많은 수송선을 계속 투입시킬 수 있다면 보급 전쟁에서 이길 수 있다고 생각했다. 이러한 생각하에 수송선을 문자 그대로 찍어내듯이 대량으로 만드는 공정을 정립하는데 성공했고, 이를 통해 만든 선박이 리버티급 수송선이다. 크기나 성능 면에서 그다지 좋지는 않았지만 이 수송선의 장점은 저렴한 생산 비용과 빠른 생산 속도였다. 한 척당 건조비용이 당시 가격으로 200만 달러(2021년 기준 환산가격으로는 3,700만 달러)였다. 1941년~1945년간 미국내 18개 조선소에서 총 2,710척이 생산되어 2일마다 3척씩 건조한 셈이었고, 한 척 건조에 평균 45일밖에 걸리지 않았다. 최단시간 기록은 4일 15시간 30분이었다. 현재도 리버티급 수송선은 단일 설계로 가장 많이 생산된 선박이다. 리버티 수송선의 생산 신화를 만든 사람은 현대 조선의 아버지로 알려진 헨리 존 카이저(Henry John Kaiser)인데 원래 건설업자 출신이었다. 그는 포드 자동차 공장을 견학하고 자동차 업계의 외주 체제를 조선업에 도입하였다. 카이저는 용접 방식으로 배를 건조하고 엔진으로 증기기관을 선택하는 등의 기술적 결정에 이어 프로젝트 관리(project management) 기법을 조선업에 적용하여 성공을 거두었다고 평가된다.

나. 미국의 B-24 리버레이터 폭격기

두 번째 사례는 포드 자동차 회사가 만든 4발 폭격기 B-24이다. 포드 자동차는 자동차 산업의 어셈블리 라인 기법을 비행기 생산에도 적용할 수 있다고 주장하고 엄청난 역경을 겪은 끝에 결국 성공하였다. 1945년 종전 직전에 포드 자동차의 윌로우 런 공장은 B-24 폭격기 한 대를 18시간 만에 만들 수 있었고 어셈블리 라인에서는 58분에 폭격기가 한 대씩 출고되었다. 1944년 최대 생산을 할 때에는 한 달에 650대가 생산되기도 하였다. 이러한 활동으로 전쟁 중 미국이 생산한 총 18,493대의 B-24 폭격기 중 8,685대(완성기 6,792대+녹다운 키트 1,893대)가 윌로우 런 공장에서 생산되었다. 이 숫자 덕분에 B-24는 아직까지 미국이 생산한 군용기 중 가장 많이 만들어진 비행기이다. 세계적으로 가장 많이 생산된 4발 비행기이기도 하다. 참고로, 더 유명한 4발 폭격기인 B-17 Flying Fortress는 12,731대가 생산되었다.

다. 독일의 Type XXI 유보트 잠수함

독일에서는 대전 말기에 개발되어 생산된 U보트 잠수함인 Type XXI이 생산공학에 큰 족적을 남겼다. 독일은 2차 세계대전 초기에 소형 U보트 잠수함인 Type VII로 큰 성과를 냈는데 얼마 안되어 연합군이 대응전술을 속속 개발함에 따라 신형 잠수함이 필요하게 되었다. 독일은 잠수함이 장시간 잠수하며 작전을 할 수 있도록 설계를 획기적으로 변경하는 한편 생산방식도 바꾸어 보려고 했다. 1943년 7월, 독일의 군비생산담당 장관으로 유명했던 알버트 스피어(Albert Speer)는 자동차와 소방차 생산 분야 산업공학자인 오토 메르커(Otto Merker)를 조선위원회 위원장으로 앉히고 문제를 해결해보도록 했다.

메르커가 제안한 방법은 유보트를 각각 130톤 정도 나가는 8개의 큰 블록으로 나눈 다음, 이전까지는 잠수함 선체용 철판의 성형만 하던 내륙 소재 협력업체들이 잠수함 내부에 들어갈 배관 등 모든 설비들도 미리 포함시켜 생산하도록 하고 이 블록들을 바지선에 실어 운하를 통해 해안지역인 브레멘이나 함부르크로 옮겨 연합군 폭격에 견딜 수 있도록 콘크리트 벙커 형태로 건설된 조선소에서 용접 접합 방법으로 최종 조립하게 한다는 것이었다. 메르커는 이 방법을 채택하면 첫 번째 Type XXI 유보트를 1944년 4월 1일에 진수시킬 수 있고 이후에는 매월 30척을 생산할 수 있을 것이라고 주장했다. 이러한 블록 공법은 미국의 리버티급 수송선 제조 공정보다 한걸음 더 나아간 것이었다. 그러나 새로운 공법이 제대로 꽃을 피우기에는 독일에게 주어진 시간이 너무 짧았다. 잠수함 한 척당 건조시간이 6개월 미만이 되게 하겠다는 것이 목표였으나 실제로는 완성된 이후에도 보정 등의 사후 작업에 시간이 오래 걸렸다. 이에 따라 종전까지 118척의 Type XXI 잠수함을 완공했으나 전투적합 판정을 받은 것은 4척뿐이었다. 그나마 2척만 실전에 투입할 수 있었는데, 격침 전과는 내지 못했다. 그러나 Type XXI 잠수함의 생산방식이 현대 조선 산업에 미친 영향은 정말로 크다. 블록 조선 공법은 1950년대 초 일본에서 조선업계의 획기적 성장을 가져왔고, 지금은 우리 업계가 확실히 완성시켜 우리나라를 조선 강국으로 만드는 기반이 되었다.

5. 우리나라 - 기술을 배척한 조선

앞서 거론된 역사의 강대국들은 모두 국가안보에서 기술이 가지는 중요성에 대해 잘 알고 있었다. 그러면 우리나라는 어땠을까?

건국 초기에는 조선의 기술력이 상당했다. 고려의 도자기, 금속활자와 화약 및 화포 제조 기술을 발전시켰고 세종 대에는 많은 성과가 있었다. 그런데 조선 후기로 갈수록 기술이 퇴보하거나 없어지는 현상이 관찰된다. 조선은 사대부가 성리학으로 통치하는 사회를 지향하다 보니 국가의 부를 늘리는 데에는 관심이 부족했고 심지어는 평민들이 부유해져서 기존의 신분 체계를 흔드는 일이 발생하는 것을 막으려 했다. 이 때문에 기술발전을 통해 신분이 낮은 사람들이 새로운 부를 축적하는 것을 막으려고 했던 것으로 보인다.

가. 수레

18세기 실학파 학자 박제가는 "북학의(北學議)"에서 신라가 강성하게 된 이유가 수레와 배를 잘 사용했기 때문이라고 지적하고,[3] 조선은 오히려 수레를 사용하지 않고 도로도 부실한 점을 개탄하였다.[4] 그런데 신라와 조선 사이의 퇴보보다도 조선 전기와 후기 사이의 기술 수준 하락이 더 컸다. 조선 초기에 세종은 "지금 우리나라 사람이 물건을 실어 수송하는 것이 중국에서 한창 사용되고 있는 것보다 못하다"라고 하면서 작은 손수레인 "강주(杠輈)"를 만들어 이를 보급하려 했다. 그러나 조선의 관리들은 국왕의 지시에 태업으로 대응했다. 결국 세종 자신은 29년(1447년) 5월 1일에 "부왕인 태종은 온천 개발과 수차 사용을 장려했고 나는 강주를 보급하려 노력해보았으나 신하들과 백성들이 새 문물의 도입을 귀찮게 생각하여 모두 성공하지 않고 있다"라고 말하면서 자신이 설립했던 강주국을 폐지하였다.[5]

---

3 삼국사기 권 제6 신라본기 제6 문무왕(文武王): "2년 1월 (662년 01월(음)) 군량을 싣고 평양으로 가도록 명하다 – 왕이 유신과 인문·양도(良圖) 등 아홉 장군에게 명하여, 수레 2천여 대에 쌀 4,000석과 조(租) 2만 2천여 석을 싣고 평양(平壤)으로 나아가게 하였다."
   출처: 한국사데이터베이스(http://db.history.go.kr/id/sg_006r_0020_0160)

4 "북학의(北學議) 외편(外篇) 재부론(財富論)"(pp. 171~174), 박제가 지음 안대회 옮김, 돌베게, 2003.

5 당시 실록을 보면 세종은 "내가 강주(杠輈)를 설치한 것은 본디 백성으로 하여금 운반하는 데에 편리하고 소

나. 은 제련법

조선 시대에 은은 동북아시아에서 국제통화였다. 그런데 1503년 연산군 때에 은의 생산을 획기적으로 늘릴 수 있는 방법이 개발되었다고 왕에게 보고되었다. 연산군일기 제49권(연산 9년, 1503년 5월 18일자)에 아래 내용이 기술되어 있다.

> "김감불과 김검동이 납으로 은을 불리어 바치다"
>
> 양인(良人)[6] 김감불(金甘佛)과 장례원(掌隷院) 종 김검동(金儉同)이, 납[鉛鐵]으로 은(銀)을 불리어 바치며 왕에게 아뢰었다. "납 한 근으로 은 두 돈을 불릴 수 있는데, 납은 우리나라에서 나는 것이니, 은을 넉넉히 쓸 수 있게 되었습니다. 불리는 법은 무쇠 화로나 남비 안에 매운 재를 둘러놓고 납을 조각조각 끊어서 그 안에 채운 다음 깨어진 질그릇으로 사방을 덮고, 숯을 위아래로 피워 녹입니다"하니, 연산군이 전교(傳敎, 왕의 지시)하기를, "시험해보라"하였다.(연산군일기 제49권)

이후 연산군은 은 생산 확대를 장려했고 함경도 단천은 은 생산과 교역으로 큰 부를 쌓게 되었다. 그러나 연산군을 반정으로 몰아낸 중종이 집권하자마자 은 채취가 금지된다. 조선 내에서 금과 은이 생산되지 않는다고 중국에게 설명하여 조공을 면제받은 것을 지켜야 한다는 이유였으나, 실록에는 은 생산과 이를 이용한 무역으로 돈을 번 함경도 사람들에 대한 고위 관리들의 반감이 계속 엿보인다. 결국 이 기술은 일본으로 흘러갔다. 일본의 기록을 보면 1526년부터 이와미(石見, 현재 시마네 현 지역)에서 은을 채굴하기 시작했으나 제련 효율이 나빴는데 1533년 외국에서 불러들인 종단(宗丹)과 계수(桂壽)라는 2명의 기술자가 회

나 말을 먹여 기르는 번폐를 없게 하려는 것이었는데, 설치한 지가 벌써 오래 되었어도 백성들이 힘써 사용하지 아니하므로, 왕년(往年)에 시험삼아 형제 자질(兄弟子姪)과 여러 대신(大臣)의 일가들에게 주어서 널리 시행하고자 하였더니, 뒤에 들은즉 모두 매달아 두고 사용하지 않는다 하기에 명하여 도로 거두어 버렸다"고 말하고, 앞으로 사용할 생각이 있느냐고 물었는데도 신하들의 반응이 신통치 않자 "설치한 지가 벌써 10년이 넘었는데도 백성들이 실행하지 아니하여, 소속된 노자(奴子) 1백 인이 공사(公私)간에 유익함이 없다. 만일 꼭 사용하려면 다시 설치하기에 무엇이 어려우랴."라고 말하고, 강주국(杠輈局)을 혁파하라고 명하였다.

6 조선시대에 공민권을 갖고 있고 조세, 군역 등의 의무를 지는 일반 백성. 크게 보면 천민(賤民)인 노비와 양민으로 구분되고 양민은 양반, 중인 및 상민(常民)을 모두 포함하는 개념.

취법(灰吹法)을 전수해주고 나서는 엄청나게 증산을 할 수 있었다고 한다. 이후 일본의 은 생산은 급증하여 16세기 후반에는 전 세계 생산량의 1/3인 연간 200 톤을 생산할 정도였다. 결국 일본은 회취법을 전수받은 50여 년 후에는 동북아에서 국제전쟁(임진왜란)을 일으킬 수 있는 국부를 쌓을 수 있었다.

종단과 계수는 조선 또는 명나라에서 왔다는 두 가지 주장이 있는데, 회취법이 연산군 앞에서 설명했던 제련법과 동일하다는 것과, 1539년의 조선실록에 무관 출신 유서종이 은 제련방법을 일본인들에게 가르쳐줬다고 하여 처벌했다는 기록이 있는 것을 보면 종단과 계수가 조선인이었던 것으로 보는 것이 타당할 것으로 사료된다.

다. 조선의 도공

조선이 천시한 기술자들이 일본의 국부를 늘려준 사례는 또 있다. 임진왜란 때 조선의 도공들이 일본으로 많이 끌려갔는데, 일본의 영주들은 조선에서는 천민이던 이들에게 사무라이 대우를 해주고 조선인 마을을 만들어 주는 등 크게 우대하면서 새로운 노자기를 만들도록 하였다. 이들 중 충청도 금강 출신인 이삼평(李參平)은 지금의 사가현(佐賀県) 지방에서 일본의 첫 백자를 구워내 지금도 유명한 아리타 자기의 원조가 되었고, 남원 출신 심당길(沈當吉)은 규슈 사쓰마 번(지금의 가고시마현(鹿児島県))에서 시로몬(白物) 자기를 생산하기 시작하였다.[7]

마침 이때 유럽에서는 중국 도자기가 인기였는데 명-청 교체기에 수입이 어렵게 되자 네덜란드 동인도회사는 1650년 무렵부터 일본에서 도자기를 수입하기 시작하였다. 일본산 도자기는 바로 인기를 얻게 되었고 일본은 큰 부를 쌓았을 뿐만 아니라 서양 문물과 접하면서 근대화에도 도움을 받았다. 아리타 자기를 생산한 히젠(사가현)과 사쓰마 자기를 생산한 사쓰마(가고시마현)가 메이지 유신의 주역[8]이 될 수 있었던 이유다.

---

7 심당길의 자손은 지금도 "심수관"이라는 같은 이름을 계속 물려받아 쓰면서 사쓰마 자기를 주도하고 있다.
8 메이지 유신은 사쓰마(가고시마), 조슈(야마구치), 도사(고치), 히젠(사가) 등 4개 번이 연합하여 이루어졌다.

라. 사치풍조의 배격과 기술의 퇴보

조선은 후반기에 들어서면서 고급 직물을 짜는 기술도 스스로 포기하였다. 개국 초기에는 고급 비단(능라. 綾羅)을 만들기 위한 실을 뽑고 염색하는 기술을 배우기 위해 상의원(尚衣院)의 능라장(綾羅匠)을 중국으로 보냈다는 기록이 있고, 연산군 때에는 조정 관원들이 능라장과 함께 고급 비단을 사사로이 짜서 관청에서 쓰게 하여 기술을 확산시키자는 전교(傳敎)도 있었다. 그런데 중종 대부터 고급 비단이 "사치풍조"라고 하여 배척받기 시작했고,[9] 영조 9년(1733년)에는 아예 베틀을 철거하고 고급 비단을 짜지 못하게 하였다. 이에 중국에 다녀오는 사신들이 비단을 들여오게 되자 영조 22년(1746년)에는 사치 풍조 타파에 솔선수범해야 한다고 하면서 사행(使行)에서 고급 비단을 사오는 것을 엄금하는 왕명을 내렸다.

조선에서 기술과 기술자에 대한 대접은 정말로 낮았다. 세종이 장영실을 중용한 것이 이례적이었는데, 그나마도 그가 관리하던 왕이 타는 수레가 망가진 것을 빌미로 최고 수준의 처벌을 한 후 내쫓아버렸다. 중종 때 내친 은 제련법과 임진왜란 때 끌려간 조선의 도공들이 만든 아리타 자기와 사쓰마 자기는 일본을 부강하게 했다. 조선 도공들은 본국에 있을 때는 고급 자기를 만들지 못했으나 일본에서 후한 대접을 받게 되자 중국 물건과 경쟁할 수 있는 수준의 자기를 만들었다. 조선 개국 초기 왕권이 강했을 때에는 중국에 사신으로 가 보았던 태종이나 학식이 높았던 세종 등이 직접 나서 새로운 문물을 조선에 도입하고 국부를 늘려보려 노력했으나, 사대부들의 태업에는 당할 수가 없었다. 유교적 명분으로 반정을 일으켜 집권한 중종 대에 여러 기술들이 사장된 것은 불문가지였다. 조선 후기 성리학적 관행이 강화되면서 기술에 대한 천대는 심해지고 국부가 더욱 쇠퇴하게 된 것은 당연한 수순이었다.

---

9 중종 11년 (1516년) 10월 20일 3번째 기사에는 고급 비단을 사치 풍조라고 하여 쓰지 말자고 하는 논의와 지폐의 사용 포기 결정 등이 포함되어 있어 조선 개국 초기의 기술 및 상업 중시 기조가 반전되는 상황을 보여준다. 특히 고급 비단(紗羅綾緞)을 입는 것을 금지시켜야 하나 법으로 금하기는 어려우니 재상부터 사용하지 않으면 부녀자들이 감화되지 않겠느냐고 왕이 말하자 이계맹이 삼전(三殿: 왕, 대비, 중전)부터 입지 않으면 될 것이라고 말하는 부분이 실록에 기록되어 있다.

제2부

국제 전략물자 관리체제

제4장 전략물자 관리체제 발전과정과 주요 내용

제2차 세계대전 이후 미국은 자유주의 진영을, 소련은 공산주의 진영을 이끌었다. 미·소 냉전체제는 전 세계를 양분했고, 국방안보, 외교, 문화예술, 체육 등 전 분야에서 체제 간 경쟁이 벌어졌다. 냉전 시대를 배경으로 하는 007 첩보 영화 시리즈가 1962년 처음으로 개봉되었고, 지금까지도 시리즈가 이어지고 있다. 007 영화 주제의 대부분은 상대국의 첨단 무기나 기술을 탈취하거나 보호하는 것이다. 체제의 우월성을 선전하기 위해 우주개발이 미·소 간에 경쟁적으로 이루어졌고, 올림픽에서 미·소 양국의 선수단은 국가의 명예를 걸고 메달 경쟁을 벌였다.

냉전 시대 미국을 위시한 서방세계는 군사적으로 중요한 전략물자가 소련 진영으로 유입되는 것을 방지하는 체제를 구축하고자 했다. 과학기술이 발전하고 무기가 고도화되면서 민간 용도로 개발된 물자가 군사용으로 전용될 수 있는 이중용도 품목을 관리할 필요성이 제기되었다. 이에 이중용도 품목도 수출 관리할 수 있도록 전략물자 수출통제(Export Control) 체제가 확대되었다.[1] 수출통제란 전략물자가 적성국이나 테러집단 등이 우려되는 사용자에게 전달되어 무기나 테러 장비 생산에 전용되지 않도록 국가가 품목을 정해 수출허가 등을 통해 관리하는 제도이다.

---

1 우리나라 대외무역법 시행령 제32조(국제 수출통제 체제) 법 제19조 제1항에서 "대통령령으로 정하는 국제 수출통제 체제"란 다음 각 호를 말한다.
   1. 바세나르 체제(WA)
   2. 핵공급국그룹(NSG)
   3. 미사일기술통제체제(MTCR)
   4. 오스트레일리아그룹(AG)
   5. 화학무기의 개발 · 생산 · 비축 · 사용 금지 및 폐기에 관한 협약(CWC)
   6. 세균무기(생물무기) 및 독소무기의 개발 · 생산 · 비축 금지 및 폐기에 관한 협약(BWC)
   7. 무기거래조약(ATT)

1. 전략물자와 이중용도 품목

가. 전략물자

일반적으로 전략물자는 개인 또는 조직의 전략적 계획 및 공급망 관리에 중요한 모든 종류의 원자재와 물품을 총칭한다. 그러나 국가 차원에서의 전략물자는 국가안보, 공급망 관리, 국제협정 준수 등을 위해 수출입, 생산, 소비 등에서 정부가 개입할 수 있도록 허용한 품목, 서비스[2] 및 기술을 의미한다.[3] 즉 전쟁 혹은 국가안보에 특별한 전략적 중요성을 갖거나, 국민경제에 필수적이면서 심각한 수급불균형이 발생할 수 있는 물자를 전략물자로 부른다.

국제 수출통제 제도(COCOM)가 처음으로 수립될 당시 전략물자는 국가안보상의 이유 또는 국제협정으로 인해 수출이 전면 금지되거나 특정 조건에 따라 군사적으로 중요하다고 간주되는 군용물자 품목(Munition List)과 이중용도 품목으로 한정되었다.[4 · 5] 이후에 핵무기, 화학무기, 생물무기 등 대량파괴무기(WMD) 생산에 사용될 수 있는 품목에 대해서도 수출통제가 가능할 수 있도록 하기 위해 상황허가(Catch-All)[6] 규정이 도입되었다. 여기에서의 대량파괴무기는 통상 많은 사람을 희생시킬 수 있는 핵무기, 화학무기, 생물무기와 그 운반수단(미사일)을 통칭하는 것이다. 반면 재래식무기[7]는 대량파괴무기를 제외한 장갑차, 총 비핵 미사일, 비핵탄두 등 그 밖의 무기를 말한다.

우리 「대외무역법」은 기존 전략물자와 상황허가 대상 물자를 수출통제할 수 있기 위해 '전략물자 등'이라는 용어를 사용하고 있다.[8] 2018년 5월 「대외무역

---

2 전략물자는 전략 서비스를 포함할 수 있다. 전략물자와 관련된 서비스로, 소프트웨어 또는 기술의 무형 전송, 기술지원 및 중개 서비스의 세 가지 유형으로 크게 나눌 수 있다.

3 전략물자 수출입고시 제2조(용어의 정의) 1항에서는 넓은 의미로 '물품 등'으로 규정하고 있다. "물품 등이라 함은 물품(물질, 시설, 장비, 부품), 소프트웨어 등 전자적 형태의 무체물 및 기술을 말한다."

4 우리나라 전략물자 수출입고시에서 이중용도 품목은 〈부록 2〉 참조.

5 우리나라 군용물자 목록은 〈부록 5〉 참조.

6 상황허가제도란 전략물자로 분류되어 있지 않지만 대량파괴무기(WMD) 제조용으로 전용될 가능성이 높은 모든(All) 물자를 통제(Catch)하는 제도를 말한다. 자세한 설명은 본서 페이지 68 참조. 또한 상황허가 품목은 〈부록 3〉 참조.

7 1992년 군비 투명성 제고를 위해 창설된 UN 재래식무기 등록제도(UNRCA: UN Register of Conventional Arms)는 7대 공격용 재래식무기로 전차, 장갑차, 대포, 전투기, 공격용 헬기, 전함, 미사일에 대한 수출입실적 및 관련 정보(군비보유현황, 국내생산조달 현황 및 관련정책 등) 등은 UN 사무국에 신고, 공표하도록 하고 있다.

8 전략물자 수출입고시 제2조(용어의 정의) 2항에서 전략물자는 이중용도 품목과 군용물자 품목에 해당하는

법」을 일부 개정하여 재래식무기를 상황허가 대상 물품에 포함시켰다.[9] 민수용 목적으로 개발된 첨단 부품이나 소재, 기술, 소프트웨어일지라도 무기 생산에 전용될 수 있기에 이중용도 품목을 분류하였고, 넓게 보면 전략물자는 군용물자, 이중용도 품목 및 상황허가 품목을 의미한다. 사실상 모든 품목이 상황허가 대상 품목이 될 수 있다.

이처럼 전략물자의 안보적 중요성은 폭넓게 해석될 수 있고, 전략물자의 범위 또한 고정된 것이 아님을 알 수 있다. 이중용도 품목과 같이, 일반적으로 군용 무기 생산에는 기술적으로 복잡하고 첨단물질이 필요하므로 민수용으로 개발된 첨단물질도 전략물자가 될 수 있다. 심지어 첨단물질도 아니고, 평소 조달에 아무런 문제가 없는 물자조차도 전시에 많은 양이 필요할 수 있다면 전략물자로 분류될 수 있다. 그리고 대량으로 필요하지는 않지만 대체 불가능하고 국방안보나 공급망에서 필수적이라면 전략적 중요성이 높은 품목이 된다.

개별 국가는 군사용으로 분류할 물품 여부를 결정할 재량권을 보유하지만, 국제 전략물자 수출통제 체제에서는 당사국(회원국) 간 협의를 통해 통제대상 품목을 결정한다. 예컨대 재래식 무기 및 이중용도 품목에 대한 국제 수출통제 체제인 바세나르 체제(Wassenaar Arrangement, 주로 약칭 WA로 불림)는 군용물자 목록을 작성하고 있다. 바세나르 체제가 규정하는 목록은 바세나르 체제 회원국이 아닌 일반 국가들도 국내 관련 정책 수립에 참고하기도 한다.

나. 이중용도 품목

이중용도 품목에 대한 수출통제는 민간 목적으로 사용되는 특정 상품이 무기, 특히 WMD 및 이러한 무기를 운반할 수 있는 미사일의 개발 및 제조에 사용되는 것을 방지하는 것을 목적으로 한다. 호주 그룹(AG), 원자력 공급국가 그룹(NSG) 및 미사일 기술 통제체제(MTCR)와 같은 다자간 수출통제 체제와 바세나르 체제에서 이중용도 품목을 규정한다.

물품 등을 말한다고 규정하고 있고, 3항에서 "전략물자 등"을 전략물자 또는 '상황허가 대상인 물품 등'인 것으로 수출통제 범위를 확대했다.

9 대외무역법 일부개정법률(의안 번호 13513)

2. 제재조치와 금수조치

　　제재(sanction)는 국내 규범 또는 국제규범을 위반한 행위자에게 벌칙으로 부과하는 제한조치이다. 제재의 대상은 국가, 단체, 개인이 될 수 있다. 제재대상의 행동이나 정책의 변화를 이끌어내기 위한 외교적 수단으로 빈번하게 활용된다. 경제제재는 널리 사용되는 제재 유형으로, 현재 국제사회는 대량파괴무기(WMD) 확산, 인권 유린, 테러 지원, 무력충돌, 전쟁 등 "국제평화와 안전"을 위협하는 활동을 억제하기 위해 다양한 경제제재를 채택하고 있다.

　　유엔(UN) 안전보장이사회(안보리)는 UN 헌장 제41조에 따라 국제평화와 지역의 안전유지를 위해 국제사회의 제재조치를 결정하게 된다. 이는 UN 회원국의 국제법적 의무사항이다. 국제법 위반이나 헌법 및 민주주의 원칙을 무시하는 정권(국가)에게 손실을 끼쳐 변화를 유도하기 위해 사용하는 강력하고 비군사적인 수단이다. 가장 일반적인 제재는 무기 금수 조치, 수출입 제한, 금융제재(예금동결), 여행 및 비자 제한 등이다. 무역제재 분야에는 상품과 기술의 수입, 수출, 이전, 이동, 이용, 재화 및 기술에 관한 서비스의 제공 및 조달, 특정 기타 비금융 서비스의 제공 및 조달이 포함된다.

　　미국, EU, 일본, 호주 등 선진국은 개별적인 제재조치를 규정하고 있다. 이들 국가들은 UN 제재 이외에 평화, 민주주의, 법치주의, 인권, 부패 등과 관련된 사안을 위반한 국가에 대해 일방적 조치를 취하고 있다. 특히 미국의 경우, 국가안보, 대외정책 등의 목적에 따라 발동하는 광범위한 제재조치는 우리나라

그림 4-1　국가별 제재 현황

주: 푸른점: UN 및 국내 제재
　　검은점: 특정 국가 주도 제재

자료: 전략물자관리원(KOSTI) 홈페이지(2022.5.20. 검색)

를 포함한 제3국의 무역거래에도 영향을 미치게 된다.

금수(embargo) 조치는 모든 수출입 무역거래의 중단을 의미하며, 특정 국가에 대한 국제사회의 금수 조치는 경제적으로나 정치적으로 심각한 영향을 미칠 수 있는 강력한 수단이다. 국제무역이론이 가르치듯이, 전 세계와 상품을 쉽게 거래할 수 있는 인프라는 국가의 경제적 번영을 극대화하는 수단이다. 무역이 금지되어 폐쇄국가로 전락하게 되면 그 영향은 심각해진다. 금수조치와 달리 제재조치는 허가 없이 특정 수출이나 활동을 금지하는 것으로, 허가를 받게 되면 거래가 가능하다.

3. 전략물자 국제관리 체제, 코콤의 발전

가. 1940년대 후반 코콤의 출범

제2차 세계대전 직후 소련의 팽창주의에 고심하던 미국은 1947년 3월 트루먼 독트린을 통해 공산화 위협이 고조되던 그리스에 경제원조를 결정했다. 3개월 뒤 조지 마셜(1880~1959) 당시 국무장관은 전쟁으로 폐허가 된 서유럽의 경제부흥과 소련 공산주의의 세력 확산을 억제하기 위하여 유럽부흥계획(European Recovery Program)을 발표했다. 미국의 의도를 간파한 소련과 위성국들은 반대했지만,[10] 서유럽 16개 국가가 제출한 유럽 경제재건안을 기초로 미국 의회는 1948년 4월 유럽부흥계획(일명 마셜 플랜)을 승인하였다. 마셜 플랜으로 서유럽 정치인들은 미국을 중심으로 결집하게 되었고, 소련의 세력 확장을 경계하게 되었다.

소련은 베를린 봉쇄를 단행했다. 4개 승전국은 제2차 세계대전에서 패전한 독일 영토를 분할점령 및 통치하였다. 수도인 베를린은 소련 점령지역 한복판에 있었고, 4개 승전국에 의해 등분된 상태였다. 1948년 6월부터 1년간 소련은 서베를린을 봉쇄하고, 전면적인 물자공급봉쇄조치를 취했다. 이에 미국 등 서방

---

10 소련과 위성국가들도 유럽부흥계획 회의에 참가했으나 얼마 안 가 공산진영은 불참을 결정하였다. 참고로 제2차 세계대전에서의 인명 및 물적 손실의 절반이 소련에서 발생했고, 미국의 초기 계획에는 소련도 지원 대상으로 포함되어 있었다(Libbey, 2010).

국가들은 대규모 항공물자 수송작전인 '베를린 공수작전'을 시행해 베를린 봉쇄를 무력화시켰다. 베를린 봉쇄 작전과 베를린 공수작전 초기에 미국과 영국 등 서방국가들은 국가별로 다른 군사 시스템으로 인해 작전 수행에 많은 혼란을 겪었다. 이에 서방 국가들은 소련의 갑작스러운 무력 도발 시 신속하고 즉각적인 대응을 위해 마셜 플랜 참여국의 군사 체계를 통합할 필요성을 깨달았다. 1949년 4월 북대서양조약기구(NATO)가 창설되었다.

미국은 1949년 11월 NATO의 경제적 부속기관인 '대공산권 수출통제 위원회(COCOM, 코콤)'를 설립했다. 코콤은 서방세계의 전략물자와 군사적 목적으로 사용될 수 있는 기술이 소련 및 그 위성국으로 유입되는 것을 방지하는 것이 목적이었다. 재정지원을 수반하는 마셜 플랜에 소련의 위성국가들이 동요하자 소련은 1949년 1월 불가리아, 헝가리, 체코, 폴란드, 루마니아 등 6개국이 참가한 공산권의 경제상호원조회의(COMECON, 코메콘)를 창설하였다. 이후 알바니아, 동독, 몽골, 베트남이 가입하였고, 유고슬라비아, 아프가니스탄, 앙골라, 에티오피아, 모잠비크, 라오스, 북한, 중국 등이 준회원국으로 참여했다. 서방세계의 마셜 플랜과 공산권의 코메콘이 대치하는 가운데 미국은 공산권의 확대를 막기 위한 봉쇄정책을 기획하게 되었고, 봉쇄정책의 일환으로 코콤을 창설했다.

미국은 냉전 시대 공산주의 적들의 전략기술 개발을 억제하기 위해 수출통제를 추진했다. 그러나 수출통제 체제에 대한 서유럽 국가들의 반응은 신통치 않았다. 미국은 수출통제의 전반적인 방향에 대해 영국 및 프랑스와 먼저 합의를 도출한 후, 다른 유럽 국가들을 초청하는 형식으로 추진했다. 공산권과 교역을 하고 있던 일부 유럽국가는 수출통제의 합법성과 경제적 손실을 제기했지만, 미국이 마셜 플랜과의 연계를 시사하자 참여하지 않을 수 없었다. 이로써 냉전체제의 기틀이 형성된 것이다.

초기 코콤 사무국은 파리 주재 미국 대사관이었다.[11] 다수 회원국이 수출통제 강화에 부정적인 입장을 보여 자율적 규제를 의미하는 신사합의와 만장일치 원칙을 정했다. 코콤은 1950년부터 미국, 영국, 프랑스, 이탈리아, 네덜란드, 벨기에, 룩셈부르크로 구성된 7개 회원국으로 운영이 시작되었고, 출범 이후 몇

---

11 1994년 코콤이 해체된 이후 1996년 7월 바세나르 체제로 계승되었다. 본부가 네덜란드 바세나르에 소재하고 있어 바세나르 체제라고 칭한다.

개월 사이에 노르웨이, 덴마크, 캐나다, 서독이 가입했다. 1952년에는 포르투갈, 1953년에는 일본, 그리스, 터키가 가입함으로써 회원국이 14개 국가로 늘어났다.

미국은 중국이 한국전쟁에 개입하자 1952년 '중국 위원회(CHINCOM)'라는 별도 위원회를 만들어 공산주의 중국에 대한 수출을 다자적으로 통제하고자 했다. CHINCOM에서의 수출통제는 훨씬 더 강화되었고, 대상 목록은 코콤보다 더 광범위했다. 중국에 대한 차별이 작동한 것이었다. 영국은 CHINCOM에 대해 부정적이었다. 중국과 거래가 많았던 홍콩에 대한 수출통제 강화로 이어지는 것을 꺼렸기 때문이다. 1957년 CHINCOM은 공식적으로 코콤에 통합되었다 (Jones, 2021). 하지만, 미·중 관계가 정상화되고 중국의 개방개혁이 진행되던 1981년 미국과 코콤 회원국은 중국에 대한 수출통제 수준을 소련보다 완화(우대정책)시켰으나, 1989년 6월 천안문 사태에 대한 조치의 일환으로 중국 우대 정책은 폐지되었다.

나. 1980년대 코콤과 신흥개발국

코콤은 서구세계의 안보를 위협할 수 있는 전략기술의 통제를 위해 출범했지만, 국제조약이 아닌 협의체로 운영되었고, 특정 품목의 수출을 제한하거나 허용하는 것을 만장일치로 결정해야 하므로 합의가 쉽지 않았다. 기술발전과 안보환경을 고려하여 3-4년마다 수출통제 대상 전략물자의 범위를 조정하는 것도 어려웠다. 코콤은 60년대와 70년대에 작동되고는 있었지만, 신사협정 특성상 통제대상 물품이 공산국으로 유출되더라도 관련 국가나 기업을 처벌하지는 못했다.

1980년대에는 코콤의 역할과 효율성에 대한 관심이 높아졌다. 코콤 회원국은 1949년 출범 당시 7개 우방국에 불과했으나 1980년대 말에는 12개 서유럽 국가와 4개 비유럽 국가(미국, 캐나다, 터키, 일본) 등 16개국으로 늘어났다. 1980년대 후반에는 코콤에 참여하는 국가가 증가하여 아이슬란드와 일본, 호주를 제외한 NATO의 모든 국가가 회원국으로 가입했다. 흥미로운 현상은 1982년 1월 처음으로 수출통제 실무자들이 아닌 차관급 정부 대표가 고위급 회의에 참여하기 시작했다. 고위급 회의가 필요했던 이유는 서유럽 국가들이 수출통제 목록에 의문을 제기하였기 때문에 정치·외교적으로 다독거릴 필요가 있었기 때문이다. 수출통제가 국가안보를 위한 목적보다는 미국의 대외정책 목표와 연관되어 있다는 불만에 대해서도 미국이 고위급 회의를 통해 설득할 필요가 있었다(Lewis 1990).

미국 정부는 자국의 첨단기술이 제3국을 경유하여 공산권으로 유입되는 우회 현상마저도 우려했다. 이 문제는 레이건 행정부의 군사 안보적으로 '강한 미국' 정책과도 연관되었다. 레이건 대통령은 코콤의 전략적, 정치적 목표를 달성하기 위해 재수출 관리규정과 더불어 전략적 군용물자 기술을 종합적으로 검토하여 새로운 리스트를 작성할 것과 기존 통제제도의 관리 및 집행을 강화할 것을 요구했고, 비회원국에게는 미국 국내법을 근거로 수출관리 강화 조치를 도입할 것을 요구했다.

1985년 미국 국방부는 오스트리아, 스웨덴, 우리나라, 싱가포르 등 15개국에 코콤 회원국과 동일한 수준의 수출규제 정책을 취하지 않으면 미국의 첨단기술 이전을 제한할 수 있음을 통보했다. 오스트리아는 무역법을 개정하여 코콤 제도에 부합하는 수출관리 체제를 구축하기로 했고, 스페인과 싱가포르는 코콤에 가입하기로 함으로써 미국과의 마찰을 피했다.

1987년 미국을 뒤흔든 사건이 발생했다. 바로 일본 도시바기계사가 노르웨이의 콩스버그사와 공모하여 잠수함 프로펠러 소음을 획기적으로 줄일 수 있는 정밀공작기계를 1년 전에 소련에 팔았던 것이 발각된 사건이다. 이 기계로 소음을 줄인 프로펠러를 장착한 소련 잠수함이 미국의 공격 잠수함을 따돌렸다. 핵심 전략물자 유출에는 코콤 규제위반 이외에 허위문서와 우회판매 수법도 동원되었다. 미국은 반일본을 성토했고, 거래 관계자는 사법처리 되었으며, 기업은 높은 수위의 징계를 받게 되었다. 일본 정부는 재발 방지를 위해 전략물자와 기술 수출 시 사전에 통산장관의 심사와 허가를 받도록 규정을 강화했다. 코콤 규제위반 벌칙을 징역 3년에서 5년으로, 수출금지 기간을 1년에서 3년으로 각각 늘렸다. 그리고 1989년 4월 비영리 민간기구 형태로 전략기술무역정보센터(CISTEC)를 설립하여 전략기술의 안전보장 무역과 관련된 조사연구, 정보수집, 국제협력 등을 수행함으로써 수출관리 체제를 강화하였다.

1987년 9월 우리나라는 수출통제 관련 한·미 양해각서(MOU) 체결에 이어 1989년 3월 「대외무역법」 개정으로 코콤 체제에 가입함으로써 미국이 제기한 기술유출 우려를 다소 해소할 수 있었다. 한·미 MOU에 따라 수출통제에 대한 기술적 및 행정적 지원을 받아 1990년부터 코콤 준수 및 수출허가서 발급제도를 시행하게 되었다.

4. 4대 수출통제 체제

가. 1990년대 냉전 와해 및 코콤 해산

1922년 볼셰비키 사회주의 혁명으로 집권한 소련은 1991년 12월 말 공식 해체되었다. 인간의 자유와 사유재산에 대한 욕망 등을 통제해 평등을 지향하고자 했던 소련 사회주의 체제에서 독재지배층이 생겼고, 특권이 집단화되었다. 국가 주도 계획경제의 한계가 노출되었고, 국민들의 삶은 궁핍해졌다. 1985년 3월 개혁파인 미하일 고르바초프가 소련 공산당 서기장에 선출되었고, 그는 소련의 경제부흥을 위한 페레스트로이카(perestroika) 개혁개방 조치를 실시했다. 이 정책의 핵심은 정치체제의 민주화, 시장화에 의한 경제 재건, 군축 및 동서 긴장 완화와 국제협력 등을 통해 소련을 근본적으로 개혁하자는 것이었다.

그러나 이 정책만으로는 뿌리 깊은 계획경제체제의 폐단을 개혁하는 데 한계가 있었고, 1989년 베를린 장벽 붕괴 이후 표면화된 사회주의 공산당 지배체제의 약화를 돌이킬 수 없었다. 이즈음 소련의 위성국가들은 연방을 탈퇴하거나 탈퇴 수순을 밟고 있었다. 결국 공산권을 이끌던 소련이 붕괴하게 되었다. 러시아로 국호가 변경되었고 냉전도 종식되었다. 독립한 일부 국가는 러시아와 깊은 유대를 약속했으나, 다수 국가는 NATO와 EU 가입을 타진하는 등 탈소련 행보를 보였다.

1990년 말 부시 행정부는 소련 붕괴에 따른 핵무기 등 WMD 유출과 전략물자의 확산을 우려했다. 부시 대통령은 행정명령[12]을 통해, 수출자가 미사일 또는 생화학무기의 설계, 개발, 생산 또는 비축에 사용될 것임을 알거나 알고 있을 때 또는 상무부로부터 전환의 심각한 위험이 있음을 통보받은 수출기업이 준수해야 할 수출통제 방안인 '향상된 확산 통제 이니셔티브(Enhanced Proliferation

---

12 1990년 11월 16일자 조지 부시 대통령의 행정명령 12735.

Control Initiative)'를 발표했다.[13] 1993년 12월 미 상무부는 동 이니셔티브의 "알 거나 알고 있는" 상황에서의 수출허가 요건에 대한 추가 지침을 발표했다. 수출 통제 대상 품목(거래)이라는 점을 "알거나 알고 있는" 경우 수출을 중단하거나 관련 당국의 수출허가를 받도록 했다. "알거나 알고 있는" 조항은 후에 "상황허 가(Catch-All)" 조항에도 포함되었다. 이는 수출자가 미사일 및 생화학 무기 활동 과 관련된 최종 용도 또는 최종 사용자에 대해 파악하고 있는 경우에 수출허가 요건을 부여하는 근거가 된다.

상황허가(Catch-All)

9·11 테러 이후 비국가 테러단체 등 특정 최종사용자에 대한 전략물자 통제 필요성이 제기 되었다. 또한 WMD 확산자의 조달 수법이 고도화되었고 비전략물자를 이용하여 전략물자를 제조·개발할 수 있게 됨으로써 기존의 통제방법만으로 WMD 확산 방지에 한계가 생겼다. 이에 국제사회는 상황허가(Catch-All) 규정을 고안해냈다.

Catch-All 통제는 크게 세 가지로 구분된다.[14]

- "inform" 통제: 수출허가 당국이 수출자에게 문제가 되는 품목이 WMD 및 미사일 등의 WMD 운반체 제조, 개발 등으로 전용될 수 있는 품목이라는 통보(inform)를 받은 경우, 수출자는 수출허가 신청을 받도록 의무화하는 방식
- "know" 통제: 수출자는 해당 물품 수입자 또는 최종사용자가 관련 품목을 WMD 제조· 개발·사용 또는 보관 등의 용도로 전용할 의도가 있는을 알고 있는(know) 경우, 수출허 가 당국으로부터 허가를 받도록 의무를 부여하는 방식
- "suspect" 통제: 수입자, 수출자 또는 최종사용자가 WMD 개발 혹은 관련된 것으로 "의 심할 만한 근거가 있는(has grounds for suspecting)" 경우, 수출허가당국의 허가신청 을 받도록 하는 방식

고강도 수출통제 체제를 유지하고 있는 미국은 세 가지 방법을 모두 사용하고 있다. "know" 통제에 "알 만한 이유가 있는(has reason to know)" 경우도 포함시켜 수출통제 당국의 권한을 강화하고 있다. 일본은 "inform" 통제 및 객관적 "know" 통제를 적용하고 있고, 우 리나라는 일본과 같은 방식을 이용하면서 일부 "suspect" 통제를 적용하고 있다.

---

13 당시 코콤 체제 문제의 하나는 기술에 대한 논의를 꺼렸다는 점이다. 수출통제 품목의 개정 협상 시 회원국 들이 제출한 기술정보를 논의하는 과정에서 산업기술의 기밀이 누설되는 경우가 자주 발생하였기 때문이다. 특히 미국의 첨단기술 산업계는 코콤에 대해 부정적인 인식이 강했다. 이에 미 행정부는 국내법을 통해서라 도 수출통제 체제를 강화해야 한다는 인식을 갖게 되었다.

코콤은 1989년 베를린 장벽의 붕괴와 동유럽 국가의 독립 등 안보환경 변화를 고려하여 수출통제 "핵심 목록"을 조정하기로 했다. 소련 공산권 붕괴 이후 동유럽 국가와 비즈니스 기회를 모색하고 있던 서유럽 국가들은 코콤 체제에 대한 불만이 적지 않았다. 이에 따라 기존 목록에서 30개 항목을 삭제하고 12개

표 4-1 전략물자 수출통제 체제 관련 국제체제(2022년)[15]

구분	통제대상 물자 및 기술	회원국	발족년도	한국가입
핵공급국그룹 (NSG)[1]	핵무기 (원자력전용 및 이중용도 품목·기술)	48	1978년	1995년
호주그룹 (AG)[2]	생화학무기 (생화학물질 및 이중용도 품목·기술)	43	1985년	1996년
미사일 기술통제 체제(MTCR)[3]	미사일 및 운반체 (미사일 및 이중용도 품목·기술)	35	1987년	2001년
바세나르 체제 (WA)[4]	재래식 무기 (군용물자 및 이중용도 품목·기술)	42	1996년	1996년

주 1): 아르헨티나, 호주, 오스트리아, 벨라루시, 벨기에, 불가리아, 브라질, 캐나다, 사이프러스, 체코, 덴마크, 핀란드, 프랑스, 독일, 그리스, 헝가리, 아일랜드, 이탈리아, 일본, 카자흐스탄, 룩셈부르크, 라트비아, 네덜란드, 뉴질랜드, 폴란드, 노르웨이, 포르투갈, 대한민국, 루마니아, 러시아, 슬로베니아, 슬로바키아, 남아공, 스페인, 스웨덴, 스위스, 터키, 영국, 중국, 미국, 에스토니아, 리투아니아, 말타, 우크라이나, 크로아티아, 아이슬란드, 멕시코, 세르비아.
주 2): 아르헨티나, 호주, 오스트리아, 벨기에, 불가리아, 사이프러스, 프랑스, 체코, 덴마크, 핀란드, 프랑스, 독일, 그리스, 헝가리, 캐나다, 아이슬란드, 아일랜드, 이탈리아, 룩셈부르크, 네덜란드, 노르웨이, 폴란드, 포르투갈, 루마니아, 슬로바키아, 뉴질랜드, 스페인, 스웨덴, 스위스, 터키, 에스토니아, 라트비아, 리투아니아, 말타, 슬로베니아, 영국, 미국, 우크라이나, 크로아티아, 일본, 대한민국, 멕시코, 인도.
주 3): 아르헨티나, 호주, 오스트리아, 벨기에, 브라질, 체코, 캐나다, 덴마크, 핀란드, 독일, 프랑스, 그리스, 헝가리, 아이슬란드, 아일랜드, 이탈리아, 일본, 룩셈부르크, 네덜란드, 뉴질랜드, 노르웨이, 폴란드, 포르투갈, 불가리아, 대한민국, 러시아, 스페인, 스웨덴, 스위스, 남아공, 터키, 우크라이나, 영국, 미국, 인도.
주 4): 아르헨티나, 호주, 오스트리아, 벨기에, 불가리아, 캐나다, 크로아티아, 체코, 덴마크, 에스토니아, 핀란드, 프랑스, 독일, 그리스, 헝가리, 아일랜드, 이탈리아, 일본, 라트비아, 리투아니아, 룩셈부르크, 말타, 멕시코, 네덜란드, 폴란드, 뉴질랜드, 노르웨이, 대한민국, 포르투갈, 루마니아, 러시아, 슬로바키아, 스웨덴, 스위스, 슬로베니아, 남아프리카공화국, 스페인, 터키, 우크라이나, 영국, 미국, 인도.

자료: 전략물자관리원, 전략물자관리시스템

14 Catch-all 통제 3가지 유형은 공식 용어가 아니며 Catch-All 통제를 쉽게 이해하도록 편의상 분류한 것이다.
15 각 체제별 해당 품목은 〈부록 6〉에 제시되어 있다.

항목을 부분적으로 제외시켰다. 또한 1991년 12월 수출금지 국가 목록을 조정하기로 했고, 처음으로 헝가리를 수출통제 대상국가 목록에서 제외하였다. 그럼에도 불구하고 코콤에 대한 우방국들의 불만은 여전하였다. 1991년 소련이 붕괴하면서 코콤은 국제기구로서의 존재 명분을 상실하게 되었고, 1994년 3월 코콤 회원국들은 자진해산을 결정했다.

자진해산 이후 코콤 회원국들은 네덜란드 바세나르에서 재래식 무기와 민감한 이중용도 품목 및 기술의 수출을 통제하기 위한 새로운 조직 출범에 대해 논의했다. 코콤 회원국들은 새로운 국제 수출통제 체제가 확립될 때까지 국가별 재량에 따라 코콤 수출통제를 계속하기로 합의했다. 당시 국제사회는 이란, 이라크, 북한, 리비아 등을 전략물자 통제대상 국가인 것으로 간주했다.

1996년 국제사회는 코콤 후속으로 바세나르 체제에 합의했다. 바세나르 체제 외에도 다른 3개의 국제 수출통제 체제인 호주 그룹, 미사일 기술 통제체제 및 원자력 공급국가 그룹이 수출통제 역할을 수행하였다. 이들 4대 국제 수출통제 체제가 확립되어 어느 정도 포괄적 통제를 구현할 수 있게 되었다.

나. 바세나르 체제(WA)

1996년 9월 코콤 후속으로 새로운 국제 수출통제 기구인 바세나르 체제가 출범했다. 바세나르 체제의 정식 명칭은 "재래식 무기와 이중용도 품목 및 기술에 대한 수출통제에 관한 바세나르 체제"이다. 명칭에서 알 수 있는 것은 재래식 무기는 원래 코콤에서 통제하던 품목이고, 동 체제의 핵심은 이중용도 품목 및 기술이라는 것이다. 바세나르 체제는 코콤 붕괴 이후 재래식 무기 및 WMD 무기제조에 사용될 수 있는 전략물자 등이 분쟁지역이나 테러지원국, 비정부 테러단체 등으로 유입되어 평화와 민주주의, 안정 등에 위협이 되는 것을 방지하기 위해 만들어졌다.

바세나르 체제 회원국은 미국, 영국, 아르헨티나, 호주, 벨기에, 불가리아, 캐나다, 체코, 덴마크, 핀란드, 프랑스, 독일, 그리스, 헝가리, 아일랜드, 이탈리아, 룩셈부르크, 네덜란드, 노르웨이, 호주, 뉴질랜드, 일본, 한국, 포르투갈, 루마니아, 슬로바키아, 폴란드, 스페인, 스웨덴, 스위스, 터키, 러시아, 우크라이나 등 42개 국가였다.

바세나르 체제의 수출통제 품목은 코콤 통제 목록을 기초로 논의되었으며, 핵심 바세나르 목록은 1993년에 존재했던 코콤 목록과 크게 다르지 않다. 바세나르 통제 목록에 포함된 일부 항목은 상업통제목록(CCL)에 포함되고, 나머지는 국가별 군용물자 목록에 포함된다. 통제품목은 군용물자 품목과 이중용도 품목 등 762개 품목이며, 이는 국내 전략물자 전체 품목의 과반수(54.5%)를 차지하고 있다. 군용물자 품목으로는 총기류, 탱크, 폭탄, 항공기, 군함 등 22개 분야이고, 이중용도 품목은 소재, 기계, 전자, 통신, 컴퓨터, 항공전자, 해양 및 추진장치 등을 포함한 9개 산업 분야 품목으로 구성되어 있다. 이중용도 품목 중 재래식 무기의 개발에 직접적이고 핵심적으로 사용되는 품목은 민감, 초민감품목으로 지정하고 엄격히 통제하고 있다.

그림 4-2 게오르기 몰라르 WA 사무총장과 정인교 교수

자료: 저자 촬영

다. 호주 그룹(Australia Group)

호주 그룹은 생화학무기의 원료물질 및 이들 무기제조에 사용 가능한 장비 및 설비에 대한 국제적 수출통제를 통해 생화학무기 확산을 억제하기 위해 1984년 설립된 회원국 간 비공식 포럼이다. 호주 그룹은 화학무기 제조에 사용

되는 전구체[16] 화학물질, 생물학 무기 병원체 및 화학 또는 생물학 무기에 사용될 수 있는 이중용도 장비에 대한 국가별 수출통제를 조화시키고 확산 프로그램에 대한 정보를 공유하고 있다. 동 포럼의 의장국은 호주이고, 주프랑스 호주 대사관이 사무국 역할을 수행하고 있으며, 매년 정기회의를 개최하고 있다.

현재 의장국인 호주 이외에 한국, 아르헨티나, 오스트리아, 벨기에, 캐나다, 체코, 덴마크, 핀란드, 프랑스, 독일, 그리스, 헝가리, 아이슬란드, 아일랜드, 이탈리아, 일본 등 30개국이 호주 그룹의 회원국이다. 모든 회원국은 1993년 화학무기금지협약(Chemical Weapons Convention)에 서명했다.

호주 그룹은 54개의 화학 전구체와 화학무기 관련 생산 장비 목록에 대한 수출통제를 설정했다. 생물무기와 관련하여 특정 미생물, 독소 및 생물무기 관련 생산 장비에 대해서도 수출통제를 적용하였다. 그룹 회원국은 국가 재량에 따라 호주 그룹이 식별하고 동의한 수출통제를 시행한다. 이는 회원국이 수출통제를 구현하는 방법을 독자적으로 결정할 수 있음을 의미한다. 호주 그룹 품목은 수출관리 규정의 상업통제목록에 기재된다.

특정 화학물질은 군용물자 목록과 이중용도 품목 목록에 모두 표시된다. 이것은 화학무기금지협약(CWC)의 화학물질에 관한 부록에 포함된 화학물질이다. 해당 화학물질과 관련된 특정 활동을 협약이 금지하지는 않지만 주어진 화학물질 범주에서 야기될 수 있는 위험이 클수록 통제가 더 엄격해지게 된다. CWC에 등재된 화학물질은 수입 및 수출에 적용되는 규정 외에 신고요건이 적용된다.

라. 미사일 기술 통제체제(MTCR)

미사일 기술 통제체제(MTCR)는 1987년 4월 캐나다, 프랑스, 독일, 이탈리아, 영국, 일본 및 미국에 의해 출범했고, 현재 29개 국가가 회원국이다. MTCR의 목적은 WMD를 운반할 수 있는 미사일의 확산을 제한하는 것이다. 미사일 기술 통제체제 회원국의 수출허가는 국가 재량에 따라 발급된다. MTCR은 WMD 운반시스템의 국제적 수출통제를 통해 WMD의 확산을 방지하고, 테러조직과 테러리스트 등 위험집단의 운반시스템 획득 가능성 차단에 주력하고 있다. 별

---

16 전구체(前驅體)는 화학반응에서 반응에 참여하는 물질을 말한다. 생화학에서 많이 쓰이는 용어이다.

도 사무국은 없고, 프랑스 외교부가 연락기구 역할을 수행하고 있다. 주요 통제 품목은 무인 항공기 시스템과 관련 미사일 부품이다. 부록은 통제 대상인 미사일 관련 항목 목록으로 구성되며 두 가지 범주로 구분된다. 카테고리 1에는 미사일 하위 시스템 및 미사일 시스템용 생산 장비가 포함된다. 카테고리 2에 포함된 통제품목은 이중용도 구성 요소, 재료 및 기타 상품이다.

마. 핵공급국그룹

국제사회는 1974년 인도에서 발생한 핵폭발 이후 핵 관련 물질과 기술의 확산을 방지하기 위한 조치가 필요하다는 인식을 하게 되었다. 이후 선진국을 중심으로 핵 물질과 기술의 국제적 거래에 대한 논의가 이루어졌고, 협의를 바탕으로 1992년 핵공급국그룹(NSG)이 설립되었다.

회원국은 원자력 및 원자력 관련 이중용도 품목의 수출과 관련하여 지침을 준수하고 부록을 이행하기로 합의했다. 또한 회원국은 국제원자력기구(IAEA)가 수립한 안전조치를 준수해야 한다. 원자력 공급자 그룹은 현재 아르헨티나, 호주, 벨기에, 오스트리아, 브라질, 불가리아, 캐나다, 체코, 덴마크, 핀란드, 프랑스, 독일, 그리스, 헝가리, 아일랜드, 이탈리아, 일본, 룩셈부르크, 네덜란드, 뉴질랜드, 노르웨이, 폴란드, 한국, 루마니아, 포르투갈, 러시아, 슬로바키아 공화국, 스페인, 남아프리카 공화국, 스웨덴, 스위스, 우크라이나, 영국 및 미국이다.

핵공급국그룹은 핵 관련 물질과 기자재를 공급할 수 있는 능력을 가진 국가들이 수출통제 가이드라인을 준수하도록 함으로써 핵무기 비확산에 기여하기 위해 만들어진 기구이다. 별도 사무국은 없으며 비엔나 주재 일본대사관이 연락기구 역할을 수행하고 있다. 주요 통제품목은 핵물질, 원자로, 우라늄 농축과 재처리 시설, 공작기계 등이다.

NSG 통제 목록은 발전소 및 초원심분리기와 같은 원자로 및 원자로용으로 특별히 설계된 상품으로 구성된 '트리거 목록'과 원자력 상품 및 원자재 생산에 사용할 수 있는 이중용도 품목 목록으로 구성된다. 원자력 공급국가 그룹의 수출통제는 코콤의 국제 원자력 목록에 기재되어 있는 것과 유사하다. 바세나르 체제와 같이, 원자력 공급국가 그룹의 수출통제는 회원국의 합의를 기반으로 통제 목록을 결정하고 있다.

그림 4-3 국제원자력기구(IAEA) 본부 전경(오스트리아 비엔나)

자료: 저자 촬영

제5장 미국의 수출통제 체제와 운영체제

1. 새로운 국면에 들어선 미국의 수출통제 체제

국제 수출통제 체제를 기획하고 이끌어 온 미국은 세계 어느 국가보다 강력한 통제체제를 구축해 왔다. 미·소 냉전시대 코콤 출범 시점부터 서방 기술의 공산권 유출 방지를 목표로 설정했고, 1970년대 들어 국제사회는 핵 확산 방지를 논의하기 시작했다. 냉전체제 종식 이후에는 수출통제의 지역적 대상이 공산권에서 국제평화를 위협할 수 있는 국가나 테러단체로 변경되었고, 전통적인 군용물자와 더불어 대량살상무기와 운반체 확산 방지에 초점을 맞추게 되었다.

냉전이 붕괴된 이후 미국을 제외한 서방세계는 수출통제 체제 유지에 소극적인 입장을 보였고 1994년 코콤도 자진 해산할 수밖에 없었다. 어렵사리 1996년 바세나르 체제가 합의되었지만, 회원국의 반대로 구속력 있는 체제를 구축할 수 없었다. 회원국은 바세나르 체제에 부합하는 국내법을 제정했지만, 미국 외 다른 국가들은 운영에 적극적이지 않았다. 회원국의 위반에 대해 책임을 물을 수 없는 체제라면 국제적으로 지켜지기 어렵다. 그나마 미국이 국내법을 발동하여 위반사항을 제재함으로써 국제 수출통제체가 유지되어 온 것이다.

비국가 테러단체인 IS(이슬람 국가연합)에 의한 9·11 테러는 미국의 수출통제 체제를 강화하는 계기가 되었다. 이후 미국은 중국과의 기술패권 경쟁을 위해 수출통제 체제를 전면적으로 개편하게 되었다. 지난 10년 사이 개정되거나 새로 제정된 통상 관련 법의 상당 부분이 수출통제에 대한 것이고, 수출통제에 특화된 전문연구기관도 많이 늘어났다. 또한 수출통제에 대한 미국 내 인식도 크게 강화되어 연구개발의 산실의 대학이나 기업에도 구성원들에게 수출통제 체제 준수를 숙지시키고 있다.

미국은 현재의 WTO 체제하에서는 중국과 교역을 유지할 수 없다는 판단하에 새로운 국제통상질서 구축을 추진하고 있다. 신냉전 시대가 열리고 있고, 미국은 새로운 질서 구축에 수출통제 체제를 널리 사용할 것이다. 코로나19 팬데믹과 러시아의 우크라이나 침공은 이러한 미국의 정책을 가속화시키고 있다.

미국의 경제제재에 러시아와 중국은 협력할 공간이 많고, 실제 양국은 정치·경제적으로 긴밀한 관계를 유지하고 있다.

최근 미국의 대외정책 및 통상정책을 종합해 보면, 수출통제 수단이 전통적인 범위를 훨씬 넘어섰고, 경제안보 측면에서 포괄적인 수출통제 체제를 구축하고 있다. 오늘날 국제무역은 글로벌 공급망과 연관된 산업 내 무역이 주를 이루고 있고, 미국은 수출통제를 공급망에 적용하고 있다. 미국 내 공급망 구축, 외국인 투자심사 등을 통해 타깃 국가의 공급망을 교란시키는 전략도 비중 있게 추진되고 있다.

우리나라 입장에서 볼 때, 미·중 갈등은 여러 측면에서 문제를 발생시킨다. 하지만, 중국과의 관계를 재정립하기 위해 미국이 작정하고 추진하는 새로운 국제질서는 통상환경의 상수로 고착될 것이다. 우리나라가 나서서 중국과의 관계를 악화시킬 필요는 없지만, 탈중국과 디커플링은 현실이고 적응해야 한다. 앞서 논의한 바와 같이, 이 과정에서 미국은 자국의 수출통제 체제를 국제규범화할 가능성이 높다. 미국의 제도와 운영체계를 파악하여 국제 비즈니스에서 불이익을 당하지 않도록 해야 할 것이다.

2. 미국 수출통제 체제 개요[1]

가. 수출통제 법률적 근거

미국의 수출통제는 넓은 의미에서 제1차 세계대전 기간인 1917년 적성국교역법(TWEA: Trading with the Enemy Act) 제정에서 시작되었으나, 본격적인 수출통제 체제는 1949년 코콤 출범을 위해 제정한 수출통제법(ECA)이다. 이후 물품의 특성을 고려하여 여러 법에 통제 대상 물품에 대한 수출통제를 규정하고, 상무부, 국무부, 에너지부, 재무부 등에 업무를 부여하였다.

미국의 수출통제 업무는 상무부가 수출관리법(EAA), 국제 긴급경제권한법(IEEPA)과 수출통제개혁법(ECRA)에 의거하여 수출관리규정(EAR)을 제정하여 수

---

1 미국의 수출통제 체제 발전 과정과 최근의 수출통제 정책에 대해서는 본서의 제10장, 제12장 및 제13장을 참고하기 바란다.

출통제 관리 전반을 담당하고 있고, 국무부는 무기수출통제법(AECA)에 따라 무기와 방산품목의 수출을 통제하고 있다. 에너지부는 핵 에너지법(AEA)과 핵확산방지법(Nonproliferation Act)에 따라 원자력 관련 기술, 원자력 장비와 핵물질의 수출통제를 담당하고 있다. 마지막으로 금융제재를 담당하는 재무부는 WMD 확산 관련 거래활동과 규제대상국과의 수출입 금융거래, 규제대상국의 미국 내 자산 압류 등의 조치를 적성국교역법(TWEA)과 국제 긴급경제권한법(IEEPA)에 따라 담당하고 있다.

각 부서에는 차관보가 수장을 맡고 있는 수출통제 담당국을 설치하고 있다. 상무부에 설치된 산업안보국(BIS)은 이중용도 품목과 기술이전 통제를 담당하면서 미국 수출통제 업무를 주도하고 있다. 미국에서는 국무부 산하 국방무역통제국(DDTC)이 국용물품 및 방위 서비스의 상업적 수출을 담당하고 있다. 이는 국가안보와 외교정책을 국무부가 담당하기 때문이며, 국제무기거래규정(ITAR)은

표 5-1 미국의 주요 수출통제 근거법 및 담당기관

	상무부	국무부	에너지부	재무부
통제 대상	이중용도 품목 기술이전	무기와 방산품목	원자력 관련 기술, 원자력 장비와 핵물질	WMD확산 관련 활동 및 규제대상국과의 수출입 금융거래, 대상국가의 자산
근거법	수출관리법(EAA), 국제 긴급경제권한법 (IEEPA), 수출통제개혁법 (ECRA)	무기수출 통제법(AECA)	핵에너지법(AEA), 핵확산방지법 (Nonproliferation Act)	적성국교역법 (TWEA), 국제긴급경제권한 법(IEEPA)
규정	수출관리 규정(EAR) 세부규정	국제무기 거래규정 (ITAR)	외국원자력 지원규정 (CFR Part 810)	해외자산통제규정 (FACR)
담당 부서	산업안보국 (BIS: Bureau of Industry and Security)	방위무역 통제국(DDTC: Directorate of Defense Trade Controls)	국가핵안보국 (NNSA: National Nuclear Security Administration)	해외자산통제국 (OFAC: Office of Foreign Assets Control)

자료: 전략물자관리원

미국 군용물자 목록(US Munition) 등 방산 물자와 기술 및 서비스 통제사항을 규정하고 있다.

에너지부의 국가 핵 안보국(NNSA)은 외국 원자력 활동지원 규정(10 CFR Part 810)에 근거하여 핵 관련 물자 및 기술의 수출을 통제하고 있다.[2] 미국의 경제 안보에 심각한 위협이 발생할 경우, 대통령은 비상사태를 선포하고 조치를 발동하게 된다. 이 경우 재무부 해외자산통제국(OFAC)은 해외자산통제규정(FACR)에 따라 위협 초래 국가가 소유하고 있는 미국 내 자산을 동결하거나 미국 관할권과의 금융거래와 수출입 동결, 세컨더리보이콧[3] 등의 조치를 이행하게 된다.

나. 미국 상무부 산업안보국(BIS)의 수출통제

상무부 산업안보국(BIS)은 수출관리규정(EAR)에 따라 미국의 수출통제를 관할하고 있으며, BIS는 미국 물품 이외에 외국 물품도 기준에 따라 EAR 적용 여부를 판단하고 있다. 외국 기업이더라도 미국을 경유하여 수출하거나 미국산 부품이나 기술을 사용하는 경우 EAR 수출허가 대상이 될 수 있다.

EAR 수출통제의 잠재적 대상은 광범위하다. 일반적으로 미국 원산지 물품은 말할 것도 없고, 재수출을 위해 미국에 일시 반입되어 물리적으로 미국에 위치하게 된 모든 품목은 EAR 적용 대상으로 분류된다.[4] 외국산 제품일지라도 가치 기준 미국산 함량이 '최소한도(de minimis)' 수준 이상인 경우 EAR 재수출 승인을 받아야 한다. 이러한 최소한도 수준은 수출 또는 재수출의 최종 목적지에 따라 다르게 설정된다. EAR은 잠재적인 이중용도 또는 군사용 사양으로 제작되지 않았더라도 미국에게 전략적 가치가 있는 품목에 대해서는 수출허가를 받도록 요구한다. 특히 미국 수출통제 물품이 해당 품목에 장착되었거나 사용된 반도체, 첨단기술과 소재 등은 생산자가 미국 기업 여부와 관계없이 수출 또는 재

---

2 핵물질과 장비의 수출입에 대한 허가권은 원자력규제위원회에, 핵기술과 관련된 허가권은 상무부에 분산되어 있다.

3 세컨더리 보이콧은 제재대상 국가와 거래하는 제3국을 압박하는 방식으로 제재 효과를 높이기 위해 시행된다. 제재대상 국가와 거래하는 제3국 정부나 기업·은행·개인 등에 대해서도 제재하는 행위로 '제3자 제재'라고도 한다.

4 비슷한 사례로, 다른 국가와 달리 미국은 자국 공항을 이용하는 통과여객에 대해서도 입국 후 재출국 절차를 적용하고 있다.

수출 시 미국 EAR의 통제를 적용받게 될 가능성이 높다.[5]

그러나 규정상으로는 엄격하게 설정하고 있지만, 안보환경과 상업적 편의를 고려하여 실제 적용에서는 다수 품목의 수출 또는 재수출에 대한 허가를 면제해 주고 있다. 상업통제목록(CCL)에 등재된 품목은 수출 전 담당기관의 수출허가를 받아야 하지만, 일반적으로 비CCL 품목은 수출이 금지된 국가, 제한된 당사자 또는 제한된 최종 사용을 위한 것이 아닌 한 일반적으로 허가 없이 수출될 수 있다.

1979년 수출관리법(EAA)에 근거한 미국의 수출관리규정은 한때 만료되었다가 2018년 수출통제개혁법(ECRA)을 통해 공식 부활했고, 미국의 수출통제 기조는 큰 변화 없이 유지되어 왔다. EAR은 모든 EAR 품목 수출, 재수출 및 국내 거래에 적용된다. 여기서 수출은 해외로의 선적 이외에 지역과 관계없이 비미국인에게 통제 대상 물품이 이동하는 경우까지 포함된다. 미국 내에서 외국인에게 EAR 물품을 전달하는 것도 수출로 간주하는 것이다.

그림 5-1 전략물자관리원 행사에서 강연하는 엘렌 에스테베스 미 상무부 차관

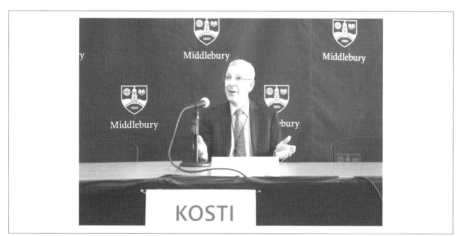

자료: 연합 뉴스

수출통제 대상 품목은 전략물자와 이중용도 품목, 상황허가 대상 물품이 모두 포함된다. 전략물자로 분류되어 있지 않더라도 WMD나 미사일 등 운반수단

---

5 최근 미국은 해외직접제품규정(FDPR)을 통해 자국 기술을 이용한 해외 생산 및 국제거래를 규제하고 있다. FDPR에 대한 자세한 내용은 본서 제13장 참조.

등으로 제조·개발되거나 사용 또는 보관 등의 용도로 전용(이중용도)될 의도를 알았거나 그러한 의도가 있다고 의심되면 이러한 상황 역시 전략물자에 준하여 수출허가(상황허가)를 받도록 규정하고 있다.

재수출은 미국이 아닌 제3국의 두 국가 또는 비미국인 두 사람 간 선적이나 직간접 전달을 말한다. 이전(transfer)은 한 국가 내에서 두 사람 사이에 이루어지는 선적 또는 이동을 의미한다. EAR 물품의 '수출, 재수출이나 이전'은 EAR에 따라 수출허가가 필요하고, 허가가 없으면 거래가 금지된다. 예를 들어, 중국의 한 기업에서 중국 내의 다른 기업으로 특정 품목을 선적하더라도 EAR 적용 대상 거래인 경우, 해당 거래가 중국에서만 이루어졌더라도 미 상무부 BIS의 수출허가가 필요한 것으로 간주된다. 수출에만 EAR 규제가 적용되지 않고, 재수출 및 이전(동일 국가 내)에 대해서도 동등하게 적용된다(최동준 2021).

그림 5-2 미국의 수출통제 여부 판단 흐름도

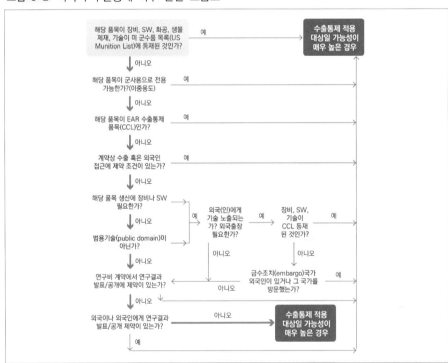

자료: 미 Iowa대학 수출통제 체제 설명자료

미국에서는 대학 구성원에게도 수출통제 체제 준수를 널리 주지시키고 있다. 미국 Iowa 대학에서 제공하는 수출통제 체제 설명자료(〈그림 5-2〉)가 미국의 수출통제 체제 이해에 도움이 된다. 해외로 수출, 재수출 혹은 이전하려는 품목 생산에 필요한 장비, 소프트웨어(SW), 화학물질, 생물제재 혹은 기술이 미 군용물자 목록에 등재된 것인가의 여부, 군사용으로 전용 가능 여부(이중용도), EAR 수출통제 품목(CCL)인가를 먼저 살펴야 한다.

또한 해당 사항의 연구 혹은 자문 계약에서 수출이나 외국인 접근에 대한 제약 조건이 있거나, 연구비 계약에서 연구결과 발표 혹은 공개에 대한 제약이 있다면 상무부 산업안보국의 수출허가를 받아야 한다. 만약 금수조치(embargo) 국가를 포함한 외국인이 관여하거나 관련자가 외국을 방문하여 해당 건에 대해 활동을 한 경우에도 수출허가의 대상이 될 수 있다.

3. 수출통제 위반 사례[6]

세계적으로 가장 널리 알려진 수출통제 위반 사건은 1980년대 후반 일본 도시바기계사의 정밀기계 소련 위장수출 사례이다. 이 사례는 미·일 통상분쟁으로 악화되었고, 국제사회에서 수출통제에 대한 경각심을 크게 일깨우는 계기가 되었다. 이 사건 이후 크고 작은 수출통제 위반 사건이 빈번하게 발생하고 있다. 아래에서는 최근 10여 년 사이 발생한 수출통제 위반 사건을 예시하고자 한다.

가. 수출통제 품목 위반 사례

1) IBM 러시아 자회사의 위법 재수출 사례

IBM 러시아(IBM East Europe/Asia, Ltd.)가 1998년 7월 상무부 EAR 규정 위반으로 제재를 받았다. IBM 러시아에 대한 제재내용은 $8,500,000의 형사벌금과

---

6 이 절의 다수 내용은 전략물자관리시스템(Yestrade) "EAR 위반·제재 사례"를 중심으로 작성하였다. 교육용 목적에서 내용을 축약하였으며 자세한 내용은 원문을 참고바란다.

$17,100의 민사벌금 이외에, 2년간 '금지거래자 명단(Denied Persons List)' 게재 (즉 수출금지 처분), 허가 예외(CTP) 이용 2년간 금지, 군사적 용도 또는 핵 개발 관련 최종용도 혹은 최종사용자로의 수출에 대해 2년간 금지 처분을 받았다. 운송 관련 회사들도 민사벌금과 수출금지 처분을 받았다.

IBM 러시아는 핵무기 개발에 이용된다는 사실을 알고 있으면서 IBM의 독일 자회사에 지시하여 EAR 수출통제 품목인 고성능 컴퓨터를 러시아 핵무기개발연구소(Arzamas- 16)에 재수출하도록 함으로써 EAR이 규정한 포괄적 규제를 위반하였다. 또한 핵무기 개발에 이용되는 것을 알면서 해당 물품의 운송을 담당한 회사는 물론이고 그 운송 업무를 담당한 자도 포괄적 규제를 위반한 것으로 판정되었다.

1996년 9월부터 1997년 10월에 걸쳐 IBM 러시아는 최종사용자가 러시아의 핵무기 연구소이며, 그 최종용도가 핵무기의 개발과 연구와 관련된 것이라는 사실을 인지하고 있었음에도(이는 'know'에 해당. 이 경우 수출 및 재수출 전에 EAR의 포괄적 규제에 따라 상무부 BIS의 수출허가 필요), 러시아 핵무기 연구소가 주문한 고성능 컴퓨터 16대 판매 계약을 대리인인 Ofort사와 체결하였다. 이 과정에서 IBM 러시아는 최종사용자를 러시아의 민간 유전개발 업체인 Pangea사로 위장하였다. 특히 수출 서류에 수출통제 대상이 되는 핵무기 연구소를 거론하지 않고 위장 업체에 수출하는 것으로 속였기에 가중처벌 대상이 되었다.

운송회사인 Jet Info Systems International도 처벌이 불가피했다. 최종사용자 및 용도를 인지하였음에도 불구하고, IBM 러시아의 주문에 따라 확인과 승인 없이 문제가 된 컴퓨터 16대를 IBM 독일 자회사에서 선적하여 네덜란드를 경유하여 최종사용자인 핵무기 연구소로 트럭을 이용해 배송하였다. IBM 러시아는 이들 컴퓨터를 러시아 핵무기 연구소에 설치하였다.

고성능 컴퓨터에 관한 EAR 수출규제는 IBM 러시아 사건이 발생한 이후에 대폭 완화되었다. 하지만, 당시나 지금이나 최종용도가 WMD 무기와 관련된 것을 인지했을 경우에는 EAR의 포괄적 수출통제 규제에 의해 상무부 BIS의 수출허가를 받아 수출절차를 진행해야 한다. 또한 직접 EAR 위반행위를 하지 않더라도 운송업체와 같이 다른 자의 수출통제 위반행위에 조력하는 경우에도 EAR 위반으로 처벌 대상이 된다는 점을 이 사건은 시사하고 있다.

2) 프린스턴대학의 수출통제 위반[7]

연구개발의 산실인 대학이 수출통제 위반으로 제재를 받은 사례도 적지 않다. 2021년 2월 1일 미 상무부 산업안보국은 미국 명문대학인 프린스턴대학에 $54,000의 벌금과 여러 가지 행정조치를 부과하였다.

프린스턴대학의 연구소는 2013년 11월 11일과 2018년 3월 5일 사이에 동물 병원체의 다양한 변종 및 재조합체 등 대상품목을 수출할 때, EAR 수출통제 규정을 37번이나 위반했다. 해당 사건은 화학 및 생물학 무기로 인해 통제되고 있는 물질과 관계되며, 그 가치는 약 $27,000이었다. EAR 규정에 따르면, 목적지가 어디든 이들 품목을 수출하려면 수출허가가 필요했지만, 37개 대상품목에 대한 수출허가를 취득하지 않았다.

이에 BIS는 프린스턴대학에 $54,000의 벌금과 함께 수출통제 준수 프로그램에 대해 외부 감사 1회와 내부 감사 1회를 받도록 처분했다. 미국 수출통제 법률에 대한 전문지식을 갖춘 컨설턴트를 고용하여 통제대상이 되는 모든 수출 또는 재수출 관련 자문을 받고, 그 결과를 6개월 이내에 BIS 지부에 제출하도록 했다. 그리고 수출통제 준수를 위한 조치 계획과 식별된 규정 준수 문제와 관련된 관련 항공 운송장 및 기타 수출통제 문서 및 지원 문서의 사본을 수출통제 당국에 즉시 제공하도록 프린스턴대학에 지시했다.

3) 불법으로 쿠바로 재선적한 사례

플로리다 주민인 P씨는 허위 선적서류를 사용하여 중미지역의 도미니카 공화국 Rio Haina의 컨테이너로 불법 수출하고, 도미니카 공화국에서 다시 쿠바로 재선적하였다. 이에 EAR 위반으로 1999년 9월 플로리다 남부 관할 법원에서 유죄를 선고받았다. 유죄가 확정된 날로부터 7년간의 수출 금지 처분과 함께 수출 활동에 대해 많은 제약을 부과했다. 법원은 P씨에게 2006년 9월 23일까지 P씨는 EAR 수출통제 관리 품목(기술과 소프트웨어 포함)을 수출하지 못하도록 금지시켰다. 금지된 수출 거래 및 행위(직접 혹은 간접적으로)는 다음과 같다.

---

7 https://efoia.bis.doc.gov/index.php/documents/export-violations/export-violations-2021/1287-e2642/file

① 수출허가, 허가 예외와 수출관리 서류 취득이나 관련 서류 사용 신청 행위
② 미국에서 수출되는 EAR 규제 대상 품목의 거래(발주나 구입, 수취, 사용 혹은 판매, 배달, 보관 혹은 폐기, 통관, 운송, 대부, 기타 관련 서비스) 혹은 기타 EAR 규제 대상에 대한 교섭을 하는 행위
③ 미국에서 수출되는 EAR 규제 품목의 거래 및 기타 EAR 수출통제 대상 행위로 이익을 얻는 행위

법원은 또한 누구도 P씨를 위해 직접적이든 간접적이든 다음과 같은 행위를 하지 못하도록 명령했다.
① 위반자를 대신하여 EAR 대상품목의 수출·재수출
② 미국에서 수출되었거나 또는 수출 예정인 수출통제 대상품목을 위반자가 소유·점유·관리하는 행위(금융 및 기타 거래상의 지원 포함)
③ 미국에서 수출되었거나 수출될 EAR 대상품목을 위반자로부터 취득 혹은 취득하는 것을 돕는 행위
④ 미국에서 수출되는 것을 알고 있으면서 혹은 알아야 할 합리적인 이유가 있음에도 불구하고 수출통제 대상품목을 위반자로부터 미국 내에서 취득하는 행위
⑤ 미국에서 수출되었거나 혹은 수출될 수출통제 대상품목으로 위반자가 소유·점유·관리하는 품목에 대한 서비스 거래에 관여하였거나 혹은 품목의 원산지와 무관하게 미국에서 수출되었거나 혹은 수출될 수출통제 대상품목의 서비스 거래에 관여하는 행위. 여기서 말하는 서비스란 설치, 유지 보수, 수리, 개조와 애프터서비스 및 테스트까지 포함한다.

법원은 합병·소유·지배하거나 거래 주체를 통해 위반자 P씨와 관계가 있는 개인, 회사, 사업단체, 법인 등 어떤 형태의 관계자도 판결을 따라야 함을 명령했다. P씨의 수법이 고의적이라고 본 법원은 사실상 P씨의 비즈니스 활동 자체를 금지한 것이다. 단, 미국에서 개발된 기술을 이용하여 외국에서 생산된 제품의 수출, 재수출 및 기타 거래는 해당되지 않는다.

4) 이란으로의 불법수출 사례

1998년 5월부터 8월 사이 뉴저지주 소재 Refinery Industries, Inc.(R사) 및 동사 사장인 M.H씨가 UN 제재로 국제사회의 수출규제를 받고 있던 이란으로 가스탐지기를 수출하려다 당국에 발각되어 제재를 받은 사건이 발생했다.

98년 5월 5일 및 98년 8월 10일에는 C사가 독일을 경유하여 UN에 의해 수출이 금지된 이란에 미국 원산의 가스탐지기를 무허가로 수출한 것이 발각되었다. 2001년 3월 12일 C사는 벌금 $22,000 지불을 명령받았다. C사 및 소속 관계자, M.H씨 및 직·간접 관계자에 대해 판결 후 10년간 수출과 재수출을 포함한 모든 수출 관련 업무를 금지시켰다. 또한 형사 제재로 BIS는 메탄가스탐지기 195세트를 C사로부터 몰수하고, 5년간의 보호관찰 처분을 내렸다.

5) 화학약품의 무허가 재수출 위반사례

네덜란드에 본사를 운영하고 있는 Dow Chemical Company의 자회사인 네덜란드 소재 Dow Benelux N.V.사는 미국에서 개발된 화학약품을 터키와 코트디부아르에 무허가로 재수출하여 2001년 5월 9일 3만 달러의 민사벌금 제재를 받았다. 대상품목은 화학무기 제조에 전용 가능한 호주그룹(AG)에서 규제하는 화학약품(트리에탄올아민)으로, 1997년 1월 28일과 1998년 1월 14일까지 4회에 걸쳐 D사는 사린을 포함한 독성 화학물질의 전구체 물질이며 화학무기 제조로 전용될 수 있는 AG 규제 화학약품인 트리에탄올아민을 네덜란드에서 터키와 코트디부아르로 무허가로 재수출한 것이 발각되어 고발되었다. 상무부가 어떤 경위로 이 위법 수출을 적발하게 되었는가에 대해서는 알려지지 않았지만, 네덜란드에서 재수출되었더라도 미국 원산의 규제 품목인 경우는 EAR 수출통제가 적용되고 위반사항이 있어 관련 당국에 의해 고발된 사례로 볼 수 있다.

6) 리비아로의 부정수출 사례

Thane-Coat, Inc.(이하 T사), 이 회사 대표 J.F씨, 부사장 P.E씨는 소속 회사인 Export Materials, Inc,(이하 EMI사)와 Thane-Coat International, Ltd.(TC사)를 통해 1994년부터 1996년까지 총 37건에 걸쳐 콘크리트 실린더 파이프 안쪽 면을 코팅하는데 사용되는 $35,000,000의 미국산 폴리우레탄(이소시안산염/폴리올)

과 폴리에테르 폴리우레탄을 영국 및 이탈리아를 경유하여 리비아로 불법수출했다.

당시 리비아에서는 국내 건설사인 동아건설컨소시움이 리비아 대수로(Great Man-Made River Project) 공사를 하고 있었고, 이 수로 파이프 공사에 필요한 미국산 폴리우레탄을 수출하기 위해서는 BIS의 수출허가가 필요하다는 사실을 T사가 알면서도 고의로 승인받지 않고 수출한 것이다. BIS(당시 조직 명칭은 BXA)는 죄질이 나쁘다고 보고 재범 방지를 위해 이 불법 수출 사실이 발각된 직후인 1997년 중순 EAR 규정이 허용하는 최장 180일 동안 수출금지 잠정 명령을 발동했다. 이후 정밀조사를 통해 향후 25년간 수출금지 처분과 $1,120,000 벌금과 함께 별도로 3년간의 보호관찰 처분을 내렸다. 처분 대상품목은 폴리우레탄 파이프 코팅 재료, 설비, 부품 일체이다.

T사는 산업용 도료를 제조하고 도장을 전문으로 하는 업체로서 1991년 J.F씨와 P.E씨가 리비아 대수로 2기 공사에 필요한 콘크리트 실린더 파이프 도장재료를 공급하기 위해 리비아 정부 당국과 공급계약을 추진했다. T사가 변호사로부터 리비아에 제품을 수출하기 위해서는 BIS 수출허가를 받아야 한다는 자문을 들었으나 수출승인을 요청하지 않았다. 1993년 3월 17일 J.F씨와 P.E씨는 미국에서 직접 수출하기보다는 바하마의 자유항 국제무역단지에 도료 생산/합성을 위한 TIC사를 설립했다.

이듬해 6월부터 1996년 7월까지 2년 동안 T사는 소속 회사인 TIC사와 EM사를 이용하여 거의 100회에 걸쳐 $35,000,000에 상당하는 폴리우레탄 무허가 수출을 감행했다. 폴리우레탄, 폴리에테르 폴리우레탄 및 기계, 부품은 전략물자로 분류되지만, 수로관 파이프 코팅 재료이므로 최종용도 측면에서는 수출허가를 받는 것이 어렵지 않았다. 하지만 UN의 포괄적 경제제재가 적용되고 있는 리비아 수출은 법적으로 문제가 될 수 있었다. T사는 제3국에서 생산하여 우회 수출함으로써 미 당국의 감시망을 피하고자 했고, 고의성이 높은 것으로 판정받아 중징계 처분을 받게 되었다.

7) 미국 Silicon Graphics사의 위반 사례

캘리포니아 소재 Silicon Graphics Inc.(SGI사로 표기)는 수출허가 예외(CTP)를 신청할 수 없다는 것을 알고 있는 상태에서 컴퓨터서버, 증설 메모리 등 전략품목을 BIS의 수출허가를 취득하지 않고 러시아의 VNIITF와 이스라엘 국무부로 불법수출하였다. 또한 BIS의 허가를 받지 않고 중국에도 컴퓨터를 불법수출하고, 스위스의 제조설비에서 생산된 물품을 BIS의 수출승인을 받지 않고 카타르와 아랍에미리트 등 무단으로 재수출했다. 재수출 이후 BIS에 사후 보고를 하게 되어 있지만, 사후 보고 역시 태만하게 처리했다. SGI사는 2003년 1월 6일 백만 달러의 형사벌금, $182,000의 민사벌금 이외에 미국에서 러시아로 수출하는 아래 사항의 비즈니스에 대해 향후 3년간 수출금지 처분을 받았다. 이 사례는 SGI사가 심지어 미국 정부기관에 허위신고까지 하여 가중처벌된 사건으로 분류된다.

① 수출허가 예외(CTP)를 사용한 러시아행 (재)수출 불가
② 러시아의 군사 관련 및 군사 용도 혹은 핵 관련 물자의 (재)수출 불가
③ 러시아 군사 관련 및 군사 용도, 핵 관련 품목의 수리와 보수 혹은 국내 거래 등 EAR가 규제하는 활동 금지

나. 소프트웨어 수출 위반 사례

1) 대만 Realtek Semiconductors사의 위반사례

1995년 8월부터 5년간 미국과의 금지거래자(DPL)로 수출 권한을 박탈당한 대만의 Realtek사는 수출금지 조치를 위반할 수 있다는 사실을 알면서도 1996년 12월 미국 기업에게 EAR 수출규제 대상품목인 상용 공조설비를 발주하여 상품을 수령했다. 또한 EAR 규정 위반임을 알고 있는 상황에서 1999년 12월 미국에서 개발된 소프트웨어(EAR 규제 대상)를 미국 소재 대만계 판매 회사로부터 구입했다. Realtek사의 위반사항은 EAR 위반임을 인지한 상태에서 상품을 거래한 것이며, DPL 명령 조건을 위반한 것이었다. 2002년 12월 16일 Realtek사는 $44,000의 민사벌금과 2년간 수출금지 처분을 받았다. 대상품목은 EAR 수출통제 대상품목인 상용 공조설비 및 미국 기업이 개발한 소프트웨어였다.

2) 암호 소프트웨어의 무허가수출 사례

캘리포니아 소재 Neopoint, Inc.사(N사)는 규제 대상인 128비트의 암호 소프트웨어를 수출허가를 받지 않고 총 10회에 걸쳐 한국에 반복 수출했다. 조사

과정에서 BIS 허가 취득을 모색했다는 내부 증거가 발견되어 수출통제 규정을 고의로 위반한 것으로 판정받았다. 2002년 2월 11일 N사는 민사벌금 $95,000를 처분받았다. BIS에는 1998년 5월 11일 N사가 미국 내에서 한국 국적인 기업인에게 128비트 암호 기술과 소프트웨어를 제공하기 위한 수출허가용 서류를 작성한 기록이 있었다. 미국 기업인 N사는 수출통제 대상인 줄 몰랐다고 해명했지만, BIS는 이 서류를 근거로 수출허가 대상품목이라는 것을 알면서도 불법 수출했다는 증거로 인용했다.

3) 지문자동식별 장치의 부정수출

모토로라의 자회사인 Printrak사(P사)는 자동 지문식별장치와 해당 장치의 관련 소프트웨어를 여러 국가에 무허가로 수출했다. 이로 인해 2002년 7월 16일 P사는 $135,000의 민사벌금을 처분받았다. P사는 1997년 1월 14일부터 2000년 10월 24일까지 총 37회에 걸쳐 스위스, 체코, 마카오, 싱가포르, 베네수엘라, 오만 등 다수 국가에 자동 지문식별장치, 식별장치 소프트웨어와 관련 암호 소프트웨어를 허가없이 수출(재수출도 포함)했다. 또한 1997년 3월 5일부터 2000년 5월 10일까지 8회에 걸쳐 수출신고서에 상품분류(ECCN) 코드를 잘못 기재하고 수출허가를 받지 않았음에도 서류를 위조하여 수출서류를 제출한 것으로 드러났다.

다. 최근 우리나라 수출통제 위반사례[8]

우리나라에서도 수출통제 위반사례가 발각되고 있다. 군사기술로 보호받는 한국 해군의 최신예 3000t급(장보고급) 잠수함 제작 기술 일부가 대만으로 유출된 혐의가 2022년 초 경찰 조사에서 드러나 관련자들은 대외무역법, 부정경쟁방지법, 영업비밀보호법 등 다수 법과 규정 위반 혐의로 기소 의견으로 검찰에 송치되었다. 이들은 수출허가가 필요한 군사 장비를 무허가로 수출하고 대우조선의 잠수함 기술을 대만 국영기업(SOE)인 대만국제조선공사에 넘긴 혐의를 받고 있다.

유출된 기술은 우리 해군의 첫 3000t급 잠수함으로 건조된 '도산 안창호함'

---

8 이 부분은 조선일보(2022a,b) 보도를 중심으로 작성하였다.

등 우리 해군의 주력 함정을 생산하는 대우조선이 개발한 것이다. 도산 안창호 함은 국내 독자 기술로 설계된 것이고, 장보고−3급으로 처음 건조되어 2021년 8월 해군에 인도된 최신형 함정이다.

대만은 2025년까지 자체 기술로 잠수함 8척 건조를 추진하고 있다. 문제가 된 조선 기자재 업체 A사 이외의 여러 기업이 2019년 대만의 잠수함 사업에 입찰하여 참여하였지만, 다른 기업들은 현행법상 군사기술이나 물자 수출에 정부나 군의 허가를 받아야 하는 것을 알고 입찰을 중도에 포기했다.

검찰로 송치된 대우조선 협력업체 A사는 대만 기업의 잠수함 제작 프로젝트에 1500억원을 받기로 하고 참여하기로 계약을 체결했다. 이 프로젝트를 위해 대우조선 잠수함 기술자 경력의 퇴직자 15명을 채용한 후, 이들을 대만으로 보내 잠수함 제작에 참여하도록 하는 방식으로 기술을 유출한 것이다. 입건된 기술 유출 회사의 문제 이외에 대우조선의 기술관리 문제점도 드러났다. 국내 잠수함 개발에 참여했던 협력업체에 제공했던 설계도면 관리를 허술하게 한 것이다.

파견 근로자 중 한 명은 대우조선에서 빼낸 잠수함 유수분리장치와 배터리 고정 장치 등과 같은 핵심 부품의 설계도면 2건을 넘겼고, 일부는 잠수함 건조에 사용하는 일부 부품을 "해양플랜트 건설에 필요한 풍력 부품"이라고 통관 당국을 속여 대만으로 가지고 갔다. 이들은 "처음에는 문제가 될 줄 모르고 사업을 진행하다가 나중에 불법이 될 수 있다는 걸 알았지만 그만둘 수 없어서 계속 진행했다"고 경찰에 진술했다.

A기업은 1500억원 계약의 사업을 시행하던 중 기술유출 조사가 시작되면서 사업은 중단되었고, 대만 측이 지불한 사업비는 중도금 640억원이었다. 이 중 기술유출 대가로 판단되는 약 79억원에 대해 경찰은 법원을 통해 기소 전 추징보전 승인을 받았다. 이 사례는 범죄로 얻은 재산을 빼돌리지 못하도록 기소 전 추징보전을 산업기술 유출 사건에 처음으로 적용한 사건이다.

4. 수출통제 연구·교육 기관[9]

가. 개요

과학기술이 빠르게 발전하고 국제무역의 형태가 다양화되고 있는 가운데 국지적 충돌, 비국가단체 등에 의한 테러 가능성이 상존하는 현시대에 수출통제의 중요성이 높아짐과 동시에 보다 효과적인 수출통제 방안을 연구할 필요성 또한 높아지고 있다. 미국, 유럽, 일본 등 선진국에서는 대학과 전문 연구기관에서 수출통제 관련된 다양한 이슈를 연구해오고 있다. 단순히 무역 안보를 넘어 신기술과 새로운 유형의 국제거래 등 다양한 분야에 대한 학제 간 연구를 통해 안전한 국제무역환경 조성과 국가안보 유지에 기여하고 있다. 대표적인 수출통제 연구기관으로는 몬트레이 비확산연구소(CNS), 미 조지아대 부설 국제무역안보센터(CITS), Stimson Center(워싱턴 D.C.), Geogia Tech 대학 부설 국제전략, 기술 및 정책센터(CISTP) 등을 들 수 있다. 국내에서는 2021년 전략물자관리원(KOSTI)에 무역안보정보센터가 설치되어 운영되고 있다.

최근 수출통제에 대한 국내 학자들의 논문이 발간되고는 있으나, 대부분 규정에 대한 것이다. 해외 연구기관과의 공동연구와 같은 국제적인 연구 활동이 드문 상황에서, 우리나라 기업의 대중국 거래가 아직도 압도적으로 높은 상황에서 신냉전 – 신봉쇄 시대 수출통제 추이와 방안에 대한 연구가 필요하다. 미국은 국제조약보다는 자국의 수출통제 체제를 활용하여 다른 국가들이 철저하게 수출관리를 하도록 유도하고 있으며, 미국식 수출통제에 적응하기 위해서는 관련 분야에 대한 연구가 활성화되어야 한다.

일부 수출통제 연구기관은 국가 및 지역 차원의 수출통제 연구역량 결집의 허브 역할을 수행하고 있다. 대표적으로 미국에서 Strategic Trade Review,[10] 유럽(EU)의 League of European Research Universities(LERU),[11] 일본의 안전

---

9 인하대학교 산학협력단(2020)을 활용하여 작성하였다.

10 비영리 연구기관인 Strategic Trade Research Institute(STRI)이 주도하며, 전략물자 수출입 관리, 이중용도 수출통제 체제, WMD 비확산 등에 대한 연구결과 게재. 하버드대 벨퍼센터, 스팀슨 센터, 제임스마틴 비확산센터, 유럽연합 집행위원회 등의 소속 전문가가 편집위원으로 참여하고 있다.

11 암스테르담대, 옥스퍼드대 등 유럽 12국 23개 명문대 총장, 부총장, 학장, 고위 경영진 등으로 구성된 30개 분야 학술 네트워크로 EU 차원의 수출통제 정책연구 단체이다. 2017년, EU 이중용도 수출 규정을 주제로

보장무역학회[12] 등을 들 수 있다. 국내에서는 무역 및 통상, 국제법, 안보 관련 학회에서 수출통제 관련 논문을 게재하고 있으나, 국내 논문의 대부분은 기존 국제 수출통제 체제 관련 사항을 주로 분석하고 있는 수준에 머물고 있다.

나. 주요 연구기관

1) 제임스 마틴 비확산연구센터

1989년 설립된 비확산연구센터(James Martin Center for Nonproliferation Studies: CNS)는 비확산 문제에 대한 연구 및 교육에 특화된 세계 최대 비정부 조직이며, Middlebury College의 대학원인 Middlebury Institute of International Studies 부속기관이다. CNS는 차세대 비확산 전문가를 교육하고, 시의적절한 정보와 분석을 전파함으로써 WMD의 확산을 막기 위해 노력하고 있다. 비확산 및 테러리즘 연구(NPTS) 석사과정과 비확산 연구수료(1학기)[13] 프로그램을 운영하고 있다. 검증 연구 및 분석을 위한 위성 이미지, 3D 모델링, 지리 공간 데이터, 뉴미디어 및 가상 현실 애플리케이션 등에 대한 교육에 특화되어 있다.

주요 교육 프로그램은 NPTS(Nonproliferation and Terrorism Studies) 석사학위와 핵 위협 이니셔티브(NTI) 활동이다.

- NPTS(Nonproliferation and Terrorism Studies) 석사학위
- 캘리포니아 몬터레이 캠퍼스가 제공하는 보안 분야 석사과정
- 테러, 자금세탁과 같은 금융 범죄, 핵, 생물 및 화학무기로 인한 위협에 대응하는 방법 학습
- 주요 과목은 국제보안 연구 및 분석(2학점), 글로벌 정치(4학점), WMD 비확산(4학점), 테러학 개론(4학점), 과학 및 기술(4학점) 등임.
- 비확산 조약 시뮬레이션 등 선택과목(10-12학점)과 사이버 보안 거버넌스 등에 대한 세미나(8학점) 등으로 구성

Ad hoc 그룹을 형성하여 활동하고 있다.

12 일본 특유의 산·관·학 관계자가 참여하는 무역안보, 무역 및 수출관리 공동체로, 도쿄대 등 주요 대학 연구진이 개인 자격으로 참여하는 학회이다.

13 비확산 연구수료 과정은 대량살상무기(화학 무기, 핵 무기 및 생물 무기 포함)의 통제, 감소 및 제거에 대한 전문교육을 실시하고 있다.

- 핵 위협 이니셔티브(NTI) 활동
- 3D 미사일 모델 컬렉션: 국가별로 구성된 탄도 및 순항 미사일의 3D 모델
- 고농축 우라늄(HEU) 정보 수집: 전 세계 HEU 보유량 정보 수집 및 HEU 감소 활동
- 핵 군축 자원 수집: 자국 영토에 다른 국가의 핵무기를 보유하거나 보유한 국가의 군축 진행에 대한 자세한 보도를 포함하여 전 세계의 핵무기 군축 제안 및 진행 상황에 대한 정보 및 분석
- 잠수함 확산 자원 수집: 국가별 잠수함 능력과 수입/수출 확인
- UN 제재 1540 정보 수집

2) 스팀슨센터

스팀슨센터(Stimson Center)는 베를린 장벽이 무너지기 직전에 설립되었으며, 비확산, 기술 및 무역, 자원 및 기후, 국제 질서 및 분쟁, 중국, 분쟁지역 민간인 보호 등 글로벌 안보 관련 다양한 분야를 연구하고 있다. 운영 재원의 절반은 카네기재단과 포드재단 등 재단 기부금이고, 다음으로 많은 재원은 외국 정부에 대한 수출통제 컨설팅 용역 수입이다. Stimson Center는 무역, 기술 및 보안 프로그램에 특화되어 있다. 국제무역과 안보에 대한 기술의 중요성을 분석하고, 공공－민간 파트너십 개발, 상생 촉진하는 규범, 시스템 및 기관을 육성하고 있다. 이중용도 기술 및 제재 거래와 관련된 국제의무를 이행하고 집행하도록 지원하고 있다.

3) 조지아대 부설 국제무역안보센터

조지아대 부설 국제무역안보센터(Center for International Trade and Security: CITS)는 전 미국 국무장관 Dean Rusk의 지원으로 1987년에 설립되었으며, 국가 및 국제 안보 분야 연구에 특화되어 있다. CITS는 국방안보 분야 정책입안자에게 전 세계의 비확산 및 전략적 무역통제에 대해 조언하고 교육하는 동시에 새로운 보안 주제에 대한 연구, 교육 및 지원 역할을 수행하고 있다. 수출통제 펠로우 프로그램(Export Control Fellows Program: ECFP)과 보안 및 전략적 무역관리 아카데미(Security & Strategic Trade Management Academy Academy: SSTMA)

를 운영하고 있다. 핵 안보 문화 증진, WMD 반확산, 천연자원 및 분쟁, 에너지 및 보안 등의 분야에 특화된 연구기관이다. CITS는 행정학과, 정치학과, 국제학과, 글로벌이슈연구소(GLOBIS) 등과 학제 간 융합과정으로 운영되고 있다.

CITS의 대표적인 활동은 수출통제 펠로우 프로그램 운영이다. 많은 CITS 프로그램이 전략적 무역관리와 연관되어 있으나, 이중 수출통제 펠로우 프로그램은 전략적 무역 및 비확산 분야에 특화된 고급교육과정이다. 미국 에너지부 (Department of Energy) 지원으로 운영되는 수출통제 펠로우 프로그램은 여름에 운영되며, 프로그램 첫 2주 동안 조지아대에서 기초교육을 한 후, 캘리포니아 몬터레이 소재 제임스 마틴 비확산센터(James Martin Center for Nonproliferation Studies)에서 2주 동안 교육, 이후 수일 동안 워싱턴 DC의 실무자들과 교류 기회 제공 등으로 프로그램이 구성되어 있다. 보안 및 전략적 무역관리 아카데미 (SSTMA) 역시 높은 평가를 받고 있으며, CITS의 최장수 교육 프로그램이다. SSTMA는 성공적인 전략적 무역관리 및 비확산에 필수적인 기술의 숙달을 원하는 참가자에게 포괄적인 교육과정(2주간)을 제공하고 있다. SSTMA에는 평균 15 – 20개 국가에서 약 60명이 참가하며, 무역관리 기초 강의와 시뮬레이션을 통해 참가자가 무역관리 전반을 이해할 수 있도록 프로그램을 운영하고 있다.

4) 조지아공과대학 부설 국제전략, 기술 및 정책센터

공학분야 명성이 높은 조지아공과대학(Georgia Tech) 쌤 넌 국제대학(Sam Nunn School of International Affairs) 소속 연구기관으로 WMD 관련 공학적 특성을 외교 · 안보 정책연구에 결합시킨 학제 간 연구가 우수한 대학이다.[14] 1990년 설립된 쌤 넌 국제대학에는 22명의 전임 교수진이 기술혁신이 국가안보, 경제 경쟁력, 국제협력 및 갈등에 미치는 영향에 대해 연구 및 강의(학부 및 대학원에 400여 명 이상의 학생 재학)를 하고 있다. 국제전략, 기술 및 정책센터(CISTP)는 Sam Nunn 국제대학 산하 학제 간 정책연구 기관으로, 정책분석가, 과학자, 기술 전문가, 실무자 및 지역 리더가 과학, 기술 및 국제 문제 해결 방법을 모색하고

---

14 대학 명칭 Sam Nunn은 이 대학 출신 미 연방상원의원(1972-97)의 이름이며, 국방안보 분야에 입법 활동 이 활발하였던 Sam Nunn 상원의원의 리더십으로 설립되었다. 그는 상원의원 퇴임 후 이 대학에서 외교정 책을 강의하였다.

있다. CISTP의 여러 프로그램은 Georgia Tech의 엔지니어링, 과학 및 국제 문제 분야의 교수진과 전문가들이 글로벌 정책 분야 전문가 간 협업을 주도하고 있다.

5) 전략무역연구소

전략무역연구소(Stratgic Trade Research Institute: STRI)는 2017년 설립된 전략적 무역 연구 및 실무 네트워크를 구축하는 데 전념하는 독립적인 비영리 기관이다. STRI는 무역 및 보안 분야 학술지인 Strategic Trade Review를 발행하고 있다.15 이 연구소는 비확산 및 국제 안보에 기여하며, 차세대 전략적 무역 및 수출통제 리더 발굴을 목표로 활동하고 있다. STRI의 비전은 안전하고 번영하는 세계의 발전을 위해 글로벌 무역과 안보가 균형을 이루도록 역할을 하는 것이다.

6) Maryland 대학 국제안보연구센터

국제안보연구센터(CISSM)는 Maryland 대학 공공정책대학 산하 연구소로, 핵심 연구분야는 이중용도 기술로 인한 위험 감소, 인간 보안 강화 및 다중 이해관계자 거버넌스 개선 등이다. 미 통상정책에 해박한 Mac Destler 등 다수 국제통상분야 교수가 주축이 되어 운영하고 있으며, 이중용도 기술로 인한 위험 감소 연구에 주력하고 있다.

5. 대학의 수출통제 인식

프린스턴대학의 수출통제 위반 사례에서 살펴본 바와 같이 연구 활동을 하는 미국 대학들은 수출통제 대상 활동에 관여할 가능성이 크다. 이에 미국 대학들은 구성원들에게 수출통제 체제를 주지시키고 있다. 수출통제법은 미국 및

---

15 수출통제, 제재, 제도, 신흥기술, 규정 준수, 무역/확산 금융, 확산 네트워크, 오픈 소스 도구 및 기술, 법적 수단 및 프레임워크, 운송, 관할권, 국제협력, IT 시스템, 관세 및 상품 식별, 정보, 지역 협력, 자유 무역 지역, 중고 품목, 부패, 무역통제 문화, 현장 네트워킹, 산업지원, 클라우드 컴퓨팅, 비교 연구 및 커뮤니케이션 등에 대한 논문을 발간하고 있다.

해외의 외국인에게 특정 품목, 정보 및 소프트웨어의 공개를 제한하는 일련의 연방 규정이고, 연구 활동 과정에서 이 규정을 지키도록 요청하고 있다.

코넬대학의 경우, 수출통제 규정 준수는 교수진 및 직원의 책임이고, 대학에서 유지 또는 근무, 컨설팅 또는 자원봉사하는 모든 직원은 대학에서 또는 대학을 대신하여 교육, 연구 수행 또는 서비스 활동을 제공하는 동안 모든 수출통제 법률 및 규정을 준수해야 한다. 수출통제법 위반 시 처벌 외에 대학의 연구비 수주 제한 등의 불이익을 당할 수 있다고 설명하고 있다. 수출통제는 미국이 기여한 상품, 기술, 소프트웨어, 서비스 및 자금을 외국에 있는 개인이나 법인 또는 미국인이 아닌 사람에게 양도하거나 공개하는 것을 규율하는 연방법 및 규정이므로, 이와 관련된 상황 발생 시 대학 내 전문가와 상담하도록 공지하고 있다.

미국 대학 중 미노세타대학은 수출통제 준수에 대한 인식이 다른 대학보다 높다. 연구 담당 부총장 명의로 대학 구성원이 특히 유의하고 준수해야 할 수출통제 체제를 쉽게 설명하고 있다. 수출통제 규정은 미국인과 미국이 아닌 사람과 장소에 대한 상품, 기술, 서비스 및 자금의 이전을 통제함으로써 국가안보를 보호하고 미국과 그 동맹국의 외교정책 목표 수행에 기여하기 위함이라고 강조하고 있다.

대학은 미국 수출통제, 국제적 구성 요소가 있는 특정 거래를 규율하는 방법 및 규정을 준수해야 할 책임이 있다고 강조하고, 준수해야 할 사항을 다음과 같이 명시하고 있다.

- 미국 이외의 사람 및 목적지에 대한 수출관리규정(EAR)의 적용을 받는 상품, 소프트웨어 및 기술 이전
- 국제무기거래규정(ITAR)이 적용되는 하드웨어, 소프트웨어, 기술 데이터 및 서비스를 미국인이 아닌 사람 및 목적지로 이전
- 외국자산통제규정(Foreign Assets Control Regulations)에 의해 시행되는 미국 정부의 경제제재 대상 국가 및 법인과 관련된 거래

교내 구성원은 다음과 같이 수출통제 대상 활동에 참여하기 전에 수출통제 담당자와 상의할 것을 권고하고 있다.

- 연구 후원자가 연구 활동에 대한 출판 또는 인사 접근 제한을 부과하려

고 시도하는 경우
- 업계 또는 미국 정부 연구 후원자와 같은 외부 당사자로부터 수출통제 대상 기술 정보를 받기 전
- 후원자 또는 기타 당사자의 문서가 일반적으로 EAR, ITAR 또는 수출통제를 언급하는 경우
- 교육 과정의 일부로 프로젝트에 사용하기 위해 외부 당사자(예: 업계 후원자)로부터 하드웨어, 소프트웨어, 기술 또는 기술 데이터를 수락하기 전
- EAR의 상업 통제 목록에 있는 기술, 장비, 재료 또는 화학적 또는 생물학적 작용제(독소 및 유전 요소 포함)를 미국에서 수출하기 전
- ITAR의 적용을 받는 하드웨어, 소프트웨어, 기술 데이터 또는 서비스를 처리하거나 미국에서 수출하기 전
- 금수 조치된 국가 또는 지역으로 여행하기 전: 우크라이나의 크림반도, 도네츠크 및 루한스크 지역; 쿠바; 이란; 북한; 수단(북부); 시리아

이 외에도 간주수출(deemed exports), 기초연구 제외(FRE), 기밀을 요하는 데이터, 국제 원격교육 및 수출규정 준수, 해외여행 규정 준수. 해외 배송 및 휴대품 등 일상적으로 발생할 수 있는 문제에 대한 가이드를 제시하고 있다.

먼저, 수출관리규정(EAR) 및 국제무기거래규정(ITAR)에 따라 간주수출은 통제된 소프트웨어, 기술 또는 기술 데이터를 미국 내에서 미국인이 아닌 사람에게 이전하거나 공개하는 것을 말한다. 지리적 수출이라는 전통적인 개념과 구별되지만 EAR과 ITAR은 여전히 수출허가 차원에서 간주수출을 허가를 받아야 하는 수출활동으로 분류하고 있다. 따라서 미국인은 EAR 또는 ITAR로 제어되는 소프트웨어, 기술 또는 기술 데이터를 비미국인에게 공개하기 위해 수출허가를 받아야 한다. 여기서 비미국인은 미국 시민이나 영주권자가 아니며 미국 정부로부터 보호 대상 지위를 부여받지 않은 개인이라고 설명하고 있다. 단, F-1, J-1 또는 H-1B 비자로 미국 대학에서 공부하거나 일하는 학생 및 연구원은 미국인으로 간주된다.

수출통제의 맥락에서 기초연구 제외(FRE)는 생소한 개념이다. 기초연구는 "과학, 공학 또는 수학에 관한 연구로, 그 결과는 일반적으로 연구 커뮤니티 내에서 널리 출판되고 공유되며 연구자가 독점 또는 국가안보상의 이유로 제한되

지 않는 것"으로 정의된다. 출판을 목적으로 하지 않거나 보급 또는 접근에 대한 허가 또는 계약 제한의 대상이 되는 연구는 수출관리 규정(EAR) 및 국제무기거래규정(ITAR)의 목적에 따라 기본적인 것으로 간주되지 않는다. 기초연구 동안 발생하거나 그 결과로 발생하는 정보는 일반적으로 EAR, ITAR 및 많은 관련 연방 보안 요구 사항에서 제외된다. 따라서 FRE는 특별한 허가를 취득할 필요 없이 과학계의 미국 외 구성원과의 적극적인 협력을 해도 무방하다. 즉, 기초연구의 결과는 수출통제 대상이 아니며 미국인이 아닌 사람과 공유될 수 있다.

따라서 F-1, J-1 또는 H-1B 비자를 소지한 학생 및 연구원과 같은 미국인이 아닌 사람이 기초연구에 참여하는 것은 일반적으로 수출규정 준수 문제를 야기하지 않는다. 그러나 일부 장비 및 기술은 EAR 또는 ITAR로 제어될 수 있고, 연구에 이러한 품목이 사용된 경우, FRE 자격을 갖춘 연구 프로젝트의 결과에도 불구하고 연구원은 대학의 수출통제 사무소와 협력하여 맞춤형 기술통제계획(TCP)을 개발하고 준수해야 한다. 그러나 수출통제 규정은 포괄적 제재대상 국가(쿠바, 이란, 북한, 시리아, 우크라이나 크림반도 지역)의 기관과의 기초연구 협력에도 적용된다. 또한 하드웨어 또는 제한적/독점적 기술 또는 소프트웨어는 FRE에 적합하지 않으며 EAR 또는 ITAR의 적용을 받을 수 있다.

제6장 우리나라의 수출통제 체제[1]

1. 우리나라 수출통제 체제 도입

1989년 3월 8일 국회 본회의에서는 "대한민국 정부와 미합중국 정부 간의 전략물자 및 기술자료 보호에 관한 양해각서 비준동의안"을 상정했다. 오늘날 우리나라 수출통제 체제가 처음으로 입법화되는 되는 순간이었다. 국회의장 상정, 외무통일위원회(외통위) 위원장 보고에 이어 아무런 반대토론 없이 가결되었다. 1980년대 중반부터 미국은 한·미 양해각서(MOU)를 통해 우리나라에 대해 전략물자 수출통제 체제 구축을 제안했었고, 입법 이전에 우리나라는 미국 제도를 검토해 수출통제 필요성을 인식했다.

1985년 소련 공산당 서기장으로 취임한 고르바초프가 페레스트로이카(perestroika) 정책을 추진하자, 서방세계는 소련과 동구권에 대한 진출방안을 모색하게 되었다. 소련의 개혁개방 정책에 서방세계는 코콤 규제를 대폭 완화했고, 적대시했던 소련과 동구권 지역을 시장으로 인식하기 시작했다. 코콤의 수출통제 리스트를 첨단기술 위주로 압축했다. 이 당시 노태우 대통령은 우리 기업들의 동구권 진출을 위한 북방정책을 추진하고 있었다. 북방정책 검토과정에서 서방세계의 수출통제가 문제로 대두되었고, 우리 기업들이 스스로 코콤의 규제 절차를 기업 차원에서 자율적으로 준수하는 내부통제 제도 도입이 불가피한 것으로 판단하게 되었다.

대한무역진흥공사(1990)는 이 상황을 다음과 같이 설명하고 있다. "우리나라의 북방교역은 최근 들어 더욱 가속화된 속도로 급증하고 있다. 그러나 이와 같은 추세를 조심스런 눈으로 감시하는 친구가 있다. 바로 미국과 코콤이다. 최근 한국을 비롯한 신흥 공업국가들의 대공산권 수출증가 현상을 감시 규제하기 위해 끈질긴 통상 압력을 가하여 오고 있다. 우리나라는 1984년부터 지속되어 온 미국의 압력에 따라 1987년 9월 한·미 양해각서를 체결하였고, 이를 '89년 3월

---

1 이 장은 전략물자관리시스템(YesTrade) 및 전략물자관리원 자료를 중심으로 작성하였다.

우리 국회가 동의함으로써 코콤의 규제체제에 동참하게 되었다."

양해각서 비준동의안은 본문 4개 조문과 부속서한으로 구성되어 있다. 비준동의안의 주요 내용에는 전략물자 및 기술의 대공산권 유출을 방지하기 위하여 우리나라가 코콤, 즉 대공산권 전략물자수출통제위원회 제도를 도입하고, 미국 등 코콤 회원국들에게 수출허가절차 간소화 조치를 부여하는 것과 코콤 회원국들도 우리나라에 대해서도 동등한 혜택을 부여하는 것이 포함된다.

당시 국회 외통위 위원장이 본회의에서 보고한 양해각서 발효로 인한 혜택은 지금도 그대로 적용된다.[2] 첫째, 코콤을 통해 전략상품과 기술자료가 북한으로 우회 수출되는 위험성에 대해 적극 대처할 수 있다. 둘째, 당시 북방정책을 추진하고 있던 우리나라가 공산권에 전략물자 및 기술자료를 유출하는 통로가 될지 모른다는 우려를 줄일 수 있게 됨으로써 미국을 비롯한 서방 선진국가들로부터 수출통제 제도에 대한 신뢰와 더불어 첨단기술 도입을 원활히 할 수 있는 제도적 기반을 마련할 수 있다. 셋째, 우리나라가 미국을 비롯한 서방세계의 전략물자 및 기술 수출통제 체제에 참여함으로써 서방세계와의 안보협력이 원활하게 하는 등 긍정적인 효과가 있을 것으로 기대된다.

국제평화 및 안전유지와 국가안보를 위한 이 비준안은 대외무역법 제19 – 30조, 31조, 38조, 53 – 59조에 반영되었다. 또한 대통령령으로 정하는 국제 수출통제 체제의 원칙에 따라 수출통제 등의 제한이 필요한 물품 등을 지정하고 고시하였다. 통제대상 물품을 전략물자로 지정하여 이를 수출하려면 산업통상자원부장관이나 관련 행정기관의 장의 수출허가(전략물자 수출허가)를 받도록 하고, 전략물자로 분류되지 않더라도 수입국이 테러지원국이거나 최종사용자가 불투명하거나 무기나 운반체 등으로 전용될 우려가 의심되면 이 상황에 대하여 상황허가[3]를 받도록 하고 있다. 상황허가는 전략물자가 아니더라도 대량파괴무기

---

2 제145회 국회 본회의 회의록에서 발췌하였다.

3 대외무역법 제19조 ③전략물자에는 해당되지 아니하나 대량파괴무기와 그 운반수단인 미사일(이하 "대량파괴무기등"이라 한다)의 제조·개발·사용 또는 보관 등의 용도로 전용될 가능성이 높은 물품 등을 수출하려는 자는 그 물품 등의 수입자나 최종 사용자가 그 물품 등을 대량파괴무기등의 제조·개발·사용 또는 보관 등의 용도로 전용할 의도가 있음을 알았거나 그 수출이 다음 각 호의 어느 하나에 해당되어 그러한 의도가 있다고 의심되면 대통령령으로 정하는 바에 따라 산업통상자원부장관이나 관계 행정기관의 장의 허가(이하 "상황허가"라 한다)를 받아야 한다.

1. 수입자가 해당 물품 등의 최종 용도에 관하여 필요한 정보 제공을 기피하는 경우

(WMD)로 전용 가능성이 높은 물품의 수출에 대해서는 정부의 허가를 받도록 하는 제도를 말한다.

표 6-1 전략물자 수출통제 관련 조항

구분	대외무역법 조항
전략물자 수출허가	제19조(전략물자 고시, 수출허가 등) ② 제1항에 따라 지정·고시된 물품 등(이하 "전략물자"라 한다)을 수출(제1항에 따른 기술이 다음 각 호의 어느 하나에 해당되는 경우로서 대통령령으로 정하는 경우를 포함한다. 이하 제19조 제3항부터 제5항까지, 제20조, 제23조, 제24조, 제24조의2, 제24조의3, 제25조, 제28조, 제29조, 제31조, 제47조부터 제49조까지, 제53조 제1항 및 제53조 제2항 제2호부터 제4호까지에서 같다)하려는 자는 대통령령으로 정하는 바에 따라 산업통상자원부장관이나 관계 행정기관의 장의 허가(이하 "수출허가"라 한다)를 받아야 한다. 다만, 「방위사업법」 제57조 제2항에 따라 허가를 받은 방위산업물자 및 국방과학기술이 전략물자에 해당하는 경우에는 그러하지 아니하다. 1. 국내에서 국외로의 이전 2. 국내 또는 국외에서 대한민국 국민(국내법에 따라 설립된 법인을 포함한다)으로부터 외국인(외국의 법률에 따라 설립된 법인을 포함한다)에게로의 이전
상황허가	제19조(전략물자 고시 및 수출허가 등) ③ 전략물자에는 해당되지 아니하나 대량파괴무기와 그 운반수단인 미사일 및 재래식무기(이하 "대량파괴무기 등"이라 한다)의 제조·개발·사용 또는 보관 등의 용도로 전용될 가능성이 높은 물품 등을 수출하려는 자는 그 물품 등의 수입자나 최종 사용자가 그 물품 등을 대량파괴무기등의 제조·개발·사용 또는 보관 등의 용도로 전용할 의도가 있음을 알았거나 그 수출이 다음 각 호의 어느 하나에 해당되어 그러한 의도가 있다고 의심되면 대통령령으로 정하는 바에 따라 산업통상자원부장관이나 관계 행정기관의 장의 허가(이하 "상황허가"라 한다)를 받아야 한다.(이하 호 생략)

---

2. 수출하려는 물품 등이 최종 사용자의 사업 분야에 해당되지 아니하는 경우
3. 수출하려는 물품 등이 수입국가의 기술수준과 현저한 격차가 있는 경우
4. 최종 사용자가 해당 물품 등이 활용될 분야의 사업경력이 없는 경우
5. 최종 사용자가 해당 물품 등에 대한 전문적 지식이 없으면서도 그 물품 등의 수출을 요구하는 경우
6. 최종 사용자가 해당 물품 등에 대한 설치·보수 또는 교육훈련 서비스를 거부하는 경우
7. 해당 물품 등의 최종 수하인(受荷人)이 운송업자인 경우
8. 해당 물품 등에 대한 가격 조건이나 지불 조건이 통상적인 범위를 벗어나는 경우
9. 특별한 이유 없이 해당 물품 등의 납기일이 통상적인 기간을 벗어난 경우
10. 해당 물품 등의 수송경로가 통상적인 경로를 벗어난 경우
11. 해당 물품 등의 수입국 내 사용 또는 재수출 여부가 명백하지 아니한 경우
12. 해당 물품 등에 대한 정보나 목적지 등에 대하여 통상적인 범위를 벗어나는 보안을 요구하는 경우
13. 그 밖에 국제정세의 변화 또는 국가안전보장을 해치는 사유의 발생 등으로 산업통상자원부장관이나 관계 행정기관의 장이 상황허가를 받도록 정하여 고시하는 경우.

사전판정	제20조(전략물자의 판정 등) ② 물품 등의 무역거래자(제19조 제2항에 따른 기술이전 행위의 전부 또는 일부를 위임하거나 기술이전 행위를 하는 자를 포함한다. 이하 이 조, 제24조의2 및 제25조에서 같다)는 대통령령으로 정하는 바에 따라 산업통상자원부장관이나 관계 행정기관의 장에게 수출하려는 물품 등이 전략물자 또는 제19조 제3항 제13호에 따른 상황허가 대상인 물품 등에 해당하는지에 대한 판정을 신청할 수 있다. 이 경우 산업통상자원부장관이나 관계 행정기관의 장은 제29조에 따른 전략물자관리원장 또는 대통령령으로 정하는 관련 전문기관에 판정을 위임하거나 위탁할 수 있다. ③ 제2항에도 불구하고 물품 등의 무역거래자는 산업통상자원부장관이 고시하는 교육을 이수한 경우에는 다음 각 호의 어느 하나에 해당하지 않는 물품 등이 전략물자 또는 제19조 제3항 제13호에 따른 상황허가 대상인 물품 등에 해당하는지에 대한 판정을 자체적으로 판단하는 자가판정으로 할 수 있다. 이 경우 물품 등의 무역거래자는 판정대상 물품의 성능과 용도 등 산업통상자원부장관이 고시하는 정보를 제28조에 따른 전략물자 수출입관리 정보시스템에 등록하여야 한다. <신설 2020. 3. 18.> 1. 기술(제25조에 따른 자율준수무역 거래자 중 산업통상자원부장관이 고시하는 무역거래자가 기술을 수출하는 경우는 제외한다) 2. 그 밖에 산업통상자원부장관이 자가판정 대상이 아닌 것으로 고시하는 물품 등

2. 우리나라 수출통제 체제

가. 수출통제 체제

우리나라 전략물자 수출통제 업무는 정부와 기업 간 유기적 관계 속에 운영되며, 국제 수출통제 체제와 직접적으로 연계되어 있다. 전략물자 등을 수출하는 기업이나 개인은 물품에 따라 산업통상자원부, 방위사업청 혹은 원자력안전위원회로부터 수출허가를 받아야 한다. 이들 기관은 전략물자 수출통제를 위해 각각 전략물자관리시스템(YESTRADE), 방산수출입지원시스템(D4B), 원자력수출입통제시시스템(NEPS)을 가동하고 있다. 전략물자관리원과 한국원자력통제기술원이 각각 산업통상자원부와 원자력안전위원회의 수출통제 업무를 지원하고 있다. 방위사업청은 별도 지원기관이 없으나 전략물자관리원이 전략물자 판정 등의 서비스를 지원하고 있다.

우리나라 전략물자 수출통제 업무 흐름도(《그림 6-1》)에서 보듯이, 수출통제는 거래하려는 물품이 통제대상인가의 여부의 판단에서 시작한다. 통제대상 품목이 아니고 수입자가 우려거래자가 아니라면 일반적인 수출입절차를 이용하면

표 6-2 부처별 전략물자 수출통제 근거법과 통제시스템

소관부처	근거 법률	통제품목	운영지원기관	시스템 명칭
산업통상 자원부	대외무역법	산업용 전략물자 (이중용도)	전략물자관리원	전략물자관리시스템 (YESTRADE)
방위 사업청	대외무역법 방위사업법	- 군용 전략물자 (군용 이중용도) - 방산물자	없음	전략물자관리시스템 (YESTRADE), 방산수출입지원시스템 (D4B)
원자력안전 위원회	대외무역법 원자력안전법	원자력 전용품목	한국원자력통제 기술원	원자력수출입통제관리 시스템(NEPS)

자료: 전략물자관리원

되지만, 통제대상인 경우 수출허가를 받아야만 수출이 가능하다. 우려거래자란 국제안보, 민주주의 및 세계평화 등을 위해 무역거래가 제한되거나 무역거래에서 주의해야 할 필요가 있는 국가, 기관, 단체 및 개인을 의미한다. 2022년 3월 우리나라는 우크라이나를 침략한 러시아와 침략에 협조한 벨라루스에 대해 수출통제 조치를 취하면서 이들 국가를 우려거래자로 지정했다. 최종수요자에 대한

그림 6-1 우리나라 전략물자 수출통제 업무 흐름도

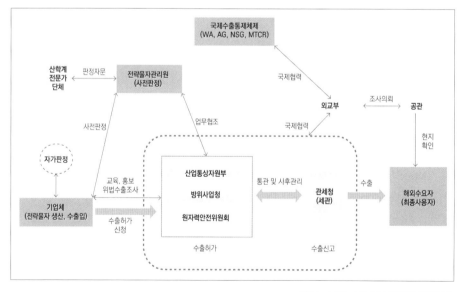

자료: 국회 산업통상위원회(2021)

정보가 부족할 경우 외교부의 해외공관을 통해 현지확인 절차를 거치게 된다.

전략물자는 물자의 구분에 따라 소관 법률이 다르기 때문에 수출통제에는 여러 부처가 업무를 담당하게 된다. 산업용 전략물자는 산업자원부가, 원자력 전용품목은 원자력안전위원회가, 군용전략물자는 방위사업청에서 수출허가를 담당하고 있다. 전략물자를 북한으로 반출하는 경우에는 통일부의 반출허가를 취득해야 한다.

수출 시 기업들은 취급품목이 전략물자에 해당하는지를 먼저 판단해야 하는데 이를 판정이라고 한다. 판정은 무역거래자 및 제조자가 취급하는 물품이 전략물자인가의 여부를 확인하는 것이다. 전략물자와 전략기술의 종류에 따라 판정기관이 다르다. 전략물자관리시스템에서 기업이 직접 확인할 수 있는 자가판정과 전략물자관리원의 품목 담당 전문가에게 판정을 의뢰하는 전문판정(사전판정)으로 나눌 수 있다. <표 6-3>상의 품목에 따라 <표 6-4>에 제시된 바와 같이 소관기관이 판정을 담당하고 있다. 기업들이 많이 수출하는 산업용 물품·기술은 전략물자관리원에서 전략물자 여부를 판정하고 있다.

자가판정 혹은 전문판정으로 전략물자에 해당되지 않더라도 유의할 점이 있다. 비전략물자라도 수입국이 우려거래자일 수 있기 때문이다. 또한 상황판정시 수입자가 의심스럽다면, 수출허가기관을 통해 허가를 받아 수출해야 한다. 또한 자가판정으로 전략물자에 해당되는 것을 알았다면 품목별 허가기관을 통해 수출허가를 받아야 한다.

표 6-3 전략물자 수출허가 기관별 소관품목

	허가기관	소관품목의 규정
산업용 전략물자	산업부 무역안보과	- 별표 2(이중용도 품목)의 제1부에서 제9부까지 규정 - 상황허가 적용
원자력 전용품목	원자력안전위원회(원안위) 원자력통제과	- 별표 2의 제10부(원자력전용품목) - 관세법 시행령 제98조의 관세, 통계통합품목분류표상의 제28류 중 방사성 동위원소의 유기 또는 무기화합물, 제84류 중 원자로 및 이들의 부분품에 대한 상황허가
군용전략물자	방위사업청	- 별표 3(군용물자 품목) 등재 전략물자 - 별표 2(이중용도 품목)에 해당되는 전략물자 중 수입국정부가 군사목적으로 사용할 경우 - 최종사용자가 수입국의 국방 및 군대 관련 기관 관련 시 관련 군용물자에 대해 상황허가 적용

표 6-4 품목별 판정기관

구분	대상품목	전문판정기관
전략물자, 전략기술	산업용 물품 · 기술	전략물자관리원
	군용물자(관련 S/W 포함) · 기술	방위사업청 품목심사담당관
	원자력 전용품목 (관련 S/W 및 기술 포함함.)	원자력안전위원회(원안위) 원자력통제과, 한국원자력통제기술원
	북한 반출입물품	남북교류협력지원협회, 전략물자관리원

그림 6-2 전략물자 판정 절차

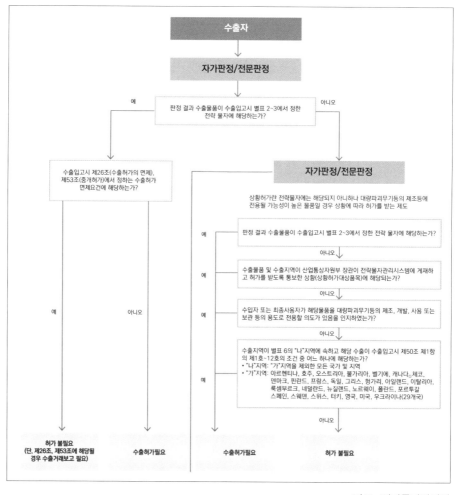

자료: 전략물자관리원

제조업체는 자사 생산품의 사양을 이용하여 전략물자관리시스템에 접속하여 자가판정을 할 수 있다. 자가판정과 사전판정은 동일한 법적 효력을 가지므로 세관 등에서 전략물자 판정서를 요청할 경우 자가판정서를 제출하고 수출할 수 있다. 단, 통제대상이 기술인 경우에는 자가판정이 인정되지 않는다. 전략물자 관리원이 산업용 전략기술에 대한 전문판정을 실시하고 있고, 한국원자력통제 기술원이 원자력 전용품목 전문판정을 담당하고 있다.[4] 자가판정 제도는 기업 책임하에 스스로 전략물자 여부를 판정할 수 있도록 허용한 것이나, 현재는 별도의 자격요건 등을 규정하지 않아 부실판정 등을 관리할 수 없는 상태이다. 전문인력이 부족하거나 애매한 경우 전문판정기관을 이용하는 것이 바람직하다.

표 6-5 자가판정과 전문판정의 비교

	자가판정	전문판정(사전판정)
법적 효력	사전판정은 자가판정과 동일한 법적인 효력 → 세관 등에서 전략물자 판정서 제출 요청 시 자가판정서 제출 가능 ※ 단, 기술에 대한 자가판정이 인정되지 않음 ※ 또한, 자가판정 오류는 업체 책임	
판정주체	판정자(해당 업체)	사전판정기관(전략물자관리원)
유효기간	-	전략물자: 2년 (단, 통제물품 개정 시 고시일에 만료)
유효기간의 연장	유효기간은 없음. 통제품목 개정 시 재판정 필요	유효기간 있음. 만료 후 사전판정 재신청
판정소요 시간	해당 업체 자체 확인	통상 15일 이내. 단, 전문가의 자문이 필요한 경우 혹은 별도 심사 시 판정기간 연장 가능
서류보관 의무	자가판정 후 관련 서류를 전략물자관리 시스템에 등재하고 제출 시 면제, 미등록 경우 판정관련 서류 5년간 보관 기업의 의무	전략물자수출입관리 정보시스템을 통하여 관련 자료를 제출하여 사전판정을 할 경우 면제

자료: 국회 산업통상위원회(2021)

---

4 전략물자수출입고시 제7조에 따라, 전략물자관리원은 별표 2의 제1부부터 제9부까지에 해당되는 물품 등과 별표2의 2에 해당되는 물품 등을 담당하고, 한국원자력통제기술원은 별표 2의 제10부에 해당되는 물품 등의 전문판정을 담당하고 있다.

나. 전략물자 관리 기관

우리나라에서는 산업통상자원부, 원자력안전위원회 및 방위사업청이 수출통제 정책을 담당하고 있고, 전략물자관리원과 한국원자력통제기술원이 수출통제 업무를 지원하고 있다(〈표 6-6〉). 2007년 6월 설립된 전략물자관리원(KOSTI)은 우리 기업이 전략물자 수출통제 체제를 준수하면서 안전하게 무역할 수 있도록 지원하는 공공기관으로, 우리나라 전략물자 관리에서 핵심적인 역할을 수행하고 있다. 대량파괴무기 확산이 우려되고 있을 뿐만 아니라, 국제질서를 위협하는 국가에 대한 국제사회의 제재·수출통제가 정책의 주요수단이 되고 있다. 국제 수출통제 체제를 이해하고 안보환경에 따라 변화하는 규제 조치에 대한 대응능력이 중요해지고 있어 전략물자관리원의 역할이 커지고 있다.

더구나 코로나19 팬데믹과 미·중 패권갈등으로 공급망 교란이 빈번하게 발생하고 국내외 경제안보 현안과 정책에 대한 정보수집과 분석의 중요성이 커지는 상황에서 전략물자관리원은 전략물자 정보와 판단, 수출통제 동향, 공급망 현안 등 국제정세를 분석하고 우리 정부와 국내 기업에게 대응방안을 제시하고 지원한다. 특히 전략물자의 수출허가와 전략물자에 대한 교육·컨설팅에 대한 전략물자관리원의 전문화된 서비스는 우리 기업의 경제안보 역량 확충에 중요한 요소가 되고 있다. 또한 국제 수출통제 체제에 주도적으로 참여하여 우리 산업계의 이해를 대변하고 있다.

표 6-6 전략물자 주요 업무별 담당 기관

기관	담당 업무(판정, 허가)
전략물자관리원	산업용 전략물자 자가판정, 산업용 전략기술 전문판정, 산업용 전략물자 상황허가 판정, 자율준수무역 거래자 지정 심사, 전략물자와 수출통제 정보·교육·홍보 등
산업통상자원부	개별수출허가, 전략기술 수출허가, 경유환적허가, 상황허가, 중개허가, 변경허가, 반납허가, 사용자포괄 수출허가
방위사업청	군용 전략물자 전문판정, 국방과학기술 전문판정, 견본수출허가(군용), 국방과학 기술허가, 방산물자 수출허가, 방산물자 중개허가
한국원자력통제기술원	원자력 전용품목 전문판정

표 6-7 전략물자 판정 추이 및 현황   (단위: 건, %)

구분		2012	2013	2014	2015	2016	2017	2018.6월말
합 계(A+B)		19,269	30,994	49,564	56,248	60,701	84,132	49,822
	·해 당	3,196	5,795	4,792	5,998	4,973	5,310	2,700
	·비해당	16,050	25,187	44,765	50,248	55,728	78,822	47,122
	·반 려	23	12	7	2	0	0	0
자가판정(A)		11,912	18,032	34,964	40,568	48,537	66,855	38,157
	·해 당	1,705	3,291	2,704	3,820	3,236	2,663	1,671
	·비해당	10,207	14,741	32,260	36,748	45,301	64,192	36,486
전문판정(B)		7,357	12,962	14,600	15,680	12,164	17,277	11,665
	·해 당	1,491	2,504	2,088	2,178	1,737	2,647	1,029
	·비해당	5,843	10,446	12,505	13,500	10,427	14,630	10,636
	·반 려	23	12	7	2	0	0	0

자료: 산업통상자원부

최근 몇 년 사이 전략물자 판정 건수가 빠르게 늘어나고 있다. 2012년 판정 건수는 2만 건을 밑돌았으나 2016년에는 6만 건을 상회하였다. 최근 수출통제에 대한 국제적 경각심이 고조되어 있고, 미국이 수출통제를 강화하고 있어 판정 건수가 연간 10만 건을 넘었다. 자가판정이 전문판정의 3배 이상이며, 전략물자로 판정나는 비율은 6% 내외에 불과하다. 낮은 판정 비율은 수출에 따른 불확실성을 줄이기 위해 우리 기업들이 판정을 적극 활용하고 있음을 시사하는 것으로 볼 수 있다.

다. 수출통제 위반에 대한 벌칙

전략물자 관리는 국가안보에 심대한 영향을 미칠 수 있기 때문에 관련 법과 규정 위반에 대해 처벌 수위를 높게 규정하고 있다. 상황허가를 염두에 두고 수출할 때는 해당 제조업체에게 수출품이 전략물자에 해당하는지 문의해야 한다. 전략물자인지 모르고 수출했더라도 우리 법에 의하여 형사처벌, 수출입을 제한하는 행정제재를 받을 수 있다.

전략물자 등 WMD 전용품목의 국제적 확산을 꾀할 목적으로 수출허가 혹

표 6-8 수출통제 위반 시 제재사항

벌칙	- 5년 이하의 징역이나 거래가의 3배 이하의 벌금 부과 - 고의성을 가진 목적범에 대해서는 가중처벌 * 7년 이하의 징역 혹은 거래가의 5배 이하의 벌금 부과
미수범	미수범의 경우에도 각 해당 규정에 준하여 처벌
양벌규정	위반자 외에 관련 법인 또는 개인에게 해당 죄의 벌금형 부과
과태료	각 위반사항에 대해 2천만원 이하의 과태료 부과
기타 행정제재	전략물자 수출입 3년 이내 기간 동안 제한

은 상황허가를 받지 않고 수출했거나 미수범은 7년 이하의 징역 또는 해당 물품 가격에 5배까지 벌금을 부과할 수 있다. 적법한 절차에 따라 허가를 받지 않고 전략물자를 수출한 경우에는 전략물자 이동중지명령을 내릴 수 있고, 최대 3년까지 전략물자의 수출이나 수입을 제한하거나, 교육명령을 처분할 수 있다.

3. 자율준수무역

가. 자율준수체제

글로벌 개방화가 이루어진 오늘날 기업의 수출입 행위에 대한 정부의 관여는 최소한 수준으로 유지하는 것이 바람직하다. GATT에서 WTO 시대로 국제무역체제가 발전하면서 무역자유화와 무역원활화를 통해 무역 관련 비용을 줄이는 것이 국제적 추세였다. 하지만, GATT에도 명시되어 있듯이 국가안보를 위한 무역조치는 불가피하고 국제적으로 허용되어 있다. 4대 국제 수출통제 체제는 WTO 체제 밖에서 운영되고 있지만, 회원국이 주시하고 있을 뿐만 아니라 국가안보와 세계평화를 위해 준수해야 한다.

WTO 통상규범에다가 정보통신의 발전 및 통상전문인력의 육성으로 국제무역 절차의 상당 부분은 자동화 및 시스템화되었다. 또한 기업에 따라 내부에 전문조직과 전담인력을 구비하여 국내외 규범에 맞게 수출입을 적법하게 수행할 수 있게 되었다. 이러한 통상환경을 고려하여 일정 수준 이상의 무역역량을 갖춘 기업에게는 특별 인증(지위)을 부여하고 수출입 절차에서 특혜를 제공하게 되었다.

수출통제 역량이 우수한 기업에게 제공되는 특혜제도가 기업 내부자율준수 제도이다. 이는 국제적으로 CP(Compliance Program) 혹은 ICP(Internal CP)로 통용된다. 내부자율준수제도란 무역거래자(즉, 기업)가 자체적으로 영업부와 독립적인 위치에 있는 수출관리조직을 통해 자사의 수출 거래 심사와 수출통제 제도를 운영하는 것을 말한다. 이 조직은 우려되는 수출 거래를 검토하여 거부하거나 정부 허가기관과 긴밀하게 협력하여 수출허가절차를 적법하게 이행하는 제도이다. 사실상 공공기관이 점검할 사항을 기업이 알아서 처리하는 것이다. 기업 입장에서 보면, 준수(compliance) 비용은 들지만, 자사 내부의 기밀을 외부인에게 접근하지 못하도록 하면서 업무를 원활하게 하는 혜택을 기대할 수 있다.

자율준수무역 거래자란 전략물자 여부를 자체적으로 판정할 수 있는 능력과, 수입자 및 최종사용자, 최종용도에 대한 분석능력 등을 갖추고 있어 거래내용을 자율적으로 심사하여 국내 수출허가제도를 준수할 수 있는 체계와 내부 역량을 갖춘 무역거래자를 말한다. 기업 내 독립적인 조직을 갖추기 힘든 중소기업은 기업 규모에 따라 전략물자 수출관리 전담자만을 지정할 수도 있으며, 업태와 희망 등급 등에 따라 현실에 적합하게 운영할 수 있다.

미국, EU 등 선진국에서는 자율준수체제가 일반화되어 있어 다수 기업들이 자율적으로 수출통제를 이행하고 있다. 우리나라에서는 대외무역법에 근거하여 일정한 요건에 부합하는 자율준수체제를 유지 및 운영하고 있는 기업을 "자율준수무역 거래자"로 지정하고, 수출허가 관련하여 포괄수출허가 자격 부여 등 인센티브를 부여하고 있다. <그림 6-3>은 자율준수무역 거래자 지정 절차를 제시하고 있다. 전략물자관리원이 서류 및 현장 심사를 거쳐 자격 여부를 판단하면 산업통상자원부가 지정하게 된다.

산업통상자원부로부터 '자율준수무역 거래자'로 지정받은 기업에 대해서는 특정 품목의 수출이 국제평화 및 안전을 유지하는데 저해되지 않는다고 인정될 때 2~3년 정도의 기간을 정하여 기업들이 자율적으로 수출하도록 허가하고 있다. 자율준수 무역거래자의 경우 전략물자가 소관 국제 수출통제 체제 가입국에 동 물자 수출 시 또는 수출실적이 있는 품목을 같은 최종사용자에게 수출 시 수출허가 신청서 접수일로부터 10일 이내에 수출허가를 처리해 준다. 다만, 품목 특성상 원자력 전용품목, 군용물자 품목은 이보다 시간이 더 걸릴 수 있다.

그림 6-3 자율준수무역 거래자 지정 절차

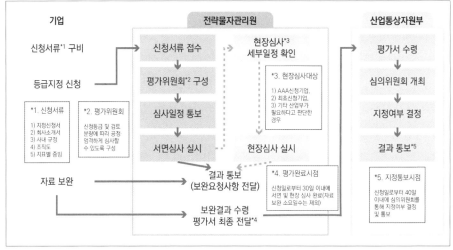

자료: 전략물자관리시스템

나. 전략물자 수출허가

전략물자를 수출하고자 하는 개인 또는 업체는 수출 전에 반드시 관련 허가 기관으로부터 수출허가를 받아야 하며, 전략물자가 아니더라도 우려용도로 전용될 위험이 있을 경우 역시 관련기관의 상황허가를 받아 수출해야 한다. 수출통제 품목은 전략물자수출입고시[5] "별표 1: 전략물자·기술", "별표 2: 이중용도 품목", "별표 2-2: 상황허가 대상품목(78개 항목)", "별표 2-3: 상황허가 면제대상", "별표 3: 군용물자품목", "별표 8: 사용자 및 품목 포괄수출허가 대상품목"에 제시되어 있다.[6]

별표 2 이중용도 품목은 품목의 특성에 따라 다음과 같이 구분되어 있다.

- 1부 특별소재 및 관련 장비
- 2부 소재가공
- 3부 전자
- 4부 컴퓨터

---

5 https://www.yestrade.go.kr/common/common.do?jPath=/it/itde023G

6 구체적인 품목에 대한 정보는 '전략물자 수출입고시'상의 부록 참조.

- 5부 정보통신 및 정보보안
- 6부 센서 및 레이저
- 7부 항법 및 항공전자
- 8부 해양
- 9부 항공우주 및 추진
- 10부 원자력 전용품목(핵물질, 관련 설비 및 장비)

이들 전략물자에 해당되는 품목을 수출하고자 할 경우에는 관련 부처로부터 사전적으로 수출허가를 받아야 한다. 허가신청서 접수일로부터 15일 이내가 원칙이나, 기술적 심사나 수요자에 대한 현지조사 혹은 관계기관과 협의가 필요한 경우 추가 시일이 소요된다. 수출허가 심사 기간을 고려하여 수출 일정에 차질이 없도록 미리 신청해야 한다.

1) 전략물자 수출허가의 종류

대외무역법에 따른 자율준수체제는 기업 또는 "대통령령으로 정하는 대학 및 연구기관"이 독립적인 수출거래심사기구를 갖고, 전략물자수출관리업무에 대한 운영 규정에 따라 수출 거래를 심사한 후 수출 거래를 거부하거나 허가기관의 장에게 전문판정 및 수출허가 등을 신청하는 일련의 절차 및 제도를 말한다.[7]

수출허가는 개별수출허가와 포괄수출허가로 구분되며, 포괄수출허가는 사용자포괄수출허가와 품목포괄수출허가 두 가지로 나눌 수 있다. 이와는 별도로 상황허가, 중계허가, 재수출허가, 경유·환적(換積)허가도 발급되고 있다.[8] 개별수출허가는 전략물자 수출허가기관의 장이 전략물자의 수출신청에 대해 개별적으로 허가하는 것으로서 확인된 수량의 품목들에 대하여 수출허가하는 것을 말한

---

7 전략물자수출입고시 제5조(허가기관)에 따라, 산업통상자원부장관은 별표 2(이중용도 품목)의 제1부부터 제9부까지에 해당되는 물품 등을, 원자력안전위원회 위원장은 별표 2(이중용도 품목)의 제10부(원자력 전용 품목)에 해당되는 물품 등을, 방위사업청장은 별표 3(군용물자품목)에 해당되는 물품 등과 별표 2(이중용도 품목)에 해당되는 물품 등(수입국정부, 군 관련 기관 및 방위산업체에서 군사적 목적으로 사용할 경우에 한함)을 담당하고 있다.

8 미국의 경우, 2020 회계연도에 37,895건의 수출허가 신청을 처리했고 해당 금액은 총 1,737억 달러였다. 통상 신청 건수의 85% 내외가 허가되고 나머지는 거부되고 있다. BIS의 평균 허가신청 처리 시간은 23일이었다. 여기에는 국방부, 에너지 및 주정부의 검토 시간이 포함되어 있다(US BIS 2021).

다. 이에 비해 포괄수출허가는 수출허가제에게 수출허가를 포괄적으로 위임하는 것이다.

사용자포괄수출허가는 자율준수무역 거래자로 지정된 수출자에게 기술을 제외한 "별표 8"에 속하는 품목을 구매자, 목적지국가, 최종수하인을 지정하여 일정한 기간 동안 수출하도록 허가하는 것이다. 허가 기간 동안 해당 품목의 수출 여부 및 수출수량은 수출자가 최종사용자의 사용 용도를 고려하여 자율적으로 결정할 수 있다. 품목포괄수출허가는 사용자포괄수출허가와 유사하나 허가기간 동안 수출자가 대상 품목 및 그 수출 여부와 수출량을 자율적으로 결정할 수 있는 것을 말한다. 최종사용자와 품목 중 어디에다가 자율성을 부여하는가에 따라 사용자포괄수출허가와 품목포괄수출허가가 결정된다.

이와는 달리, 상황허가도 수출허가의 한 종류가 될 수 있다. 상황허가는 전략물자에는 해당되지 않으나 수입국 혹은 수입자(우려거래자)가 테러 등 안보 불안을 야기할 수 있는 상황을 고려하여 수출 여부를 허가하는 것이다. 수입자가 수출하고자 하는 품목을 나의 1 지역 또는 나의 2 지역으로 수출하는 자가 대량파괴무기(WMD)의 제조 및 사용 등으로 전용될 가능성이 있는 것으로 판단되는 경우 신청하여 수출허가를 받는 것을 말한다.[9] 수출통제와 관련하여 우려거래자와 지역 구분은 정기적으로 업데이트해 전략물자수출입고시에 반영된다.

중개허가는 전략물자를 제3국에서 다른 제3국으로 중개수출할 때 중개 시마다 허가하는 것을 말한다. 재수출허가는 수입한 전략물자를 외국으로 재수출하는 자에게 해당 전략물자 허가기관이 허가하는 것이고, 경유·환적허가는 전략물자 등을 국내 항만이나 공항을 경유하거나 국내에서 환적(換積) 시 필요한 허가이다.

2) 수출통제 관련 우려거래자와 지역 구분

안전한 무역거래를 위해 수입자 혹은 최종사용자가 우려거래자로 국제적으로 문제가 있는 업체인지를 확인해야 한다. 부적격거래자에 대한 수출은 중간 단계에서 거부될 수 있고, 사후에도 문제가 발생할 수 있다. 부적격자에 대한

---

9 전략물자수출입고시 별표 2-2 상황허가의 대상품목에 해당하는 경우에도 상황허가를 받아야 한다.

수출은 위법으로 민형사상 처벌받게 되며, 만약 부적격거래자인 줄 알고 거래
를 진행했다면 대외무역법에 의해 가중처벌받게 된다.

우려거래자란 국제안보 및 세계평화를 위해 무역거래가 제한되거나 무역거
래 시 주의를 기울일 필요가 있는 단체 및 개인을 말한다. UN안전보장이사회,
다자간 국제 수출통제 체제의 회원국과 관련 회원국 정부는 이러한 우려거래자
를 선별하여 수출통제 체제를 통해 통보 및 게시하고 있다.

미국은 BIS는 WMD 프로그램, 테러 지원 국가 또는 미국 국가안보 또는 외
교 정책 이익에 반하는 기타 활동으로 전용할 상당한 위험이 있다고 결정한 우
려거래자를 목록(Entity List)에 등재하는 방법을 사용하고 있다. 수출자, 재수출
자 또는 이전자(transferer)는 사전적으로 BIS로부터 수출허가를 받지 않는 한
EAR의 적용을 받는 품목의 일부 또는 전체를 수출·이전양도하는 것이 금지된
다. 2021년 4월 기준 미국이 지정한 우려거래자는 총 1,650여 명이고, 이들의
절반 정도의 소속 국가가 중국(홍콩)과 러시아이다. 최근 몇 년 사이 중국과 러시
아에 대한 미국의 제재가 확대되면서 우려거래자가 크게 늘었다.

전략물자 접근에 대한 우려거래자가 단체나 개인을 대상으로 지정과는 별도
로 국제사회의 제재에 따라 우려거래자(국가)를 지정하고 있다. 이는 상황허가

그림 6-4 미국의 우려거래자(Entity List) 국가별 분포

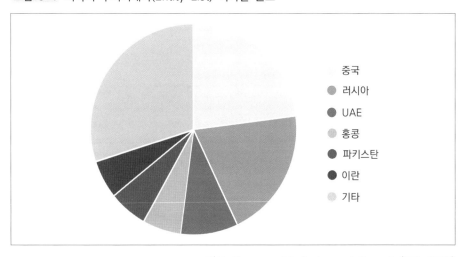

중국
● 러시아
● UAE
● 홍콩
● 파키스탄
● 이란
◐ 기타

자료: Bureau of Industry and Security(BIS, 2021)

표 6-9 우리나라 지정 상황허가 대상 우려거래자

분류	국가·단체(출처)
UN안보리 결의	소말리아 에리트레아 제재
	알카에다 제재
	이라크 제재
	콩고민주공화국 제재
	수단 제재
	레바논 제재
	북한 제재
	리비아 제재
	탈레반 제재
	기니-비사우 제재
	중앙아프리카공화국 제재
	예멘 제재
	남수단 제재
	이란 제재
	말리 제재
미국	(상무부) Denied Persons List
	(상무부) Entity List
	(상무부) Unverified List
	(재무부) Specially Designated Nationals List
	(국무부) Nonproliferation Sanctions
	(국무부) Debarred List
일본 경제산업성	해외 최종사용자 명단(Foreign End User List)

자료: yestrade.go.kr

품목 관리를 위해 필요하다. 산업통상자원부는 UN 안전보장이사회에서 이란, 북한, 알카에다, 탈레반 등 대량파괴무기 확산 국가와 단체와 관련하여 제재하고 있는 우려거래자를 지정하고, 이들에 대해서는 대외무역법과 전략물자수출입고시에 따라 농수산물, 예술품 등을 제외한 전략물자가 아닌 물품과 기술을 수출하려는 경우에도 반드시 관련 당국의 상황허가를 받도록 규정하고 있다.

상황허가 대상 우려거래자는 UN안보리 결의, 미국(상무부, 재무부, 국방부) 및 일본 경제산업성의 제재 명단과 연계되어 있다.

3) 전략물자 수출지역 구분과 수출허가 요건

거래우려자와는 달리 전략물자에 대한 국제 수출통제 체제 이행 여부와 역량을 중심으로 전략물자 수출지역을 구분하여 관리하는 체제도 운영되고 있다. 수출통제 리스크에 따라 국가별 대우를 달리 하고 있는 것이다. 4대 국제 수출통제 체제를 준수하는 국가라면 일단 수출통제가 체계적으로 이행되고 있는 것으로 볼 수 있다. 전략물자 수출지역 구분은 전략물자 관리 역량에 따라 국가별 관리 수준을 다르게 적용하고 있다. 예를 들면, 세계에서 전략물자 수출관리를 가장 엄격하게 관리하고 있는 미국으로 수출하는 기업에게 무리하게 많은 증빙서류를 요구함으로써 수출통제 당국이 얻은 혜택이 제한적일 것이다. 하지만 소말리아 등 내전이 끊이지 않는 국가의 경우 전략물자 관리가 제대로 되지 않아 테러단체 등으로 흘러들어갈 가능성이 높아, 이들 국가에 대한 전략물자 수출에 대해서는 수입자의 신원이나 전략물자의 최종용도 등에 대해 면밀하게 확인할 필요가 있다. 우리나라는 <표 6-10>에 제시된 바와 같이 4개 등급으

표 6-10 전략물자 수출지역 구분[10]

가의 1 지역	아르헨티나, 호주, 오스트리아, 불가리아, 벨기에, 캐나다, 체코, 덴마크, 핀란드, 프랑스, 독일, 그리스, 헝가리, 아일랜드, 이탈리아, 룩셈부르크, 네덜란드, 뉴질랜드, 노르웨이, 우크라이나, 폴란드, 포르투갈, 스페인, 스웨덴, 스위스, 터키, 영국, 미국 (28개국)
가의 2 지역	일본
나의 1 지역	가의1 지역, 가의2 지역 및 나의2 지역에 해당하는 국가를 제외한 나머지 국가
나의 2 지역	중앙아프리카공화국, 북한(제3국 경유를 통해 재수출되는 경우에 한함), 콩고민주공화국, 이라크, 레바논, 리비아, 소말리아, 남수단, 수단, 시리아, 예멘(11개국)

* 수출지역의 구분은 최종목적지를 기준으로 구분하며, 최종목적지가 "가"지역이라 하더라도 "나"지역을 경유하는 경우에는 "나"지역으로 전략물자를 수출하는 것으로 간주함

---

10 자세한 내용은 <부록 6> 참조.

로 전략물자 수출지역을 구분하고 있다. 국가별 리스크 수준이 조정되면 지역 구분이 변경될 수 있다.

전략물자 수출지역 구분에 따라 수출허가 요건이 달라진다. 개별 수출자의 경우 수출허가를 위해 필요한 서류는 <표 6-10>의 지역 구분에 따라 차이가 크다. 최상위 등급에 해당하는 미국, 영국 등 "가의 1 지역"에 대한 전략물자 수출을 위해 전문판정서(또는 자가판정서)와 수입국 정부가 발행한 최종사용자의 영업증명서(또는 납세증명서) 등을 요구하는 반면,[11] 가장 리스크가 높은 "나의 2 지역"에 대한 수출허가를 받기 위해서는 수출신용장(또는 수출계약서), 전문판정

표 6-11 자율준수무역 거래자의 수출허가 신청서류

신청서류	사용자포괄수출허가 (자율준수무역 거래자의 경우)			품목포괄수출허가 (자율준수무역 거래자의 경우)
	가 1 지역	가 2 지역	나 1 지역	
수출신용장 혹은 수출계약서, 수출가계약서(의향서와 이에 준하는 서류 포함)	X	X	X	계약서, 가계약서 혹은 이에 준하는 서류
전문판정서 혹은 자가판정서	O	O	O	-
신청품목 관련 서류	X	X	X	프로젝트 설명서, 최종사용 용도 설명서
		X	X	수출품목의 설명 자료
최종수하인 진술서	면제	O	O	-
최종사용자의 서약서	X	X	X	O
최종사용자 등 관련 서류	X	X	X	최종사용자, 구매자와 최종수하인의 개요
이외 수출허가 기관의 장이 필요한 것으로 요구하는 서류	별도 제출	별도 제출	별도 제출	별도 제출

자료: yestrade.go.kr

---

11 어떤 지역에 대한 수출허가 과정에서 수출허가기관의 장이 필요하다고 인정하는 서류를 요구할 수 있다.

서(또는 자가판정서), 최종수하인 진술서, 수출자 진술서, 최종사용자 진술서, 최종
사용자 등의 관련 서류 등을 허가기관에 제출해야 한다.

자율준수 무역거래자에 대한 수출허가 신청서류는 더욱 더 간소화된다. 사용
자포괄수출허가를 받은 자율준수기업은 "가의 1 지역" 수출 시 전문판정서(또는
자가판정서)만 제출하면 되며, "가의 2 지역"이나 "나의 2 지역"으로 수출할 때 전
문판정서(또는 자가판정서)와 최종수하인 진술서만으로 수출허가를 받을 수 있다.

제3부

최근 주요국의 경제안보 정책 이슈

제7장 미·중 패권갈등 구조와 미국의 공급망 정책[1]

1. 중국의 경제성장과 팩토리 아시아

1978년 등소평 주석이 남방순화를 통해 개방정책을 선언했을 당시 세계 GDP에서 중국의 비중은 겨우 2%에 불과했다. 그러나 2021년 중국의 GDP 규모는 17조 5천억 달러로 세계 전체 GDP의 17%로 높아져 미국 24%를 추격하고 있다. 미·중 갈등에도 불구하고 중국의 성장엔진이 유지되고 있어 중국이 세계 최대 경제 국가가 되는 것은 시간문제일 것이다.[2]

그러나 최근 미·중 갈등이 불거지고 나서 그 시기가 2040년으로 미뤄지거나 아예 미국을 따라잡지 못할 수 있다는 전망도 나왔다. 세계적인 경제경영 뉴스 채널인 Bloomberg Economics(2022)는 중국이 세계 최대 경제 국가 가능성에 대해 의문을 제기했다. 저성장 시나리오와 금융위기 시나리오 발생 가능

그림 7-1 중국의 경제성장 시나리오와 미·중 경제규모

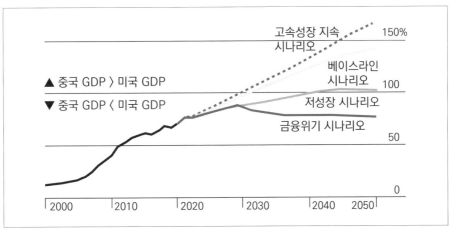

자료: Bloomberg Economics(2022)

---

1 이 장은 전략물자연구원과 협의를 거쳐 정인교·조정란(2021)를 편집·수정 보완하여 작성한 것이다.

2 영국 싱크탱크 경제경영연구소(CEBR)는 2020년 12월 26일 발표한 '세계 경제 순위표(League Table)' 보고서에서 중국이 2028년 미국을 제치고 세계 최대 경제대국(G1)이 될 것이라고 예측했다.

성을 제기하고 있다. 이들 경우 중국의 미국 따라잡기는 상당 기간 지연될 수 있다.

그동안 수출은 중국 경제성장의 가장 중요한 요소의 하나로 작용해 왔다. 지난 40여 년 동안 지속된 폭발적인 수출증가는 풍부한 노동력이 있었기에 가능했다. 저부가가치 노동집약적 상품 생산이 가능하도록 중국 정부는 정교한 정책을 동원했다. 다양한 수출촉진정책, 위안화 환율정책, 수출 지향적인 외국인직접투자(FDI) 유치, WTO 가입 등의 정책이 단계적으로 추진되었다. 이러한 일련의 조치로 중국은 경제력을 키우면서 중국식 사회주의 시장경제체제를 구축하게 되었다.

전통적인 비교우위 무역이론으로는 개혁개방 초기의 중국 수출 기적을 설명할 수 있겠지만, 중국의 인건비가 빠르게 올라가고 환경보호 등 중국 내 규제가 강화된 이후에도 지속된 중국의 높은 수출실적은 전통적인 무역이론으로 설명하기 어렵다.[3] 중국이 산업간 무역에 치중했다면 중국은 오늘날과 같은 경제적 위상을 확립하지 못했을 것이다. 지난 40여 년간 중국은 수출 품목을 다양화 및 고부가 가치화하면서 산업구조를 선진화시켜 왔다. 현대무역이론이 설명하는 상품 다양화 이외에 글로벌 공급망이 중국의 수출 확대와 경제성장에 유용할 수 있다.

개혁개방정책 선언 이후 중국은 빠르게 국제무역체제에 편입되었고, 다국적 기업들의 대중국 직접투자가 늘어났다. 이들 기업들은 중국 투자를 결정하면서 글로벌 차원에서 중간재 조달체계를 이미 염두에 두고 있었다. 이 시기에 글로벌가치사슬(GVC)이 빠르게 확충되었고, 중국의 생산 증대는 GVC 확충에 기폭제 역할을 했다. 중국 내 경쟁력을 갖춘 중간재 생산자는 국내 사용자에게 판매하던 관행에서 벗어나 해외에도 수출하게 되었다. 일본의 첨단기술과 아시아의 선발 4개 개도국의 생산력이 중국의 풍부하고 저렴한 노동력에 접목되어 1990년대 이들 동아시아 국가들은 중국을 중심으로 한 거대한 생산네트워크(팩토리 아시아)를 구축하게 되었다. 이후 공급망 허브화와 더불어 기술력이 올라가면서 중

---

3 궁핍화 성장(Immiserizing Growth)이 제시하는 바와 같이, 비교우위에 입각한 노동집약적인 제품 수출 위주의 편향적 경제성장(biased-growth)은 소득과 후생 수준을 악화시킬 수 있기 때문이다. 궁핍화 성장 이론에 대해서는 Bhagwati(1958)를 참조바란다.

그림 7-2 생산공정별 부가가치 스마일커브 예시

국은 북미(미국)와 유럽(독일)과 더불어 세계 3대 생산 허브로 발전했다.

스마일커브에서 보듯이, 하청기업은 제조 및 조립과 같은 저부가가치 생산공정을 수행하고 GVC 선도기업은 연구개발, 제품 디자인, 브랜드 홍보 및 마케팅 등 고부가가치 생산활동을 담당한다. 해외로 수출하려는 기업은 현지 국가의 각종 규정 준수, 소비자 선호도에 대한 조사 및 분석, 제품 홍보를 위한 광고와 마케팅, 유통채널 구축 등 다양한 비용을 투입해야 한다. 중국기업은 국제적으로 인정받는 브랜드, 첨단기술, 글로벌 유통 및 소매 네트워크를 구축한 해외의 다국적기업이 관리하는 GVC에 참여함으로써 이러한 장애들을 회피하거나 극복할 수 있었다. WTO 회원국 지위와 글로벌 공급망 참여가 없었다면 중국 경제가 빠르게 성장하고, 중국산 제품이 글로벌시장 점유율을 높이는 것은 무척 어려웠을 것이다(Grossman & Rossi-Hansberg 2008).

2. 미·중 패권갈등 배경과 전개

가. 주식회사 중국(China, Inc.)

시진핑 집권 원년이던 2013년 하버드대 Mark Wu(2013) 교수는 국가, 공산당, 국영기업 및 민간기업이 상호 간에 긴밀하게 연계되어 있는 중국의 정치경제체제를 "주식회사 중국(China, Inc.)"이라고 불렀다. Wu 교수는 중국을 "주식회사 중국"으로 규정하여 중국의 경제체제가 WTO 규범과 상당 부분 벗어나 있음을 알리고자 했다. Wu 교수는 또한 중국의 경제체제는 다른 무역파트너와 지속적인 무역마찰을 일으키는 배경이 되고 있지만, WTO는 이러한 통상마찰을 해결할 수 있는 역량이 매우 제한되어 있다고 설파했다. 하버드대 교수로 임용되기 전 Wu 교수는 세계은행(WB) 중국 사무소 이코노미스트, 글로벌 컨설팅 업체인 멕킨지 경영컨설턴트, 미 USTR 지식재산권(IP) 담당 과장을 거치면서 중국에 대한 남다른 안목과 국제통상 규범적인 측면을 오랫동안 연구한 국제통상 분야 전문가이기에 "주식회사 중국" 용어는 당시에 국제적으로 상당한 파장을 불러일으켰다.

서방세계는 일찌감치 중국이 WTO 규범에 부합하지 않는 경제체제를 운영한다는 것을 파악했지만, 중국의 WTO 가입 이후 시장경제화를 낙관적으로 생각했던 서방세계는 중국과의 경제협력에만 몰두했을 뿐 문제점 제기에는 소극적이었다. 2008년 리먼 브라더스 파산으로 촉발된 글로벌 금융위기 극복과정에서 중국의 후진타오 주석이 미국의 글로벌 리더십을 심각하게 폄하하는 발언이 있었지만, 당시 미국의 오바마 행정부는 금융위기라는 발등의 불을 끄기 위해 중국과의 협력에 주력하지 않을 수 없었다. 3년 만에 금융위기를 극복하고 더이상 중국의 대외영향력 확대를 방치할 수 없다는 판단을 내린 오바마 행정부는 2011년 11월 들어 아시아 중시 정책인 "아시아로의 회귀(Pivot to Asia)"를 선언하고, 아태지역 다자협력체인 동아시아정상회의(EAS)에 가입했다.

아시아로의 회귀 선언 이듬해에 Wu 교수의 "주식회사 중국" 경계론이 제기되었다. 이미 G2로 발전한 중국과의 관계 재설정이 필요했고, 오마바 행정부의 전략적 고심은 깊을 수밖에 없었다. 결론적으로 미국은 중국을 전략적 경쟁 관계로 보기 시작했다. 한편, 시진핑 주석 지도하의 중국은 그 이전과는 다른 양상이 나타났다. 시진핑 집권을 계기로 중국에서는 정부의 시장개입이 크게 늘었다(Lardy 2014, 2019). 중국은 시장지향적인 경제체제를 수용했지만, 엄격히 자유시장 자본주의 체제는 아니고, 전 세계 어느 곳에서도 운영되는 방식이 아니다(Lin & Milhaupt 2013). 이로 인해 미·중 간에 경제체제 논쟁이 일어났다. 미국은 중국의 체제를 사회주의 계획경제의 잔재가 상당 수준 유지되고 있는 것으로 봤고, 중국은 미국식 자본주의 시장경제의 문제점을 제기했다. 경제체제는 '미국식'만 있는 것이 아니고 '중국식' 사회주의 시장경제체제도 있다는 점을 중국 지도자는 여러 차례 강조했다. 즉 시진핑 집권 이후, 중국 지도자는 여러 차례 미국과 대등한 지위를 미국에 요구한 것이다. 이에 미국은 중국이 패권을 넘보는 것으로 인식했고, 더 이상 중국을 대등한 입장에서 국제무역 파트너로 볼 수 없다고 판단하게 되었다.

나. 시진핑 주석의 '중국몽'[4]

2007년 차기 주석으로 내정된 시진핑은 미·중 관계가 흔들리는 격동기에 국가 경영 비전을 준비하면서 미국의 리더십에 대한 도전과 패권주의의 추구가 초래할 결과를 충분히 검토하지 못했다. 그러나 시진핑은 중국 국민들에게 자신의 원대한 이상을 심어주고자 했다. 2013년 3월 공식 출범을 5개월 앞둔 2012년 11월 시진핑은 차기 정부의 핵심 국정 목표로 중화민족의 위대한 부흥을 의미하는 '중국몽'(中國夢, 중국의 꿈) 실현과 '일대일로(一帶一路)' 사업을 제시했다. 조공무역이 이루어지던 시절의 중국의 동아시아 내 위상을 중국몽으로 표현한 것이다. '중국의 꿈' 실현은 바로 봉건시대 중국의 위상, 중국이 세계의 중심이라고 여겼던 전성기를 오늘날 재현하겠다는 것이다.

2018년 2번째 5년 임기를 시작하면서 시진핑 주석은 지도 이념으로 "신시대 중국특색사회주의시장경제"를 내세웠다. G2 국가인 중국이 추구하는 '중국식' 경제 질서를 미국의 시장경제와 대등한 관계에 있는 것으로 보고 국제사회가 수용하라는 취지로 해석되었다. 2013년 시진핑 주석이 오바마 전 대통령에게 제안했던 '신형대국관계'를 구체화시킨 것으로 해석될 수 있다. 이로써 중국은 국제질서에 대한 시각을 자국 중심으로 전환했고, 미국은 중국이 글로벌 패권을 넘보고 경쟁에 돌입한 것으로 인식하게 되었다. 이 시점에 트럼프 대통령은 중국을 '적'으로 규정하고 무역전쟁에 돌입했다.

일대일로는 미국의 중국 포위 전략에 대응하기 위해 중국에서 유럽을 연결하는 육로와 해로를 건설하는 '신실크로드 프로젝트'를 말한다. 2013년 3월 26일 주석 취임 이후 첫 공개 연설이었던 중국 전국인민대표대회(전인대) 폐막식에서 '중국의 꿈'과 '일대일로'가 수십 차례 언급되었다. 일대일로는 교통물류 인프라가 부족한 국가를 지원하는 것으로 아시아인프라투자은행(AIIB)을 통해 일대일로 프로젝트 비용을 대출해 준다는 청사진을 제시했다. 미국은 중국의 일대

---

4 이 소절은 정인교·조정란(2021)을 활용하여 작성되었다.

그림 7-3 중국의 일대일로 건설 구상

자료: 언론 보도

일로 프로젝트가 중국 중심의 경제블록을 만드는 것으로 중앙아시아에 중국이 건설한 인프라를 유지하고, 만약 빚을 상환하지 못하면 항만, 도로 등 기간산업을 접수하는 '빚의 함정(debt trap)' 방식으로 중국의 영향력을 더욱 확대하는 대외전략인 것으로 보았다.

시진핑 집권 초기 중국경제는 순탄한 길을 걷는 듯했지만 중진국 함정과 같은 위기 조짐이 나타났다. 2014년 구매력(PPP) 기준으로 중국의 국내총생산(GDP)은 미국을 능가했고, 아시아개발은행(ADB)은 2015년 "아시아 경제통합 리포트"에서 중국이 하이테크 제품 수출에서 일본과 한국을 앞질렀다고 분석했다. 아시아의 하이테크 제품 수출에서 중국의 비율은 1996년 5.9%였으나 2014년 43.7%로 수직으로 상승했다. 반면 한국은 같은 기간 7.3%에서 9.4%로 소폭 오르는 데 그쳤고, 일본은 30.0%에서 7.7%로 크게 떨어졌다(三浦 2016). 하지만, 중국경제의 성장력에 제동이 걸리기 시작했다.

두 자릿수 성장을 지속하던 중국경제는 2010년대 들어 한 자릿수 성장 시대에 접어들게 되었다. 경제 규모가 커지면서 성장률 저하는 불가피한 상황이나, 중국 당국은 이를 경제발전의 기회로 삼았다. 2014년 중국 당국은 2014년 '양

그림 7-4 중국제조 2025 계획

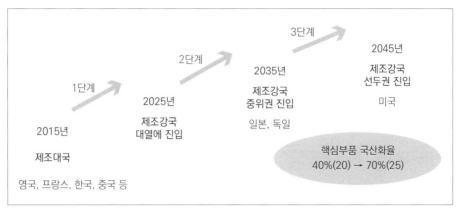

자료: 기술정책연구소(2019)

적 성장'에서 '질적 성장'으로 전환하고, 앞으로 저성장은 '신창타이(新常態)', 새로운 정상상태인 것으로 봐야 함을 공개적으로 밝혔다. 2년 뒤인 2015년 중국은 신창타이 시대 질적 성장을 위한 정책으로 '중국제조 2025'를 내놓았다. 반도체, 로봇 등 10대 전략산업을 대대적으로 육성하여 자급률 70%를 2025년까지 달성하고, 2045년까지 미국을 따돌리고 명실상부한 세계 1위 첨단기술산업 국가로 도약하겠다는 목표를 설정했다. 드디어 미국을 능가하는 국가발전 전략을 공론화한 것이다.

'중국제조 2025'는 국유기업에 대한 막대한 재정지원으로 추진되었으며, 공격적인 인수합병(M&A) 투자 등으로 첨단기술을 확보하는 적극적인 산업정책을 전방위로 펼쳤다. 중국제조 2025는 중국 측 설명과 서방국가의 해석이 엇갈린다. 중국은 중국제조 2025를 산업정책으로 설명하지만, 미국은 WTO 체제에 부합하지 않는 "주식회사 중국(China, Inc.)"(Wu 2013) 체제하에서 중국이 불법적인 기술탈취로 기술패권을 추구하고 있다고 비판했다. 순수한 기업 간 기술협력도 있으나 첨단기술의 경우, 중국공산당 주도하에 민영기업을 내세워 글로벌 기업과 접촉하고 국영기업의 자금 조달로 첨단기술을 확보하여 중국 군대의 무기 개발에 사용한다는 것이다. 미국은 '중국제조 2025'를 첨단전략산업 전반에 대한 중국식 기술탈취 계획으로 본 것이다.

중국의 정치체제 역시 서방세계의 기대와 반대 방향으로 나아갔다. 등소평 주석 시절부터 중국은 민영화, 탈권위적 정치 양상을 보였으나, 시진핑 주석의 집권 이후 사회주의 사상을 강조하면서 권위적 정치체제로 돌아섰고, ICT 기술을 이용하여 디지털 통제체제를 구축했다. 당관료의 사상과 이념이 관료집단의 전문성을 앞서고, 민진국퇴(民進國退)는 국진민퇴(國進民退)로 바뀌었다. "2016년을 분수령으로 미국은 중국을 정조준하기 시작했다. 트럼프가 전쟁을 시작했지만, 원인은 중국, 특히 시진핑 주석이 제공했다"(서울대 국제학연구소 2021).

다. 미·중의 대결 구도

2008년 글로벌 금융위기 발생 이후 미국의 글로벌 리더십에 금이 생겼고, 2001년 WTO 가입 이후 경제력을 키운 중국이 이 틈을 파고들기 시작했다. 2013년 말 시진핑 주석이 중국 지도자로 취임하면서 중화사상을 대변하는 '중국몽' 실현을 국정 목표로 내세웠고, 중국제조 2025와 반도체 등을 포함한 첨단 분야에서의 기술 굴기를 추진하면서 미국과의 기술패권이 표면화되었다. 2017년 취임한 공화당의 트럼프 대통령은 '위대한 미국(Great America)'을 국정지표로 내세웠고, '더 나은 미국 재건(Build Back Better)'을 선거구호로 내건 민주당의 바이든 대통령이 2021년 대통령으로 취임했다. '위대한 미국'과 '더 나은 미국 재건'은 '중국몽'에 대응하면서 글로벌 패권 유지를 염두에 둔 정치 슬로건이었다. 공화당과 민주당 모두 중국 견제 정책을 추구했다.

2018년은 미·중 관계의 근본적 전환 시점이다. 등소평 주석이 집단지도체제를 확립한 이후 중국 지도자는 '5년 임기, 5년 임기연장', 즉 10년 동안 중국을 통치하는 관행을 확립했다. 장쩌민 주석과 후진타오 주석도 그랬다. 중국은 차기 지도자를 현 주석 임기 5년 차에 정하고 후임자가 5년간 국가 경영 수업을 쌓아 주석에 취임하도록 하는 관례가 있다. 따라서 첫 5년 임기가 끝날 무렵에 차기 지도자를 선정(내정)한다. 등소평 주석이 확립한 격세지정(隔世指定)이다. 2002년 3월부터 2012년 2월까지 중국의 최고지도자였던 후진타오는 1997년 차기 지도자로 선출되어 5년 동안 지도자 수업을 받은 후 주석으로 취임했다.

시진핑 사상의 당장 삽입과 주석직 임기 제한 철폐는 시진핑 주석이 내세운 중국몽 실현과 중국제조 2025 추진과 결부되어 서방세계의 우려를 키웠다. 더구나 중국이 안면인식 기술과 인터넷을 국가통치 수단으로 활용하기 위해 첨단

그림 7-5 최근 미 행정부의 대중국 정책

오바마 행정부('08-'16)	트럼프 행정부('17-'20)	바이든 행정부('21-)

- 중국 견제 시작
  - TPP 협상 개시
- 중국 WTO 가입 승인 비판
- WTO 상소기구 운영 중단

- 'America First' 강화
- 리쇼어링 압박
- 안보(232조) 연계 조치
- 대중국 패권경쟁
  - ECRA 수출통제 강화
  - 중국 기술투자 금지
  - 정치체제, 인권 문제
  - 인적교류 제한
- WTO 고사(枯死)정책

- 극단적 'America First' 정책
- 미국내 공급망 구축
- 트럼프 중국 정책 대부분 계승
  - 중국 정책 강화
  - 동맹국 연대
  - Quad+, AUKUS, IPEF
  - 민주당 정강(인권, 민주주의, 소수민족, 노동 등) 정책 반영
- 대러시아 고강도 경제제재

기술 확보에 주력하면서 미국은 기술안보의 중요성을 절실하게 느끼게 되었다. "시진핑 체제는 최신 정보관리 기술을 통해 국민에게 안전을 제공하는 동시에 과거 황제체제를 넘어선 국내 통제의 실현을 꾀하고 있는 듯하다. 그렇다면 ICT 기술의 지배를 중국이 놓기는 어렵다"(総合研究開発機構 2019). 미국은 중국의 첨단기술 개발 의도를 파악하고, 미국 기술의 접근을 차단하게 되면 기술패권을 유지할 수 있을 것으로 판단했다. 하지만, 중국은 기술 확보가 필수 불가결한 상황이어서 양국 간 갈등은 접점을 찾기 어렵게 되었다.

중국에 대한 견제 구상은 오바마 행정부 시절인 2011년 "아시아로의 회귀" 정책으로부터 시작되었고, 환태평양경제동반자협정(TPP) 가입 협상 개시로 이어졌다. 트럼프 행정부는 중국견제를 위한 보다 구체적인 대책을 실행했다. 1962년 무역확대법 232조와 같은 WTO 규범에 배치될 수 있는 국내법을 발동하여 중국에 대한 갖가지 규제조치를 단행했다. 바이든 행정부도 대중국 정책에 관한 한 트럼프 정책을 대부분 수용하였고, 정책의 실행 효과성을 개선하기 위해 추가적인 방안을 모색했다. 보호무역, 인권보호, 노동정책 등은 집권 민주당의 정강이기에 트럼프 행정부의 대중국 정책을 계승하는 것은 당연했다. 따라서

트럼프 행정부에서 제기한 신장 위구르인의 인권탄압, 홍콩 보안법 통과와 언론인 제재 등 중국의 정책을 비판하고, 중국을 제재하지 않을 수 없는 것이 미국 민주당의 분위기이다.

바이든 대통령은 2021년 집권 후 중국의 정치경제체제를 비판하고, 중국에 대한 수출통제를 강화했다. 2022년 바이든 행정부 "반도체 및 과학법"과 "인플레이션 감축법"을 통해 반도체, 전기차, 배터리 및 핵심 광물의 공급망에서 중국을 배제시켰다. 미국은 또한 해외직접제품규정(FDPR)을 이용하여 미국의 반도체 기술이 중국으로 유입되는 것을 금지시켰다. 그리고 첨단반도체 기술에 대한 중국의 접근을 차단시킴으로써 중국의 반도체 굴기를 지연시키는 전략을 추구하고 있다.

3. 트럼프 행정부의 중국 제재

가. 미국의 대중국 견제[5]

2017년 초 트럼프 대통령이 취임하면서 미·중 관계는 악화 일로를 걸었다. 미국은 무역불균형 해소를 요구하다가 얼마 안 가 기술탈취, 가치와 체제적 문제를 제기했다. 2018년 미국은 중국에 대해 25% 추가 관세를 부과했고, 중국이 보복하면서 무역전쟁이 가열되었다. 그리고 인권과 민주주의 등 미국이 추구하는 가치와 중국의 체제적 문제점을 마이클 펜스 부통령과 트럼프 대통령이 조목조목 지적하고 나섰다. 특히 펜스 부통령의 허드슨연구소 연설은 미국인은 물론이고 국제사회의 공감을 받았고, 그해 11월 파푸아뉴기니에서 열린 아시아태평양경제협력체(APEC) 정상회의에서 펜스 부통령과 시진핑 주석은 중국의 체제 문제와 미·중 관계에 대해 가시 돋친 설전을 주고받기도 했다.

2020년 대선에서 트럼프의 통상정책, 특히 대중국 정책은 그다지 논란이 되지 않았다. 미국 유권자 다수가 트럼프 정책을 지지하고 있는 데다가 신장위구르인 인권탄압, 홍콩 보안법 통과 등으로 중국의 체제적 문제에 대해 미국인 다

---

5 이 소절은 정인교·조정란(2021)을 활용하여 작성되었다.

수가 우려하고 있었기 때문에 트럼프 대통령이 대중국 강경정책을 바이든 후보가 이슈화해도 선거에 도움이 되지 않았다. 전통적으로 민주당은 인권보호 및 차별 철폐, 민주주의 수호, 여성 및 여아 권리 증진, 공정한 사법체계 등을 중시하고 있어 트럼프 정책을 반박할 명분이 없었다. 2021년 초 취임한 바이든 대통령은 트럼프 대통령보다 훨씬 강력한 대중국 정책을 발표했다. 트럼프 행정부의 조치에 맞대응 전략을 유지해 오던 시진핑 주석은 중국공산당(CCP) 창당 100주년 연설(2021년 7월 1일)에서 "누구든 중국을 괴롭히면 머리가 깨져 피를 흘릴 것"이라는 발언으로 미국의 조치에 한치도 물러서지 않을 것임을 대내외에 공언했다.

미·중 패권갈등의 배경은 미국의 기술패권이 가장 크게 작용하고 있지만, 국제관계에 대한 미국의 인식 변화도 크게 작용하였다. 2020년 7월 캘리포니아주 소재 리처드 닉슨[6] 대통령 도서관에서 당시 폼페이오 국무장관은 1979년 미·중 수교 이후 지난 50년간 중국에 대한 미국의 포용(engagement) 정책은 실패했고, 중국은 미국이 희망했던 방향으로 발전하지 않았다고 중국의 정치체제를 비판했다. 또한 폼페이오 장관은 "중국의 목적은 공산주의 헤게모니를 구축하는 것이며,…… 중국이 [미국] 국민과 번영을 위협하고 있다"고 주장했다.

2차 세계대전 이후 확립된 다자무역체제와 자유항행 질서 유지 등 글로벌 통상공공재 제공 비용을 미국이 부담하는 것에 대해 미국 국민의 인식이 변화했다. 신자유주의 질서하에서 러스트벨트로 대변되는 미국의 전통 제조업이 붕괴하였고, 이에 따라 블루칼라와 중산층의 실질소득이 정체되면서 다자무역체제에 대한 미 유권자들의 반발이 컸다. 이와 관련하여 미국 내에서는 중국을 '미국 중산층 모두의 위협'으로 인식하게 되었다(월간조선 2021). 그렇다고 세계 1위 무역국인 중국은 글로벌 공공재 비용을 부담할 의사가 없고, 현재의 WTO 체제는 중국의 사회주의 시장경제체제를 규율할 수 없는 상황이 지속되면 중국이 세계 패권을 쥐는 것이 확실하게 될 것으로 미국 전략가들은 판단했다. 특히 중국은 ICT 기술을 공산당 체제 유지 수단으로 활용하면서 정치와 산업 간 일체화가 이루어졌고, 중국제조 2025가 기술패권의 핵심수단으로 추진되면서 미

---

6 1972년 닉슨 대통령의 역사적인 중국 방문으로 미·중 해빙시대를 열었고, 7년 뒤 양국은 정식 수교했다.

국은 체제적 위기감을 갖게 되었다(総合研究開発機構 2019).

2021년 들어 미국은 ICT 기술이 중국의 통치에 활용되는 것을 겨냥한 대책을 마련했다. 바이든 대통령은 "중국군 관련 및 감시기술 기업에 대한 투자금지 행정명령"에 서명했다(2021년 6월 3일자). "공산주의 중국 군사기업(Communist Chinese Military Companies)"으로 지정한 회사의 주식이나 채권을 미국인과 기업이 구매하거나 투자하는 것을 금지함으로써 중국 군산복합체(military-industrial complex)에 대한 재원 조달을 어렵게 만들었다.

이와 관련하여 미국의 안보 분야 싱크탱크인 RAND는 중국이 유학생을 통한 기술탈취의 문제점을 지적하였다.[7] 바이든 대통령은 중국군과의 연관성 외에 중국의 감시기술(surveillance technology) 개발에 연관된 59개의 중국 기업에 대한 미국인의 투자를 전면적으로 금지시켰다.[8] 특히 2021년 조치에서 주목할 만한 사항은 기존 국방부가 담당하던 중국군 관련 기업 제재 업무를 재무부 해외자산관리국(OFAC)으로 변경했다는 점이다. OFAC가 기업 제재에 대한 전문성을 갖고 있다는 점이 고려된 결정을 봤을 때, 수출통제 제도 관리를 철저하게 하려는 바이든 행정부의 의도를 엿볼 수 있다.

나. 수출통제 체제 강화[9]

향후 글로벌 패권을 다투는 데 있어 미국보다 중국이 유리한 요소도 있지만, 지경학적으로 중국이 미국에 불리한 점도 적지 않다. 중국이 미국에 비해 빨리 보완해야 할 부분은 바로 첨단기술확보이다. 중국은 수단과 방법을 가리지 않고 단기간 내 첨단기술을 흡수하는 전략을 추구했다. 중국의 의도를 차단하기 위해 트럼프 행정부는 리쇼어링을 독려하면서 디커플링 정책을 추구했고, 디커플링 정책 기조는 바이든 행정부로 이어졌다. 중국산 상품을 대체하기 어려운 상황을 고려하여 총체적인 디커플링에서 전략적(선별적) 디커플링으로 바뀌었다.

오늘날 미·중 양국은 과거 미국과 소련 간 경제적 상호의존이 미미했던 냉

---

7 언급된 RAND 보고서는 Ashby 외(2021)를 말한다.

8 규제 대상 기업 목록은 https://home.treasury.gov/system/files/126/13959.pdf 참조하기 바란다.

9 트럼프 행정부의 수출통제 주요 내용에 대해서는 이서진(2019) 참조.

전 시대와는 달리 경제적 단절이 현실적으로 가능하지 않을 정도로 긴밀한 관계를 맺고 있다. 따라서 바이든 행정부의 대중국 정책은 우방국과의 협력을 통해 글로벌 차원에서 군사·기술·가치 분야의 복합적 압박으로 중국의 탈취적 기술습득 행태를 바꾸도록 포괄적 압박전략을 추진하고 있다. 중국을 글로벌 공급망에서 전면적으로 디커플링하기보다는 신기술, 특히 반도체와 배터리(2차전지) 분야에서 중국을 디커플링하는 전략을 채택했다. 이를 위해 미국은 수출통제 체제를 적극적으로 활용하고 있다.[10] 2022년에는 "인플레이션 감축법" 제정으로 중국을 글로벌 공급망에서 배제시키는 정책을 수립했다.

미국은 국내법으로 화웨이를 포함한 많은 중국 기업의 글로벌 공급망 접근을 막는 강도 높은 수출규제 조치를 취했다. 미국은 국가안보 관점에서 중국에 대한 조치를 발동하고 있다. 2020년 미국은 다자통상규범의 안보적 예외 조항(GATT 21조)을 근거로 자국의 수출통제 제도를 크게 강화했다.[11] 국가안보 위협 우려 혹은 WMD 비확산조치 위반 외에 인권탄압, UN 경제제재 결의사항 위반 등 다양한 이유로 독자 제재가 확대되고 있다. 중국에 대해 수출통제 체제를 강화하면서 세컨더리 보이콧 방식의 금융제재, 외국인투자 심사 강화, 제3국 강제규정 등을 도입하였다. 더구나 첨단기술 보호를 위해 국가안보 개념까지 연계시켰다.

미국은 중국의 공급망을 교란시키면서 첨단기술 분야에 접근을 차단하는 방식을 취하고 있다. 중국은 중간기술 분야를 장악하고 있으며, 세계 점유율은 지난 10년간 거의 3배 증가하여 30% 이상으로 높아졌고, 2009년과 2012년 각각 미국과 EU를 추월했다. 2018년의 경우 중국 수출입에서 첨단제품 비중은 약 31%를 점유하고 있지만, 그 내용을 자세하게 살펴보면 중국은 여전히 불리하다. 무역통계상 중국의 수출로 잡히지만, 첨단산업 수출의 대부분은 중국에 진출한 다국적기업의 실적이며, 이들 수출에서 중국 토착기업의 역할은 제한적이기 때문이다(National Science Board 2018). 이들 다국적기업은 미국의 대중국 규제를 준수해야 하고, 향후 미국의 조치가 확대되면 중국에 대한 미국의 기술봉

---

10 미국의 대중국 '변환(transformation)' 전략에 대해서는 김성한(2021)을 참고하기 바란다.
11 트럼프 행정부는 2018년 철강과 알루미늄에 대해 1962년 무역확장법 232조를 발동했다.

쇄 영향은 더 커질 수밖에 없다.

　4차 산업혁명 시대에 민수분야 첨단기술이 군사적 용도로의 전용 위험성이 증가하면서 앞으로 이중용도 품목에 대한 상황허가(Catch-All)를 확대할 수 있다. 미국이 중국 분리를 강화할 경우 현재의 포괄적 수출통제 조치가 활용될 수 있다. 2021년 6월 중국도 수출통제법을 발효시켜 미국의 조치에 협조하는 국가나 기업을 제재할 수 있는 '반중국 제재' 규정을 만들었다. 미국의 자국 내 공급망 구축에 참여하지 않을 수 없고, 미국의 수출규제 조치를 준수하지 않을 수 없는 국내 기업에게는 너무나 가혹한 통상환경이 만들어지고 있다.

　미국의 수출통제 체제는 중국의 기술탈취와 기술 굴기를 막는 데 초점을 두고 있다. 중국 당국은 미국의 기술 수준을 따라잡기 위해 중국제조 2025 전략을 추진 중이지만, 기술 굴기를 위한 중국의 기존 방식은 더 이상 통하지 않게 되었다(Yildirim 외 2018). 중국의 전략은 미국 등 기술선진국과의 협력관계가 유지될 것임을 전제로 설정한 것이라 트럼프 행정부에 이어 바이든 행정부의 대중국 정책으로 보면 세계 최고 수준의 기술국가로의 도약은 쉽지 않을 것이다. 더구나 미국 의회까지 나서 수출통제 대상 기초기술과 신기술의 목록을 작성하고, 이를 수출통제 체제와 결부시켜 운영하도록 요구하고 있다. 바이든 행정부는 미국 내 공급망을 구축하면서, 중국을 배제하고, 미국 첨단산업에 막대한 재원을 집중적으로 지원하는 법을 제정하고 있다.

그림 7-6 미국의 수출통제 제도 추이

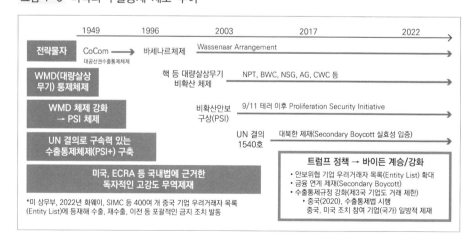

미국은 중국에 대한 기술 수출 봉쇄를 강화하기 위해 '미국 국가안보 또는 외교정책 위반'을 이유로 중국 기업과 기관을 우려거래자로 등재했다.[12] 미국은 2019년과 2020년에 중국의 대표적인 기술기업인 화웨이에 대해 국제긴급경제권한법(IEEPA) 위반 및 위반 음모, 대이란 UN 제재 위반 혐의로 본사와 계열사를 수출통제 리스트에 추가했다. 그리고 안보와 인권을 이유로 2022년 기준 400여 개 중국 기업과 기관을 우려거래자 리스트에 등재하고, 미국 기술과 장비 수출을 금지했다. 미국이 해외직접제품규정(FDPR)을 추가적으로 발동하면 거래우려 중국 기업은 더 늘어나게 될 것이다.

중국 특유의 비시장경제적 제도와 관행을 주어진 조건으로 받아들이고, 그동안 중국과 비즈니스를 해 왔던 기업들은 미국 행정부의 대중국 강경정책을 수용하기 어려울 것이다. 트럼프 대통령 시절 대중국 관세부과에 대해 미국 기업의 반발이 제기되었지만, 현재의 수출통제 강화에 대한 기업의 반발은 크지 않다. 미국 테크기업들은 정부의 중국 정책을 오히려 불가피한 조치로 받아들이고 있는 것 같다. 미·중 분리가 순조로울 수는 없지만, 미국 기업들은 장기적 관점에서 접근하고 있다.

한편 중국 현지에 대규모 생산시설을 구축한 기업은 중국과의 거래를 끊기어려울 수밖에 없다. 그러나 중국이 시장경제와 자유민주주의와 멀어지고 있는 것으로 판단한 호주, 캐나다, 영국, 프랑스, 일본, 말레이시아 등 다수 국가들은 중국에 등을 돌리고 있다(Foreign Policy 2021b). 더구나 코로나19로 인한 피해가 늘어나면서 세계적으로 반중국 정서가 확산되고, 미국의 반중국 대열에 참여하는 국가가 늘어나고 있다. 트럼프 행정부에 이어 바이든 행정부도 자국의 동맹국들이 디커플링에 동참하도록 유도하기 위해 차별적 보호무역주의를 추가적으로 발동할 가능성이 높다.

---

12 상무부 산업안보국(BIS)가 지정하는 미국의 우려거래자(금지거래자) 리스트는 'Denied Persons List', 'Entity List', 'Unverified List', 'Military End User' 등 네 가지로 구성된다. 모든 우려거래자 리스트를 한눈에 확인할 수 있도록 통합리스트(Consolidated Screening List)를 운영함으로써, 수출관리의 효율성을 높이고 타국의 수출통제 관련 정부 기관들의 적극적인 동참 역시 요청하고 있다(전략물자관리원, 2021e).

4. 바이든 행정부의 공급망 정책[13]

가. 미국의 기술 보호

구 냉전 시대에 미국과 소련 양국 간 주요 경쟁 분야가 군사 무기와 우주개발이었다면, 신 냉전 시대에는 인공지능(AI), 반도체, 전기차배터리, 희귀금속 등 4차산업, 글로벌 공급망, 기술표준 등이 되고 있다. 미국은 중국과의 경쟁에서 이기기 위해 중국이 참여하는 공급망을 교란하는 전략을 추구하고 있다.

미국은 2018년 "외국인투자 위험조사현대화법(FIRRMA)" 제정으로 기존 외국인투자위원회(CFIUS)의 관할권을 대폭 확장하였다.[14] FIRRMA는 1950년 제정된 국가안보를 위한 국방물자생산법(Defense Production Act)을 개정한 것이다. 2020년부터 시행규칙을 통해 미국의 '신기술 및 기초기술' 관리역량을 강화시키게 되었다. 즉, 미국 기술이나 지재권이 포함된 제품의 대중국 수출 가능성을 차단하는 법적 장치를 갖춘 것이다.

앞으로 상당 기간 공급망은 조정될 수밖에 없고, 국가별 이해관계도 달라질 것이다. 바이든 대통령은 신냉전 체제에서 중국을 압도하기 위해 우방국과의 협력을 이끌어내면서, 중국 리스크에 대한 인식을 국제적으로 공유하는 전략을 추구하고 있다. 2021년 6월 영국 콘월 G7 정상회의에서 미국은 중국을 '공동의 적'으로 규정하고, 개방적 사회(Open Society), 신냉전, '원칙과 가치 기반' 등 다분히 중국을 겨냥한 단어들을 정상선언문에 포함했다. '미국 우선주의'를 추구했던 트럼프 대통령 시절에는 가능하지 않았던 사항이나, 동맹국과의 연대를 강조해 온 바이든 대통령은 G7 국가들의 협조를 이끌어낼 수 있었다.

미국은 대중국 정책에 대한 의회의 전폭적인 지지를 기반으로 폭넓은 산업정책, 우방국으로부터의 투자를 통한 국내 공급망 확충, 중국의 불공정한 무역관행 대응을 위한 특별조직 신설, 우방국과의 연대, 코로나19 기원 조사 등을

---

13 이 소절은 정인교 · 조정란(2021)을 활용하여 작성되었다.

14 2018년 제정된 외국인투자 위험검토현대화법(FIRRMA)은 전통적으로 CFIUS 관할권을 벗어난 특정 투자 구조의 해외 착취에 대한 국가안보 문제를 해결하기 위해 미국의 외국인 투자위원회(CFIUS)의 관할권을 확장하였다. 또한 FIRRMA는 CFIUS의 프로세스를 현대화하여 해당 거래를 적시에 효과적으로 검토할 수 있도록 규정하고 있다. 2018년 ECRA 법에서 상무부가 CFIUS 투자심사 대상 분야를 정하도록 했고, FIRRMA에서는 CFIUS가 철저하게 심사하도록 했다.

강도 높게 추구함으로써 대중국 전선을 가다듬고 있다. 또한 중국에 대한 수출 통제와 투자 제한으로 중국의 공급망을 교란시키면서 미국 내 공급망을 확충하고 있다. 중국이 미국 다음으로 경제 규모가 크다고 하지만, 아직 중국 내수 규모는 중국경제를 지탱하기에 버겁다. 수출시장이 긴요한 상황인데, 미국은 중국에 대한 높은 관세부과와 공급망 조정으로 중국을 국제무역체제에서 배제하는 전략을 시도하고 있다. 산업연구원(2021)은 바이든 행정부가 추진하는 '동맹국들과의 기술 연대'로 미·중 간 기술전쟁이 격화할 것으로 보고 있다. 미국은 반도체 생산에 핵심적인 특허와 기술을 보유하고 있어 중국의 첨단기술 접근 제한을 통해 첨단제품의 생산과 공급 통제도 가능하다고 한다.

글로벌 공급망 특성상 미국의 중국에 대한 견제조치는 중국에만 손실을 끼치는 것은 아니다(Volgina & Pengfei 2021). 왠만한 산업국가치고 중국과 공급망으로 연결되어 있지 않은 국가가 없기 때문이다. 예를 들어, 전 세계가 중국에서 생산된 전기전자 부품을 중간재로 사용하는 비율은 평균 30%에 이른다. 중국산에 대한 의존도가 높은 국가는 미국, 일본, 한국, 프랑스, 베트남 순이다. 그동안 생산단가를 기준으로 공급망을 구축해 온 기업들은 이제 단가보다는 위기 발생 시 안정성과 복원력(resilience)을 강화하는 방향으로 공급망을 재구축해야 한다.

나. 반도체와 국가안보

2021년 6월 8일 미국 상무부, 국방부 등 4개 정부 부처 합동으로 반도체, 전기차 배터리, 필수광물, 제약 등 4대 핵심품목에 대한 공급망 조사 결과를 발표했다. 국가안보 및 산업적 차원에서 이들 첨단산업에 대한 미국 내 공급망을 구축하라는 바이든 대통령의 지시에 대한 대책이다. 4개 품목 이외에 군수, 보건 및 바이오, 정보통신, 에너지, 교통 및 운송, 농산물 및 식품 분야 등 6개 분야에 대한 공급망 보고서도 발표되었다.

4개 품목 보고서는 미국 공급망이 취약해진 이유를 여러 측면에서 분석하고, 앞으로 정부가 적극적으로 개입하는 산업정책을 추진해야 한다고 제안하고 있다.[15] 이들 전략 품목에 대한 대대적인 재정지원 외에 국내외 기업들의 투자

---

15 관련 내용은 White House(2021) 자료를 참고하기 바란다.

를 통해 미국 내 공급망을 구축하겠다는 것이다. 공급망 대책의 핵심분야는 반도체이다. 올해 초 텍사스 한파로 인해 차량용 반도체 부족으로 자동차 공장 조업이 중단되는 사태를 겪었고, 향후 반도체가 중국과의 패권경쟁에서 핵심이될 것으로 판단했기 때문이다. 이미 트럼프 대통령 시절 미국은 반도체가 미래를 결정지을 것으로 보고 대책을 모색했다. 2018년 미국은 초당적 기구인 인공지능 국가안보위원회(NSCAI)를 설립했고, 에릭 슈미트 전 구글 CEO를 위원장으로 임명했다.

2020년 9월 미국 반도체산업협회(SIA)는 미국 내 반도체 제조기반 확충을위한 재정지원을 공개적으로 촉구했고, 미국 의회는 업계의 입장을 전격적으로수용해 관련 법 제정으로 지원하고 있다.[16] 2021년 초 상하 양원의 초당적 지지 속에 '반도체 지원법'을 통과시켰다.[17] 2021년 2월 발표된 NSCAI 보고서에따르면, 인공지능(AI)이 미국의 미래 국가안보를 결정짓는 게임체인저가 될 것이며, 미국이 우위를 확보하는 것이 안보에 필수적인 요건이라고 결론 내리고 있다. 6월 8일 미국 상원은 "미국 산업진흥법(The US Innovation and Competition Act)"을 찬성 68표, 반대 32표, 압도적 표차로 통과시켰다. 이 법은 총 2,500억달러를 과학연구에 지원하고, 이 중 520억 달러는 미국 내 반도체 생산 지원에배정된다. 또한 국가과학재단(National Science Foundation)을 정비하며, 기술혁신부서(Directorate for Technology and Innovation)를 설치하기로 했다.

핵심기술과 장비 생산 면에서는 미국이 세계 최고의 역량을 가졌지만, 제조에 있어서는 중국의 반도체 제조능력이 급성장하는 반면 미국은 위축되고 있어바이든 행정부는 이를 안보위협으로 보고 있다. 즉 언젠가는 중국이 공급망 교란에 나설 수 있다는 것이다. 2021년 4월 보스턴컨설팅그룹(BCG)과 미국의 반도체산업협회(SIA)는 세계 반도체 생산능력의 75%와 주요 원료공급이 중국과동아시아에 집중되어 있어 지정학적 리스크에 노출되어 있다고 분석하였다. 이보고서는 미국의 대중국 기술제재, 중국 글로벌 공급망 단절 및 고립화, 기존

---

16 반도체 연구개발 지원을 위한 'Chips for America Act', 생산역량을 위한 'The American Foundries Act', 과학기술부문 인력 양성을 위한 'Endless Frontier Act' 등을 들 수 있다.

17 이 법을 통해 연방정부는 미국 내 반도체 생산기반 확충을 위해 2024년까지 투자비의 40% 수준까지 투자세액을 공제해 주고, 반도체 인프라 및 R&D에 총 277억 달러를 지원하기로 했다.

동아시아에 집중된 반도체의 제조역량 및 패권 환수 등의 전략 수립에 기초자료로 활용되었다.

반도체는 미국에서 개발되었고, 1990년대 일본과의 반도체 통상분쟁을 벌였으나 미국은 밀레니엄 이전까지 세계 반도체 생산의 40%를 생산할 정도로 반도체 강국이었다. 이후 미국 반도체 기업들은 설계와 생산 분업화 체제에 돌입해 미국 내에서는 제품설계만 맡고(팹리스, fabless), 제조는 해외 전문제조업체(파운드리, foundry)에 위탁생산을 의뢰했다.[18]

중국은 전통산업에서 추격자이지만, 4차 산업혁명 관련 신흥산업에서 중국은 '주식회사 중국' 체제를 활용하여 다른 어느 국가보다 단기간 내에 높은 성과를 낼 수 있다. 아직까지는 글로벌 기업들이 전통산업을 석권하고 있어 브랜드 파워에서 밀리는 중국은 불리하지만, 신산업에서는 중국식 적극적인 산업정책을 수행하면서 세계 1위(실질구매력 기준) 내수시장을 가진 중국이 어느 국가보다 유리하다. 중국에서 1위를 하게 되면 세계 1위가 된다. 국제표준 선점에도 유리한 조건을 갖고 있어 중국은 미국의 견제에 맞대응하게 되면 손실을 보게 되지만 장기적으로는 승산이 있다는 추측도 가능하다.

체제적 목적에서 엄청난 투자를 해 온 5G와 안면인식 기술 등에서는 중국이 미국을 앞서고 있으나, AI, 사물인터넷(IoT), 로봇공학, 블록체인, 가상현실(VR) 등 다른 분야에서는 기술력이 취약하다. 이들 4차산업 분야는 고성능 첨단 반도체를 필요로 한다. 하지만, 반도체에서는 미국에 크게 뒤처지고 있어 중국은 반도체 기술 확보에 주력해 왔다. 미국은 중국에 대한 반도체 공급망을 차단하여 자국이 미래산업 분야에서 패권을 유지하겠다는 전략을 추구하고 있다. 앞으로 반도체는 미·중 간 대결국면에 가장 중요한 품목이 될 수밖에 없다.

미국의 목표는 미국 내 반도체 공급망 구축이지만, 수출통제를 통해 중국의 반도체 발전이 미국 기술 수준을 추격하지 못하도록 하는 목적도 크게 작용하고 있다. 이러한 미국의 전략을 간파한 중국은 2020년 3월 발표된 14·5 규획[19] 및 2021년 전인대(전국인민대표대회) 정부업무보고에서 반도체 개발을 핵심 산

---

18 2020년 기준 타이완의 TSMC가 글로벌 파운드리 시장의 절반 내외를 점유하는 압도적인 세계 1위 기업이고, 삼성전자는 파운드리 분야에서 세계 2위를 기록하고 있다.

19 14차 5개년 경제계획에서 중국은 8대 신흥산업의 GDP(국내총생산) 비중을 17% 이상이 되도록 육성하고,

그림 7-7 북미지역 AI 칩 시장규모 증가 추이 및 전망　　　　　　　(10억 달러)

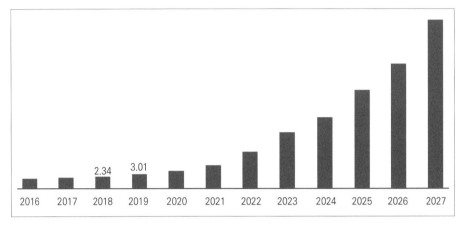

자료: Fortune Business Insights(2021)

업정책으로 강조했다. 리커창 중국 총리는 "10년 동안 단 하나의 칼을 연마하는 정신(十年磨—劍)"을 언급했다. 미국 기술기업에 대한 중국의 M&A 투자는 이미 막혔고, 바이든 행정부는 수출통제 장치를 더 보완하고, 관련 부처 간 합동관리 체제를 만들어 중국의 기술접근을 원천봉쇄하고 있다.

　한편 미국의 반도체 정책은 기술개발 지원과 공급망 확충으로 구체화되고 있다. 국내 공급망 구축을 위해 반도체 520억 달러 등 정부투자를 대폭 늘리고, 전문인력을 대거 양성하기로 했다. 나아가 글로벌 공급망 취약성 해소를 위해 EU, 한국 및 일본 등 우방국과의 동맹을 강화하는 내용도 포함되어 있다. 특히 눈길을 끄는 것은 국내 기업만으로는 국내 첨단기술 생태계 확충이 어려우므로 외국기업의 투자를 적극적으로 유치하기 위해 경제외교(commercial diplomacy)를 본격적으로 추진하고 있다.

　지난 4월 12일 백악관에서 개최된 반도체 공급망 회의에 인텔, 알파벳, HP, AT&T, 삼성전자, 대만 TSMC 등의 19개의 글로벌 반도체 기업을 초청한 것도 미국의 경제외교 노력의 일환이다. 최근 미국과 EU 간 기술개발과 표준협력 등

연평균 7% 이상으로 연구개발(R&D) 투자를 증가시키며, R&D에서 기초연구분야 지출 비중을 8% 이상이 되도록 할 것임을 목표로 세웠다. 또한 제조강국으로 도약을 위해 스마트제조와 서비스형 제조화를 추진하며, 과학기술의 자주독립화, 기술혁신이 주도하는 산업구조 고도화와 혁신 성장을 통해 독자적인 기술개발을 추진하기로 했다.

을 위한 협력체제를 구축했는데, 이 역시 경제외교 차원에서 파악될 수 있다. 양측은 지난 영국 콘월 G7 정상회의 직후인 6월 14일 미-EU "무역기술이사회(TTC)" 설립에 합의했다.[20] 이 기구는 반도체 등 신흥기술에 대한 협력과 중국의 비시장경제적 관행에 공동대응하는 미국과 EU의 협력체제이고, 중국 견제를 위해 우방국과의 동맹을 강화하는 바이든 행정부 전략의 일환인 것으로 백악관은 밝히고 있다. 박기순(2021)에 따르면, 2021년 미·일 양국은 국제표준화 주도권 확보를 위한 공동노력을 강화하고, 반도체 공급망 재편 협력에 이어 인공지능, 양자컴퓨터 등의 공동연구를 통해 중국을 적극 견제하기로 했다. 2021년 G7 정상회의 직후 미·EU 역시 표준 협력 위원회를 가동시키기로 합의했다.

다. 미국내 반도체 공급망 구축

반도체가 첨단무기 개발과 사이버 안보 등에 핵심부품이라는 점을 인식한 중국은 2015년 중국 제조 2025에서 반도체산업을 전략산업으로 지정했다. 시진핑 주석은 2019년을 반도체산업 굴기 원년으로 선언하고 막대한 자원을 투입하기로 했다. 이 시점에 미국은 화웨이 등 중국 반도체 기업에 대한 대대적인 수출규제에 나섰다. 코로나19 상황에서 자동차 반도체 부족 현상이 나타나자 미국은 반도체를 비롯한 전략품목에 대한 공급망 조사에 나섰고, 첫 대상으로 반도체를 선정했다. 조 바이든 대통령은 취임 1개월 후인 2021년 2월 상무부(DoC), 국방부(DoD) 등 각 부처에 신종 코로나19 바이러스 감염증에 따른 반도체 품귀 및 미국의 핵심 4대 품목(반도체·배터리·원자재·의약)에 대한 공급망 차질을 살펴 100일 내로 보고서 제출을 지시했다.

상무부 등의 부처가 공동으로 작성한 보고서에 따르면, 미국은 '복원 가능한 공급망(Resilient Supply Chain)' 확보가 자국의 안보와 경제 리더십 구축에 중요한 요소인 것으로 판단하고 있다. 또한 미국의 안보산업이 국방부(DoD)를 중심으로 미국 내 기업에만 지나치게 의존하는 것은 안보에 치명적일 수 있다고 봤다. 미국의 국가경쟁력을 강화하기 위해 국내외 기관, 중소기업 및 동맹들과의 협력

---

20 바이든 대통령은 신설된 미-EU 무역 및 기술 이사회 운영 미국측 공동의장에 무역대표부(USTR) 대표, 상무장관 및 국무장관 3인에게 맡겨 범정부적 공동대응이 가능하도록 했다.

그림 7-8 2020년 국가별 반도체 생산능력 점유율

(단위: %)

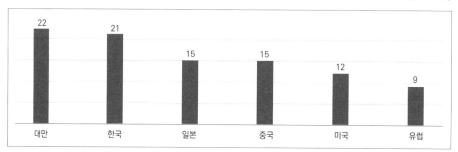

자료: 산업연구원(2022)

과 다자적 협정을 통해 미국의 리더십을 복원해야 함을 강조했다. 미국 기업들이 낮은 원가 및 규제를 제공하는 국가로 집중됨에 따라 공급망 다각화에 실패하고 있고, 다국적기업 유치와 생산력 증대로 중국의 영향력 확장을 방치한 점을 비판하였다.

2021년 4월 바이든 대통령은 인텔, 삼성전자 등 19개 글로벌 반도체, 전기차, 배터리 기업 경영진들과 화상회의에 참석하어 미국 내 반도체 공급망 구축을 선언했다. 왼손에 반도체 웨이퍼를 든 바이든 대통령은 "내가 들고 있는 이 반도체를 비롯해 배터리, 광대역 통신은 모두 인프라"이고 "[미국] 반도체 인프라 경쟁력은 당신들이 어디에 어떻게 투자하느냐에 달렸다"고 언급했다. 국가안보와 산업을 주관하는 국무부, 상무부, 무역대표부(USTR), 국가안보실(NSC) 및 국가경제위원회(NEC) 등과 반도체 수급 대책을 논의한 직후 개최된 백악관 반도체 회의에서 바이든 대통령은 520억 달러의 반도체 연구개발 지원 방안을 소개하면서 미국 내 반도체 공급망 구축에 우방국 기업들의 투자를 요청했다.[21] 바이든 대통령은 반도체 자립을 하는 것이 중국의 기술 굴기 견제에 필수적이며, 20세기에 이어 21세기에도 미국이 세계의 리더십을 확보하기 위해서는 반도체와 배터리 같은 분야를 선점해야 한다고 주장했다.

반도체 생산 핵심기술은 미국이 선점하고 있어 지금부터라도 공급망에 적극

---

21 2022년 2월 상원을 통과한 '미국혁신경쟁법(USICA)'은 반도체산업에 향후 5년간 520억 달러 규모의 예산으로 4개의 지원 프로그램을 추진하기로 하였다.

적으로 개입하면 중국을 디커플링
할 수 있다고 바이든 행정부는 판
단했다. 반도체가 첨단무기 생산에
필수적이고 경제안보에 직결되고
있다는 점을 중시한 미 행정부는
반도체 생산의 글로벌 분업체계를
자국 중심으로 재편함으로써 중국
의 기술굴기를 지연시키기로 했다

사진 이미지: AP, 연합뉴스

(김성한 2021).

　2022년 3월 바이든 행정부는 한국, 일본, 대만에 '칩4 동맹'을 제안하여 중
국을 배제한 반도체 공급망 구축을 제안하였다. 얼마 안 가 바이든 대통령은 또
다시 글로벌 기업들을 백악관 회의(비대면)에 초청하여 미국 내 투자를 촉구하였
다. 이 회의 참석자로 공지되지 않았던 바이든 대통령이 반도체 웨이퍼를 직
접 들고 들어가 미국에서 이것을 생산해야 한다고 언급했다. 이어 5월 첫 방
한 기간 동안 삼성전자, 현대차 등 국내 4대 그룹 총수들을 만나 미국에 투자
확대를 강조했다. 특별히 삼성전자 반도체 공장을 방문하여 반도체 산업에 대
한 관심을 보여줬다. 국내 4대 기업도 미국 투자를 결정했다. 삼성전자가 텍
사스 오스틴에 20조원 규모의 파운드리 공장을 증설하기로 했고, 현대차는
전기차, 로보틱스 등에 74억 달러를, LG와 SK는 배터리 공장을 짓기로 했다.

　미국 내 반도체 공급망 구축으로 반도체 공급과잉과 우리나라가 경쟁력을
가지고 있는 메모리반도체 산업 위상이 약화될 수 있다. 또한 세계 최대 메모리
수입국인 중국 시장을 잃을 수도 있다. 그렇다고 미국의 반도체 정책에 참여하
지 않을 수 없는 것이 현실이다. 반도체산업 구조상 미국의 기술 협력 없이는
생산 자체가 불가능하기 때문이다. 1990년대 세계 반도체 시장을 석권하던 일
본이 미국의 견제로 반도체 순수입국으로 전환된 배경을 반면교사로 삼아야 한
다. 한편, 우리나라도 반도체산업에 대한 지원을 선진국 수준으로 강화함으로써
국내에서 생산기반을 유지하도록 해야 한다.[22]

---

22 '국가첨단전략산업경쟁력 강화 및 육성에 관한 특별조치법'(2022년 7월 시행)은 국내 반도체 제조역량을 확
　충하고 시스템반도체를 포함한 차세대 반도체 핵심기술 확보를 지원하게 된다.

제8장 유럽, 일본, 중국의 경제안보 정책

1. EU의 대중국 정책

가. 경과 과정

트럼프 대통령 시절 EU는 미국의 대중국 정책에 깊이 관여하는 것을 꺼렸다. EU 내 최대 경제 국가인 독일이 중국과 경제적으로 폭넓은 관계를 맺고 있어 대중국 강경정책에 반대가 심했고, 중국이 일대일로 정책을 통해 그리스, 이탈리아, 헝가리 등에 대해 투자를 많이 했기에 중국의 눈치를 보는 국가가 여전히 많았다.[1] 하지만, 신장위구르족에 대한 인권탄압이 국제적으로 문제가 되자 EU의 중국에 대한 정책이 변하기 시작했다.

EU는 1970년대부터 2010년대 초반까지 중국을 안보적 위협으로 인식하지 않았다. 시진핑 주석의 집권 이후 중국의 외교정책 접근방식이 점점 더 권위주의적으로 변질되었고, EU와 중국 간 경제 및 무역마찰이 급격히 증가하였다. EU는 중국이 주요 기술 및 사이버 강국으로 부상하자 중국의 독단적인 지역정책과 남중국해 분쟁을 우려했다. 2019년부터 EU와 중국 간 관계가 급격히 악화되었고, 중국을 '체제적인 라이벌(systemic rival)'과 '체제적인 경쟁자(systemic competitor)'로 분류하게 되었다(Chen & Gao 2021).

미·중 갈등이 불거진 이후 EU는 중국을 인권, 민주주의, 법치 등 핵심 정치적 가치에 대한 위협으로 보게 되었다. EU는 신장지역 인권유린에 대해 성명을 발표했으며, 중국의 국가보안법 채택을 홍콩 민주주의에 대한 심각한 타격으로 여기게 되었다. 전 세계에서 민주주의가 가장 먼저 싹텄고 시민사회 활동이 강한 유럽 내 정치·사회적 압력에 대해 EU 차원의 대응이 필요했다. 바이든 대통령의 동맹국과의 공조정책도 EU의 대중국 정책에 영향을 끼쳤다.

---

1 EU 회원국은 경제 영역에서 중국을 실존적 위협으로 인식해야 하는지 여부에 대해 서로 다른 견해를 가지고 있었다. 특히 중국의 일대일로 구상에 대한 인식에 차이가 컸다. 예를 들어, 2018년에 27개 EU 회원국 대사가 일대일로를 강력하게 비판하고 자유무역을 위협한다고 비난하는 성명을 발표했지만, 헝가리는 이 성명을 거부하였다(Chen & Gao, 2021).

바이든 대통령 취임 직후인 2021년 3월 미국과 캐나다, 영국, EU는 신장위구르 소수민족 인권탄압을 이유로 중국에 대한 경제제재를 단행했다. 이에 앞서 미국은 알래스카 앵커리지에서 열린 미·중 고위급회담에서 신장 인권탄압, 홍콩과 대만에 대한 민주주의 억압, 미국에 대한 사이버 공격, 미국 동맹국에 대한 경제적 압력 등 중국의 행동이 세계의 안정성을 위협한다고 중국 측에 밝혔다. 이후 미국은 EU 고위급회의를 통해 동맹 강화 방안과 중국 등 위협적인 국가들에 대한 공동대응 방안을 논의했다.

얼마 후 중국은 대사관 명칭으로 대만 수도인 '타이베이' 대신 '대만대표부'를 사용한 리투아니아에 경제제재를 발표했다. 중국은 리투아니아 제품의 수입을 제한했고, 세관은 통관을 거부했다. 중국에서 거래되는 차량부품에 리투아니아산 중간재를 사용하지 않도록 민간기업에 압력을 행사하기도 했다. 이에 중국에 대해 공동으로 대응해야 한다는 요구가 유럽 내에서 터져 나왔고, 당시 EU 순회 의장국이었던 프랑스는 EU 차원의 '강제노동 결부 상품 수입 금지' 입법을 추진했으며, 투자와 관세 부문에서 적절한 보복 조치가 가능한 규정을 도입하자는 안을 냈다. 참고로 EU에서 외교정책은 회원국의 만장일치가 필요한 반면, 무역통상 이슈에 해서는 다수결로 결정하므로 중국에 대한 제재가 빠르게 진행될 수 있다.

2021년 하반기 EU는 역내 기업이 공급망 상에서 발생할 수 있는 잠재적 강제노동 및 인권침해 위험성을 평가하기 위한 'EU 공급망 실사' 가이드라인을 발표했다. 기업이 자발적으로 공급망 위험을 종합적으로 평가하여 잠재적 강제노동과 인권침해 위험성이 있는 거래를 회피하도록 하는 것이다. 특정국을 지목하지 않았지만, 중국 신장지역을 염두에 두고 만들어진 규정이다. 또한 디지털 감시장비 등 특정 품목의 수출, 신장지역 기업과의 기술협력, 신장지역 공급망 관련 시 미국 국내법을 위반할 수 있다고 유럽 기업들에 공지하였다.

우크라이나에 대한 러시아의 침공은 중국에 대한 유럽의 시각을 바꾸는 또다른 계기가 되었다. 러시아에 대한 중국의 지원이 미미할 수 있지만, 두 나라가 반NATO 입장을 공유하고 있는 점은 유럽 안보에 직접적인 도전이 되는 것으로 유럽은 보게 되었다. 중국공산당(CCP)이 푸틴 대통령과 함께 민주주의에 대한 혐오감을 공유하고 있다는 점도 유럽이 우려하는 바이다.[2] 결과적으로 러

---

2 https://www.stealth-war.org/merics-three-franco-german-priorities-for-europes-china

시아-우크라이나 전쟁이 권위주의 정권의 위험을 유럽에 각인시키게 되었다.

나. EU 공급망 정책

2021년 2월 EU는 불확실성이 고조된 글로벌 통상환경에 대응하기 위해 "개방적·전략적 자율성(open strategic autonomy)"을 채택했다.3 개방적·전략적 자율성은 EU가 경제적으로나 지정학적으로 더 강해지기 위한 원칙이고, 향후 정책 결정에 다음 세 가지를 고려하기로 했다. 첫째, EU 경제가 위기에서 회복하고 경쟁력을 유지하고, 세계와 연결될 수 있도록 무역 및 투자에 개방적인 입장을 견지하기로 한다. 둘째, 국제적으로 더 친환경적이고 공정한 세상을 만들고 기존 동맹을 강화하며 다양한 파트너와 협력한다. 셋째, 불공정하고 강압적인 관행에 대해 단호하고 권리를 행사할 준비가 되어 있는 동시에 글로벌 문제를 해결하기 위해 항상 국제협력을 추구한다.

개방적·전략적 자율성은 EU 통상정책의 핵심 기조로 자리잡았다. 전략적 자율성(strategic autonomy)이라는 용어는 군사계획에서 유래한 것으로 EU가 이익과 가치에 따라 자체적으로 진로를 정할 수 있는 능력을 의미한다. 이것은 혼자 가는 것이 아니라 가능한 한 최선의 방법으로 국제사회와의 상호 의존성을 수용하고 관리하는 것을 의미한다. 글로벌 무역과 세계화에 기반한 글로벌 공급망은 근본적인 성장엔진으로 유지될 것이며, 유럽 경제 회복에 필수적인 요소임을 인정하는 것이다. 즉 유럽은 개방적·전략적 자율성의 모델을 추구할 것임을 의미한다. 이는 글로벌 경제거버넌스의 새로운 시스템을 형성하고 상호 이익이 되는 양자 관계를 발전시키는 동시에 불공정하고 학대적인 관행으로부터 유럽을 보호하는 것을 의미한다. 다시 말해서 미국이나 중국에 휘둘리지 않을 것임을 밝힌 것이다.

개방적·전략적 자율성이 공급망에 시사하는 바는 억지로 공급망을 조정하거나 왜곡하지는 않겠다는 것이다. 갑자기 엄청난 수요가 발생되면 기존 공급망이 해결할 수 없다는 점을 인정하고, 공급망에 대한 투명성을 개선해 문제점

　-policy-economic-security-proactive-innovation-and-coordination-on-asia-pacific/

3 https://trade.ec.europa.eu/doclib/docs/2021/february/tradoc_159434.pdf

을 줄이는 노력이 최선이라는 것이다. 개방적·전략적 자율성은 취약성이 높은 영역(품목)에 대해 리스크를 대비하면서 보호무역주의를 피하는 것 사이에서 신중한 균형을 유지하는 것이라고 EU 측은 설명하고 있다.

2021년 EU 의회는 '지속가능 및 공정한 경제로의 전환' 정책에 역내 외 기업들이 참여하도록 유도하기 위해 기업의 공급망 실사 의무화 결의안을 채택했다. EU에서 거래되는 상품의 글로벌 공급망에서 인권 유린과 환경 부담에 대해 정밀실사를 실시하고 관련 정보 공개, 위반 시 벌금 등 행정제재를 부과하는 것이다. 2022년 2월 EU 집행위는 의회 결의안을 이행하기 위해 '공급망 실사 지침'을 발표했다. 적용대상은 EU 내 대기업 및 역내에서 비즈니스를 하는 일정 규모 이상의 비EU 기업으로 되어 있지만, 대기업 실사 과정에서 중소기업도 영향을 받을 수 있다. 최근 글로벌 공급망에서 사회적 책임에 대한 국제적인 인식이 높아짐에 따라 향후 적용 범위가 확장될 것으로 전망된다.

유럽통합에 성공한 EU는 현재의 글로벌 위기에 대응할 수 있는 기반이 다른 국가보다 나은 것으로 볼 수 있다. 먼저, 유럽은 세계에서 가장 규모가 큰 역내 단일시장을 가지고 있으며, 전략적 필요성에 따라 새로운 공급망을 자체적으로 구축할 수 있는 기반이 양호하다. 둘째, 단일시장 내에서 유럽은 "관리된 세계화(managed globalisation)"의 형태를 오랫동안 추구해 왔다. 공동체를 운영하는 강력한 공동기관이 설립되어 있어 글로벌 위협이 발생하더라도 유럽 내 개방성을 유지할 수 있는 것으로 유럽에서는 인식해 왔다.

하지만 EU는 코로나19에 이어 러시아의 우크라이나 침공으로 공급망 리스크에 대한 인식을 바꾸고 있다. EU는 2011년 센카쿠열도로 일본과 중국이 충돌한 이후 중국이 희토류를 수출제한하자 희토류와 희귀광물 공급망을 평가하고 대응책을 추진해 왔다. EU는 또한 미·중 패권경쟁과 코로나19 사태로 공급망 안정이 최우선 산업통상정책의 과제로 부각되면서 제조업과 공급망에 대한 인식을 새롭게 하게 되었다. 글로벌 공급망이 지정학적 리스크가 높은 국가에서 조달될 경우 극도로 취약해질 수 있음을 알게 되었다. EU는 중국이 희토류뿐만 아니라 범용제품도 무기화할 수 있음을 파악하고 대책을 마련하기 시작했다.

EU에서 사용되는 34개 상품이 EU 내에서 대체가능성이 낮기 때문에 공급망 리스크가 매우 높은 것으로 조사되었다(European Commission 2021). 그리고 이 취약성은 러시아의 우크라이나 전쟁으로 더욱 분명해졌다. 유럽은 코발트와 바나듐 등 다수 희귀금속에 대한 러시아 의존율이 높다. 이들 품목은 3D 프린팅, 드론 및 로봇산업의 핵심 투입물이다. 그리고 우크라이나는 유럽의 자동차용 전기배선다발(하네스) 공급량의 20%를 공급하고 있다. 코로나19 초기 중국 우한에서 조달하던 하네스 부족으로 국내 자동차업체 조업이 지장을 받았던 것과 같이, 우크라이나 전쟁으로 현지 배선 공장이 폐쇄되자 EU의 자동차업체의 생산이 중단되기도 했다.

러시아의 우크라이나 침공은 또한 유럽 에너지 공급의 취약성을 노출시켰다. 2020년 EU는 에너지의 약 60%를 수입했는데, 전체 에너지 생산에서 재생에너지의 비중이 증가하고 있음에도 불구하고 수입에너지 비중이 줄지 않고 있다. 회원국 에너지 수요의 약 40%가 러시아산이다(European Commission 2019). 천연가스의 경우, 핀란드와 라트비아의 러시아산 가스에 대한 의존도가 90% 이상이고, 독일, 이탈리아, 폴란드의 러시아 의존도가 40%를 넘어서고 있다.

그림 8-1 유럽 주요 국가의 러시아산 천연가스 의존도　　　　(2022년 기준, 단위: %)

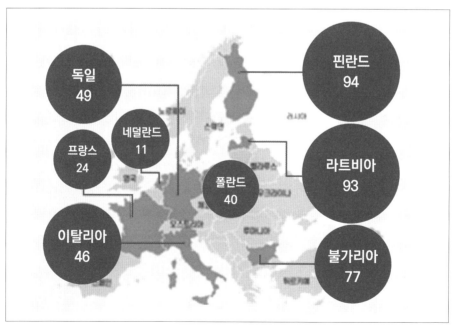

자료: IAEA

러시아의 우크라이나 침공은 지정학적 리스크의 중요성을 국제사회에 다시 한번 각인시키게 되었다. 그동안 독일 등 유럽국가들이 러시아산 에너지에 지나치게 높게 의존하는 위험성이 제기되었으나 싼 가격에 도취하여 권위주의 정권의 위험을 간과했다. 2022년 대부분의 유럽 국가들은 에너지 대란을 겪었다. 글로벌 기업은 비용이 가장 낮은 지역에서 생산하고자 하겠지만, 지정학적 현실은 더 이상 이를 허용하지 않게 되었다. 미·중 비즈니스 협의회(US-China Business Council 2021)의 조사에 따르면, 독일 기업의 절반이 중국으로부터 중간재를 구매하고 있는데, 이 중 절반 이상의 기업이 중국에 대한 의존도를 줄이고 있는 것으로 나타났다. 참고로 미국 기업들도 공급망 불확실성에 대응하고 있다. 미·중 비즈니스 협의회 회원의 거의 40%가 중간재 조달 소싱을 이미 옮겼다.

다. EU의 첨단기술 산업정책

EU는 중장기성장전략인 'Europe 2020'과 '유럽을 위한 디지털 어젠다(A digital agenda for Europe)' 등을 통해 회원국의 기술혁신을 가속화 하는 전략을 추진해 왔다. 그동안 EU는 전기차 배터리 반도체 수소에너지 등 미래산업을 대상으로 'EU 공공이익사업(IPCEI)'을 통해 산업지원 정책을 시행해 왔다.

지난 30년간 전체 경제에서 제조업의 비중이 감소하는 탈제조업화(deindus-trialization)가 진행되었지만, 제조업은 성장과 일자리 창출에 핵심요건이며, 제품개발과 혁신이 일자리 창출로 이어지는 선순환 구조를 중시하게 되었다. EU 차원의 산업정책이 필요하다는 오랜 주장이 힘을 얻었으나, 유럽 단일시장의 경쟁정책으로 인해 미국과 같은 과감한 지원은 가능하지 않은 상황이다.

EU는 기술패권 경쟁을 환경규제와 통상정책 등을 결합한 형식으로 전환을 시도하고 있다. 먼저 EU의 산업정책은 유럽이 경쟁력을 갖춘 기후변화 환경 분야의 기술력을 바탕으로 수립되고 있다. 이러한 배경에서 2021년 '탄소국경조정세(CBAM)'가 발표되었다. EU는 환경보호에 대한 국제적 관심을 주도해 왔다. 2019년 12월에 발표된 '유럽 그린 딜 로드맵'은 CBAM을 통해 탄소중립 및 환경보호를 위한 조치를 실행한다는 계획이다. 트럼프 대통령이 파리협약에서 탈퇴한 이후 EU는 CBAM으로 기후변화 대응에 대한 국제사회의 관심을 제고하고 있다. 이에 앞서 EU는 2030년까지 온실가스를 1990년 대비 최소 55% 감축하는 목표를 설정했다. 탄소누출을 막기 위해 역외국에 대해서는 EU의 배출권 거래제(ETS)와 CBAM을 연계하는 구조를 채택했다. 우리나라를 비롯한 세계 여러 국가가 ETS를 운영하고 있지만, EU는 이를 CBAM 관세 부과 시 인정하지 않을 것임을 밝히고 있다.

EU는 CBAM 도입안이 ETS와 동등한 요금을 수입품의 탄소배출에 부과함으로써 EU 역내외 생산자 간 공정한 경쟁을 도모하기 위한 것이라고 주장한다. 그러나 탄소세는 분명 개도국에게 불리하게 작용하게 된다. 기후변화에 대한 대응 필요성은 인정되나, 일방적인 관세를 부과하는 것은 EU 산업 보호주의 측면도 강하다. 더구나 세계에서 탄소를 가장 많이 배출하는 국가가 바로 중국이고, 미·중 갈등 시대 CBAM을 제안한 것은 중국 견제를 염두에 뒀을 가능성이 높다. 미국은 EU의 CBAM에 대해 명확한 입장을 밝히지 않고 있지만, 장기적으로 보면 환경보호와 기후대응 이슈 역시 중국 견제에 사용될 가능성이 높다.

2020년 EU는 글로벌 변혁을 주도하기 위한 '새로운 환대서양 협력 어젠다'를 통해 5G, AI, 사이버 테러, 데이터 통상규범 등 디지털 등 첨단기술 분야에서 미국과의 협력 논의 강화 방안 모색을 제안했다. EU는 또한 공동투자심사제도 운용으로 회원국 간 기밀기술 등의 투자심사에서 협력하기로 했다. 이듬해 EU는 수입 의존도와 기술 의존도를 기준으로 산업의 취약성을 분석하여 137개 민감품목을 선정했다.

바이든 행정부 집권 이후 중국의 체제적 리스크를 인식한 EU의 행보가 빨라졌다. 2021년 EU는 미국에 "미-EU 무역 및 기술 이사회(TTC)"를 제안하여 대서양 간 기술협력을 강화하고자 했다. TTC는 중국 견제를 모색하고 있는 바이든 행정부에 대중국 동맹국 협력 틀을 구상하는 데 결정적인 도움을 주게 되었다. IPCEI 프로그램으로 전략산업에 대한 지원을 강화하고 있다.

EU는 미국보다 앞서 2018년부터 반도체를 경제안보 차원에서 집중 육성하고 있다. 2020년 EU는 반도체 프로세서와 반도체 기술개발 지원 계획을 발표했다. 미국과 마찬가지로 EU는 전략산업인 반도체에 대해 엄청난 규모로 지원하고 있다. 반도체 공급망에 총 1,450억 유로를 투자하여 2030년까지 역내 반도체 생산을 세계 생산량의 20%까지 두 배로 늘리기로 했다(European Commission 2022).

EU는 역내 반도체 기업과 연구기관 간 협업 증진을 위해 반도체기술연합을 설립하고, 유럽의 디지털화 수요에 맞게 반도체 제조능력을 구축하기로 했다. 이는 반도체 공급망에 관한 EU의 '디지털 주권(Digital sovereignty)' 의식과 결부되어 범유럽 차원의 지원이 가능해지게 되었다. 반도체를 이중용도 품목으로 간주하고 수출통제에도 나섰다. 반도체 공급망을 온전하게 유럽에 구축하는 것은 현실적으로 어렵지만, 미국의 대중국 정책과도 연관시켜 아시아에 집중된 반도체 공급망을 견제하려는 시각도 깔려있다.

2. 일본의 주요 경제안보 정책

가. 일본의 수출통제 체제

일본은 경제산업성이 수출통제와 관련 업무를 관장하고 있다. 경제산업성 무역경제협력국 산하 무역관리부 내에는 수출통제를 담당하는 3개 과가 설치되어 있다.[4] 수출무역관리령에 따라 전국 9개 세관이 경제산업성의 지시에 따라 외환법이 정하는 수출허가 발급 여부를 확인할 수 있도록 규정하고 있다.

일본의 수출통제 기본법은 "외국환 및 외국거래법"(외환법)이고, 당초 외환법은 수출관리를 최소화하면서 엄격하게 수입관리를 해서 무역수지흑자를 확대하는 것이었다. 그러나 1952년 코콤 가입에 따라 수출통제가 시작되었고 냉전 시기인 1987년 도시바기계사의 소련에 대한 고성능 공작기계 위장수출로 코콤 위반이 국제적 사건이 되면서 수출통제 체제를 강화하게 되었다.

기존 외환법에서는 전략물자 수출허가를 받으면 어디든 수출할 수 있게 허용되었으나, 도시바 사건 해결 과정에서 국제평화 및 안전의 유지를 해칠 수 있는 물품의 수출은 당국의 수출허가를 받도록 했다. 1989년 안전보장무역정보센터를 설립하여 수출통제에 대한 홍보, 연구조사, 기업지원, 교육, 인력양성, 정책제언 등 산·학·관 활동을 수행하도록 했다. 아시아 수출관리 세미나를 정기적으로 개최하여 일본의 수출통제 체제를 국제적으로 확산시키는 노력을 해 왔다.

2002년 일본은 WMD 제조 우려가 커지자 거의 모든 품목들을 수출통제 대

---

4 3개 과는 안전보장무역관리정책과, 안전보장무역관리과, 안전보장무역심사과이다. 일본에서는 수출통제를 안전보장무역관리라는 용어를 사용하지만 본서에서는 수출통제로 통일하고자 한다.

표 8-1 일본 수출통제 지역 구분

그룹	대상국	비고
A	일본 수출무역관리령 <별표 제3>에 게재된 국가	백색국가
B	WA 등 4대 국제 수출통제 체제 가입, 일정 요건 충족 국가	한국 등
C	그룹 A와 B 및 D에 미해당 국가	
D	UN 무기금수국가, 수출무역관리령에 별도 게재된 국가(이란, 이라크, 북한)	

자료: 송준헌(2022)

상으로 설정할 수 있도록 하는 상황허가 제도를 도입했다. 2003년 말에는 UN이 정한 무기금수국 등을 대상으로 이중용도 품목에 대해서도 상황허가를 도입하고, 2008년에는 재래식 무기도 상황허가를 적용시키기로 했다. 도시바 사건으로 국제적 망신과 미국의 강력한 통상제재를 당한 일본은 최근에도 수출통제 위반에 대한 벌칙과 행정제재 수준을 높였다. 2017년에는 외환법을 개정하여 위반행위에 대한 처벌을 강화하였다. 그리고 최근에는 바이든 미 행정부와 수출통제 강화 정책을 긴밀하게 협력하고 있다.

WMD 품목에 대한 상황허가 대상 지역은 포괄적 수출허가를 허용하는 백색국가(그룹 A)를 제외한 모든 국가이다. 우리나라는 2019년 백색국가에서 제외되었다. 우리나라가 백색국가에서 제외되면서 WMD 품목과 재래식 무기 관련 품목을 한국으로 수출할 경우, 용도 요건이나 수요자 요건에 해당되면 수출허가를 받아야 한다.

나. 경제안보를 위한 기술유출 방지

세계에서 국제지식재산기구에 출원한 국제특허 출원이 가장 많은 국가는 중국, 미국, 일본, 한국 순이다. 2021년 기준 우리나라의 국제특허 출원은 2만 678건인데, 일본은 우리나라의 2배 이상인 5만 260건을 출원하여 일본 기술력의 높은 잠재력을 짐작할 수 있다.

2003년 일본은 첨단기술 유출의 심각성 증가와 미국 등 기술 선진국의 기업의 영업비밀 보호를 강화하는 추세 등을 고려하여 "영업비밀관리지침" 및 "기술유출방지지침"을 제정하여 산업스파이 및 퇴직자 등에 의한 기술 유출 행위를 처벌하는 규정을 강화했다. 일본에서는 외국 기업의 고급인력 영입과 적대적 인수합병(M&A)으로 핵심 기술 및 기업 정보가 유출되어 기업 경쟁력이 약화됐다는 인식하에 2007년 외환 및 외국무역법을 개정하여 외국인의 자국 기업 인수시 신고서 제출 업종을 확대하였다.

일본은 또한 WMD와 군용물자의 기술유출 방지를 이유로 외국계 자본이 자국의 첨단기술기업을 인수합병할 경우 정부가 제동을 걸 수 있는 장치를 마련했다. 2015년에는 산업기술 보호를 위해 부정경쟁방지법과 영업비밀 관리지침을 전면 개정했다. 2018년에는 산업경쟁력강화법이 규정하고 있는 중요 기술에 대한 인증은 물론이고 이와 관련된 연구개발, 생산방법 및 기타 기업 활동과 관련된 기술정보 등을 포함한 종합적인 기술보호 매뉴얼을 배포하여 기업의 기술보호 활동을 강화하였다.

중국의 '천인계획' 등에 따른 첨단기술 유출과 미·중 패권갈등 등으로 인한 신보호무역주의 대두 등에 대응하고, 일본 기술의 활용 확대를 위해 최근 일본은 기술보호 정책을 새로이 수립하였다. 정유한(2021)에 따르면, 최근 일본의 주요 산업기술 보호 정책은 크게 다음 두 가지로 구분해 전개되고 있다. 먼저 경제안보 관점에서 일본의 첨단기술과 관련 노하우가 해외로 무단유출되는 것을 방지하고 기술보안을 강화하는 정책을 2021년에 제시했다. 첨단기술의 유출은 기술경쟁력을 약화시킨다는 인식과 함께 산업 공급망상의 주요 기술을 첨단기술 수준으로 보호하기로 하였다. 둘째, 기술 보호와 활용 간의 균형을 맞추기 위해 기술 개발 이후 보호 수준을 조정하여 해당 기술의 활용도를 높이도록 했다.

미·중 기술패권 경쟁 구도에서 일본은 과학기술과 경제안보를 통합 관리하는 전략을 추진했다. 2018년 일본은 기술혁신 관련 조직들을 총괄하는 사령탑으로서 총리관저에 통합이노베이션전략추진회의(통합회의)를 설치하고, 첨단분야 기술혁신을 위해 AI전략, 바이오전략, 양자기술혁신전략, 재료전략, 안전·안심(안전보장) 분과를 운영하기로 했다. 2020년 1월 통합회의는 기술경제안전보장 정책 조사, 육성 및 보호 등 3대 영역으로 구분하여 추진하기로 했다. 국민의 안전보장을 위협하는 기술과 대응 기술을 조사하고, 필요한 기술을 연구개발·실용화하고, 첨단기술의 해외 유출을 방지하는 방안을 모색하기로 했다(김규판 2022).

2022년 일본 정부는 범부처 기술유출 방지 방안을 강화했다. 경제산업성은 미국뿐 아니라 일본에서도 국내 유학생 등을 통한 첨단기술 유출문제가 심각하다고 인식하고 '간주수출(deemed export)' 통제를 강화하기 위해 대학·연구기관·기업의 민감기술 관리 역량을 제고하였다.[5] 재무성은 외환법 개정으로 외자규제 심사 및 사후 모니터링을 강화하기로 했다. 문부과학성은 대학·연구기관과의 민감기술 유출 감시 협력체제를 구축하고, 외무성은 관련 정보 수집·분석 체계를 구축하며, 총무성은 해저 케이블이나 5G에 관한 공급망 관리를 강화하기로 했다. 금융청은 내부 경제안전보장실을 신설하여 주요 기기의 조달처, 사이버공격 대책, 금융거래정보의 관리체제를 정비하기로 했다. 2022년 기시다 행정부는 경제안보를 획기적으로 강화하기 위해 경제안전보장추진법(경제안보법)을 추진하기로 했다.

다. 일본의 경제안보법 제정

일본은 코로나19와 미·중 갈등 국면에서 국내 공급망을 강화하는 한편, 전통적인 미·일 동맹을 바탕으로 쿼드(미, 일, 캐나다, 호주) 공급망 구축을 위한 국제 협력을 추진해 왔다. 2020년 코로나19가 장기화됨에 따라 일본 정부는 대대적인 리쇼어링 정책을 시행했고, 이듬해 미국의 국내 공급망 구축에 자극받아 반도체 전략과 배터리산업 공급망강화책을 발표했다. 2021년 일본은 쿼드 4국 정상회의에서 희토류 공급망의 대중국 의존도를 감축하기 위해 희토류의 생산기술 공동개발 등에 합의했다. 쿼드 4국 정상은 반도체의 공급망 구축, 기술협력 등을 포함한 경제안전보장에 관한 공동문서를 채택하였다.

기시다 내각은 내각부에 경제안전보장정책의 사령탑으로 경제안전보장담당상(장관)을 신설하고, 재무성, 경제산업성, 방위성 등 경제안보 유관 정부 부처 파견 공무원으로 구성된 팀을 꾸려 공급망 강화, 기간인프라 도입의 경제안보

---

5 일본 대학이나 기업이 기술을 제공하는 경우, 상대가 일본인이거나 일본 국내에 고용되고 있는 거주자이더라도 "외국으로부터 강한 영향을 받고 있으면" 수출로 '간주'(deem)하여 허가를 받도록 의무화했다. 따라서 일본의 간주수출 규제대상은 ▲외국 정부나 외국법인과 고용계약을 맺고 해당 외국정부나 외국법인의 지배하에 있는 자 ▲외국 정부로부터 유학자금을 수령하고 있는 유학생 혹은 외국 정부의 이공계 인재모집 프로그램에 참여하여 거액의 연구자금과 생활비를 수령하고 있는 자 ▲일본 국내에서 외국정부 등의 지시를 받고 행동하는 자로 확대되었다(김규판 2022).

검토, 기술기반 확충, 특허비공개 허용 등 경제안보 4대 중점분야를 추진하기로 했다. 이들 사항은 경제안보법에 반영되었다. 기시다 내각의 경제안전보장 강화책은 미국의 조치를 참고한 수세적인 전략에 주력하고 있는 측면도 있으나, 대부분 중국을 겨냥하여 수출통제와 기술보호를 위한 정책당국의 조치를 강화시켰다는 점에서 의의를 찾을 수 있다.

2020년부터 논의되었던 경제안보법이 2022년 기시다 집권 초에 제정되었다. 경제안보법은 디지털화, 공급망 교란, 경제안보 영역이 경제·기술 분야로 급속히 확대되며 미·중 패권경쟁과 러시아의 침공 등 글로벌 리스크가 높아지는 가운데 구미 국가들의 경제안보법 제정에 영향을 받아 추진되었다. 일본 산업의 경쟁력 확보, 특히 공급망 재구축 지원을 위한 포괄적인 법적 근거를 마련한 셈이다. 이 법의 핵심은 국가 핵심 인프라의 안전성과 신뢰성 확보, 공급망의 강화, 첨단 핵심기술 개발의 민·관 협력수준 제고, 핵심기술의 특허출원 시 비공개제도 허용 등으로 압축된다.

일본 정부는 해외에 의존하고 있는 전략물자 조달 리스크를 줄이기 위해 반도체, 배터리, 희토류, 의약품 등을 '특정 중요 물자'로 지정하여 재정지원을 할 수 있도록 했다. 구마모토(熊本)현에 반도체 파운드리(위탁생산) 생산설비를 구축하고 있는 세계 최대의 파운드리 기업인 대만 TSMC가 첫 수혜자이다. 일본은 경제안보법을 근거로 구마모토 파운드리 공장 건설비용 86억 달러의 절반을 지원하게 된다. 정부 당국은 공급망 관리를 위해 원자재 조달처, 재고를 조사할 권한을 가지며, 재정지원을 받고 있는 기업이 국가 조사를 거부하면 처벌을 받을 수 있다.

정보통신, 금융, 전기, 가스 등 14개 기간인프라 분야에 중요설비를 도입할 경우 사업자는 국가가 우려할 만한 외국제품을 쓰고 있지는 않은지 검토해야 한다. 사업자는 관리 시스템의 개요, 조달처, 기술적 특징, 부품 등에 대해 국가에 사전에 보고해야 한다. 미국에 의해 백도어가 문제된 화웨이 5G 장비 등을 의식한 조치이다. 경제안보 측면에서 위협요인이 될 수 있는 외국제품의 사용여부를 사전적으로 조사하고, 업무위탁처가 적절한지 여부와 취약성을 조사해서 필요한 경우 기업에 대해 시정 권고하는 것이 기간인프라 도입의 경제안보 검토 등이다.

표 8-2 한·미·일의 특허 비공개 대상 기술 비교

분류	한국	미국	일본
근거	국방 관련 특허출원에 대한 비밀취급의 분류기준 (특허청 훈령)	특허법 제181조, 발명비밀 보호법	1885년~제2차 세계대전 전까지 비밀특허 존재 (1948년 패전 후 폐지)
대상	- 잠수함, 미사일, 장갑차 등 기계 품목: 7개 - 폭약 기폭장치 등 화공제품 관련 분류 4개 등 총 11개	- 국가안보 위해 여부(폭발물, 미사일 등 명확한 리스트는 비공개) - 원자력위원회, 국방부 등의 의견에 따라 특허 여부 결정	

자료: 전략물자관리원(2022b)

마지막으로 비공개 특허제도를 도입하여 국방안보 관련 특허를 비공개로 출원할 수 있게 했다. 안보 우려로 인해 특허를 낼 수 없었던 기술에 대해 비공개 특허를 낼 수 있게 허용하고, 특허 불허로 손실을 입은 발명자에게 손실을 보상하는 방안도 마련했다.[6] 비공개 비밀특허를 누설할 경우 최대 2년의 징역형을 감수해야 한다.[7]

3. 중국의 주요 경제안보 정책

가. 팩토리아시아의 변형과 재조정[8]

미국은 중국 공산당이 베이징의 권위주의적 목표와 헤게모니적 야망에 맞게 세계질서를 근본적으로 바꾸려 하고 있다고 보고 있고, 중국은 내부 체제와 행동 때문에 위협의 대상이 된다고 단정하고 있다(US Department of State 2020).

---

6 패전 이후 일본은 비공개 특허를 폐지했다가 부활한 것으로, 비공개 특허는 주로 군사 기술을 대상으로 하며 미국, 독일, 러시아, 캐나다, 러시아, 중국, 한국, 호주 등 많은 국가가 허용하고 있다(전략물자관리원 2022b).

7 일본 정부는 G20 국가 중 일본, 멕시코, 아르헨티나가 국방관련 민감한 발명의 특허출원 정보를 공개함으로써 해당 발명의 유출 가능성이 높은 것으로 판단했다. 특허 비공개 제도는 특허출원인의 비밀유지 의무 제도를 도입함과 동시에 외국출원도 제한하기로 했다(김규판 2022).

8 이 절은 정인교·조정란(2021)를 활용하여 작성하였다.

그리고 미국은 '중국제조 2025'를 통해 서방세계의 첨단기술을 탈취하여 기술 굴기를 달성함과 동시에 '군－민간 공조(Military-Civil Fusion)'[9] 전략으로 군사력을 증강하려고 하는 중국을 국가안보 위협으로 보고, 관세 부과, 투자안보 연계, 수출통제 체제 근거 개별 기업 규제 등 다각적인 방법으로 중국을 견제하고 있다(Bitzinger 외 2021; Foreign Policy 2021a).

중국은 G7 우방국 연대가 영국 콘월에서 진전되던 시점에 "반외국 제재법"을 발효했다.[10] 중국은 공급 측면에서의 산업구조 고도화뿐만 아니라 가치사슬의 수요 측면에서 소비시장 고도화 전략을 중심으로 쌍순환 전략을 추진하고 있다. 피를 흘리더라도 미국과 대결을 하겠다는 시진핑 주석의 2021년 7월 1월 중국공산당 창당 100주년 기념 축사는 대결국면을 지속할 것임을 천명한 것이다. 기술패권을 안보와 직결시키는 미국의 대중국 정책과 미국의 중국 정책에 맞대응하는 중국 지도부의 결정으로 미·중 갈등은 장기화될 것이다(정인교·조정란 2021).

국제무역 교과서는 노동과 자본 등 생산요소에 의해 결정되는 각국의 비교우위에 따라 무역이 이루어지는 것으로 설명한다. 그러나 4차 산업혁명 시대에는 자동화, 로봇, 인공지능과 머신러닝 등에 의해 노동의 중요성이 낮아지고 대신 법과 제도, 안전보장, 가치(민주주의, 인권 등)와 같은 새로운 요소가 주목을 받고 있다. 중국에는 불리한 상황이 전개되고 있다. 2021년 영국 콘월 G7 정상회의 키워드는 열린 사회, 인권, 민주주의, 법치주의 등이었다.

국경 간 가치사슬은 계약에 의해 유지되고, 법과 제도의 질적 측면이 비교우위 요소로 부각되었다. 다국적 기업들은 해외투자나 리쇼어링 결정에서 법적 안정성과 성숙도, 가치와 안전도 등에 대한 리스크를 중시하게 되었다. 따라서 지재권 보호가 충분하지 않은 국가에 첨단기술이나 노하우를 수반하는 생산공정을 배치하지 않을 것이다. 猪俣(2021)는 현재의 통상환경 및 제도적 측면과

---

9 중국의 군-민간 공조에 대해서는 US Department of State(2020) 참조바란다.

10 G7 정상회의를 하루 앞둔 2021년 6월 10일 13기 전국인민대표대회(전인대) 상무위원회 제29차 회의에서 반외국제재법 통과 및 당일 서명(제90호 주석령)에 따라 이 법은 공포일로부터 시행. 이 법의 시행은 향후 중국이 미국의 제재를 견제하는 수단이 체계화, 법제화될 것이고, 미국의 '확대 관할(long arm statute)'에 대항하는 중국의 '강펀치'가 될 것으로 전략물자관리원(2021f)이 환구시보(2021. 6. 10.) 원문 번역 보고 참조: https://baijiahao.baidu.com/s?id=1702183419969364001&wfr=spider&for=pc

관련하여, WTO 체제가 제대로 작동하지 않는 현 상황에서 기업들이 기댈 수 있는 안전장치는 현지 국가의 법과 제도의 전반적인 성숙도가 될 수밖에 없다고 일갈하고 있다.

중국이 세계 최대 무역국이 되었고, 대부분의 국가에게 중국이 제1위 교역 대상국인 오늘날 국제 생산 분업 상황에서 미·중 간에 전면적인 디커플링이 발생할 가능성은 낮다. 너무 큰 손실이 발생할 수 있기 때문이다. 오히려 국가안보와 관련된 4차 산업 첨단기술, 에너지, 의료, 식량 등 제한된 분야에서만 분리가 이루어지는 전략적 디커플링 혹은 '관리 디커플링(managed decoupling)'이 될 가능성이 높고, 관련 품목에 대한 공급망이 재편될 것이다. 중국 중심의 팩토리아시아는 다른 지역팩토리와의 생산 분업 무역도 있지만, 미국과 유럽 시장을 겨냥한 최종재 수출품 생산이 많다. 미국이 우방국과의 연대를 강화하고 디커플링에 나서고 있어 팩토리아시아에 대한 변형 및 재조정 압력이 커질 것이다.

2022년 오미크론 확산에 대응하기 위한 중국의 '제로 코로나19' 정책은 중국의 공급망 취약성 우려를 더 키웠다. 중국 경제수도인 싱하이가 한 달 넘게 봉쇄되었고, 시안, 쿤산, 정조우, 항조우 등 중국 반도체 생산기지도 코로나19 봉쇄로 생산 차질을 빚어 1분기 중국의 반도체 생산이 1/4 정도 줄었다. 전 세계가 '위드 코로나19' 체제로 돌아선 상황에서 중국만이 독자적인 대응을 하고 있다. 글로벌 기업에게는 엄청난 중국만의 리스크가 아닐 수 없다. 이래저래 팩토리아시아는 약해질 수밖에 없다.

나. '쌍순환(雙循環)' 경제전략

'쌍순환(雙循環)' 경제전략은 2020년 중국공산당 중앙위원회 제5차 전체회의(5중전회)의 주요 의제가 되었다. 이에 앞서 2020년 5월 23일 시진핑 주석은 정협 제13기 전국위원회 제3차 회의에 참석한 경제계 위원들을 만나는 자리에서 "생산, 분배, 유통, 소비의 각 분야를 관통시켜 점차적으로 국내 순환을 주체로 국내와 국제 이중순환이 상호 촉진하는 새로운 발전 구도를 형성해 새로운 상황에서 중국이 국제 협력과 경쟁에 참여하는 새로운 우위를 육성해야 한다"라고 말했다(劉宇 2021).

　　쌍순환 전략은 내수 부양을 의미하는 국내대순환(내순환)과 외국과의 교역을 의미하는 국제대순환(외순환)을 상호촉진하는 것이지만, 전자에 무게 중심이 실려 있다. 5중전회에서는 제14차 5개년 계획(2021~2025년)과 2035년까지의 장기 목표를 수립했다. 중국은 5년마다 경제발전 전략을 수립하는데, 제14차 5개년 계획은 미국의 중국 견제에 대응하는 전략이다. 지난 40년 동안 지속된 개혁개방 정책이 수출 중심 양적 팽창에 중점을 둔 것이었다면, 제14차 계획부터는 국내순환을 중시하는 질적 발전을 추진하는 것이었다.

　　쌍순환 전략은 등소평 주석 시절 확립된 개념이며, 지난 40년간 중국은 수출지향 산업화를 위한 국제대순환을 중심으로 경제를 운영해 왔다. 그러나 시진핑 주석이 쌍순환 정책을 다시 제기한 것은 수출 주도 성장을 지속하기에는 노동 인력 수급과 환경문제 등에 한계가 나타났고, 미국의 수출통제와 관세전쟁으로 수출을 늘리기 어려운 상황에서 궁여지책인 것으로 볼 수 있다. 중국은 국내대순환 측면에서 수요를 확대하여 고급 제품의 공급을 늘리고, 지역 간 균형발전을 추진하고자 하지만, 핵심은 과학기술 혁신으로 기술 굴기를 달성하는 것이 될 것이다.

　　국제금융센터(2021)는 중국의 쌍순환 정책이 소비 활성화 및 투자 효율화 등을 통한 내수시장 확대 및 첨단기술 자립에 주력할 것으로 예상하고 있다. 중국

그림 8-2 중국의 쌍순환 전략

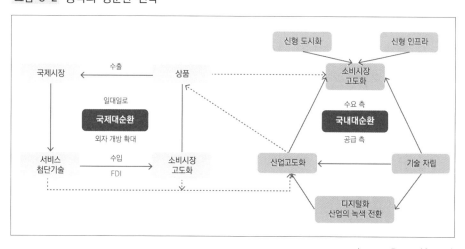

자료: 조은교 외(2021)

정부는 중국제조 2025 전략과 연계시켜 첨단기술 습득과 고부가가치로의 산업 구조 업그레이드를 위해 정책역량을 집중하고 있다.

2021년 전인대에서 리커창 총리의 '10년 창갈기(十年磨一劍)' 발언이 시사하듯이, 미국의 수출통제와 공급망 제재에 대응하기 위해 중국은 독자적인 기술개발을 선언했다. 2021년 3월 양회에서 확정된 14·5 규획(2021~2025년)은 반도체, AI 등 '8대 산업'과 '7개 영역'을 집중 육성하기로 했다. 8대 산업은 신소재, 고속철 등 운송장비, 스마트제조 및 로봇, 항공엔진, 위성위치확인시스템, 스마트카, 첨단 신약과 의료장비, 농업기계 등이고, 7개 과학기술 영역은 반도체, 인공지능, 양자계산, 뇌과학, 유전자와 바이오, 헬스케어, 우주 탐사 등이다. 이들 분야는 미국이 집중 육성하고 있는 첨단산업이다.

메타버스 방식으로 중국의 산업정책의 레토릭을 분석한 최필수·이현태(2021)의 분석에 따르면, 기술 굴기를 위한 중국제조 2025 정책은 계속 진행 중이다. 미·중 무역 분쟁 이후 언급을 삼가면서 "2025", "제조강국(製造强國)", "세계를 선도하는" 등과 같은 공격적인 목표만 숨겼을 뿐이지 사실상 기술 굴기 정책은 변동 없이 추진되고 있다. 대신 미국의 압박과 코로나19를 염두에 둔 "산업 가치사슬 보장"이라는 중립적인 표현이 등장했다(최필수·이현태 2021)

쌍순환 전략으로 중국은 공급망 국산화를 서두르고 있다. 제조업 핵심 장비 및 부품의 국산화를 통해 수입의존도를 축소하면서 자국 중심의 공급망을 구축하고 있다. 중국은 2025년까지 10대 핵심 산업의 기술, 부품 및 소재 국산화 비율을 70%까지 끌어올린다는 목표를 세웠다. 휴대전화 반도체는 40%, 산업용 로봇 및 신재생에너지 설비의 핵심 부품 80% 등 품목별 목표를 설정했다. 미국의 중국 기술 굴기 견제가 장기화할 것으로 예상되는 만큼 반도체·클라우드 등과 같이 미국 의존도가 높고 상대적으로 기술 수준이 낮은 첨단산업에 대한 지원을 확대하고 있다(국제금융센터 2021).

다. 반외국 제재법

2021년 6월 중국은 자국 태양광 산업 관련 기업 5곳에 대한 미국의 제재에 대해 '반외국 제재법'을 통해 맞대응하기로 했다. 중국의 반외국 제재법은 미국 등 동맹국들이 일방적으로 중국 기업 및 중국인에 대해 차별할 경우에 상응하는 보복을 할 수 있는 법으로 미국 제재 직전에 발효되었다. 정식 명칭이 '중화인민공화국 반외국 제재법'인 이 법은 서방 진영의 일방적 조치에 대해 비자 발급 거부, 입국 거부, 추방, 자산 압류, 해당국 기업 및 개인, 조직 거래 금지 등 다양한 조치를 취할 수 있는 보복 근거법이다.

제재 대상도 폭넓게 허용했는데, 제재 대상 본인은 물론 배우자와 직계가족도 제재 대상에 포함된다. 제재 대상이 조직(기관)일 경우 최고 관리자도 제재 대상이 된다. 제재 대상이 조직에 속한 개인이라면 그 조직도 제재를 받게 된다. 또한 제재 대상에게 도움을 준 개인 및 조직도 제재를 받을 수 있어 중국에 진출한 외국계 기업도 처벌을 받을 수 있다는 해석이 가능하다. 2020년 9월 중국 상무부는 제재 대상이 될 수 있는 '신뢰할 수 없는 기업' 명단 관련 규정을 발표했다. 반외국 제재법은 이 명단에 오른 개인이나 조직을 처벌하는 근거가 된다.

중국은 미국 등 서구국가의 조치에 대응하여 자국의 수출통제법을 강화했다.[11] 수출통제법은 자국 국가안보에 위협이 되거나 될 수 있는 기업이나 개인을 제재할 수 있는 근거법이다. 중국은 2016년 수출통제법 입법 계획을 발표했고, 2020년 초안을 작성해 세 차례 심의를 거쳐 연말에 발효시켰다. 미·중 갈등 상황에서 미국의 수출통제체제에 참여하는 국가에 보복 조치를 할 법적 근거를 마련했다. 핵을 포함한 WMD 전용 품목, 이중용도 품목과 군용물자, UN 결의 등 국제의무의 이행과 국가안전 유지와 관련된 물품, 기술, 서비스 등이 적용대상이다. 수출통제 대상 물품에 대한 허가 여부는 국가안전과 함께 국가이익이 고려된다. 수출통제 관련 정보를 외국으로 제공하는 것은 금지된다. 이 법을 위반한 기업의 대표는 형사처벌을 받을 수 있으며, 최대 500만 위안의 벌금이나 평생 수출행위 금지, 일시적 수출 자격 취소 등의 처벌이 가능하다.

중국은 1990년대부터 대량살상무기의 확산 방지와 UN 결의 이행 등 국제의무 이행에 따라 화학품의 관리규정, 핵 및 관련 물질 수출통제조례, 군용품 수출관리규정, 군민용(이중용도) 품목 및 관련 기술의 수출통제 규정, 미사일과 관련 물품 및 기술에 대한 수출관리 조례, 생화학 품목 및 관련 장비와 기술에 대한 수출통제 조례를 차례로 제정하였다. 미국과 유사한 제도를 도입하였지만,

---

11 수출통제법은 이병문 · 박미봉(2021), 한국무역협회(2021)를 중심으로 작성하였다. 자세한 사항은 원문을 참고하기 바란다.

일부는 다른 국가가 시행하고 있는 수출통제 체제보다 강력한 조치를 포함하고 있다고 평가된다. 특히 수출통제 목적으로 국가의 이익을 포함시킴으로써 그 통제범위가 광범위해져 우리나라 정부는 물론 관련업에 종사하고 있는 기업의 각별한 주의가 필요하다(이병문 · 박미봉, 2021). 향후 중국이 안보와 국익 등을 명분으로 희토류를 비롯한 전략물자의 수출을 통제하는 것을 배제하기 어렵다.

수출통제법규정의 통제 물품에 속하는지 확정할 수 없을 불확실성의 위험을 갖고 있다고 알았거나 알고 있어야 한다. 국가수출통제 관리부서의 통지에 의해 알게 되었을 경우에는 국가수출통제관리부서에 수출허가를 신청해야 한다. 수출통제물품의 허가는 다양한 요건을 종합적으로 고려하여 허가 또는 불허의 결정을 한다. 주요 고려사항은 ① 국가안전과 이익 ② 국제의무와 대외적 약속 ③ 수출유형 ④ 통제물품의 민감정도 ⑤ 수출목적지 국가 혹은 지역 ⑥ 최종사용자와 최종용도 ⑦ 수출자의 관련신용기록 ⑧ 법률 행정법규에 규정된 기타 요소이다(이병문 · 박미봉 2021).

제9장 첨단기술과 경제안보

1. 국방수권법(NDAA)과 첨단산업

가. 국방수권법(NDAA) 개요

국방수권법(NDAA)은 1960년대 초부터 미국이 매년 국방부의 예산을 결정하는 법으로, 미국의 전체 국방비, 군사훈련, 안보와 국방정책 등을 총괄적으로 다루는 1년짜리 한시법이다. 우리나라는 매 회계연도 전체 예산에 국방부 예산이 포함되어 있지만, 미국은 매년 국방수권법을 통해 국방부 예산을 별도로 의회승인을 받는다. 이 법에서 수권(Authorization)은 행정부가 의회로부터 지출 권한을 넘겨받는 것을 의미한다. 차기 년도 국방 관련 활동과 관련 예산을 의회에 제출하여 승인받는 것으로, 대통령이 제안한 국방정책을 의회가 승인하는 것이므로 예산 확보 이상의 의미를 갖는다.

2018 회계연도 국방수권법(2018 NDAA)에서 미국 정부는 처음으로 미·중 패권경쟁을 반영한 국방예산을 설정했다. 중국이 2018 NDAA를 '중국 탄압법'으로 규정하고 크게 반발할 정도였다. 이 법은 무기 판매 등 대만에 대한 지원사항을 규정하고, 태평양억지구상(Pacific Deterrence Initiative: PDI)과 중국 첨단기업 화웨이에 대한 규제를 연방법에 처음으로 명시했다. PDI는 미국이 해공군을 동원하여 중국 해군의 활동 범위를 제1열도선(오키나와–대만–필리핀–말라카해협) 안으로 제한하는 것이다.

중국 수출품에 대한 관세 폭탄으로 중국 경제를 압박하고, 대만 안보와 PDI를 규정함으로써 중국의 '하나의 중국' 정책을 거부하고 나선 셈이다. 이에 앞서 중국 유학생에 대한 미국 비자 발급을 제한했고, 화웨이 창업자의 딸이 캐나다에서 체포되는 등 중국에 대한 미국의 노골적인 견제가 실시되었다.

2018 NDAA에서 트럼프 행정부는 화웨이에 대한 거래제한을 미국 연방법에 처음으로 규정했다. 국방부가 화웨이 장비를 구매하지 않도록 지시한 것이다. 2018 NDAA는 특정 연방기관으로 제한되었지만 2019 회계연도 NDAA(일명

John S. McCain 국방 수권법)에서는 모든 행정부 기관이 화웨이, ZTE 등 특정 중국 기업의 통신 장비 또는 서비스를 포함하는 조달 또는 계약하지 못하도록 규정했다.

2019 회계연도 국방수권법(2019 NDAA)은 인공지능국가안보위원회(NSCAI) 설치를 포함했다. 국방수권법(NDAA)에 명시된 조직 명칭에서 알 수 있듯이, NSCAI는 인공지능(AI) 기술을 국가안보 차원에서 활용하기 위한 정책 주요 임무이다. 에릭 슈미트(Eric Schmidt) 전 구글 CEO 위원장을 필두로 업계가 인정하는 인공지능과 국가안보 최고 전문가로 출범시켰다. 2019년과 2020년에 각각 중간보고서를, 바이든 대통령 취임 직후인 2021년 3월 최종보고서를 발표했다.[1]

나. 최근 미국의 반도체 지원법

트럼프 대통령 시절 미국은 기술을 패권경쟁의 출발점이면서 미·중 패권갈등의 승패를 판가름할 열쇠로 보게 되었고, 대대적인 산업지원 정책에 돌입했다. WTO 출범 과정에서 미국은 정부의 적극적인 산업정책을 폐기하도록 국제사회에 요구했다. 특히 WTO 보조금협정에서 산업에 대한 정부의 지원을 임격하게 규정했다. 하지만, 최근 미국은 과거 유례를 찾아볼 수 없을 정도로 대규모 산업지원을 하고 있다.

2021 회계연도 NDAA에서는 "반도체법(CHIPS for America Act)"을 규정했다. 상무부 장관은 미국 반도체에 대한 투자를 장려하기 위해 재정 지원을 제공하는 프로그램을 수립하도록 하고, 대통령이 의회의 승인 없이 프로젝트당 30억 달러까지 지출할 수 있도록 허용했다. 주요 내용은 국가안보 및 경제 경쟁력과 관련된 반도체의 안정적인 국내 공급을 위해 국내 마이크로칩 생산을 장려하기 위한 민관 파트너십의 구축, 첨단 전자제품 생산을 지원하기 위한 미국 산업기반에 대한 연구, 다자간 반도체보안 기금의 설립 등이다.

'무한 프론티어법(Endless Frontier Act)'은 10개 핵심·신흥기술[2]의 육성을 목

---

1 인공지능국가안보위(NSCAI) 최종보고서 내용에 대해서는 최수아(2021) 자료를 참고하기 바란다.

2 10개 핵심·신흥기술은 ① 인공지능/머신러닝/자율주행, ② 고성능컴퓨터/반도체, ③ 양자정보과학, ④ 로봇/첨단제조, ⑤ 자연재해·인재방지, ⑥ 첨단통신/실감기술, ⑦ 생명공학/합성생물학, ⑧ 데이터관리/사이버보안, ⑨ 첨단에너지, ⑩ 첨단소재과학이다.

표로 5년간 1,500억 달러를 집중 투자하기로 했다. 10개 핵심·신흥기술에는 반도체가 포함되며, 국립과학재단(NSF)에 신설된 기술혁신국이 담당하도록 했다. 또한 '미 국내 반도체 제조 촉진법(Facilitating American-Built Semiconductors Act: FABS Act)'은 미국 내 반도체 제조 장비 및 시설 투자에 25%의 세액 감면을 보장하도록 함으로써 국내 반도체 공급망 구축에 기업들을 유인하고 있다.

2022년 "반도체 및 과학법"을 제정하여 미국에 반도체 공장을 건설하고 미국 반도체 연구 및 개발을 지원하기 위해 542억 달러를 지원하기로 했다. 7월 27일 상원은 이 법을 64-33로 통과시켰고, 다음 날 하원은 243-187로 통과될 정도로 초당적 지지를 받았다. 8월 9일 바이든 대통령이 서명함으로써 반도체 생산과 연구 개발을 가속화시키게 되었다. 양자 컴퓨팅, AI, 청정 에너지 및 나노 기술과 같은 첨단 기술의 R&D 및 상업화도 지원할 수 있게 되었다.

2. 첨단기술과 경제안보

가. 인공지능과 국가안보[3]

NSCAI 위원회는 AI가 미국 병력의 전투력 및 국방안보 체계에 핵심임을 지적하고, AI 분야가 발전하기 위해서는 첨단 고성능 반도체 개발이 필수적이라고 강조했다. 위원회는 군사 무기에서 우위를 유지하기 위해 미국 내 공급망 구축과 중국보다 2세대 이상 앞서는 반도체 제조기술 유지가 필요하다고 지적했다. 위원회는 또한 AI를 시작으로 핵심 신흥기술에 대해 미국의 정책, 국가기술전략 수립, 국가안보 차원의 검토와 미국의 리더십 확충을 연구하기 위한 기술경쟁력위원회 설립을 제안했다.

이 위원회는 딥페이크, 개인 표적화 등 AI가 야기하는 새로운 위협에 대응하기 위한 조직 설립 및 투자, 정책과 체계 구축, 고성능 반도체 개발이 필요하다고 강조했다. 오늘날 디지털 의존도가 증가되면서 사회 모든 분야에서 사이버 침해에 대한 취약성이 높아졌고, 사물인터넷(IoT) 등 센서 도입의 증가로 AI

---

3 이 소절은 최수아(2021)를 중심으로 작성하였다. 자세한 내용은 이를 참고하기 바란다.

시스템이 습득할 수 있는 데이터가 증가하였다. 따라서 빠른 정보처리와 다양한 전자전에 대응하기 위해서는 첨단 반도체 개발이 필요하다.

미국은 군사 수단이 아닌 사이버 공격, 간첩행위, 심리 및 정치적 공격, 금융수단 등을 이용한 공격에 대비하고 있다. AI는 사이버 공격, 민감정보 탈취, 선거 개입, 허위정보 유포 등에 반드시 필요한 기술이다. 최근에는 AI를 이용한 적대적 행위의 정도와 종류가 증가하고 있으며, 전쟁에도 사용될 수 있다. NSCAI 보고서는 정보 보호를 국가안보로 간주해 사이버안보 대책을 수립해야 한다고 제안했다.

군사 기술 경쟁 우위 유지를 위해서는 AI 적용 센서 등 무기체계를 채택하고 전투원 역량 개발 및 투자를 통해 전자전 방어 기반을 마련해야 한다는 것이 NSCAI 위원회의 결론이다. 중국과 러시아 등은 미국의 군사기술적 우위에 도전장을 내밀었고, AI 기반 시스템으로 미국의 군사적 디지털 역량을 추월하고자 하고 있다. 위원회는 또한 동맹국 간 AI 무기 개발 협력도 제안했다. 그리고 AI 기반 및 자율무기 시스템 도입을 위한 동맹국 간 협력체계를 개발하고, AI 적용 무기 시스템과 향후 무기 통제 계약 준수를 검증하기 위한 기술적 수단을 모색해야 할 것을 강조했다.

나. 반도체: 1순위 전략물자

2차 세계대전 이후 미국 국방부는 무기 성능 향상과 첨단무기 개발을 위해 반도체 개발에 나섰으나 주목을 받지 못했다.[4] 1970년대 들어 일본 가전업계가 반도체와 희토류를 새로운 가전제품 개발에 투입하면서 반도체 수요가 늘었다. 이후 반도체 개발은 민간기업 주도로 변경되었고, 1980년대 일본이 미국에 이어 세계 반도체 강국으로 발전하였다. 머지않아 미·일 간에 반도체 분쟁이 발생하였고, 1990년대 우리나라는 반도체 생산설비를 구축하게 되었다. 이후 반도체는 국제분업 체계를 형성한 대표적인 산업이 되었다. 미국은 설계 등 핵심 기술 개발에 집중하였고, 일본은 반도체 장비와 첨단물질을, 우리나라, 대만, 싱

---

4 미국 AT&T는 1947년 말 세계 최초로 반도체를 개발했고, 실리콘밸리에서 기술적 진보를 이루어냈다. 1950년대 반도체 기술은 일본으로 넘어갔고, 1990년대 초반까지 일본은 세계 반도체 1위 국가로 군림했다.

가포르 등은 생산제조 부문에 특화하게 되었다.

NSCAI 위원회는 미국이 최첨단 반도체의 핵심기술 개발을 선도하고 있지만, 국내 제조기반이 취약하고 해외공급망에 지나치게 의존하는 등 높은 공급망 리스크를 국가안보 차원에서 해소해야 함을 지적했다. 최첨단 통합회로(IC) 생산의 90%를 동아시아에 의존하고 있고, 해외에 의존하는 공급망은 자연적 및 정책적 요인에 의해 미국이 적기에 필요한 반도체를 조달할 수 없게 되면 국방력을 훼손시킬 수 있다는 것이다.

중국은 많은 제조업 분야에서 세계 최대 공급기지로서 역할을 하고 있지만, 반도체는 수입에 의존하고 있다. 2020년 반도체 수출 1,471억 달러, 수입 3,780억 달러로 2,309억 달러의 적자를 기록했다. 반도체는 중국의 제1위 무역적자 품목일 뿐만 아니라, 반도체 생산공정상의 부가가치로 보면 중국 수출의 대부분은 패키징 및 테스팅 등 후공정에서 발생하는 것으로 구조적으로도 절대적인 수입 의존형 산업이다. 하지만, 중국업체들은 팹리스(Fabless) 분야의 발전이 빠르고, 하이실리콘 등의 업체는 5G 통신 칩 설계에 성공하는 등 첨단분야에서도 발전이 빠른 편이다.

그림 9-1 미국과 중국의 특허 출원 건수 비교

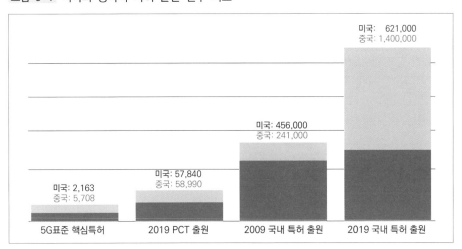

* 5G 표준 핵심특허는 '20년 2월 기준이며 국가별 대표 2개 기업의 합산임
 (미국은 퀄컴 1,293개, 인텔 870개, 중국은 화웨이 3,147개, ZTE 2,561개).
자료: NSCAI(2021), "Final Report."

중국은 외국기업의 중국 진출로 자체 반도체 제조능력을 보유하고 있지만, 첨단반도체 제조는 토착 중국기업이 수행할 수 없는 상황이다. 중국에도 다수 반도체 장비업체가 존재하지만, 가공도가 낮은 수준의 장비만 생산하고 있다. 첨단제품 제조는 네덜란드 ASML의 노광장비(EUV)와 같은 첨단반도체 장비가 필요하다. 중국 정부의 전폭적인 지원으로 반도체 자체제조 능력에 속도가 붙고 있는 반면, 미국은 국내 제조능력이 미미한 수준이어서 중국에 대해 위협을 느끼고 있다. 미국이 국내법을 동원하여 첨단 장비 판매에 제약을 부과하는 이유이다.

반도체는 반도체 산업 자체는 물론이고 다른 많은 산업발전에 핵심적인 역할을 하게 된다. 반도체는 거의 모든 산업에 사용되고 있다. 특히 통신, 컴퓨터, 가전 등 IT 부문과 더불어 최근에는 자동차도 반도체가 매우 중요하다. 2019년 기준 반도체 수요처별 비중은 통신 33.0%, 컴퓨터 28.5%, 가전 13.3%, 자동차 12.2%, 산업 11.9%, 정부 1.3%이다.

4차 산업혁명 시대로 진입하면서 반도체 수요가 크게 늘어나고 있고, 중국은 4차 산업혁명 시대를 대비하여 준비하고 있다. 반두체는 가치사슬 단계 및 세부 품목에 있어 특정 국가 및 기업에 대한 집중도가 매우 높은 특성이 있다. 가치사슬의 세부 특정 분야의 소수 기업만 통제하면, 반도체산업 가치사슬 전반에 영향을 미칠 수 있는 산업적 특성이 다른 산업보다 강하다. 향후 반도체가

표 9-1 중국 반도체(HS 8542) 수입의 최근 동향

	2019		2020		2021.1-3	
	백만불	증가율	백만불	증가율	백만불	증가율
대만	99,153	1.8	124,468	25.5	32,972	43.3
한국	63,432	-22.9	68,757	8.4	18,460	24.2
말레이시아	30,569	18.8	30,346	-0.7	7,244	6.5
베트남	13,329	82.8	20,255	52.0	5,103	10.0
일본	17,291	9.2	18,351	6.1	4,773	21.3
미국	13,568	12.4	14,223	4.8	4,007	20.1
전체	305,898	-2.3	351,266	14.8	31,663	29.9

자료: 무역협회

표 9-2 중국 반도체 장비(HS 8486) 수입의 최근 동향

	2019		2020		2021.1-3	
	백만불	증가율	백만불	증가율	백만불	증가율
일본	8,929	-15.4	9,647	8	2,926	43.1
미국	4,136	2.5	5,329	28.8	1,732	49.1
한국	5,373	-17.7	5,977	11.3	1,442	-0.6
싱가포르	1,800	-16.5	2,837	57.6	974	71.6
네덜란드	1,683	-33.2	2,799	66.3	922	108.4
대만	2,498	-6.1	2,624	5	717	25.2
독일	896	12.5	698	-19.7	239	57.2
전체	26,613	-13.5	31,753	19.3	9,563	42.2

자료: 무역협회

중국 산업발전에서 핵심적 역할을 수행할 것으로 파악한 미국은 반도체 공급망을 교란시켜 중국 산업발전을 제한하는 전략을 추구하고 있다. 미국은 수출규제 리스트를 통해 반도체 가치사슬의 다양한 분야에서 중국의 부상을 제한하고 있다.

1980년대 수요산업인 전자산업이 빠르게 발전한 일본이 1950년대 미국에서 꽃을 피우기 시작한 반도체의 세계 시장을 석권하게 되었다. 미국은 덤핑을 이유로 일본을 제소함으로써 미·일 반도체 분쟁이 발생했고, 1986년 미·일 반도체 협정으로 일본은 수입 반도체 점유율을 20%까지 높이기도 했다. 우리나라는 이 과정에서 메모리 반도체를 육성할 수 있는 기회를 가질 수 있었고, 일본은 시스템반도체와 반도체 소재나 장비 생산으로 전환하였다. 한편, 미국은 핵심기술, 소재, 장비 등에 특화하면서 시스템반도체 설계 부문에 집중하였다. 그 사이 대만은 파운드리 시장을 집중적으로 공략하여, 세계 파운드리 시장의 최강자가 되었다.

Thorbecke(2022)은 미국이 트랜지스터, 반도체, 액정 디스플레이 및 기타 획기적인 기술을 발명했지만, 반도체를 포함한 전자산업이 동아시아에서 크게 성공한 이유에 대해 이렇게 말했다. 미국 전자회사는 방산분야 정부조달을 따내는 데 주력하면서 신기술을 시장성 있는 제품으로 전환할 인센티브가 부족했다. 반면, 까다로운 시장에서 경쟁하는 아시아 기업들은 시장에서 팔리는 제품

을 생산하기 위해 신중하게 기술을 선택하고 효율적인 생산방식을 추구했다. 특히 일본, 한국, 대만은 교육에 많이 투자했고, 엔지니어들은 반도체 기술을 빠르게 습득할 수 있었다.

동아시아 국가들은 재정과 높은 저축률을 활용하여 자본을 형성하여 막대한 비용이 소요되는 플랜트와 연구개발에 투입했다. 이러한 자본 투입이 없었다면 동아시아 국가들이 반도체산업을 발전시킬 수 없었을 것이다. 한국이나 대만에는 안보위협을 느낀 많은 연구자들이 애국심으로 첨단산업 발전을 위해 헌신했다. 반면 산업발전 여건이 양호하지만, 안보위협에 직면하지 않은 말레이시아는 반도체산업에 지원하기보다는 소득재분배를 우선시하였기에 변변한 산업을 키우지 못했다. Thorbecke(2022)는 한국은 당근과 채찍 인센티브를 국가 산업정책에 활용하여 기업의 성장을 이끌 수 있었다고 설명하고 있다.

한국, 대만, 중국 등은 이미 반도체산업의 가치사슬 분화가 이루어진 상황에서 반도체산업을 시작하여 산업의 종합적인 발전이 이루어지지 않고 특정 분야에 특화하였다. 반면 미국 및 유럽 등 서방 국가들은 기초기술 및 첨단 엔지니어링에 있어서 절대적인 영향력을 행사하고 있다. 특히 미국은 첨단반도체의 생산 등에 대해서는 통제할 수 있는 기술적 우위를 갖고 있다. 기업 국적별로 세계 시장 점유율(2020년)을 보면, 미국이 45%로 가장 크고, 한국이 24%, 일본 9%, 유럽 9%, 대만 6%, 중국 5% 등의 순이다. 국가별 반도체 생산 능력 점유율에서는 대만 22%, 한국 21%, 일본 15%, 중국 15% 다음으로 미국 12%로 낮다(산업연구원 2022).

그림 9-2 2020년 주요 국가의 반도체 생산 점유율 (단위: %)

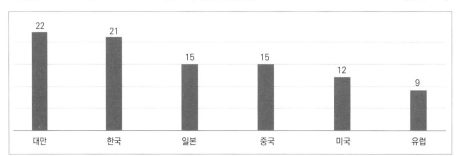

자료: 산업연구원(2022)

공정유형별로 보면, 미국이 종합반도체업체(IDM)나 설계업체(Fabless) 등에서 50% 이상의 높은 비중을 차지하고 있지만, 제조(Foundry)나 조립·테스트 및 패키징(OSAT) 등은 대만의 비중이 50%를 상회하고 있다. 가치사슬별로 보면, 미국과 유럽은 설계자동화도구(EDA)에서 지적재산권(IP) 등은 미국의 영향력이 절대적이다. 장비에 있어서도 미국의 영향력이 매우 크며, 일본과 유럽의 영향력도 상당하다. 반면 아시아 국가들은 반도체 전체 공정 중 일부에서 경쟁력을 유지하고 있는데, 중국은 OAST나 Fabless에서 10% 이상의 비중을 차지하고, IDM이나 Foundry에서는 취약하다. 중국이 가장 큰 애로를 겪고 있는 EUV 장비 생산도 미국, 유럽, 일본 등 다양한 국가의 기업들이 참여하지만, 핵심적인 기술을 가지고 있는 미국에 의해 통제가 가능하다(조철 2021).

다. 반도체와 국방

2022년 8월 바이든 대통령은 반도체 및 과학법을 서명하면서 "[반도체 지원] 미국의 경제적 이익과 국가안보 이익에 부합한다"고 말했다. 이에 3개월 전 5월 말 한국을 방문한 바이든 대통령은 한·미 간 반도체 협력의 중요성을 역설했다.

가정용 식기세척기에서 극초음속 유도미사일에 이르기까지 모든 전자제품은 반도체를 필요로 한다. 반도체는 스마트폰, 항공기, 무기 시스템, 인터넷 및 전력망을 포함한 거의 모든 현대 산업, 상업 및 군사 시스템을 가능하게 한다. 첨단반도체는 방위산업에서 중요한 역할을 한다. 미국의 군사적 장비가 첨단 전자적 기능을 가진 고품질 시스템에 의존함에 따라 반도체의 역할이 점점 커지게 된다. 반도체가 복잡한 무기시스템에 점점 더 중요한 가치를 부여하고 있다.

민수용 고사양 반도체는 군사용으로 사용될 수 있다. 정교한 군용 시스템의 전자 부품은 소비자 전자제품에 사용되는 것과 동일한 논리 및 메모리 칩을 많이 사용하기 때문이다. 전자기 스펙트럼 작전, 신호 정보, 군사 통신, 우주 능력, 레이더, 방해 전파 등에서 군용 반도체는 특정 기능을 장착해야 할 경우가 많다. 민수용 칩은 단가와 대규모 생산 역량이 중요하지만, 방위산업의 칩은 성능을 강조하게 된다. 군용 칩은 내구성과 신뢰성이 더 높아야 하고 내열성이 더 높아야 하며 경우에 따라 햇빛이나 환경적 요인에 버틸 수 있어야 한다.

전 세계 반도체 제조 능력에서 미국이 차지하는 비중은 1990년 약 40%에서 2020년 약 12%로 수십 년 동안 지속적으로 위축되어 왔다. 높은 비용과 복잡성으로 많은 미국 반도체 회사는 칩 제조보다는 '팹리스' 모델로 전환하여 새롭고 더 나은 칩 설계에 주력했고, 현재 전 세계 칩의 거의 80%가 생산되고 있는 동아시아에 제조를 아웃소싱하고 있다. Google, Apple 및 Amazon을 포함한 일부 미국 최대 테크기업은 칩 생산의 거의 90%를 대만 TSMC에 의존하고 있다(Arcuri 2022).

중국도 민수용 및 군사용으로 첨단반도체가 필요하다. 미래산업 발전을 선도하기 위해 중국은 2019년 반도체 굴기를 선언하고 막대한 지원책을 발표했다. 특히 중국은 반도체 제조 공장(팹) 및 제조 장비에 막대한 투자를 하고 있으며, 반도체 엔지니어와 정보 접근을 위한 다양한 노력을 기울이고 있다. 중국제조 2025와 반도체 굴기가 시사하듯이, 중국의 목표는 반도체 생산을 주도하고 미국에 대한 의존을 종식하는 것이다. 580억 달러 이상의 정부 반도체 투자 기금과 지방 정부가 조성한 600억 달러의 반도체 기금을 반도체산업에 투입하고 있고, 첨단 칩 제조업체에는 10년 동안 법인세를 면제시켜 주고 있다(Diplomat 2021).

중국 정부는 반도체 굴기를 위해 반도체산업에 대한 지원과 육성 정책을 적극적으로 추진하고 있으나, 미국은 중국을 글로벌 공급망에서 배제하고 있다. 미국의 기초기술과 장비 및 소프트웨어, 일본의 첨단물질과 장비, 한국과 대만의 생산공정기술 분업 없이 중국이 자력으로 모든 공정을 개발하는 것은 쉽지 않다. 미국의 중국 반도체 개발 견제는 통상분쟁으로 이어졌고 기술 분야까지 분쟁이 확대되었다. 반도체 외에 미국은 배터리를 집중적으로 육성하고 있다. 중국이 첨단산업에서 미국을 추격하지 못하도록 해야만 국가안보를 지킬 수 있다고 미국은 생각하고 있다(산업연구원 2022).

미국의 전략가는 중국의 반도체 발전 전략에 미국이 대응해야 한다는 주장을 제기하였다. 경제를 넘어 국가안보 차원에서 반도체는 중요하게 다뤄져야 하고, 향후 미국의 패권을 지켜줄 기초기술이라는 점을 인식해야 한다는 것이다. 반도체는 디지털 시대의 경제 및 군사 성능의 중추임을 중국인들은 알고 있기에 수십 년 동안 수십억 달러를 투자하여 산업을 키워왔다. 반도체에 대해 중국이 영향력을 확충하도록 방치해 둔다면 미국은 경제와 안보에서 심각한 손실을 보게 된다. 이러한 상황을 피하기 위해 미국 연방정부는 반도체를 지원해야 하고, 수출통제를 강화해야 한다(Lewis 2020).

미·중 대립은 2018년 10월 4일 마이클 펜스 미국 부통령의 연설이 보여주듯이 무역이나 기술에 그치지 않는 문제다. 화웨이가 노리는 5G, 혹은 인공지능과 같은 테크놀로지 분야에서 중국은 지배적인 입장을 구축하고 있고, 미국에 있어서 중국은 경제기술상의 경쟁상대에 머무르지 않고 국방 차원에서의 위협이 되고 있다(総合研究開発機構 2019).

미 상원 공화당 정책위원회(RPC, 2021) 위원장인 로이 블런트(Roy Blunt) 상원의원은 "반도체는 경제 및 국가안보의 핵심"이라고 밝히고 있다. 미국 경제와 국가안보에 중요한 미국의 반도체 제조는 1990년 세계 생산량의 37%에서 2020년 12%로 감소했다. 반면, 중국은 2030년까지 칩 제조 분야의 글로벌 리더가 되는 것을 목표로 하고 있으며, 이를 달성하기 위해 반도체산업에 막대한 보조금을 지급하고 있다. 반도체 공급망의 모든 부분을 개발하려는 중국의 노력은 범위와 규모 면에서 전례가 없는 수준이므로 미국은 즉각 대책을 세워야 한다. 미 의회 양당은 모두 중국에 반도체를 의존하는 위험을 줄이기 위해 반도체산업 지원 법안을 지지한다. 이에 2022년 미 의회는 500억 달러 이상을 지원하는 "반도체 과학법"을 제정했다.

그림 9-3 미국과 중국의 세계 반도체 제조 비중

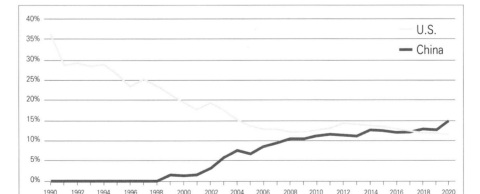

자료: Senate Republican Policy Committee (RPC, 2021)

미국 의회는 미국 내에 반도체 공급망을 구축하고자 하는 바이든 대통령과 인식을 같이 하고 있다. 하지만, 반도체의 대규모 공급망 전환과 비용이 엄청날 수밖에 없다. 미국 내에서 완전한 국내 반도체 제조 공급망을 구축하는 데 세계 반도체 시장 가치의 두 배 이상인 최대 1조 달러가 소요될 수 있다고 한다(Lagarde 2022). 미국은 반도체법을 제정하는 한편, 인텔, 삼성전자, TSMC 등 글로벌 반도체 기업에 미국 내 생산설비 구축을 요청하고 있다. 이 법은 미국에서 반도체 제조공장(팹)의 건설, 확장 또는 현대화에 필요한 재원을 지원하게 된다. 미국은 한국·일본·대만에 '칩4(Chip 4) 동맹'을 제안하여 중국을 배제한 반도체 공급망 구축을 추진하면서 중국의 반도체 굴기를 지연시키는 전략을 구사하고 있다.

라. 블록체인 기술과 수출통제

수출통제는 국제거래에 적용되는 것으로 전략적 군사 및 이중용도 품목과 기술을 승인받지 않은 최종사용자가 사용하지 못하도록 함으로써 궁극적으로 국제안보에 기여하게 된다. 4차산업 기술은 전략물자 수출통제 관리의 효율성을 획기적으로 개선할 수 있다. 전략물자 관리에 대한 세계적인 연구역량을 갖고 있는 Stimson Center(2020)는 블록체인 분산원장 알고리즘을 수출통제에 도입할 것을 제안했다. 오늘날 일반화된 포괄적 수출통제의 경우, 통제대상 품목의 흐름에 대한 정보 확인과 관리가 수출통제 당국의 문제점으로 등장했고, 안전성과 투명성을 기초로 하는 블록체인 분산원장기술(Distributed Ledger Technology: DLT)을 접목하게 되면 수출통제 관리를 용이하게 할 수 있다.

분산원장 생성을 가능하게 하는 알고리즘은 공공 및 민간 서비스 제공을 혁신하고 광범위한 애플리케이션을 통해 생산성을 향상할 수 있는 강력한 혁신으로 등장한 지 오래되었다. 거래장부를 의미하는 원장은 상업활동에 필수적인 것이지만, 고대 점토판에서 파피루스, 종이에 원장을 적었다가 현대에는 디지털 기술로 저장한다. 디지털 분산원장을 공동으로 생성할 수 있고, 여러 사이트, 지역 또는 기관의 네트워크에서 데이터베이스를 공유할 수 있다. 네트워크 내의 모든 참가자는 원장의 동일한 사본을 가질 수 있어 투명성을 담보한다. 원장에 저장된 거래의 보안과 정확성은 공유 원장 내에서 누가 무엇을 할 수 있는지 제어하기 위해 '키'와 서명을 사용하여 암호화 방식으로 유지된다.

DLT는 무역거래가 암호화 기술을 사용하여 영구적이고 변경할 수 없는 방식으로 저장되어 즉각적이고 전면적인 투명성을 보장하는 거래의 분산 기록 또는 원장을 관리할 수 있게 한다. 모든 거래 내용을 실시간으로 파악할 수 있다. DLT는 사이버 공격 및 내부 절도로부터 최대한 안전하게 원장을 보호할 수 있게 해 준다.

수출통제 당국이 직면한 주요 과제 중 하나는 수출통제 과정에서 처리 및 분석되는 문서의 유효성을 확인하는 것이 될 수 있다. DLT는 네트워크상에 거래자를 확인하고 수정하게 되므로 문서의 위변조가 어렵다. DLT 플랫폼의 수출허가 응용 프로그램에 첨부된 문서는 타임스탬프가 찍히게 되므로 위조 및 변조가 불가능하며 출처를 항상 확인할 수 있다.

공급망 관리 및 국경을 넘는 특정 상품의 운송 추적은 DLT의 가장 좋은 응용 사례가 될 수 있고, 이는 사후적 수출통제에 편리하게 사용될 수 있다. 무형의 이전을 포함하여 최종용도 및 최종사용자의 확인을 지원하고 관리할 수 있는 공급망 무결성을 가능하게 해 줄 수 있다. 이러한 플랫폼은 운송, 물류 및 수출통제의 관리 효율성을 크게 개선시킬 수도 있다(Stimson Center 2020).

블록체인 기술이 아직은 수출통제에 활용되지 못하고 있다. 수출통제 당국이 블록체인 기술을 확신하지 못하고 있을 수 있고, 이외에도 관련 인프라를 갖추지 못하고 있는 측면과 업계의 반대 등 다양한 이유가 작용할 수 있다. 2021년 Stimson Center의 Seema Gahlaut(2021) 박사는 블록체인 기술이 이중용도 품목의 통제에 기여할 수 있을지 관련 이해관계자들이 불신하고 있으나, 이를 재고해야 한다고 언급했다. 국경 간 이중용도 품목 거래는 여러 관할권이 관여하므로 거래 추적이 어려우나, DLT 적용 시 추적 비용 절감 및 우회로 차단, 재고 추적 등의 장점이 있다는 것이다. IBM과 Merck는 TradeLens 플랫폼과 De Beers의 다이아몬드 추적 프로그램 Tracr 등 일부 기업의 이용으로 상당한 성과를 기록했다는 점을 들어, 이중용도 품목 통제를 위해 DLT을 채택할 것으로 제안했다. 블록체인 기술을 물리적 운송에 적용하면, 물품 추적 효율성은 더 개선될 수 있고, 단순 경유·환적 정보도 편리하게 관리할 수 있을 것으로 Stimson Center 연구진은 평가하고 있다.[5]

---

5 Gahlaut(2021)의 논문에 대해서는 최수아(2021b)를 참고하기 바란다.

한편, 2021년 전략물자관리원에서도 블록체인을 이용한 수출통제 관리에 대한 보고서가 발간되었다.[6] 전략물자 관리시스템은 전략물자 제조·생산기업과 수출통제를 담당하는 전략물자관리원, 담당허가기관, 관세청 등의 국가기관이 모두 블록체인에 참여할 것을 권고했다. 전략물자 제조·생산기업은 DLT를 활용한 통제품목 시스템을 이용하여 국내 거래뿐만 아니라 판정, 허가, 통관절차 수행 후 국외 거래도 진행할 수 있으므로, 관련 기관의 수출통제 기능을 하나의 블록체인 시스템으로 통합할 것을 제안했다.

3. 첨단기술 보호를 위한 투자심사 강화

가. 미국의 투자심사 강화

2021년 6월 22일 미국의 외교 전문지 포린폴리시(Foreign Policy)는 '한국의 매그나칩반도체를 알아야 바이든 정부의 (대중국) 입장이 보인다'라는 글을 실었다. 매그나칩반도체는 2020년 약 5억 달러의 매출을 기록한 한국의 반도체 부품 기업으로 2021년 3월 중국계 자본인 와이즈로캐피털이 인수합병 절차를 밟고 있었다. 한국 당국은 거래에 개입할 수 있는 법적 근거를 갖고 있지 않아 매각을 허용하는 것으로 결정했으나, 미국 외국인투자심의위원회(CFIUS)가 제동을 걸었다. 한국 기업이지만 뉴욕 증권거래소에 상장돼 있어 CFIUS는 자체 규정을 적용할 수 있었다. 그동안 CFIUS가 매각 금지 결정을 내린 마이크론(미국 메모리 반도체 업체)과 엑시트론(독일계 반도체 장비 업체) 등 다른 인수합병 건에 비하면 매그나칩은 생산 규모나 기술력 측면에서 미 경제안보 당국이 주목할 정도가 아니다. 그럼에도 불구하고 CFIUS가 이 거래를 막은 것에 대해 포린폴리시는 바이든 행정부의 철저한 대중국 기술유출 방지 정책이라고 평가했다(정인교 2021b).

<표 9-3>에 제시되었듯이, 미국, 독일, 프랑스, 일본 등 대부분의 선진국들은 2020년을 전후하여 외국인투자 심사 기능을 강화했다. 국내에서는 철강, 태양광 등에 대한 중국기업의 투자에 대한 우려가 제기되었음에도 국가안보 차

---

6 이에 대해서는 정익래(2021)를 참고하기 바란다.

표 9-3 주요국의 외국인투자 심사제도

	미국	EU	독일	프랑스	영국	일본	호주	중국
도입시기	2020년	2019년	2020년	2019년	2021년 예정	2020년	2021년 예정	2020년
법적근거	「외국인투자위험심사현대화법」	「EU의 외국인투자사전심사제도에 관한규정」	「대외무역 및 지불법」	「외자규제에 관한 2019년 12월30일자 법령 제2019-1739호」	「국가안보 투자법안」 (現 「기업법」)	「외환 및 외국무역법」	외국인투자검토 프레임워크 개혁안 (現 「외국인취득및인수법」)	「외국인투자법」
담당기관	외국인투자심의위원회 (CFIUS)	유럽이사회 (EU Council)	연방·경제에너지부 (BMWI)	경제재정부 (MEF)	투자보안국 (ISU) (現 경쟁시장국)	재무성 (MOF), 경산성 (METI)	외국인투자심의위원회 (FIRB)	재무성 (MOF), 국가발전개혁위원회 (NDRC)
의무여부	대부분 자발적 신고 (의무 심의 대상 지정)	회원국 재량사항	의무심의 대상 지정	의무심의 대상 지정	의무심의 대상 지정	의무심의 대상 지정 (사전신고 면제제도)	의무심의 대상 지정	의무심의 대상 지정

자료: 전략물자관리원

원에서 외국인투자를 규제해야 한다는 취지의 외국인투자법 개정안이 나오지 않고 있다.

1975년에 설립된 CFIUS는 미국 기업에 대한 외국인직접투자가 국가안보에 영향을 어느 정도 미칠 것인가를 검토하는 관련 부처 합동위원회로서, 재무부 장관을 위원장으로 국무부, 국방부, 국토안보부 등 16개 부처 및 기관의 수장으로 구성되어 있다. CFIUS의 기능과 역할은 2018년 제정된 '외국인 투자위험 심사현대화법'(FIRRMA)에 의해 확대 및 강화되었다. FIRRMA 이전에는 외국인투자자는 자진신고 형식으로 CFIUS 심사를 받았다. CFIUS 신고 없이 투자도 가능했으나,[7] FIRRMA에서는 안보 관련 투자에 대해서는 자진신고를 의무신고로

---

7 사후적으로 CFIUS가 안보 위협 투자로 판단하면 거래를 원상회복해야 할 수 있다.

강화하였다.

FIRRMA에 규정된 CFIUS 심사 영역은 기존 CIFUS의 심사 대상이던 미국 기업에 대한 경영권을 획득하는 외국인투자뿐만 아니라, 경영권을 확보하지 않는 외국인투자이더라도 공항만 등 사회기반시설, 핵심기술, 비공개 기술정보에 대한 접근, 군사시설 또는 정부시설에 가까이 위치한 부동산 거래 등에 관한 투자 등으로 확대되었다. 민감한 개인 정보, 핵심기술과 핵심적인 인프라에 대한 CFIUS의 심사 권한을 대폭 확대했다. 미국의 핵심기술이나 중요 인프라 분야, 민감한 개인 정보를 수반하는 투자에 대해서는 기업 지배 권한 여부와 관계없이 모든 투자건을 심사하도록 심사 범위를 대폭 확대하였다.

국가안보의 개념도 확장하여 중요한 인프라를 포함한 국내 안보로 확대하였다. '중요한 인프라'는 "국가안보에 부정적인 영향을 미칠 수 있는 모든 시스템과 자산을 포함하는 것"으로 포괄적으로 정의하였다. 이러한 자산에는 국가적으로 중요한 에너지 자산과 국가안보에 영향을 줄 수 있는 중요한 기술까지도 포함하는 것으로 확대되었다. 아울러 국가정보기관이 국가안보를 위협할 수 있는 미국 기업이나 개인의 해외 투자를 조사할 수 있는 권한을 규정하였다.

FIRRMA에서는 첫 시범시행 프로그램(Pilot Program)으로 27개 산업과, 이중용도 기술, 핵 기술 등 중요기술[8]을 생산, 설계, 또는 개발하는 미국 기업에 대해, 경영권을 인수하는 외국인투자 및 경영권을 인수하지 않는 외국인투자로서, (1) 비공개 기술정보에 대한 접근권, (2) 미국 기업 이사회 구성원으로 참여하거나 참관할 권리, (3) 또는 핵심기술의 사용, 개발, 획득 또는 공개에 관한 중요 결정에 대한 개입을 가능하게 하는 외국인투자를 규제대상으로 설정했다. 즉, 경영권 획득 거래뿐만 아니라, 합작투자, 소수지분 투자, 자금조달 거래, 공장설립 투자 등 미국 기업과 관련된 모든 거래 형태가 FIRRMA의 규제대상이 될 수 있다. FIRRMA는 특정 국가를 지정하고 있지 않지만, 중국의 대미 투자를 견제하기 위한 제도적 장치이다(태평양 2019).

---

8 Pilot Program 대상 27개 산업은 항공, 국방, 반도체, 통신, 배터리, 생명공학, 나노공학 등 미국이 해당 기술을 선도하고자 하는 산업들이다. 중요기술은 (i) 군수 물품 관련 기술, (ii) 민간/군수 겸용 기술(dual-use technology), (iii) 핵 관련 기술, (iii) 공공의 건강에 영향을 미치는 선별된 작용제(고위험 바이러스, 박테리아, 독소 등) 및 독성물질 관련 기술, (iv) 신생 기초기술 등이다.

나. EU의 외국인투자 사전심사 제도

미국의 CFIUS 강화에 영향을 받아 EU 및 회원국들도 유사한 규제를 도입하기 시작했다. 1958년 로마조약에서 국경 간 자본이동을 원칙으로 채택했던 유럽은 EU 체제에서도 외국인투자에 대해 개방적인 입장을 견지했다. 하지만, FTA 협상 등에서 EU 차원의 공동 투자정책이 필요했고, 리스본 조약(2009년 발효)을 통해 외국인투자에 대해 공동의 정책을 처음으로 도입할 수 있게 되었지만, 이것으로는 충분하지 않았다. 회원국의 투자심사 기능이 미비했기 때문이다.

미·중 갈등 구조가 고착화하는 가운데 중국의 기술확보 목적의 투자가 EU로 쏠리게 되면서 EU 차원에서 외국인투자에 대한 공동의 정책 및 시스템 도입이 필요하게 되었다. 더구나 중국의 대 EU 투자가 주로 국유기업의 주도로 전략적으로 이루어지고 첨단 기계류와 장비, 정보·통신·기술, 에너지 및 운송, 인프라 분야에 집중되면서 EU 내 우려가 보다 증폭되었다. 일부 회원국들은 중국의 투자가 방위산업 및 국가기간 부문과 연계되므로 국가안보에 영향을 미칠 수 있다는 지적도 있었다.

2017년 프랑스, 독일, 이탈리아는 전략적으로 중요한 분야에 대한 외국인투자 심사가 EU 차원에서 강화되어야 한다는 의견을 제시했다. EU 회원국 중 14개 회원국만이 외국인투자 심사제도를 운영하고 있었고, 역내 외국인투자에 대한 유럽의 안보와 공공질서 위협 가능성을 심사하는 외국인투자 심사제도 체제를 마련해야 한다는 필요성에 대해 공감대가 형성되어 "EU의 외국인투자 사전심사 제도에 관한 규정"이 2019년 4월 10일에 발효되었다.

이 규정으로 EU는 처음으로, EU 집행위원회와 회원국이 안보 및 공공질서에 영향을 미칠 수 있는 외국인직접투자 규제를 위한 '협조 체계'를 갖추게 되었다. 전략물자관리원(2021e)에 따르면, EU의 외국인투자 사전심사 제도는 다음과 같은 구조와 특징을 갖고 있다. 먼저, 이 제도는 EU 회원국과 EC(EU 집행위원회)가 특정 외국인투자에 관련된 정보 및 제기되는 우려에 관한 협력체계를 구축하도록 한다. 즉, 안보와 공공질서를 기준으로 외국인투자를 심사할 수 있는 공통의 기준을 설정하고, 개별 회원국의 심사제도가 준수해야 할 요건을 규정한다. 심사제도 채택 여부는 회원국 재량이며, 심사 권한은 회원국이 갖는다. 둘째, 외국인투자와 관련된 정보교환 촉진을 위한 협력체계를 구축한다. 특정 외국인투자가 회원국의 안보 또는 공공질서에 위협이 되거나, EU 차원의 프로젝트를 약화할 수 있는 경우에 EC가 주도하여 문제를 해결할 수 있게 되었다. 셋째, 회원국 개별 국가 차원에서 심사제도를 채택하거나 유지하기를 원하는 회원국에 대해서는 특정 요건을 설정한다. 회원국 영토 내 특정 외국인투자의 허용에 대한 최종 결정 권한은 해당 회원국에 있다.

EU에서 외국인투자 심사는 여전히 개별 회원국에게 부여하고 있지만, 개별 회원국의 투자 유치가 EU 차원의 해를 끼치지 않도록 하는 장치로 EU 외국인투자 사전심사 제도를 채택했다. 개별 회원국은 가이드라인에 따라 특정 외국인투자의 영향을 분석 후 관련 정보를 EC 및 회원국과 공유함으로써 다른 회원국이나 EC가 해당 투자에 대해 의견을 낼 수 있게 되었고, 역내 안보에 위협이 되는 것으로 판단할 경우 해당 투자를 최종거부하도록 했다.

다. 일본의 외국인 투자제도 개정

2019년 일본은 외국인 투자제도를 개정하였다. 외국인투자에 대해 국가안보 관련 사전 신고대상을 확대하는 방향으로 외환법을 개정하였다. 사전신고 범위를 정부가 지정한 핵심산업에 해당하는 기업의 주식·의결권 10% 이상에서 1% 이상 취득할 경우로 낮추었다.

신고대상 업종이 넓어짐으로써 외국인 투자자에 대한 부담이 늘어난 것을 완화해주기 위해 취득 비율이나 업종에 관계없이 다음의 면제 기준 (1) 외국인 투자자 혹은 관련 관계자가 임원으로 취임하지 않음, (2) 일본 정부가 지정한 업종에 속하는 사업의 양도·폐지를 주주총회에 직접 제안하지 않음, (3) 지정 업종에 속하는 사업에 관한 비공개 기술정보에 접근하지 않음을 준수하면 사전신고를 면제해 주기로 했다.

사전신고 대상인 핵심산업은 무기, 항공기, 우주, 원자력, 전력, 가스, 통신, 상수도, 철도, 석유 등 사회 인프라 성격을 갖는 분야이며, 코로나19 이후 의약품과 의료기기도 핵심산업으로 추가되었다. 이에 해당하는 기업의 일본 상장사 3,800개사의 14%인 518개 회사이며, 도요타, 신일본제철, 니시테츠, JAL 등 해외에 알려진 글로벌 기업이 다수 포함되어 있다.

4. 화웨이에 대한 전방위 제재[9]

화웨이에 대한 미국의 제재는 NDAA 2018에서 처음 연방법에 규정된 이래 매년 수건의 제재 사항이 부과되고 있다. NDAA 2019에서 화웨이 제품을 사용하는 모든 회사로부터 제품 및 서비스를 미국 정부 기관이 조달받지 못하도록 규정했고,[10] NDAA 2021에도 새로운 제재 사항이 추가되었다. 2019년 미국은 화웨이를 수출통제 대상 리스트(Entity List)에 기재했다. 미국은 2020년 제정된 "보안 네트워크법(Secure Networks Act)"을 통해 통신사업자들이 화웨이 제품을 사용하지 못하도록 막았고, 동맹국들이 5G 네트워크에서 화웨이 장비를 퇴출하도록 설득하기 위한 외교적 활동을 전개했다.

화웨이에 대한 2018년 및 2019년 NDAA 조치는 연방 지출거래로 제한되었고, 연방조달이나 보조금 및 대출 자금을 받지 않은 민간기업은 화웨이와 거래가 가능했다. 하지만, 2019년 5월 트럼프 행정부는 2018년 수출통제개혁법(ECRA) 권한을 발동하여 화웨이를 부적격거래자 리스트에 등재했다. ECRA법에 따라 미 상무부는 특정 이중용도 품목 및 기술의 수출을 통제할 수 있고, 상무부 산업안보국(BIS)이 이 리스트를 담당하고 있다. 2019년과 2020년 BIS는 화웨이 본사와 150여 개의 화웨이의 국내외 계열사를 국제사회의 이란 제재 위반 혐의로 기업목록에 추가했다.

화웨이 및 중국 ICT 기업은 미국 제품, 기술, 소프트웨어에 의존하기 때문에 미국의 수출금지는 제재기업에 막대한 피해를 주게 되지만, 미국 기업과 소비자에게도 문제가 된다. 미국의 일부 시골 지역은 화웨이 통신인프라를 사용하고 있고, 화웨이와 거래하는 미국 기업에도 손실을 초래하게 된다. 화웨이가 개발하는 기술표준에 참여하기도 어렵다. 이로 인해 BIS는 화웨이에 대한 수출 제한을 일시적으로 완화하기도 했다.

하지만, 시간이 갈수록 화웨이에 대한 규제는 전반적으로 강화되었다. 수출 제한 리스트 등재에도 불구하고 미국 기업들이 화웨이와 거래할 수 있는 여지

---

9 화웨이에 대한 제재에 많은 법과 규정이 동원되었다. 자세한 내용은 CRS(2021)을 참고하기 바란다.

10 화웨이는 NDAA 2019 조치에 대해 미 텍사스 동부 지방법원에 소송을 제기했지만 2020년 2월 지방법원은 소송을 기각했다.

가 남아있었기 때문이다. 당시 미국의 수출제한은 위치에 관계없이 모든 미국산 품목과 특정 외국산 품목에도 적용될 수 있었지만, 외국직접제품규칙(FDPR)에 따라 미국산 품목의 "직접 제품"으로 생산된 특정 외국산 제품에 한해 적용되도록 수출관리규정(EAR)에 규정되어 있었다. 그리고 최소규칙(De Minimis)에 따라 미국 콘텐츠가 특정 비율 이상을 포함하는 품목에만 적용되었기에 화웨이와의 거래를 완전히 차단하지 못했다.

상무부 BIS는 화웨이와 그 계열사가 미국 수출제한을 우회하는 것을 방지하기 위한 방안 모색에 돌입했고, 2020년 BIS는 해외직접제품규정을 두 번 개정하여 화웨이 및 그 계열사와의 거래 가능성을 크게 줄였다. 미국의 지재권이 포함된 부품이나 장비, 기술, 소프트웨어를 화웨이와 계열사에 제공하지 못하도록 규정함으로써 미국은 물론이고 해외 기업들의 거래를 차단하게 되었다.

화웨이를 기업목록에 추가하더라도 저절로 화웨이 제품의 미국 수입이 전면적으로 금지되는 것은 아니다. 트럼프 대통령은 화웨이 제재를 위해 국제긴급경제권법(IEEPA)을 발동했다. IEEPA는 대통령이 국가 비상사태를 선언할 때 대통령에게 위한 거래, 외국과 관련된 신용 이전을 조사, 규제 또는 금지, 외국 소유의 재산 및 자산을 차단하거나 동결 등 다양한 경제거래를 규제할 수 있는 권한을 부여한다. 상무부가 화웨이를 기업목록에 추가하기로 발표한 날인 2019년 5월 15일 트럼프 대통령은 행정명령(13873: 정보통신기술 및 서비스)을 발표하여 외국 적대자가 미국의 정보통신기술 및 서비스(ICTS)에 접근하지 못하도록 했다.[11]

이후 상무부는 (1) 미국에서 ICTS에 대한 방해 또는 전복의 과도한 위험, (2) 미국의 중요 기반시설 또는 디지털경제의 보안 또는 복원력에 치명적인 영향을 미칠 수 있는 과도한 위험 또는, (3) 미국 국가안보 또는 미국인의 보안 및 안전에 대한 허용할 수 없는 위험에 해당하는 거래를 금지하였다.

연방통신위원회(FCC)도 화웨이가 미국 통신인프라에 접근하는 것을 제한하는 조치를 취했다. 이 조치로 화웨이 통신장비를 사용하던 시골 지역 소규모 통신사업자에게 손실을 끼치게 되자, 연방통신기금(USF)으로 시골 및 고비용 지역의 음성 및 광대역 인터넷 서비스 구축에 이 기금을 지급했다. 연방법에 따르면

---

11 상무부는 중국(홍콩 포함), 쿠바, 이란, 북한, 러시아, 그리고 베네수엘라의 니콜라스 마두로 정권을 외국의 적으로 적시했다.

AT&T 및 Verizon 등 장거리 통신사업자는 수익의 일정 비율을 USF에 기부하도록 되어 있다. FCC는 이 기금으로 비용이 많이 드는 지역에 서비스를 제공하는 적격통신사업자(ETC)를 지원하고 있다.

2019년 11월 FCC는 ETC가 USF로부터 자금 지원을 발표하면서 화웨이 또는 ZTE 장비 또는 서비스를 구매하는 것을 금지하는 명령을 발표했다. 기존 네트워크에 설치된 화웨이 및 ZTE 장비를 제거 및 교체하는 비용을 충당하기 위한 상환프로그램 수립을 업계에 제안했다. FCC의 조치 및 제안된 규칙 채택에 따라 의회는 2019년에 보안 및 신뢰할 수 있는 보안 네트워크법(Secure Networks Act)을 통과시켰다. 2020년 발효된 이 법에서 FCC는 특정 화웨이 또는 ZTE 장비를 미국 통신네트워크에 설치하지 못하도록 했다.

제4부

신냉전 시대 수출통제 제도

제10장 미국 수출통제 제도 변화와 경제안보

1. 서론

수출통제에 대한 미국의 역사는 독립전쟁 시기를 거슬러 올라갈 정도로 오래되었고, 미국은 글로벌 리더십 차원에서 다자간수출통제 제도 확립에 결정적인 역할을 했다. 제2차 세계대전 직후인 1949년 미국은 소련을 정점으로 하는 공산권 국가를 대상으로 전략물자 수출을 통제하는 체제인 코콤(COCOM) 설립을 주도했다. 코콤은 냉전 시대 소련 세력의 확산을 막는 봉쇄정책에서 시작되었다. 코콤은 냉전 시대 우리나라 대학의 국제무역 과목에서 코콤 체제는 중요하게 다루었던 강의 분야였다.

그러나 1990년대 들어 소련이 해체되자 코콤의 위상이 애매해졌다. 미국을 위시한 국제사회는 수출통제 대상을 분쟁지역과 테러지원국으로 변경하고, 대량살상무기(WMD) 확산을 막는 다자간체제를 마련했다. 재래식 무기 및 무기제조용 전략물자의 수출을 통제하는 바세나르 협약, 핵공급그룹, 미사일기술통제체제 및 호주그룹(생화학무기)으로 구성된 4대 다자간수출통제 체제를 형성하게 되었다(전략물자관리원 2021c).

1960년대 후반 미국과 소련 간 데탕트(detente) 시기를 거쳐 형성된 탈냉전 시대에 각국은 자유주의 기조하에 공급망 확충에 열중한 반면, 다자간 수출통제 준수에 대해서는 그다지 적극적이지 않았다. 하지만, 2001년 9·11테러가 미국에서 발생하면서 미국은 대량살상무기 확산 저지에 총력을 기울였고, 수출통제 체제의 고도화를 추진했다.

특히 트럼프 대통령이 집권한 이후 미국은 중국을 견제하는 강력한 수단으로 수출통제 제도를 활용하게 되었다. 2019년에는 수출통제개혁법(ECRA 2018)[1]을 활용하여 대통령이 경제안보를 명분으로 폭넓은 수출통제 조치를 발동하기 시작했다. 이 법을 발동하여 중국의 대표적인 기술기업인 화웨이 등 다수 기업

---

1 2018년 미 의회 공화당 하원의원인 Edward Royce와 민주당 하원의원인 Eliot Engel이 발의했다. 즉, 여야 합의로 제정된 것으로, 미 정치권의 대중국 시각을 보여주는 대표적인 사례이다.

이 국제무역에서 사실상 퇴출되었다.

미국은 다자간수출통제 체제 운영과 관련하여 유럽 등 세계 주요 동맹국과 마찰을 빚기도 하였다. 미국이 다자간수출통제보다 강화된 규정을 적용함에 따라 동맹국의 수출에 장애 요인이 되기 때문이다. 특히 트럼프 행정부 임기에는 수출통제가 국가안보보다는 보호무역주의적 수단으로 남용된다는 지적이 국제적으로 제기되어 논란이 적지 않았다. 안보에 대한 시각이 국가별로 차이가 있을 수밖에 없고, 우방국들은 미국 이기주의와 안보 논리를 수용하기 어려웠다. 더구나 미국의 정책은 G2로 부상한 중국과의 경제협력을 줄이도록 하는 것이므로 우방국의 경제적 손실이 적지 않았다. 미국 내에서도 수출통제 강화에 대한 반발이 적지 않았다. 국가안보를 명분으로 한 트럼프 행정부의 일방적인 조치가 오히려 우방국과의 균열을 초래한다는 비판도 적지 않았다.

2022년 2월 말 러시아가 우크라이나를 전면 침공하자 미국은 고강도 수출통제, 국제금융결재망(SWIFT) 배제, 러시아의 해외 금융기관 보유 외환 동결, 무역에서 최혜국대우(MFN) 박탈 등 포괄적인 경제제재를 부과했다. 며칠 뒤 40여 개 우방국이 미국 주도 대러시아 경제제재에 동참했다. 2022년 10월 바이든 행정부는 중국 반도체에 대한 고강도 수출통제 조치를 발동했다. 이를 위해 트럼프 행정부 시절 제정된 수출통제 제도를 수차례 개정하였다. 러시아의 우크라이나 침공은 우방국이 미국식 수출통제를 수용하게 만들었고, 이러한 국제적 분위기 속에서 미국은 중국 반도체산업 전체를 수출통제 대상으로 지정했다. 이제 미국의 수출통제제도는 최소한 선진우방국이 준수해야 하는 것으로 받아들여야 하는 무역규범이 되어가고 있고, 이로 인해 앞으로 다자간 수출통제 제도는 새로운 국면을 맞게 될 것이다.

2. 미국 수출통제 제도의 변천

가. 냉전 시대 수출통제

미국은 무기 및 기술에 대한 수출통제체제의 역사가 오랜 국가이다. 미국은 독립전쟁 초기부터 전쟁이나 무력 충돌 시 수출을 제한하곤 했다. 1917년에 이

미 '적성국교역법(Trading with the Enemy Act of 1917)'을 제정하였고, 1940년에 현대적 의미의 수출통제를 목적으로 수출통제법(Export Control Act of 1940)이 처음으로 제정되었다. 이 법은 제2차 세계대전 당시 일본에 대한 물자의 선적을 금지하기 위해 제정되었다.

냉전 시절 미국은 다자간수출통제 체제 구축을 주도했다. 1940년대 후반 미국과 소련의 관계는 점점 악화되었고, 정책당국자, 학자 및 지식인들은 소련에 대한 '봉쇄' 구상을 제안했다. 이들은 수출통제에 기반한 봉쇄가 외교정책 및 국가안보 수단이 될 수 있다고 주장했다.

1949년 미국 의회는 소련 진영 봉쇄를 위한 최초의 종합적인 수출통제를 규정한 수출통제법(ECA 1949)을 제정했다. 법안 제정의 이유로 크게 수출로 인한 인플레 압력 대응 등 국내 경제적 목적, 미국의 대외정책적 목적, 국가안보적 관점에서 수출관리를 제시했지만, 수출업계의 반대 목소리가 높아 2년의 소멸시한을 설정했다. 이 법은 1951년에 만료될 예정이었으나 1950년 한국전쟁 발발 및 냉전 시대 대외정책으로 인해 거의 20년 동안 큰 변화 없이 갱신 및 유지되었다.

대외정책과 국가안보를 목표로 하는 수출통제가 다자간 협력과 조정 체제 없이는 효과가 반감된다는 사실을 깨달은 미국은 유럽의 주요 동맹국을 설득하여 1949년 대공산권 전략물자 수출통제 조정위원회(코콤)를 발족시켰다. 수출통제 적용대상 품목을 작성하기 위한 협의 성격이 강했다. 코콤은 소련과 동유럽에 대한 수출통제를, 1952년에 구성된 중국 위원회(CHINCOM)는 중화인민공화국에 대한 규제를 조정하기로 했다.

'중국 차등(China Differential)'으로 알려지게 된 CHINCOM 수출통제는 코콤의 통제보다 엄격했다. 그러나 1957년 미국의 동맹국은 공식적으로 CHINCOM을 코콤에 통합함으로써 '중국 차등'을 해제했지만, 미국은 1970년대까지 중국에 대한 차별적인 금수조치를 유지했다(CISTEC 2016). 미국이 코콤을 주도했지만, 강제조항이 없는 협의체 성격의 기구의 특성으로 인해 우방국 간 입장차이가 있었다.

1949년 수출통제법(ECA 1949)은 대통령에게 국가안보, 외교정책 및 국내경제 등을 위해 모든 물품을 규제할 수 있는 사실상 무제한적인 재량권을 허용하였다. 이 법은 30년 뒤인 1979년 수출관리법(EAA)으로 대체되었다. 1979년 EAA는 미국 관할권 내 이중용도 품목(물품, 기술, 소프트웨어)의 수출과 재수출을 통제범위로 정하고 1980년대에 세 차례에 걸쳐 개정되었다. 이 법의 시행령인 수출관리규정(EAR)은 미국 상무부 내 산업안보국(BIS)에게 수출통제 관리 의무를 부여했다. 2001년 8월 수출관리법(EAA) 시효가 만료된 이후 미 행정부는 국제긴급경제권한법(IEEPA)을 EAR의 근거법으로 활용하다가 2019년 8월 트럼프 행정부가 수출통제개혁법(ECRA)을 발효시킴으로써 EAA 이후 EAR의 근거법이 되었다(최동춘 2021).

나. 데탕트(detente) 시절 수출통제

1960년대 후반 미국은 수출통제 체제 완화를 검토하기 시작했다. 당시 동유럽 국가와의 무역 확대를 모색하던 우방국들은 수출통제 완화를 요구했다. 미국의 수출통제는 코콤 상의 다자간 통제보다 더 엄격했기에 미 산업계 역시 완화를 주장하고 있었다. 이에 미국 의회는 수입금지 조치에 가까웠던 1949년 ECA를 대체하는 수출관리법(EAA 1969)을 1969년에 통과시켰다. 이 법은 여전히 대통령에게 상품의 수출을 제한할 수 있는 권한을 부여했지만, 발동요건을 강화하고 수출허가가 거부되거나 승인이 지연되는 경우에는 그 사유를 수출자에게 알려주도록 하는 등의 조항을 추가하여 수출업계의 요구를 부분적으로 수용했다.

미국 의회는 EAA에서 처음으로 국가안보에 필수적인 기술을 보호해야 할 필요성과 무역촉진 정책 간 균형을 유지하고자 했다. 이는 소련을 서방세계가 구축한 국제무역 질서에 참여시켜 시장경제 도입을 유도하는 한편, 새로운 수출시장 개척으로 미국 수출을 늘려 국민경제 및 복지 증진을 도모하는 목적도 작용했다. 이러한 취지는 법령의 명칭에 반영되었는데, 이전의 수출통제법 대신에 수출관리법으로 명명된 것이다. 1969년의 수출관리법은 통제 대상품목의 수를 제한하려는 첫 입법이었고, 당시 의회는 처음으로 통제품목의 해외 가용성을 수출허가 발급 검토과정에서 고려하도록 권장했다(CISTEC 2016).[2]

---

2 미국이 통제하는 품목을 제3국이 타깃국가에 제공하게 되면 정책의 효과가 반감될 것이다. 이로 인해 제3국

1969년 수출관리법이 1976년에 만료될 예정이었지만, 미국 의회는 연장하거나 대체 법을 만드는 조치를 취하지 않았다. 이에 미 대통령은 수출통제 제도를 유지할 수 있는 근거법을 찾아야 했고, 부득이 만료 시점이 정해져 있지 않은 1917년 TWEA를 수출통제 준거법으로 사용하게 되었다. 1970년대 중반 오일쇼크로 전 세계 경제가 스태그플레이션 장기침체 국면을 맞았다. 데탕트 시절이었지만, 글로벌 경제 악화에 대통령이 발동할 수 있는 긴급대책권한 입법이 필요했다.

미국 의회 입장에서는 전시도 아닌데 대외경제 악화에 대응하기 위해 1917년 TWEA를 발동하는 것도 부담이 되었다. 결국 국제비상경제권한법(IEEPA)을 1977년에 제정하게 되었는데, IEEPA는 1969년의 수출관리법의 취지를 살려 1917년 TWEA가 비상상황에서 대통령에게 부여하는 권한을 축소하는 형태로 제정되었다. 1977년 국제비상경제권한법은 대통령이 국가안보, 외교정책 또는 경제에 대한 비정상적이고 비상한 위협과 관련하여 국가 비상사태를 선포할 수 있도록 허용했다. 대통령은 이 법에 따라 위협을 유발하는 개인 또는 단체와의 거래를 차단하고 자산을 동결할 수 있게 되었다. 1979년 발생한 이란 인질 위기에 대응하기 위해 지미 카터 대통령이 IEEPA를 처음으로 발동한 이후, IEEPA는 대통령이 타깃 국가, 단체 또는 개인에게 경제제재를 부과하는 데 종종 사용되고 있다.

수출통제 위반에 대한 감시와 처벌이 느슨해지면서 1987년 도시바 사건이 터졌다.[3] 레이건 대통령은 일본산 전자제품의 수입금지 조치 발동을 암시할 정도로 격앙했고, 미국 내 반일 감정을 고려하여 일본 나카소네 수상은 도시바에 대한 대대적인 수사를 벌였다. 도시바 회장을 포함한 경영진 전체가 사죄 기자회견 후 사임하고 관련 임원 9명은 구속되었다. 공작기계 제작사인 도시바 외에 거래를 주선했던 일본 이토추종합상사와 노르웨이 중계회사는 상당 기간 동안 대공산권 수출 금지 처분을 받았다.

1989년 베를린장벽 붕괴를 계기로 소련체제가 와해하자 미국은 관리가 허

___

으로부터의 조달 가능성을 검토하게 한 것이다.

3 소련이 잠수함의 소음을 줄이기 위해 일본 도시바사 제품인 스크류 절삭용 고성능 장비를 수출했다가 코콤 위반으로 제소된 사건.

술해진 대량살상무기 확산을 우려했다. 동유럽 소재 소련의 위성국가들이 보관하고 있거나 대량살상무기의 확산이 새로운 글로벌 안보위협으로 부상된 것이다. 1990년 당시 조지 부시 행정부는 '향상된 확산통제 이니셔티브(EPCI)'를 통해 수출통제의 초점을 화학, 생물학 및 미사일의 개발 및 확산에 대응하기 위해 '의심스런' 최종 사용 및 최종 사용자를 통제하는 상황허가(캐치올) 제도를 도입하여 대량살상무기의 확산통제체제를 구축했다(US Department of State 2011). 이로써 미국은 대량살상무기 개발에 이용될 수 있는 모든 품목에 대해 수출통제를 할 수 있게 되었다. EPCI는 미국의 일방적인 통제로 시작했지만, 미국은 동맹국들도 수출통제체계에 상황허가제도를 통합시키도록 요구했다. 이는 1996년 출범한 바세나르 체제에 반영되었다. 참고로, EU와 일본은 각각 1994년과 1996년에 상황허가제도를 도입했고, 우리나라는 대외무역법에 근거한 '전략물자 수출입 공고'를 개정하여 2003년부터 실시하게 되었다.

1994년 들어와 미국은 대량살상무기의 비확산(non-proliferation)을 위해 러시아, 우크라이나, 카자흐스탄, 벨로루시, 중부 유럽, 중앙아시아, 코카서스, 발트해 등의 국가들에게 미국의 수출통제 협력 프로그램을 지원하기 시작했다. 더 나아가 새로운 수출통제 체제 구축 필요성이 제기되었다. 소련이 붕괴된 이후 국제사회는 냉전 시기에 설립된 수출통제가 더 이상 유효하지 않다는 판단하에 1994년 코콤을 해산했지만, 구소련 전역에 분산된 대량살상무기 관리 필요성이 제기되었다.

미국은 코콤을 대체할 새로운 다자간 협력체제인 바세나르 협정(Wassenaar Arrangement) 설립을 주도했다. 재래식 무기와 이중용도 품목을 관리하는 바세나르 체제(WA) 외에, 미사일, 핵무기 및 화학무기를 미사일통제체제(MTCR), 핵공급그룹(NSG), 호주그룹(AG)이 각각 관리하고 있다. 이들 4대 다자간수출통제체제가 전략물자 수출을 통제하고 있다.

1996년 바세나르 체제 출범으로 수출통제는 새로운 국면을 맞게 되었다. 이 다자간체제는 다른 회원국의 국제무역 거래를 개입할 규정이 없는 등 코콤보다 느슨하게 설계되었다. 코콤과 달리 바세나르 체제 회원국들은 다른 회원국 수출에 대한 거부권을 허용하지 않고 있다(Corr, 2003). 바세나르 협정은 코콤과 마찬가지로 국제협정이 아니다. 자발적인 수출통제를 실시하고 있으며, 대량살상무기의 비확산에 많은 집중을 하고 있다. 이 체제는 지역 및 국제안보와 안정을 위해 재래식 무기, 이중용도 품목 및 기술이전에 대해 포괄규제 형식의 수출통제를 규정하고 있다. 상업적이면서 동시에 무기에도 사용될 수 있는 이중용도 품목인 통신장비, 센서·레이저, 컴퓨터 등의 분야를 통제리스트로 관리하고 있다.

다. 밀레니엄 이후 수출통제 강화

2000년대 들어 국제사회는 기술을 대상으로 한 통제규정을 강화해 왔다. 세계화와 정보화, 빠른 기술발전이 진행되는 상황에서 발생한 9·11테러는 국제 비확산체제에서 기술통제 중요성을 인식하는 계기가 되었다.

1) 9·11 테러와 기술 분야 수출통제

2001년 9·11 테러 직후 미국을 비롯한 전 세계는 안보 강화를 위한 수출통제 강화 필요성을 절감했다. 국가보안 우려가 증가하면서 조지 부시 행정부와 미 의회는 기존 수출통제 완화와 합리화 정책에서 수출통제 강화로 정책 기조를 역전시켰다. 수출 거래 및 기술이전에 대한 정밀조사, 이중용도 품목과 기술에 대한 수출통제를 담당하던 상무부 내 수출관리국(BXA)의 명칭을 산업안보국(BIS)으로 변경했다.

비국가 테러리스트들이 미국의 핵심지역을 공격한 현실은 국가안보와 수출통제에 대한 미국은 물론이고 국제사회의 경각심을 불러일으켰다. 9·11 테러 이전에는 수출통제가 성가신 무역규정으로 인식되었지만, 테러리스트들이 미국의 기술과 금융네트워크에 접근해 미국을 공격한 점을 국가안보적 관점에서 보게 되었고 강력한 대책을 마련해야 한다는 데 공감대가 형성되었다. 수출통제 위반은 국토안보 위반으로 간주하게 되었고, 미국 기업들이 수출통제를 충실히 준수하도록 각종 지침을 강화했다. 단일 수출 위반 시 건당 최대 100만 달러의 벌금과 형사적 처벌을 부과하는 등 엄중한 규정으로 인해 기업들은 수출통제를 착실히 지키지 않을 수 없었다.

국제사회 역시 비국가 단체나 불량국가들에 의한 대량살상무기의 확산과 사용 위험을 줄이고자 했다. 미국과 국제적인 비확산체제에 참여하는 국가들은 비확산 수단으로 수출통제를 강화하게 되었다. 물품 중심의 다자간수출통제 체제는 9·11테러 이후 기술이전에 대한 통제를 포함하게 되었다. 세계화와 정보화에 따라 지식과 기술이전이 용이해지면서 대량살상무기 제조에 필요한 기술통제 요구가 커졌다. 전략물자 수출통제에서 기술이전 통제가 중요한 이유는 물품은 지속적인 공급이 없으면 군사적 목적으로 이용될 수 없으나, 기술은 일단 이전되면 지속적으로 테러 물품 제조에 이용될 수 있고 무형 속성으로 은밀하게 제3자에게 이전될 수 있기 때문이다(유준구 외 2015).

몇 년 후 미국은 수출통제 제도의 효율성 제고에 나섰다. 2009년 오바마 행정부는 '수출통제 개혁 이니셔티브(ECRI)'로 알려진 미국의 수출통제 시스템에 대해 포괄적인 검토를 시작했다. 이중용도 품목과 무기 수출에 대한 단일 수출허가 승인기관, 단일 수출통제 목록, 수출통제 집행을 위한 단일 기관 및 단일 통합정보 기술시스템 구축이라는 네 가지 목표를 설정했다. 이들 네 가지 목표를 달성하지는 못했지만, 미국 수출통제 체제 개선에 기여한 점은 적지 않다. 먼저 군용전략물자 리스트에서 민감성을 고려하여 기업들의 수출 활동에 대한 애로를 줄였다. 다음으로, 수출집행조정센터(EECC)를 만들어 정부 기관 간 협력을 증진시켰다. 수출허가서 제출 및 처리를 용이하게 하기 위해 시스템을 통합하였다.

2) 트럼프 행정부의 수출통제개혁법 제정

2018년은 미국의 대중국 패권경쟁이 본격화된 시기로, 미국 의회는 수출통제개혁법(ECRA)과 외국인투자 위험조사현대화법(FIRRMA)을 초당파적으로 동시에 제정했다. 이들 두 개 법은 연관되어 있는데, ECRA는 대통령에게 미국 안보와 관련된 수출통제 분야(품목)를 정하고 집행하도록 했고, FIRRMA는 미국에 대한 외국인 직접투자를 국가안보 관점에서 심사하도록 했다. ECRA는 상품, 서비스와 기술을 통제하도록 규정되어 있다. 여기서 통제는 수출, 재수출 및 이전을 나타낸다.

FIRRMA에서 규정한 방식에 의해 외국인투자위원회(CFIUS)는 국가안보 관점에서 ECRA가 규정한 상품, 서비스 및 기술에 대한 투자를 심사하게 된다. 미국은 이러한 수출통제 방식을 우방국에게 전파하였고, EU, 영국, 호주, 일본 등은 유사한 법체계를 이미 구축했다. 우리나라도 외국인투자법에 관련 사항을 일부 반영했으나, 외국인투자 자유화에 초점을 둘 뿐 국가안보적 관점에 대한 심사는 취약하다.

상품(중간재) 외에 지정된 기술 또는 소스 코드를 미국에 있는 외국인에게 공개 또는 이전하는 것도 규제 대상이 된다. 2018년 11월 상무부 산업안보국(BIS)은 로봇 공학, 적층 제조(예: 3D 인쇄) 및 고급 감시기술 등 14개의 신흥기술의 초기 목록을 발표했다. 이 목록은 ECRA와 동시에 의회를 통과한 FIRRMA와 함께, 첨단기술분야에서 세계 리더가 되려는 중국의 중국제조 2025 정책에 대한 미국의 대표적인 대책이다.

ECRA는 경제안보와 산업보안을 연계하는 전략에서 추진된 것으로, 2017년 트럼프 행정부는 국가안보전략보고서에서 대중국 관계를 전략적 협력에서 전략적 경쟁 관계로 전환했다. '중국제조 2025', '천인계획' 등 중국의 첨단기술 발전 전략이 미국에게 안보적 위협이 된다고 판단하고, 군사안보적 측면을 경제통상 분야와 연계시키기로 한 것이다.

트럼프 행정부는 수출통제 시스템을 사용하여 미국의 이익에 반하는 것으로 규정된 중국의 정책에 대응하고자 했다. 즉 미국 군사력의 패권 유지, 미국 내 방위산업기반 확충 외에 인권 및 민주주의의 증진까지 수출통제 정책의 목적으로 설정함으로써, 대통령이 폭넓게 수출통제 조치를 발동할 수 있는 법적 권한을 마련했다. 2020년을 전후하여 미국은 중국의 군사－민간 융합 프로그램, 홍콩에 대한 차별적 대우 중단, 신장자치구의 인권 침해 등에 대한 반대 입장을 밝히고 강력한 제재조치를 발동했다.

ECRA는 신흥기술과 기반기술을 새로이 수출통제 대상으로 포함하고, 이들 기술의 식별 및 통제 절차를 강화함으로써 첨단기술의 보호와 해외이전을 강력히 통제할 수 있게 했다(박언경·왕상한 2021). ECRA는 기존 EAR에 추가적인 수출통제 장치이다. 따라서 통제대상으로 지정된 신흥 또는 기초기술은 현재 상업통제목록(CCL)에 있는 다른 항목과 동일한 규칙을 적용받는다.

미국 수출통제의 핵심 규정은 수출관리규정(EAR)과 국제무기거래규정(ITAR)이다. EAR에 따라 BIS는 상업통제목록(CCL)에 '이중용도 품목 및 덜 민감한 군사 품목'의 수출을 규제한다. 이와 달리 ITAR은 USML(미국 군용물자 목록)에 명시된 해당 품목 및 서비스의 국제거래를 제한한다. EAR은 FDPR를 통해 외국의 전략물자 및 이중용도 품목과 기술의 수출을 통제하고 있다. 이는 일정 요건하에 제3국 간 상업거래에도 적용된다. 미국 소재 회사 외에 해외에서 생산된 제품도 미국에서 생산된 기술 또는 구성요소의 사용이 특정 임계값(백분율)을 초과하는 경우 FDPR이 적용된다.[4] 즉, 또한 국제거래 시 미국의 금융시스템이 관여되면 수출통제와 금융제재 규정의 적용대상이 되도록 규정함으로써 제3국도 미국 규정을 준수하도록 하고 있다.

기존 다른 수출통제 관련 법과 달리 효력 소멸 시점이 없는 2018년 ECRA 제정으로 미 대통령은 경제안보적 상황에 따라 강력한 조치를 취할 수 있게 되었다. 이중용도 품목의 수출을 관리하기 위해 다음과 같은 사항을 규정했다. 먼저, 대통령은 상무부에 신흥기술 및 새로운 기초기술에 대한 새로운 통제를 수립하기 위한 기관 간 프로세스를 수립할 권한을 부여하고, 상무부 장관은 통제품목 및 "미국의 국가안보 및 외교정책에 위협이 되는 것으로 결정된 외국인 및 최종용도"의 목록을 수립 및 유지해야 한다.

이 법에 따르면, 통제품목의 무단 수출, 재수출 및 해외이전을 금지하는 조치를 취해야 하고, 선적 및 기타 전송 수단을 모니터링해야 한다. 대상품목을 미국의 무기 금수 조치가 포괄적으로 적용되는 국가로 수출, 재수출 또는 국내 이전하기 위한 허가 요건을 검토하고, 수출허가 절차를 수립해야 한다. 나아가 제안된 수출이 미국의 방위산업 기반에 미치는 영향을 평가해야 하고, 수출된 상품의 최종용도와 최종사용자를 조사해야 한다. 그리고 기관 간 수출허가 조회, 검토 및 절차를 개선하도록 했다.

3. 미국 수출통제 구조

가. 담당 기관

미국의 수출통제 업무는 통제대상 품목에 따라 상무부(DoC), 국무부(DoS), 재

---

4 임계치 비율은 BIS가 새로 통제되는 신흥 또는 기초기술에 할당하기로 결정한 ECCN(수출통제 분류번호)에 따라 달라지게 된다.

무부(DoT), 에너지부(DoE) 등 여러 부처에 분산되어 있다. 수출통제기관은 각각 수출통제를 위한 법규를 두어 법적 근거로 활용하고 있다. 즉, 상무부는 산업안보국(BIS)을 중심으로 이중용도 품목과 기술이전 통제를 대상으로 수출관리법(EAA), 국제경제긴급권한법(IEEPA), 수출통제개혁법(ECRA) 등에 근거한 수출관리규정(EAR) 운영을 통해 미국 수출통제 업무를 주도하고 있다.

국무부는 방위무역통제국(DDTA)을 중심으로 무기수출통제법(AECA)과 이에 근거한 국제무기수출거래규정(International Traffic in Arms Regulations: ITAR)을 통해 무기를 포함한 방산물자와 관련 기술 및 서비스 통제를 담당한다.

재무부는 해외자산통제국(OFAC)을 중심으로 국가안보 관련 외국인 자산을 통제할 수 있다. 적성국교역법(TWEA)과 국제긴급경제권한법에 따라 미국의 안보·외교·경제 등에 관한 현저한 위협이 발생할 경우 대통령이 비상사태를 선포하고 국가안보 위협을 초래한 국가에 대해 미국의 관할권 및 영역 내에 존재하는 자산 및 수출입 등 모든 거래를 규제할 수 있다. 이를 시행하기 위한 규정은 해외자산통제규정(Foreign Assets Control Regulation: FACR)이다.

표 10-1 미국의 주요 수출통제 법규

통제대상	이중용도 품목 기술 및 데이터	무기·방산물자 기술 및 데이터	WMD확산 관련 금융거래	원자력 장비, 기술 및 데이터
법률	수출통제개혁법 (ECRA) *종래 수출관리법 (EAA), 국제경제 긴급 권한법 (IEEPA)	무기수출통제법 (AECA)	적성국교역법 (TWEA) 국제경제긴급권한법 (IEEPA)	원자력법(AEA) 핵확산방지법(NPA)
관련 행정명령	수출관리규정 (EAR) 및 세부사항	국제무기거래규정 (ITAR) 및 세부사항	해외자산통제규정 (FACR) 및 세부사항	외국원자력활동 지원규정 (10 CFR Part 810)
담당기관	상무부 산업안보국 (BIS)	국무부 방위무역통제국 (DDTA)	재무부 해외자산통제국 (OFAC)	에너지부 국가핵안보국 (NNSA) 및 수출통제정책협력실 (OECPC)

자료: 오영해·김희준(2019) 및 최동준(2021)

그리고 에너지부는 국가핵안보국(NNSA) 및 수출통제정책협력실(OECPC)을 중심으로 원자력법(AEA)에 근거한 원자력규제위원회(Nuclear Regulatory Commission: NRC)와 함께 핵관련 물자 및 기술의 수출을 통제하고 있다. 관련 규정은 해외원자력활동지원규정(The Assistance to Foreign Atomic Energy Activities Regulation)이다. 핵물질과 장비의 수출입에 대한 허가권은 원자력규제위원회에, 핵기술과 관련된 허가권은 상무부에 분산되어 있다. 미국의 수출통제법규를 담당 기관과 관련하여 정리하면 <표 10-1>과 같다(최동준 2021).

나. 수출허가 정책

미국 수출통제 시스템은 여러 기관이 허가 및 집행 업무를 담당하는 체제로 되어 있다. 이중용도 품목 및 기술과 일부 군사 품목의 수출은 상무부가 허가권을 갖고 있고, 군용물자는 국무부가, 미국 제재에 따른 수출제한은 미 재무부가 담당하고 있다. 수출통제의 행정적 집행은 여러 기관에서 수행하는 반면, 형사처벌은 국토안보부 및 법무부의 소관사항이다(CRS 2020).

EAR은 이중용도 및 특정 방위 물품에 대한 수출허가 발급 규정을 관리하고 있다. 국가안보, 외교정책 또는 공급 부족을 이유로 규제 항목을 설정하며, 이중 국가안보 목적의 통제는 다자간 통제 목록을 기반으로 하고 있으나 일치하는 것은 아니다. 기업에 발급되는 수출허가는 EAR이 설정한 원칙과 기준에 따라 결정된다. EAR는 대테러, 지역 안정 또는 범죄 예방 목적으로 통제품목을 결정한다. 대테러 통제 규정에 의해 유엔 안보리 결정에 따른 북한 외에 미국이 테러지원국으로 지정한 쿠바, 이란, 시리아 등 총 4개국에 대해서는 거의 모든 수출을 금지하고 있다.

수출관리규정(EAR)은 상품 및 수출지역에 대한 수출허가 정책, 수출업체가 사용하는 애플리케이션 프로세스, EAR이 제어하는 특정 상품, 기술 및 소프트웨어의 목록인 CCL을 9개 범주로 나눠 관리하도록 규정하고 있다. CCL은 통제 대상 품목을 기능별로 5개 그룹으로 구분한다. 각 통제품목에는 범주 및 기능 그룹을 기반으로 하는 수출통제 분류 번호(ECCN)를 지정하게 된다. 각 ECCN에는 항목에 대한 설명과 통제 사유를 명시하게 된다. CCL의 개별 품목 외에도 캐치올에 의해 거의 모든 미국산 품목은 EAR의 적용을 받게 된다. 이러한 품목은 제품의 최종용도 또는 최종사용자에 따라 거래가 제한될 수 있다. CCL 등재 여부에 무관하게 상품이 군사용 최종용도 또는 무기 확산에 관여하는 것으로 알려진 단체에 제공하는 것을 허용하지 않는다.

1) 수출허가 검토 절차

EAR은 신청된 수출허가 검토, 검토기관 간 분쟁 해결을 위한 정책 및 절차를 운영하고 있다. 수출허가 처분을 검토하고 결정할 수 있는 권한을 상무부 장관에게 부여하고 있다. 상무부는 국무부, 국방부 및 에너지부에 제출된 모든 수출허가를 검토할 수 있다. 허가 발급 신청 후 9일 이내에 상무부 장관은 신청서류를 검토하고 신청서를 승인하거나, 신청자에게 거부 사실을 통지해야 한다.

다른 기관의 심사가 필요하다면 해당 심사기관은 10일 이내에 장관에게 심사를 요청해야 한다. 다른 검토기관이 추가 정보를 상무부에 요청할 수 있으며, 상무부 장관은 신청자에게 관련 정보를 요청해야 한다. 신청서 또는 요청된 검토 정보를 받은 후 30일 이내에 기관은 신청서의 승인 또는 거부를 권고하고 거부에 대한 규정 또는 법적 정당성을 제공해야 한다. 심사기관이 30일 이내에 권고를 제공하지 않는 경우 해당 기관은 장관의 결정에 이의가 없는 것으로 간주된다. 기관 간 이의 제기가 가능한데, 90일 이내에 이의 처리가 완료되어야 한다. 해당 거래에 대한 수출허가가 거부된 경우, 신청자는 BIS가 신청을 재고할 수 있도록 항소가 허용된다.

2) 집행 및 처벌

수출통제 규정 위반 시 위반 건당 최대 100만 달러 또는 최대 20년 징역 또는 두 가지 처벌을 부과할 수 있다. 사안에 따라 위반 건당 $300,000 혹은 위반 거래 금액의 두 배 금액 중 더 높은 금액으로 민사처벌도 가능하고, 수출허가 취소 및 위반자의 수출금지가 포함될 수 있다. 집행은 BIS의 OEE(수출집행국)가 담당한다. OEE는 워싱턴 D.C.에 본부를 두고 있고, 미국 내 23개 지역사무소와 7개 국가에 수출통제관을 운영하고 있다. OEE는 국내에서 조사를 수행할 권한이 있고 국토안보부(DHS)와 협력하여 해외에서 조사를 수행하게 된다. 미국의 해외 대사관 직원들도 관련 업무를 지원하고 있다.

3) 상업적 고려

국가안보와 수출 경쟁력 사이의 적절한 균형을 맞추는 것은 어렵다. 따라서 수출통제 정책은 항상 논란의 여지가 존재한다. 수출업자, 동맹국 및 이해관계자들은 수출에 부정적인 영향을 준다고 주장해 왔다. 하지만, 비확산 옹호론자들은 미국의 국방 및 외교정책적 고려가 상업적 측면보다 우선되어야 한다고 맞서고 있다. 미국 정부 보고서에도 수출통제 기관 간 협력 부족, 국무부와 상무부 간의 상품 관할권에 대한 논란, 허가신청 절차의 불필요한 지연 및 비효율 등 문제점이 제시되어 있다(GAO 2010, 2019). 이들 보고서는 수출통제 시스템이 개선된 것으로 보면서도 여전히 개선의 여지가 있다고 평가하고 있다.

2009년 오바마 대통령의 '수출통제 개혁 이니셔티브(ECRI)'는 수출통제 제도의 전반적인 점검과 함께 수출업계의 우려를 고려하여 수출통제 제도의 효율성을 높이는 데 목적이 있었다. 특히 수출통제 관련 여러 법령은 규제 기관의 중복문제와 관할권 논란을 파생시켰다. 2018년 트럼프 대통령의 수출통제 제도 개혁은 첨단산업 발전 추이와 중국의 기술추격에 대응하기 위해 이중용도 품목을 중심으로 수출통제 제도를 강화하는 것이지만, 미국 산업계의 기대에 부응하면서 국내 수급 상황에 대응할 수 있도록 대통령에게 권한을 부여했다. 박언경·왕상한(2021)에 따르면, 수출통제 조치의 강화로 인하여 국제무역 손실이 발생하는 것을 방지하기 위해, 미국 경제에 미치는 영향을 고려하여 필요한 범위 내에서 수출통제를 실시하도록 했다. 통제대상 국가가 제3국에서 구입 가능한 물품에 대한 수출통제를 완화하고, 테러지원국과의 교역을 가능케 하는 절차를 도입했다.

4. 미국의 금융제재와 2차제재

가. 금융제재[5]

미국 대통령은 국제비상경제권한법(IEEPA), 애국법(Patriot Act) 등 다양한 법

---

5 이 부분은 전략물자관리원(2021a,b)을 활용하여 작성하였다.

률에 따라 금융제재 등 긴급조치를 발동할 수 있다. 미국 대통령이 금융제재를 부과하기 위해서는 '행정명령(executive order)'을 공표해야 한다. 대통령 행정명령은 법적 구속력을 가진다. 국가비상사태를 선포하고, 행정명령을 공표하면 재무부 장관은 해외자산통제국(OFAC)으로 하여금 구체적인 제재를 집행하도록 지시하게 된다.

미국 달러가 세계 기축통화의 역할을 공고히 한 이래로 미국은 제재 대상에 대해 미국 달러 결제, 미국 금융시스템 및 시장에 대한 접근을 제한하는 방식으로 금융제재를 발전시켜 왔다. 미국은 국제 금융시스템과 네트워크에서의 지배적 이점을 활용하여 금융제재를 사용하여 왔으며, 금융제재에 대한 풍부한 경험과 매우 발달한 집행 메커니즘을 보유하고 있다. 국제사회와의 협력이 필요한 다른 제재와 달리, 금융제재는 당국의 집행이 신속성과 편리성, 낮은 이행비용, 다자간체제의 비효율성을 배제한 독자적 조치 등의 장점을 가진 금융제재를 정책 수단으로 선호하고 있다(전략물자관리원 2021b).

실제로 2005년 미 재무부는 북한의 위조 달러 유통, 마약 밀매 등을 방조한 혐의로 자국의 애국법(Patriot Act) 제311조의 '주요 자금세탁 우려 대상(Primary Money Laundering Concern)'으로 마카오의 방코델타아시아(BDA)를 지정하면서 BDA를 블랙리스트에 올렸다. 미국의 금융 조치에 따라 달러 거래 비즈니스를 하지 못하게 될 것을 우려한 각국 금융기관은 BDA와의 거래를 꺼리게 되었고, 자금 동결을 우려한 예금자들의 예금 대량 인출사태(뱅크런)로 BDA는 파산위기를 직면하게 되었다. 실제로 전 세계 금융기관은 BDA와의 금융거래를 자발적으로 중단했다. 사태 수습을 위해 마카오 금융당국은 BDA에 예치된 북한 자금 약 2천 5백만 달러를 동결하였다.

2020년 중국 전국인민대표대회(전인대)가 홍콩보안법을 제정하자,[6] 미국 의회는 홍콩자치법을 제정하여 홍콩보안법(HKAA) 제정에 관련된 인사와 함께, 제재 대상과 거래한 제3국 금융기관까지 제재할 수 있도록 한 2차 제재(secondary sanctions), 즉 세컨더리 보이콧 발동을 행정부에 허용했다. 미국이 세계 경제의 기축통화인 달러화 거래를 통제하고 있기 때문에 이러한 제재의 파급력은 매우

---

6 홍콩보안법은 외국 세력과 결탁, 국가 분열, 국가정권 전복, 테러리즘 행위 등을 금지·처벌하고, 홍콩 내에 이를 집행할 기관을 설치하는 내용을 담았다.

강력해서 세계 각국의 금융기관은 미국의 제재 위험을 회피하기 위해 미국의 제재 대상자와의 거래를 철저히 예방하고 차단하기 위한 노력을 기울이고 있다.[7]

이 법에 따라 2021년 미국 바이든 행정부는 중국 전인대 부위원장, 캐리 람 홍콩 행정장관 등 중국과 홍콩 고위 관리 총 24명을 금융제재 명단에 등록했다. 미국 규정에 따르면, 세계 모든 금융기관이 리스트에 등재된 중국과 홍콩 관리와 거래를 중단해야 한다. 거래가 발각되면 미국의 2차 제재 대상이 된다. 기존 재무부 차원에서 제재할 수 있는 역외제재는 미국 내 자산을 동결하고, 미국 방문과 미국인과 거래 금지 등이었지만, 미국 내 자산이 없거나 미국 방문을 하지 않는 외국인에게 제재 효과를 기대할 수 없었다. 하지만, 금융제재는 즉각 효력이 발생했다. 람 장관은 언론 인터뷰에서 홍콩의 은행이 거래를 거부해 월급을 현금으로 받고 있다고 토로하기도 했다.

나. 미국의 2차 제재

트럼프 행정부 이전 미국은 자국 기업과 시민(또는 미국 거주 외국인)이 불량 정권, 테러리스트 그룹 또는 기타 국제적인 범죄집단과 거래하는 것을 제한하기 위한 목적으로 경제제재를 가할 때 기본적인 1차 제재(Primary Sanctions)를 적용했다. 1차 제재는 대상 국가의 영역(해당 영역에 있는 경제 대리인 포함)과 제재 대상 국가 간의 또는 대상 국가의 국민과 대상 국가 간의 경제 관계를 금지하거나 조건화하는 것이다. 트럼프 행정부에서는 외국인이더라도 미국 외 지역에서의 미국 관련성(U.S. nexus)이 있는 거래에 대해 미국 제재 관련 법령을 적용하여 민형사상의 책임을 묻는 1차 제재를 적용하고 있다.[8] 이는 미국 국내법의 역외

---

7 미국의 금융제재는 세계적으로 가장 광범위하다. 美 재무부의 해외자산통제국(OFAC)은 정기적으로 6,000명 이상의 개인, 기업 및 단체를 블랙리스트인 SDN(Specially Designated Nationals)에 추가(또는 삭제)한다. SDN에 등재되면 미국의 금융시스템에 대한 접근이 차단되고, 미국 기업 및 해외 지사와 거래할 수 없게 되며 SDN과 거래를 수행한 제3국의 개인 및 기업은 2차 제재(secondary sanctions)에 노출되어 역시 미국의 금융시스템에 대한 접근이 차단될 위험이 있다.

8 전략물자관리원(2021a)에 따르면, 미국의 금융제재에서 미국 관련성(U.S. nexus)은 "비-미국인이 (i) 미국인에 의하여 소유되거나 지배되는 entity와 관련된 거래를 수행하거나 (ii) 알면서(knowing) 미국인으로 하여금 제재 규정을 위반하도록 하는 거래를 하는 경우" 미국 법의 직접적인 제재관할이 되는 것으로 보고 있다. 이 경우 마치 '미국인'의 경우와 동일하게 형사 또는 민사 처벌을 부여받는데, 이를 1차 제재(Primary Sanctions)라 한다. 1차 제재는 속지주의 원칙과 배치되고, 외국에 대해 역외적용하는 문제점을 내포하고 있다.

적용이 된다.

이에 반해 2차 제재는 제3국 혹은 제3국 사업자 간의 관계에 적용되고, 제재 대상이 해외에 있다. 2차 제재는 역외적으로 적용되므로 국제법과 배치될 수 있다. 강호(2018)에 따르면, 미국 역외적용의 논거와 조치는 국제법상 국가관할권 행사의 근거인 속인주의와 속지주의 원칙에 위배될 뿐 아니라 다음과 같은 이유로 국제법상 정당성을 인정받기 어렵다. 첫째, 재수출통제 대상인 물품 또는 기술은 국적을 가지지 않는다. 해외로 수출된 물품과 기술에 국적을 부여하는 어떠한 규칙도 국제법상 존재하지 않고, 이들 물품과 기술은 소유권이 외국으로 이전되었기에 제3국으로의 재수출통제는 재화의 자유처분권을 침해한다는 것이다. 둘째, 설사 미국의 해외 자회사가 미국 모회사에 의해 완전히 지배받는 관계라고 하더라도 자회사가 주재국의 법률로 설립되고 등록사무소의 소재지가 주재국인 경우는 자회사의 국적이 주재국이 되므로 미국의 관할권 행사는 국제법상 속인주의 원칙의 위반에 해당된다는 것이다.

이처럼 미국 수출통제법의 역외적용은 상대국의 관할권을 침해하는 행위로서 국제법상 정당화될 수는 없다. 그러나 미국의 관련 역외집행 사례는 중대한 국가안보의 이익을 위하여 제재 효과를 극대화하기 위해서는 역외적용의 불가피성을 시사한다. 따라서 국제안보의 이익을 공유하는 국가들 간에는 양해각서나 기관 간 약정을 체결하여 역외집행을 상호 용인하는 유연성을 발휘할 필요가 있다는 것이 강호(2018)의 지적이다.

세컨더리 보이콧, 외국기업 매각과 같은 2차 제재에는 외국기업이 미국의 1차 제재 대상자와 거래를 하는 것을 금지하기 위해 고안된 것이다. 2차 제재는 미국의 법과 규정으로 제3국 개인과 기업을 처벌한다는 점에서 논란의 여지가 많음에도 불구하고, 1차 제재 효과가 미미하고 다자간 제재가 불가능한 상황을 돌파하기 위해 미국은 무역, 금융, 투자 및 자산 제한의 형태로 2차 제재를 강화시켜 왔다.

미국은 대외정책 의제를 추진하면서 경제제재를 점점 더 무기화하고 있다. 글로벌 경제에서 미국의 중심성을 이용하여 미국의 제재 대상과 거래하거나 미국 시장에 대한 접근금지를 당하는 선택을 외국기업에 부과하고 있다. 2018년 미국은 이란과 쿠바에 대해 세컨더리 보이콧을 적용했고, 러시아에 대한 경제

제재를 결정했다. 러시아에서 EU로 천연가스를 운반하는 Nord Stream 2 가스 파이프라인 건설에 관련된 인사들을 제재하기로 했다.

2차 제재는 미국 국적이 아닌 시민과 기업이 제재 대상 집단(정권)과 거래하거나 지원하는 것을 금지함으로써 기존의 1차 제재의 적용 범위를 확대하는 것이다. 2차 제재는 논쟁의 여지가 많고 종종 정치적으로 역효과를 초래하기도 한다. 미국의 제재 노력에 참여하지 않은 주요 미국 교역국의 비즈니스 이익을 방해함으로써 2차 제재는 미국의 주요 교역국에 적대감을 줄 수 있으며, 보다 효과적인 다자제재에 대한 합의를 이끌어 내려는 미국의 노력을 약화시킬 수 있다. 미국의 고민은 비우방국의 수출통제 제지를 극복해야 한다는 점이다. UN 안전보장이사회에서 러시아와 중국이 종종 반대표를 던지기 때문에 포괄적인 다자제재를 통해 대상 체제를 완전히 고립시키려는 목표 달성이 어려워지고 있어 미국이 대안으로 고안한 것이 2차 제재이다(Meyer 2009). 러시아는 UN에서 위상이 약화되고 있다. 2022년 4월 7일 UN은 긴급총회를 열어 사상 최초로 상임이사국인 러시아를 UN 인권이사회에서 퇴출했다. 우크라이나를 침략하고 인명 살상 등 만행을 저지른 러시아에 대해 찬성 93표, 반대 24표, 기권 58표로 퇴출 결의안을 통과시켰다.

2차 제재는 금전적 제재를 가하지 않고 오히려 외국 기업이 미국 금융 및 상업 시장에 해로운 방식으로 사업을 수행하는 경우 해당 기업이 미국 금융 및 상업 시장에 접근하는 것을 차단하려는 보복 제재가 사용되었다. 최근 미국의 경제적 제재는 미국 외에도 제3국의 은행 및 금융기관을 경제제재의 표적으로 삼아 미국의 국가안보 등에 위협이 되는 국가, 단체, 개인 등의 행위를 간접적으로 저지하는 것을 목적으로 금융제재 조치가 등장했다는 특징이 있다.

1차 제재 대상자와 거래를 금지시키는 미국의 제재를 위반하는 제3국의 개인, 기업, 금융기관 등에 자산동결, 수출입 제한, 입국 금지, 무기 수출제한, 금융 규제, 대외원조(ODA) 규제 등 다양한 형태의 2차 제재를 부과하게 된다. 전통적 금융제재는 불법 행위를 직접 행한 대상에 대하여 부과하였으나, 최근 금융제재는 그 불법 행위를 방조한 대상에도 처벌이나 제재를 부과하여 그 영향이 금융기관뿐만 아니라 제조, 운송, 보험, 투자 등 수출 과정 전반에 관련된 기업들로 그 영향이 확대되었다. 미국은 적성국교역법(TWEA), 국제긴급경제권한법(IEEPA), 애국법(Patriot Act), 홍콩자치법(KHAA) 등에 경제제재 부과 근거를 마련해 두고 있다(김준범·박정민 2021).

표 10-2 美 경제제재 관련 법령

법률명	제정연도	주요 내용
적성국교역법 (TWEA)	1917	• 전시에 美 대통령에게 적성국과의 무역금지와 경제 제재를 실시할 수 있는 권한 부여
국제긴급경제권한법(IEEPA)	1977	• 국가비상사태 시 국가안보상 위협이 될 수 있는 경우 무역 차단 및 자산 압류조치 • 美 재무부의 경제 제재 시행 법적 근거
애국법 (Patriot Act)	2001	• 불법적 자금세탁, 위조지폐, 밀수를 차단하기 위한 경제 제재 • 2015년 5월 애국법 종료. 정부기관의 정보수집권한 일부 제한된 조건이 부과된 자유법(USA Freedom Act)으로 대체
홍콩자치법 (KHAA)	2020	• 중국의 홍콩보안법(HKAA) 제정에 관련된 인사 제재. 세컨더리 보이콧을 허용

자료: 김준범, 박정민(2021) 수정 보완

제11장 러시아 및 중국에 대한 수출통제

1. 서론

2022년 2월 24일 푸틴 러시아 대통령이 내린 '특별 군사작전' 명령 선포에 따라 러시아 군대는 우크라이나를 전면 침공했다. 전쟁이 장기화되면서 당사국은 물론이고 세계 경제에 심각한 피해를 초래했다. 세계적인 인플레이션, 국제유가 급등, 스태그플레이션(저성장과 인플레이션) 등 러시아발 세계 경제위기가 고조되었다.

젤렌스키 우크라이나 대통령은 우크라이나가 민주주의를 지킬 수 있도록 국제사회의 '통 큰' 지원을 요청하였다. 우크라이나 여러 지역에서 러시아군이 저지른 민간인 학살 만행 의혹이 실시간으로 세상에 알려지면서 미국과 유럽 등 다수 국가들이 우크라이나에게 무기와 전쟁물자를 제공하였다. 2022년 하반기 우크라이니 동부 돈비스 지역을 점령한 러시아는 주민투표를 통헤 점령지역을 러시아 영토로 편입시켰다. 한편 개전 초기 패전에서 벗어나 전열을 재정비한 우크라이나 군대는 러시아 점령지역을 단계적으로 수복하는 성과를 올렸고, 여세를 몰아 러시아가 자국 영토로 편입한 지역 수복을 추구하고 있어 앞으로 전쟁의 향방을 가늠하기 어려운 상황이다.

국내외 언론에서는 많은 국가들이 러시아의 침공을 규탄하면서도 러시아산 에너지, 곡물, 지하자원 등으로 인해 여전히 러시아의 눈치를 보고 있다고 보도하였다. 2022년 3월 유엔의 러시아 침공 비판 결의문 합의에 193개 회원국 중 절대 다수인 140개 국가가 참여했지만, 3월 7일 러시아의 유엔 인권이사회 이사국 자격을 정지하는 결의안 투표에서는 93개 국가만이 찬성표를 던졌다는 점을 그 근거로 제시하고 있다. 반대, 기권, 표결 불참 국가를 모두 합치면 유엔 회원국의 절반 이상의 국가가 말로는 러시아를 규탄하면서도 러시아와의 경제교류를 유지하고 싶어한다는 것이다.

민주주의 의식이 높은 서방세계 선진국은 러시아에 대한 경제제재에서 상당히 단합된 모습을 보이고 있다. 경제적 불이익에도 미국이 주도한 러시아 경제

제재에 일사분란하게 참여하고 있다. 대러시아 제재에 미국 조 바이든 대통령
은 도널드 트럼프 대통령 시절 입법화된 강력한 수출통제 조치를 발동했다. 이
로 인해 과거 어떤 경제제재보다 제재 범위와 적용대상이 넓어졌고, 서방 국가
의 유례없는 고강도 러시아 경제제재로 인해 러시아 경제는 한때 파탄으로 내
몰렸다. 특히 EU는 러시아산 에너지에 대한 의존도를 획기적으로 낮추기로 했
고, 우크라이나의 EU 가입에도 긍정적인 입장을 정했다.

역사, 경제, 정치, 지정학적 이유 등으로 러시아와 우크라이나 관계는 최근
몇 년 사이 악화되어 왔고, 최근 우크라이나의 북대서양조약기구(NATO) 가입 정
책이 러시아의 우크라이나 침략에 직접적인 원인으로 작용했다.[1] 1991년 소비
에트연방이 해체되면서 우크라이나는 독립했지만, 남부의 크림반도와 동부의
돈바스 지역에 대한 영토 갈등이 지속되었다. 2014년 3월 러시아는 무력으로
크림반도를 자국 영토로 병합하였고, 미국과 EU 등 서방 국가들은 러시아에 대
한 경제제재를 부과하게 되었다.

러시아에 대한 고강도 수출통제 조치 발동에 이어 2022년 10월 미국은 중
국 반도체산업에 대한 수출통제를 전격적으로 발표했다. 중국에 대한 수출통제
는 독립 국가 침공으로 민주주의를 훼손하고 인권을 유린한 러시아에 대한 경
제제재와는 성격이 다르지만, 우방국들은 눈에 띄는 반발 없이 미국의 조치를
수용하고 있다. 미국이 중국에 대한 경제분리(디커플링)를 추진하고 있는 상황에
서 서방세계가 러시아 및 중국에 대한 미국의 경제제재와 수출통제 조치를 수
용한 것은 향후 수출통제 제도는 물론이고 국제통상환경에 상당한 영향을 줄
것으로 예상된다. 금년의 사례를 보면, 미국의 수출통제제도가 앞으로 더 많은
분야에 적용될 수 있을 것임을 유추해 볼 수 있다.

미국 입장에서 보면 코콤을 계승한 바세나르 체제를 근본적으로 확대 개편
할 수 있는 우호적인 상황이 형성된 것이다. 바세나르 체제 회원국인 러시아가
체제 변경을 반대할 것이 확실하므로 미국은 바세나르 체제를 대체할 새로운
수출통제 체제를 추진할 가능성이 높다. 이는 이미 2022년 10월 발표된 바이든

---

1 2021년 4월 우크라이나의 볼로디미르 젤렌스키 대통령은 우크라이나 동부의 '돈바스 지역(도네츠크와 루간
스크 등)의 친 러시아 분리주의자들과 싸움을 끝낼 수 있는 유일한 방법은 NATO 회원국 가입'이라고 주장하
였다. 이에 대해 러시아는 우크라이나의 NATO 가입을 러시아의 안보 위협으로 간주했다.

행정부의 국가안보전략 보고서에 제시되었다. 이러한 체제는 미국의 대중국 정책에도 유용하게 활용될 수 있다. 제재효과를 극대화시키기 위해 신바세나르 체제는 미국이 독자적으로 적용해 온 해외직접제품규정(FDPR),[2] 금융제재 등 역외제재 조항을 대거 포함시킬 것이다.

🔗 해외직접제품규정

해외직접제품규정(FDPR)은 수출통제의 효율성을 높이기 위해 미국만이 채택한 제도이고, 미국 수출통제 제도의 '역외적 적용' 사례이다. 이 규정은 러시아·벨라루시 및 중국 반도체 수출통제에 사용되어 그 위력을 과시했다. 또한 FDPR은 군용물자를 넘어 일반 산업 분야로 미국이 수출통제 범주를 확대하는 대표적인 수단이고, 향후 미국은 자국의 수출통제 제도를 국제화하면서 이를 포함시킬 가능성이 높다.

EAR 규정에 따르면, 미국의 수출통제 제도가 적용되는 품목은 미국산 품목 외에 공항만을 통해 미국을 경유하거나 미국 데이터센터를 통해 제3국으로 이동한 물품, 생산 과정에서 미국의 기술, 장비 혹은 소프트웨어가 일정 수준 이상 사용된 제3국산 품목(해외직접생산제품: FDP)까지 포함한다. 예를 들어 미국산 부품이 제3국산 장비에 설치된 경우, 미국산 소프트웨어가 패키지로 포함된 제3국산 물품, 미국산 소프트웨어를 이용하여 만든 제3국산 게임기 등이 해외직접생산제품 예이다.

FDPR은 최소허용기준을 초과하는 해외직접생산제품에 적용되며, 미국 수출통제 제도는 이들 품목의 수출·재수출·이동에 모두 적용된다. 최소허용기준은 테러 등으로 국가별 위험도가 가장 높음(E그룹)에 분류된 이란, 북한, 수단, 시리아, 쿠바로 수출 시 미국산 품목의 10%까지이고, 나머지 국가(A-D그룹)에 대해서는 25%이다. 단, 전략적으로 중요한 초민감 품목의 경우, 미국산이 조금이라도 포함되면 수출통제 대상으로 분류된다.

FDPR은 상무부 산업안보국이 EAR에 따라 관리하므로, 미 의회의 승인 없이 행정부의 판단으로 통제 품목과 제재 대상 국가를 선정할 수 있다. 2022년 미국은 러시아·벨라루스 및 중국 반도체 수출통제를 위해 수차례 EAR 규정을 개정하였다. 특히 2022년 2-3월 개정된 EAR에서는 '일반적' 해외직접제품규정(FDPR)은 군수·인공위성과 관련된 미국산 기술이 사용되지 않은 제3국 생산 물품에 적용된다. 하지만, 러시아·벨라루스 제재에서는 일반적 FDPR과는 별도로 군대에서 사용하는 물품과 관련된 군사최종소비자(MEU)에 대한 해외직접제품규정(MEU FDPR)을 신설하여 제재 대상 기관 명단(Entity List)을 정하고, 적용대상 품목을 사실상 전 품목으로 확대하고 적용사유도 대폭 강화시켰다.

---

2 FDPR은 미국이 자국산 기술과 소프트웨어를 활용한 제3국 생산 제품의 수출을 통제하는 조치이다.

2. 바이든 행정부 이전 서방국의 대러시아 경제제재[3]

2013년 오바마 대통령은 대러시아 경제제재를 처음으로 승인했다. 미국계 투자펀드를 자문하던 러시아 현지 변호사였던 Magnitsky의 투옥 및 고문 사망 사건을 인권 유린으로 규정하고 경제제재를 결정하였다. 일명 Magnitsky 법을 제정하여 러시아 인권 유린을 국제적으로 응징하고자 했다. 이듬해인 2014년 러시아가 분쟁지역이었던 크림반도를 무력으로 합병하자, 미국과 유럽은 러시아를 경제제재하게 되었다. 주요 제재 대상은 러시아 국영기업과 올리가르히(러시아 정부 연관 신흥재벌)들이었다.

이 당시 미국이 적용한 대러시아 경제제재 형태는 특별제재 대상(SDN)과 부문별 제재 대상(SSI)으로 구분된다.[4] 특별제재 대상은 미국과 유럽 국가들이 제재 대상 개인이나 기업의 제재 국가 내 자산을 동결하는 것으로, 제재를 가한 국가에서 비즈니스 활동의 금지뿐만 아니라 관련 개인들의 출입국도 거부된다.

부문별 제재 대상은 일반적으로 특정인의 특정 분야 경제 활동에 대한 제재 부과를 의미한다. 다만 부문별 제재 대상이 되는 기업들은 특별제재 대상(SDN)과는 달리 기업 자산에 대한 처분은 없고, 제재 대상이 신규 금융거래를 할 경우 미국과 유럽국들의 제재를 받을 수 있다. 일반적으로 제재 대상 은행들은 외국인투자와 외국계 금융권으로부터 단기 대출(미국으로부터 14일 이내, 유럽으로부터 30일 이내) 외에는 장기 대출과 채권 거래를 할 수 없다(코트라 2020).

<표 11-1>에 제시된 바와 같이, 그동안 러시아는 정적 암살, 영토 편입 등 비경제적 요인에 따라 수차례 미국의 경제제재를 받아왔다. 코트라(2020)에 따르면, 2020년 초반 이전까지 미국이 러시아를 대상으로 경제제재를 가한 건수(개인, 기업 및 기관)는 총 819건이다(버락 오바마 행정부 555건, 트럼프 행정부 264건). 경제제재 수준이 가장 강력하게 적용된 사건은 국제적으로 금지된 생화학무기를 사용한 스크리팔 부녀 독살 시도 건이었다. 국가안보에 대한 위협을 이유로 러시아가 미국의 주요 상품과 기술 수입을 하지 못하도록 했다. 금지된 상품 및 서비스로는 민간 항공기를 제외한 항공산업 기술, 잠수함, 계측기, 가스 터빈

---

3 이 절은 코트라(2020)의 내용을 위주로 작성하였다.

4 SDN은 "Specially Designated Nationals"이고, SSI는 "Sectorial Sanctions Identifications"의 약자이다.

표 11-1 비경제적 요인에 따른 미국의 주요 국제 경제제재 발동 사례

제재 관련법 및 근거	제재 일시, 국가	배경	비고	제재 대상의 수	
				개인	기업, 기관
일명 Magnitsky 법 (Act)	2012년 12월 14일, 미국 (오바마 행정부)	특정 국가(러시아)의 인권 유린 및 부패를 미국 법으로 제재. 2007년 발생한 러시아 정부 예산 횡령 사실을 밝히려는 현지 변호사 Magnitsky가 세금포탈죄로 투옥된 후 고문으로 사망한 사건에서 비롯됨. 러시아 측은 지병으로 사망했다고 주장	Magnitsky법은 변호사 사망 관련 관계자에 대한 보복 법. 이후에 인권 유린 책임을 러시아 정부에게 묻는 내용으로 법의 내용이 변화됐음.	57명	1
크림반도 및 우크라이나 동부 영토 갈등 관련 대러시아 국제 제재	2014년 3월 (오바마 행정부). - 미국, EU, 캐나다	- 러시아의 크림반도 합병과 우크라이나 동부(돈바스) 침입이 배경	- 제재 대상: 러시아 국영 기업, 러시아 정부 연관 올리가르히(신흥재벌) - 러시아는 제재국가로부터 농산물 및 식품 금수조치	289명	479
러시아의 미 행정부 사이버 공격	2015년 4월 1일, 미국 (오바마 행정부)	2015년과 2016년에 민주당 서버가 러시아에 의해 해킹. 러시아 해킹 그룹은 러시아 군부와의 연루설	사이버 공격 용의자들의 해외자산 동결 제재	34명	13
핵무기 비확산 제재법(INKSNA)	2005년 제정, 2015년 대러시아 적용	- 해당 제재 대상은 이란, 북한, 시리아. - 포괄적 경제제재. 제재대상 국가에게 무기를 제공하거나 유사 교역 행위 금지 포함	- 러시아 국방청의 MiG기 공급 규제 - 국방청 관계자 제재 대상	6명	11
미국 적대 세력 제재법 (CAATSA)	2017년 8월, 미국 트럼프 전 행정부	- 2015년 러시아 해킹에 대한 제재 - 트럼프 대통령, 강력한 규제를 담은 CAATSA 추진	제재 대상은 러시아 군수산업계 기업과 정보 보안 기관	32명	42
생화학무기 사용 금지법	2018년 8월 2일 (미국) 2019년 1월 21일(EU)	이중 간첩 러시아인 세르게이 스크리팔과 딸 율랴에 대한 독살 관련 제재	국가안보 명분으로 잠수함, 항공 부품, 가스 터빈, 계측기 등 수출 금지	4명	0

| 국방수권법
(NDAA),
Nord
Stream 2
프로젝트
공사 제재 | 2019년
12월 20일,
미국
(트럼프
행정부) | 2019년 말 미 상원 국방위원회
는 러시아 가스운송 파이프라인
Nord Stream 2 프로젝트에
필요한 선박 제공에 제재 예산
수립 | 스위스 Allseas는 미국의
제재로 러시아 Gazprom
사 프로젝트 취소 | 0명 | 0 |
| 베네수엘라
제재 | 2020년
1~2월,
미국 | 베네수엘라 좌파정부 지원에 연
루된 기업 Rosneft 그룹 및 계
열사 제재 | 제재로 Rosneft 그룹
(계열사)은 미국 기업
들과 금융거래 불가능 | 0명 | 3 |

자료: 코트라(2020)를 수정보완하여 작성

등이었다. 2019년 1월 EU도 스크리팔 부녀 독살 시도 사건을 이유로 개인 대상 제재를 가했다(코트라 2020).

서방의 대러시아 경제제재는 크게 다음 세 가지 측면에 초점을 맞추고 있었다. 첫째 제재 대상은 방산 산업으로, 러시아의 방산품목에 대한 교역을 전면 금지시키는 것이다. 특히 EU는 러시아 방산품목 및 무기 거래를 근본적으로 금지했고, 이중용도(민간용과 군수용)가 가능한 물자 거래와 군수물자 생산기술 교류도 금지했다. 둘째 대상은 에너지 부문으로, 이는 주로 미국이 제재하는 분야이었다. 러시아와의 북극 원유 탐사, 셰일 유전 탐사, 심해 탐사 등을 위한 일체의 서비스 제공, 기술협력과 물품 거래를 금지시켰다. EU는 제재 대상 에너지 개발 기업들이 EU 관할지역에서 에너지 추출 및 원유 탐사, 광산업 등 다수 업종에 참여하기 위해서는 허가를 받도록 했다. 셋째, 미국의 금융 세컨더리 보이콧 제재이다. 세컨더리 보이콧 제재는 사실상 금융네트워크 접근 차단을 의미하므로 미 재무부가 지정한 제재 대상 개인이나 기관은 세컨더리 보이콧 제재를 실물분야 제재 못지않게 심각하게 받아들이게 된다. 제재 대상이 특정 기업의 지분을 50% 이상 소유할 경우에도 세컨더리 보이콧 제재 대상으로 자동적으로 지정된다.[5]

---

5 SDN 대상 A(개인)이 기업 X사 지분의 30%를 보유하고 있고 또 다른 SDN 대상 B(개인)도 기업 X사 지분을 20% 보유하고 있으면 X사는 자동적으로 미국 제재 대상이 된다.

3. 미국 주도 대러시아 경제제재

가. 주요 경제제재 조치

러시아의 우크라이나 침공 초기에 미국이 발동한 경제제재의 실효성에 의문이 제기되었다. 대량살상무기, 핵물질, 바이오 등에 대한 4대 수출통제 체제에다가 제재 대상 기업과 개인에 대한 거래제한 등 기존 경제제재와의 차이점이 크지 않았기 때문이다. 하지만 얼마 후 러시아의 핵심 은행들을 국제금융결재망인 국제은행간통신협회(SWIFT)에서 퇴출시키고 해외직접제품규정(FDPR) 조치를 발동시키기로 했다. Rossiya Bank 등 7개 러시아 은행을 SWIFT에서 배제하고, 러시아 국고채의 국제거래를 중지시켰다.

러시아 중앙은행과 국부펀드 및 주요 은행은 제재 국가와의 금융거래를 차단시키는 등 사실상 러시아의 국제금융업무를 중지시켰다. 이에 따라 러시아 중앙은행은 루블화 안정을 위해 달러, 유로 및 기타 외환 등 외환보유고 중 절반가량인 1,600억 달러를 사용할 수 없게 되어 3월 1일자 기준으로 루블화 가치는 딜러 대비 30% 하락했다. 글로벌 신용평가사인 피치와 무디스, 스탠다드앤푸어스(S&P)는 전쟁 개시 1개월 반 후인 4월 중순 러시아의 채무불이행(디폴트)을 예고했다.

이로써 러시아가 세계 경제에서 배제되는 처지로 내몰렸다.[6] 에너지·항공·해운 등에 대한 조치를 통해 러시아의 무역을 위축 및 방해하는 조치를 발동했다. 미국은 러시아산 석유·가스 등 에너지 수입을 금지시켰고 EU는 2027년 완전 수입 중단을 결정했다. 영공통과 불허와 이착륙 금지 등 항공 조치가 발동되었고, 미국과 EU는 해운(러 선박 입항 금지 등) 조치도 검토하기로 했다. 한마디로 지금까지 검토되지 않았던 다양한 경제제재 조치가 처음으로 발동되었다.

러시아 경제제재에 참여한 국가들은 WTO 최혜국대우(MFN) 박탈을 논의했다. 미국은 수입통제와 수출통제를 모두 발동했다. 2022년 3월 11일 러시아와의 항구적인 정상 무역관계(PNTR) 종료 방침을 밝히며, 러시아 보드카를 포함한

---

6 당초 예상과 달리 몇 개월 후 러시아 경제는 안정을 회복했다. 국제유가가 오른데다가 중국과 인도 등 경제제재 불참 국가와 무역을 확대하고, 루불화 거래로 경제제재를 회피할 수 있었기 때문이다.

주류와 수산물에 대한 수입금지를 선언했다. PNTR 종료는 더 이상 러시아를 정상적인 교역대상국으로 인정하지 않겠다는 의미이다.

표 11-2 우크라이나 사태 관련 주요국 제재 현황(3.28 기준)

구분	주요국 → 러시아 제재		러 → 주요국 맞대응 조치
	주요 내용	참여국	
수출입 통제	❶ 7개 분야* 57개 비전략 품목·기술 對러 수출통제(美 FDPR을 통해 역외 제품 수출도 통제)[1]	미국, EU, 영국, 캐, 호주, 뉴, 일본, 한국	❶ 자국 제재 부과·동참 국가를 비우호국가로 지정(미국, 일본, EU, 한국 등 48개국) ❷ 대다수 국가 대상 반도체소자, 전재IC 등 219개 품목 수출 금지(러시아産 제외)[2] ❸ 밀, 보리, 호밀 등 농산물 수출 금지(~6.30)
	❷ 전략물자(군용 등) 수출금지		
	❸ 러시아産 철강, 주류, 수산물 등 수입금지	미국, EU, NATO 동맹국, G7	
금융 제재	❶ SWIFT(국제금융정보통신망) 배제(Rossiya Bank 등 7개 은행)	SWIFT 가입국	<비우호국가 맞대응 조치>[3] ❶ 비우호국가 외국인 해외송금 (루블·달러) 전면 금지 ❷ 외화부채 원리금 루블화 지급 ❸ 증권·부동산 거래 승인 요건
	❷ 러시아 국고채 거래중지	미국, EU, 한국, 일본 등	
	❸ 러 중앙은행*·국부펀드 및 주요은행과의 거래중지(美·韓 8개 금융기관** 및 자회사) * 美, 러 중앙은행 금 거래에 대한 제재 추가(3.25) ** SWIFT 배제 7개 은행+Sberbank	미국, EU, 한국, 일본 등	<러시아 자체 외화 통제 조치> ❶ 무역업자 대상 3일 內 외화 수입의 80% 매각 명령 ❷ 러시아 거주자의 해외 본인계좌로의 외화 이체 및 비거주자에 대한 외화대출 정부승인 ❸ 외화환전 중단, 외화 현금 인출 한도(1만불) 제한 등
기타 (에너지· 항공· 해운 등)	❶ 러産 석유·가스 등 수입금지 * EU: 2027년 완전 중단	미국, EU	-
	❷ 항공(영공통과 불허, 이착륙 금지 등)[4]	EU, 미국, 영국, 캐나다	❶ EU, 영국, 캐나다, 노르웨이 등 36개 항공사 자국령 운항 금지(한국 미포함)
	❸ 해운(러 선박 입항 금지 등) * 미국, EU 검토중	영국, 캐나다	❶ 러시아 선박 입항 금지 국가의 선박에 대한 자국 입항 금지 (한국 미포함)

기타 (에너지· 항공· 해운 등)	❹ WTO 주요국 공동성명 (각국이 필수 안보이익을 위해 필요한 조치 추진)	미국, EU, 영국, 한국 등 40개국	-

주: 1) 전자(반도체), 컴퓨터, 센서·레이저, 정보통신, 항법·항공전자, 해양, 항공우주
    2) 제외국가: EAEU(유라시아 경제연합; 벨라루스 등 4국), 압하지야, 남오세티아
    3) ❶ 러 거주 비우호국가(한국 포함) 외국인(현지법인 제외한 개인·대사관 등 포함)의 해외
       송금(루블·달러) 전면 금지
       ❷ 비우호국(한국 포함) 외화 부채 원리금을 루블화로 지급
       ❸ 비우호국(한국 포함) 외국인 러시아 증권·부동산 거래 시 정부승인 요건
    4) 미 상무부, 러시아 항공사가 운용하는 미국산 항공기 100대에 대한 상품·용역 서비스(재
       급유, 정비 등) 제공시 처벌 발표(3.18)

자료: 기획재정부(2022) 자료 수정작성[7]

전통적으로 유럽은 대러시아 제재에 조심스러운 입장을 견지해 왔다. 미국은 러시아와의 교역 비중이 1% 미만으로 낮지만, 유럽은 러시아산 에너지와 광물, 곡물에 대한 의존도가 높기 때문이다. EU 정책에 영향력이 높은 독일은 친러시아 정책을 주도해 왔다. 이번 제재 추진 초기에 EU는 러시아 제재에 소극적인 입장을 보였으나, 전쟁으로 인한 인명 피해와 우크라이나의 결사 항전 의지를 확인하면서 미국의 고강도 경제제재에 동참하게 되었다. 유럽이 경제적 손실을 감수하고 경제제재를 하게 된 이유는 민주주의 파괴, 인권 유린과 영토 확장을 꾀하는 푸틴 대통령 체제의 리스크를 심각하게 고려했기 때문이다.

한편, 서구국가의 경제제재에 러시아도 대응조치를 발동했다. 러시아는 3월 초 자국에 제재를 부과하거나 동참하는 미국, 일본, EU, 한국 등 48개국 국가를 비우호국가로 지정하고, 반도체소자, 전자회로 등 219개 전략물자 품목과 밀, 보리, 호밀 등 농산물 수출을 금지시켰다. 금융 분야에서는 비우호국가 외국인에 대한 해외송금(루블·달러) 전면 금지, 외화부채 원리금의 루블화 지급, 증권·부동산 거래를 승인받도록 했다.

서방 국가의 금융 분야 제재에 대응하기 위해 무역업자들에게 3일 이내 외화 수입의 80%를 매각하도록 명령하고, 외화환전 중단, 외화 현금 인출 한도(1만

---

7 기획재정부(2022), "우크라이나 사태 관련 주요국 제재 현황(3.28 기준)", 국제경제과.

달러) 제한, 러시아 거주자의 해외 본인 계좌로의 외화 이체 및 비거주자에 대한 외화대출 제한 등의 조치를 취했다. EU, 영국, 캐나다, 노르웨이 등 36개국 항공기의 자국령 운항을 금지시키고, 러시아 선박 입항 금지 국가의 선박에 대한 자국 항구 진입 금지 등 서방세계와 동일한 조치를 발동했다.

나. 대러시아 수출통제

미국이 러시아에 부과한 고강도 수출통제, 국제금융결제망(SWIFT) 배제, 러시아의 해외 보유 외환 동결, 최혜국대우(MFN) 박탈 등 경제제재로 러시아는 물론이고 많은 우방국들이 손실을 볼 수 있다. 그럼에도 우방국들이 대러시아 경제제재에 참여했던 이유는 러시아의 우크라이나 침공이 국가안보의 중요성, 민주주의 수호, 인권 유린, 권위주의 정치체제 리스크에 대한 국제사회의 경각심을 높였기 때문이다. 러시아의 우크라이나 침공이 우방국이 미국식 수출통제를 수용하게 만들었다.

러시아에 발동한 미국의 경제제재는 미국의 국내법에 근거한 것으로, 40여 개 우방국들이 참여하면서 미국은 국가안보에 위협이 될 수 있는 국가에 대한 경제제재 수단을 국제적으로 확산시킨 셈이다. 더구나 미국 제재의 일부는 지재권 보호 규정과 연계되어 있다. 21세기 신안보위협에 대해 효율적으로 대처하기 위해 재래식무기와 기술 및 이중용도 품목을 통제대상으로 설정하여 바세

표 11-3 코콤과 바세나르 체제의 비교

	코콤	바세나르 체제
설립 취지	공산권의 군사력 강화 억제	21세기 신안보위협에 대한 효율적 대처
참여국	21개 국가(NATO 중심)	42개국
통제 대상	구소련 및 공산권 국가	통제대상국명단의 부재
통제 품목	재래식무기와 기술	재래식무기와 기술 및 이중용도 품목
통제 지침	사전통고제; 비토권; No-undercut 규정	사후통제; 비토권의 부재; No-undercut 규정

참조: "No undercut" 규정은 특정 무역거래에 대해 한 회원국이 거부한 경우, 다른 국가도 거부해야 함을 의미한다.

자료: 한국무역협회 전략물자무역정보센터(현 전략물자관리원), 전게서, p. 110.

나르 체제가 확립되었지만, 러시아에 대한 경제제재 조치에 비해서는 크게 취약한 상황이다.

2020년 5월 트럼프 행정부는 미국산 기술 및 소프트웨어로 생산된 외국산 직접제품을 통제하는 해외직접제품규정(FDPR) 조항을 개정하여 특정 미국산 기술 및 소프트웨어를 수출, 재수출, 이전 시 미 상무부의 허가를 받도록 했다. 3개월 후인 8월 화웨이에 이 규정을 적용하여 화웨이 생산에 관련된 모든 해외직접제품의 거래를 차단하기에 이르렀다. 이러한 조치 이후 해외 반도체 기업들이 미국산 장비, 소프트웨어 등을 사용하기 위해서는 화웨이와의 거래를 중단해야 했으며, 결국 세계 최대의 반도체 파운드리 업체인 TSMC는 화웨이와 하이실리콘이 매출의 12%를 차지하는 큰 고객사였음에도 불구하고 신규 수주를 중단하였다(전략물자관리원 2021a).

2022년 2월과 6월 사이 미 상무부 산업안보국(BIS)은 러시아의 침공에 대응하여 러시아와 벨로루시에 대한 수출통제를 더욱 강화하는 수출관리규정(EAR)을 개정했다. 러시아/벨로루시에 적용되는 주요 내용은 군사용 최종 사용 및 군사용 최종사용자에 대한 특정 조치를 부과하는 것이다. 군사용 최종사용자를 통제대상 목록(Entity List)에 등재하고 FDPR을 발동하여 우방국의 통제물품 수출을 금지시켰다. 러시아 및 벨로루시로 향하는 사치품 및 러시아 정유 부문이 필요한 품목에 대해서는 EAR의 규제 조항을 강화시켰다. 국가안보(NS) 사유보다 더 경미한 사유로도 통제대상 기술 또는 소프트웨어에 대해 FDPR이 적용될 정도로 FDPR 적용 범위가 확대되었다. 또한 BIS가 사례별로 검토해야 하는 수출허가 신청 범주를 더욱 더 축소하여 러시아가 점령한 우크라이나의 지역으로 향하는 품목의 수출제한을 강화시켰다.

2022년 미국은 반도체, 센서 등 전기·전자 관련 57개 하위기술품목을 해외직접제품규칙 적용대상으로 지정하였다. 중국의 대표 기술기업 화웨이에 대한 제재를 시작으로 2022년 1월 기준 200여 개로 제재 대상 기업이 늘어났다. 2월부터 러시아와 벨라루스 기업에 대한 제재가 시작되면서 대상 기업이 크게 늘어났다. 러시아가 우크라이나 침공을 개시한 2022년 2월 24일 전자(반도체), 컴퓨터, 통신·정보보안 등 7개 분야에 속한 57개 하위 세부기술을 활용해 만든 제품을 러시아로 수출할 때 미국 정부의 허가를 받아야 한다고 발표했다.

미국은 자국의 기술, 소프트웨어를 사용해 생산되었다면, 미국 상무부의 허가를 받아야 특정 국가에 수출할 수 있는 무역제재 수단인 해외직접제품규정(FDPR) 대상으로 반도체, 컴퓨터·통신, 센서 및 레이저, 해양, 항공우주 등 7개 분야, 57개 수출통제 품목 번호를 추가하며 러시아에 대한 경제제재의 수위를 높였다. 러시아에 대한 FDPR이 트럼프 행정부 하에서 화웨이에 적용했던 FDPR 조치와 다른 점은 자발적으로 제재에 동참하는 국가에 대해서는 미 상무부의 사전 수출승인을 면제(licensing exemption)하는 조항을 추가했다는 점이다. 이 역시 서방세계 국가가 미국 제재 동참을 유도하는 기제로 작용했다.

다. 경제제재 및 수출통제 파급영향

우크라이나 침공에 대한 대러시아 서방세계의 경제제재는 무력행사 다음으로 강력한 대외정책 수단으로 비춰질 정도로 강도가 높아졌다. 피제재 당사국인 러시아는 에너지, 수출산업, 금융산업이 1차적으로 심각한 피해를 입었고, 국내 생산 차질과 시장질서 마비로 증권 폭락, 루블화 급락, 뱅크런 등 제재 여파가 급격히 확산되면서 금융시장 붕괴 등 경제 대란이 나타났다. 2022년 러시아 경제는 −7%~ −25% 역성장할 가능성이 제기되었다. 경제제재 직후와 달리 시간이 지나면서 러시아 경제가 다소 회복되었다. 이에 대해 폴 크루그먼 교수는 경제제재의 초기에는 러시아 수입이 줄어드는 등 효과가 분명했으나 이후 회복되었다고 경제제재를 평가절하해서는 안된다고 주장하고 있다. 그는 서방세계의 경제제재로 푸틴 대통령의 전쟁 수행 능력이 결정적인 타격을 받았다고 평가했다.

세계 경제는 국제금융경색, 인플레이션, 원자재 수급 불균형 및 운송료 상승으로 인한 공급망 차질 등 충격이 발생했다. 러시아산 에너지 수입금지에 이어 WTO 최혜국지위 박탈 등이 이루어지면 파급영향이 훨씬 더 커질 수 있다. 러시아의 원유 수출이 완전히 차단되면 국제유가가 배럴당 150달러까지 상승할 수 있고, 최악의 경우 세계 GDP는 3%p 이상 위축될 것이란 전망이 나오기도 했다. 주요 원자재 수급 교란으로 인플레이션 압력도 높아졌다. 러시아와 우크라이나는 밀, 옥수수, 유지종자, 보리 등 곡물과 비료 수출국이다. 이들 국가는 전 세계 밀 수출의 약 1/4을 담당하고 있어 곡물 수급 차질로 이미 국제곡물가를 끌어올리고 있다. 국제 밀가격이 올라 전 세계적으로 식음료 가격이 크게 올랐다. 물가인상에 대응하기 위해 각국이 긴축금융 조치를 취하면서 세계 경제에 대한 타격이 커졌다.

한편 과거와 달리 이번 경제제재에는 넷플릭스, 구글, 애플 등 유명 글로벌 기업들이 러시아로의 상품 판매와 서비스 제공을 중단하는 등 서방 국가의 러시아 경제제재에 동참하고 있다. 넷플릭스는 러시아에 대한 방송 영상 사업을 중단했고, 구글은 러시아의 침공에 사용되는 우크라이나의 지도 서비스를 중단했다. 평화와 인권을 무시하는 러시아에서 사업하기보다는 사회적 책임 차원에서 비즈니스를 중단하는 것이 기업에 유리하다는 판단을 했을 것이다.

러시아에 대한 경제제재는 러시아·우크라이나 전쟁 지속 기간에 따라 파급 영향이 크게 달라질 것이다. 만약 전쟁이 장기화된다면 경제제재로 인한 국제 금융시장 충격, SWIFT 퇴출로 인한 세계무역 위축, 에너지 시장 교란, 원자재 및 곡물 가격의 급등 등 세계 무역환경과 국제금융질서에 큰 영향을 미칠 것으로 예상된다. 현대경제연구원(2022)은 국제무역과 수입 에너지 의존도가 높은 우리나라에 상당한 충격을 주게 되어 슬로플레이션(저성장과 인플레이션) 압력이 클 것으로 예상했다.

그림 11-1 러시아·우크라이나 전쟁의 한국경제 파급효과 경로

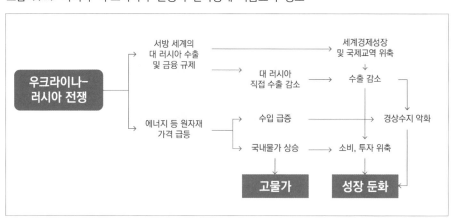

자료: 현대경제연구원(2022)

4. 중국 반도체 수출통제

가. 수출통제 주요 내용

2022년 10월 미 상무부 산업안보국(BIS)은 고사양 컴퓨팅 집적회로(IC), IC를 포함하는 컴퓨터 상품 및 특정 반도체 제조 품목에 필요한 수출통제를 위해 수출관리규정(EAR)을 개정하였다. 또한 BIS는 슈퍼컴퓨터 및 반도체 제조 최종사용 품목과 관련된 거래에 대한 통제를 확대하였다. 이 규정은 중국에 위치한 우려기업 28개에 대해 수출할 경우 수출허가를 받아야 하는 해외직접품목(FDP)의 범위를 확대하였다. BIS는 중국에서 특정 IC의 "개발" 또는 "생산"을 지원하는 "미국 사람"은 승인을 받아야 함을 공식적으로 밝혔다. 이 조치로 인한 미국 및 우방국의 피해를 줄이고, 반도체 공급망에 미치는 단기적인 영향을 최소화하기 위해 중국에서 생산되어 해외로 수출되는 품목에 대해 BIS는 임시 일반 수출허가(라이선스)를 발급하기로 했다.

이 규정에 따라 BIS는 미국 국가안보 및 외교정책 차원에서 두 가지 영역에서 수출관리규정(EAR)을 크게 변경하였다. 첫째, BIS는 특정 고급 컴퓨팅 반도체칩(칩, 고급 컴퓨팅 칩, 집적회로 또는 IC), 슈퍼컴퓨터 최종 사용을 위한 거래 및 우려거래자 목록에 있는 특정 기관과 관련된 거래에 대한 추가 수출통제를 부과하였다. 둘째, BIS는 미국인이 허가 없이 중국의 특정 반도체 개발 및 제조에 관여하지 못하도록 규정했다.[8]

상무부 BIS(2022)에 따르면, 미국은 중국이 미국의 국가안보 및 외교정책 이익에 반하는 방식으로 '군사－민간 융합(military-civil fusion)' 개발 전략의 구현을 포함하여 국방 현대화를 지원하기 위해 방대한 자원을 동원하고 있기 때문에 중국 반도체에 대해 수출통제를 부과하기로 했다고 한다. 새로운 규정은 대량살상무기(WMD) 개발 및 인권 침해를 포함하여 군사 현대화를 가능하게 하는 첨단 컴퓨팅 IC, 슈퍼컴퓨터 및 반도체 제조 장비의 개발을 억제하기 위해 새로운 조치를 도입했다는 것이 BIS의 설명이다.

---

8 미국인(US Persons)의 범위에는 미국 시민, 미국 거주자는 물론이고 미국 기업의 해외 지사 관계자들까지 포함하고 있다.

2018년 수출통제개혁법(ECRA)에 따라 미국 행정부는 핵폭발 장치, 미사일 화학 또는 생물학 무기, 화학무기 전구체 공장 전체, 해외 해상 핵 프로젝트 및 외국 군사 정보 기관과 관련된 미국인 활동을 통제하고 있다. 이번 개정은 새로운 의무사항을 추가하고 있다. 기존 통제는 일반적으로 "미국인"이 자신의 활동이 금지된 최종 사용 또는 최종사용자에 기여한다는 사실을 알고 있을 때에만 적용되었다. 하지만, 중국의 군사－민간 융합 관련 내용을 파악하기 어렵기 때문에 당사자가 인식하였는가의 여부에 관계없이 참여 자체를 불법적인 것으로 규정했다. 어떤 품목이 최종 용도로 만들어졌는지 구분하기가 어려워 미국인이 자신의 역할을 제대로 모를 수 있기 때문에 기존 규정으로는 확실한 통제 효과를 기대할 수 없었다는 것이 BIS의 판단이다.

2022년 10월 바이든 행정부는 인공지능(AI)·수퍼컴퓨터 등에 활용되는 고성능 컴퓨팅(연산) 반도체뿐 아니라 D램·낸드플래시(낸드) 등 메모리 분야에서도 첨단 제조 장비 기술 판매를 사실상 금지하였다. 미국의 기술이 포함된 미국산 및 해외 고성능 반도체, 기술, 장비 및 소프트웨어의 대중국 수출 차단으로 중국은 성능이 떨어지는 기술로 제품을 개발해야 하는 상황으로 내몰리게 되었다. FDPR 적용 대상품목을 고성능 반도체 및 관련 분야 전반으로 폭넓게 설정했다. 중국의 대표적인 정보기술(IT) 기업을 거래우려자 리스트(Entity List) 혹은 미검증 명단에 등재하여, 이들 기업에 대한 수출에 대한 허가 신청시 '거부정책(Policy of denial)'이나 '거부 추정원칙'이 적용돼 수출이 사실상 전면 통제된다. 미검증 명단에 오른 기업이 현장조사에 불응하거나 비협조적일 경우 60일 후 Entity List에 자동등재되도록 했다.

미국은 중국의 인공지능(AI)·수퍼컴퓨터 등에 활용되는 고성능 컴퓨팅(연산) 반도체뿐 아니라 D램·낸드플래시(낸드) 등 메모리 분야에서도 첨단제조 장비 기술 판매를 사실상 금지시켰다. 미국이 특정 기업이나 장비가 아닌 타깃 국가의 타깃 산업 전반을 대상으로 수출통제 조치를 발동한 것은 처음이다. 미국 기업이 통제 수준 이상의 칩을 개발하거나 제조하는 중국기업에 기술·장비·소프트웨어를 판매할 경우 수출허가를 받아야 한다. 통제 기준은 18나노미터 이하 반도체, 128단 이상 낸드반도체, 첨단 핀펫(FinFET) 기술이 포함된 14나노미터 이하의 비메모리 반도체 생산에 사용될 수 있는 기술·장비·소프트웨어이다. BIS

담당자가 허술하게 수출허가를 내주지 않도록 하기 위해 중국 기업이 소유한 생산시설(중국 내)에 판매할 경우 'Presumption of denial(거부 추정 원칙)'을 적용시키기로 했다. 거부 추정 원칙은 수출승인을 하지 않도록 하는 것이므로 사실상 수출이 전면 통제될 수 있다.

또한 '미검증 명단(Unverified List)'을 통해 양쯔메모리테크놀로지(YMTC)를 포함한 31개 중국 반도체 기업에 미국산 첨단기술과 장비 사용을 막았다. 미검증 명단은 미국 첨단기술을 사용하는 중국기업이 미국의 국가안보 위기 초래 가능성을 미 당국이 확인할 수 없거나 현장조사가 곤란한 경우에 지정된다. 명단에 오른 기업이 미 당국의 현장조사를 허용하거나 안보위협 우려를 해소할 경우 명단에서 제외될 수 있다. 그렇지 못하면 60일 후에 미국은 해당 기업을 우려 기관 목록에 등재하게 된다.

우려 기관으로 지정되면 FDPR이 적용된다. FDPR은 2020년 처음으로 중국 화웨이에 적용되었다. Applied Materials, KLA 및 Lam Research 등 미국 반도체 장비업체들은 바이든 행정부의 수출규제 여파로 YMTC 등 중국 주요 반도체 제조사에 대한 기술지원을 중단하기로 했다(WS Journal, 2022). KLA는 미국 규정에 따라 한국의 SK하이닉스를 포함한 중국 진출 고객에 대한 부품 및 서비스 공급을 중단한다고 밝혔고, SK하이닉스는 별도 허가를 미 상무부에 받기 위해 교섭 중이다. 고사양 반도체 제조 분야에서 중국의 발전을 늦추기 위한 전면적인 수출통제를 바이든 행정부가 발표함에 따라 전 세계 반도체 제조업체와 반도체 장비제조업체는 엄청난 사업 손실을 맞게 되었다. 지난해 KLA 매출의 30%(26억 6000만 달러)는 중국과의 거래에서 발생했다(Bloomberg 2022).

나. 파급영향

냉전시기 경험으로 보면 완벽한 수출통제가 어렵다. 아무리 규제를 하더라도 본질적으로 누출 가능성이 있고, 규제를 당하는 국가는 밀수, 간첩 또는 제3국을 통한 규제를 우회하는 방법을 적극적으로 모색하기 때문이다. 기술유출 제한에도 불구하고 소련은 핵무기 등 첨단무기를 개발했다. 하지만, 이것으로 수출통제의 파급영향을 평가해서는 안된다.

소련은 기술혁신에서 미국 및 주요 동맹국보다 뒤쳐져 있었는데, 이는 수출통제가 일정 수준 역할을 했기에 가능했다고 미국 당국은 평가하고 있다. 미국 제재로 알리바바, 텐센트 등 중국 디지털기업들은 미국산 기술이 들어간 슈퍼컴퓨터로 첨단 데이터센터 등을 구축하기 힘들 것이고, 인공지능(AI)과 미사일공학, 생명과학 등 여러 분야에서 기술혁신을 달성하는 데 어려움이 가중될 것이다.

화웨이에 대한 트럼프 행정부의 조치와 유사하지만 바이든 행정부가 발동한 조치는 적용 범위가 훨씬 넓고 수십 개의 중국 및 전 세계 반도체산업에 영향을 미치게 된다. 트럼프 행정부의 산발적인 접근방식과 달리 바이든 행정부는 고성능 칩 자체를 생산하는 중국의 초기 능력을 약화하는 포괄적인 접근방식을 채택했다.

New York Times(2022b) 보도에 따르면, 오바마 행정부 시절 상무부 수출통제 담당 차관보를 역임한 케빈 울프는 이번 조치가 광범위한 국가안보 목표를 달성하기 위한 "수출통제 사용의 근본적인 변화"라고 평가했다. 냉전 이후 대부분의 국가는 무기를 생산하거나 배치하는 데 필요한 특정 품목을 규제하는 데 중점을 두어 수출통제를 협소하게 적용했다. 울프(Wolf) 전 차관보는 새로운 조치가 단기 및 중기적으로 매우 효과적일 것이지만, "장기적으로 얼마나 효과적일 것인가는 동맹국이 궁극적으로 유사한 수출통제를 부과하는 데 동의하는지 여부에 달려 있다"고 분석했다.

중국에 대한 수출통제는 냉전 시대 서구국가들이 고안한 것보다 훨씬 더 광범위하다. 구 냉전 시대의 통제는 오로지 소련과 중국의 군사력을 둔화시키는 것을 목표로 했지만, 최근 미국의 조치는 중국의 군사 현대화뿐만 아니라 디지털기술을 이용한 중국의 자국민 감시체제 구축을 저지하면서 중국의 첨단산업 발전을 지연시키는 것이다(Alden, 2022).

미국의 수출제한을 예상한 중국기업들이 칩을 미리 비축한 탓도 있지만, 2022년 미국 기업의 반도체 매출은 수출통제 확대와 중국 경제의 침체로 인해 크게 줄어들 것이다. 2022년 9월 기준 중국에 대한 미국의 칩과 장비의 판매는 전년 동기 대비 각각 25%와 15%가 감소했다. 모 컨설팅 전문기관은 중국에 대한 칩 판매가 전면적으로 금지되면 미국의 칩 세계 시장 점유율과 매출은 각각 18%와 37% 줄어들 것으로 추정했다.

미국은 손실을 감내하더라도 중국이 현재의 반도체 기술 수준에 남아있도록 조치를 취한 것이다(Wall Street Journal 2022). 이는 중국의 반응에서도 엿볼 수 있다. 중앙일보(2022)에 따르면, 류펑위(劉鵬宇) 주미 중국대사관 대변인은 미국 수출통제 조치가 발표된 당일 "미국이 자국의 기술력을 이점으로 삼아 신흥시장과 개발도상국의 발전을 저해하고 억제하려 한다. 미국은 중국과 다른 개발도상국들이 영원히 공급망의 최하단에 머물기를 희망할 것"이라고 미국을 맹비난했다. 중국 인민일보 산하 환구시보는 미국 조치 이틀 후에 논평을 통해 "미국의 수출통제 조치는 비(非)미국 기업으로 제한 범위를 대폭 확대해 중국과의 정상적인 협력과 무역을 막으려는 의도"이고, "자유무역에 대한 야만적 일격으로, 중국을 억제하기 위해 미국이 이성을 잃었다"고 주장했다. 이어 "(중국은 세계 최대 반도체 소비시장으로) 중국 시장과의 단절은 상업적 자살이나 다름 없다"고 미국을 비판했다(중앙일보, 2022).

미국의 통제에 중국은 기술 자립과 고도화를 위해 국가적 역량을 고사양 반도체 제조능력 확충에 집중하여 새로운 칩을 개발할 수 있을 것이므로 미국 제재의 효과에 의문을 가질 수 있다. 중국 최대 칩 제조업체인 SMIC(Semiconductor Manufacturing International Corporation)는 2022년 8월 7나노미터 반도체를 개발했다고 발표했다. 그러나 미국 통제로 SMIC는 첨단 노광장비(EUV)를 획득하지 못해 효율성이 떨어지는 기술을 사용했다. 미국의 제재는 중국의 반도체 굴기를 지연시키는 데 기여하는 것으로 볼 수 있다(Friedman, 2022; Reuters, 2022).

안보전략 분야 미국의 대표적인 싱크탱크인 CSIS(2022)도 중국 반도체 굴기를 지연시키려는 바이든 행정부의 전략적 접근을 긍정적으로 평가하고 있다. CSIS(2022) 내 AI 등 첨단기술 연구 단장인 Allen 박사는 중국 반도체에 대한 수출통제가 향후 미·중 관계의 진정한 전환점("genuine landmark")이 될 것으로 평가하면서 단기적인 손실이 있겠지만, 장기적으로는 올바른 정책으로 평가했다.

고성능 반도체 수출통제체제 윤곽이 공식발표 1개월 전에 알려지면서 여러 비판이 제기되었다고 한다. 엔비디아(NVIDIA) 및 AMD와 같은 미국 AI 컴퓨터 칩 설계 기업들이 최첨단 제품을 판매하지 못함에 따라 업계의 불만이 컸다. 중국 국내 AI 칩 설계 업체들은 규모의 경제와 네트워크 효과를 발생할 정도로 충분한 고객이 없었기 때문에 성능에서 이들 미국 기업들의 기술수준을 따라잡을 수 없었다.

하지만, 수출통제로 인해 이전에 미국 칩 회사로 유입되었던 수익이 중국 칩 회사로 이전되면 규모의 경제와 경쟁력을 확보할 수 있게 된다는 것이다. 단기적으로 중국은 피해를 볼 수 있지만, 수출통제가 중국 국내 칩 설계 생태계를 강화할 것이기 때문에 장기적으로 중국에 도움이 될 수 있다는 점을 들어 바이든 행정부의 수출통제를 비판하고 있다는 것이다.

이에 대해 Allen 단장은 이러한 비판 기조가 맞을 수 있지만, 바이든 행정부의 정책이 결코 공멸로 치닫는 것으로 봐서는 안된다고 평가한다. 오히려 중국이 반격하기 어려울 정도로 정교하게 고안되었다는 것이다. 10월 7일 발표에서 중국으로의 반도체 수출에 대한 대대적인 정책 전환과 우려 거래자 목록 관리 방식에 대한 규칙 개정으로 중국의 첨단 칩 설계를 더 어렵게 만들었다는 것이다.

지난 수십 년 동안 미국의 반도체 정책은 시장주도적이고 자유방임적이었지만, 반도체 및 과학법 통과 이후 미국은 글로벌 반도체 기술 공급에서 중국이 가장 취약한 약점, 즉 '급소(chokepoints)'를 확실하게 제어하는 방식으로 수출통제가 설계되었다는 것이다. 즉 FDPR 외 여러 세부적인 수단을 통해 "전례없는" 수준으로 중국 기술산업의 취약한 많은 부분을 효과적으로 타격하고 있기에 비판론을 반박하고 있다.

수출통제 조치가 중국의 약점을 확실하게 짚었다는 점을 크루그먼도 지적하고 있다. 그는 Farrell과 Newman(2019)의 논문을 인용하면서, 트럼프와 같이 시장접근 제한 등의 경제력을 행사하는 재래식 무역전쟁은 더 이상 유효해 보이지 않고, 세계 경제가 통합된 오늘날에는 핵심 상품, 서비스, 금융 및 정보에 대한 우려 국가의 접근을 제한하는 능력이 유효하다고 주장했다. 트럼프식 관세는 중국을 견제하기보다는 오히려 무역의 이익을 훼손하고 미국 물가만 올렸다는 것이다.

무역을 제로섬으로 보는 트럼프는 값싸고 우수한 수입 중간재는 수출 상품 생산에 투입되어 경쟁력을 개선하게 된다는 점을 보지 못했고, 트럼프 관세는 미국 생산 비용을 증가시키고 제조업 일자리의 수를 줄였다는 비판을 제기했다. 세계화와 국가안보를 절충한 바이든의 정책은 중국의 약점을 제대로 보고, 미국이 중국보다 경쟁력이 높은 기술을 중심으로 자신감을 갖고 확실하게 수출통제를 하는 것은 글로벌 위험에 제대로 대응하는 것으로 평가했다.

　국가가 산업을 지배하는 정책을 강화하고 있는 중국을 그대로 방치할 경우 공급망을 약화하고 고위험 의존도를 더 악화시킴에 따라 미국이 더 큰 대가를 치르지 않도록 하기 위해 정교하게 고안된 것으로 바이든의 정책을 긍정적으로 평가했다. 하지만 미국의 경쟁력이 낮은 상품에 대한 무분별한 고관세 부과로 중국을 견제하려고 했던 트럼프 대통령의 무역정책은 '어리석고 비효율적'이었다고 크루그먼은 주장했다.

　트럼프와는 달리, 바이든 대통령은 중국이 대응하지 못하는 기술을 중심으로 수출통제를 하는 것을 높게 평가했다. 수출통제로 무역상의 손실을 감내하더라도 트럼프 행정부의 관세와 달리 바이든 행정부의 수출통제는 분명한 목표를 가지고 있다. 군사경제적 중요성을 지닌 첨단반도체를 생산하려는 중국의 시도를 막거나 최소한 지연시키는 것이다. 이는 세계화와 배치되는 것이지만, 글로벌 통합에도 불구하고 여전히 존재하는 위험한 우려국가에 대응하는 방법이라고 크루그먼은 주장했다.

제12장 새로운 글로벌 수출통제 제도

1. 다자통상체제와 반도체

가. 다자통상체제의 무기력화

러시아의 우크라이나 침공은 국가안보의 중요성, 민주주의 훼손과 인권 유린, 권위주의 정치체제의 글로벌 리스크 등에 대한 국제사회의 경각심을 높이게 되었다. 서방세계는 미국주도 대러시아 경제제재에 참여했다. 수출통제 강화, 국제금융결재망(SWIFT) 배제, 러시아 중앙은행 외환보유고 동결, 러시아 에너지 금수 조치 등에서 우방국들은 단합된 모습을 보였다.

러시아 침공을 지원해 준 벨라루스에도 동일한 조치를 부과한 것도 러시아의 침공에 대한 국제사회의 인식인 것으로 이해될 수 있다. 결과적으로 러시아가 미국의 글로벌 리더십을 키워준 셈이다. 이러한 국제사회의 분위기는 미국의 대중국 정책 환경을 개선시켜 주었다. 2022년 10월 우방국 간 이해관계가 크게 작용하는 중국 반도체산업에 대한 고강도 수출통제 조치를 발동하면서 미국은 이러한 국제환경을 고려했을 것이다.

브레턴우즈 체제 확립으로 미국은 서방세계를 이끌게 되었다. 전쟁 방지와 시장경제권 발전을 위해 미국은 자유로운 무역 환경이라는 글로벌 공공재를 서방 국가들에 제공했다. 1980년대 일본 경제가 부상하면서 미국 경제를 추격할 것으로 전망되기도 했으나, 1985년 플라자 합의에 기반한 환율 조정과 버블경제 붕괴로 일본 경제는 더 이상 미국을 넘볼 수 없게 되었다. 군사력과 경제력을 바탕으로 한 미국의 글로벌 리더십은 견고한 것으로 보였다.

하지만, 2008년 글로벌 금융위기 이후 미국의 리더십은 상처를 입었고, G2로 부상한 중국이 글로벌 리더십을 넘보면서 미국에서는 신자유주의와 세계화에 대한 회의론이 제기되었다. 급기야 트럼프 전 대통령은 미국이 굳이 더 이상 세계 경찰을 자임할 필요가 없다고 공언하고, 반중국, 미국 우선주의와 신고립주의를 대외정책 기조로 정함에 따라 세계 주요국과의 분란이 적지 않았다.

바이든 대통령은 2020년 대통령 선거에서 우방국과의 협력체제 구축을 공약으로 제시했다. 특히 중국 견제 정책의 효과를 높이기 위해 우방국과의 연대를 강조했고, 실제로 집권 후 우방 국가와의 신뢰 구축을 위해 노력했다. 러시아의 우크라이나 침공을 전후하여 바이든 행정부의 발 빠른 경제제재 조치에 유럽, 캐나다, 호주, 일본, 한국 등 우방국들이 동참했다. 미국 우선주의가 여전하지만, 국제협력을 강조하는 바이든식 접근으로 신뢰를 회복하게 되었고 전쟁을 불사하는 권위주의 정권의 도발에 공동대응해야 하는 국제적 환경이 작용했다.

우방국의 통상정책에서 권위주의 정치체제 리스크 대응과 지정학적 요인에 대한 고려가 커지고 있다. 2022년 3월 17일 미 하원은 러시아와 벨라루스에 대해 최혜국대우 및 '항구적 정상 무역관계(PTNR)' 지위 박탈 법안을 가결 처리했다. 벨라루스는 러시아의 우크라이나 침공을 적극 지원했다는 비난을 받고 있다. EU의 대중국 대외정책기조 변화가 나타나고 있다.

트럼프 대통령 시절 유럽국가들이 미국의 대중국 정책에 적극적으로 동참하지 않은 것은 트럼프 행정부의 자국 우선주의 때문만은 아닐 것이다. 앙겔라 메르켈 전 독일 총리를 필두로 지난 수십 년 동안 유럽국가 지도자들은 중국에 대한 낙관론과 유화정책을 유지해 왔다. 하지만, 이번 러시아 경제제재에서 유럽국가들이 미국보다 더 강경한 경제제재 조치를 취했던 것은 권위주의 정치체제의 리스크가 당사국 내에 한정되지 않고 국경을 넘을 수 있다는 점을 러시아 침공으로 확인했기 때문이다.

나. 반도체: 경제안보의 핵심

자유로운 다자통상체제는 민주주의, 인권, 평화 등의 가치를 추구하면서 국제적 선린관계를 가진 국가 간 무역투자를 활성화시켜 경제 후생 수준을 높이는 것이 목표이다. 2001년 중국이 WTO에 가입하고, 10여 년 후 국제무역 세계 최대 국가가 되었고, 중국은 세계 대부분의 국가들에게 1위 교역대상국이 되었다. 중국은 '팩토리 아시아'의 중심국가가 되어 많은 국가와 긴밀한 교역 관계를 형성했으며, 세계를 대상으로 값싼 소비재 공급으로 물가 안정에 기여하였다. 특히 세계 경제의 고성장이 몇 년간 지속하면서 소위 '골디락스 경제' 시대가 전개되기도 했다.

하지만, 최근 10여 년 사이 미국 전략가의 판단은 달랐다. 중국 상품 수입이 빠르게 늘어남에 따라 일자리가 줄어들었고, 내수시장 제공을 미끼로 다국적 기업의 기술이전을 강요하는 중국의 비즈니스 관행이 민간기업이 아니라 중국 당국의 "중국제조 2025" 기술추격 전략과 깊게 연계된 것으로 미국은 파악했다. 특히 WTO 지식재산권협정(IPRs)을 지키지 않고 '중국몽(中國夢)' 실현을 위해 중국이 체제적으로 불법적 기술침탈을 자행하고 있다고 인식하게 되었다.

미국 대통령이 나서서 중국이 WTO 가입 약속을 지키지 않고 있고, 중국공산당이 지배하는 정치체제의 문제점을 지적했지만, 국제사회는 중국의 정치체제적 문제점을 그다지 귀담아 듣지 않았다. 트럼프 대통령의 정책 기조를 계승한 바이든 대통령은 중국에 대한 견제 수준을 높이면서 서방세계의 참여를 요청했지만, 독일, 프랑스 등 유럽 주요국의 반응은 미온적이었다. 중국과의 거래로 인한 경제효과가 너무나 컸기 때문이다.

대부분의 국가들은 중국과의 경제 관계를 유지하는 것이 나았고, 미국의 주장이 중국과 관련된 경제적 이해관계를 상쇄하기에는 역부족이었다. 하지만, 러시아의 우크라이나 침공은 권위주의 정치제체의 리스크 인식 변화에 극적인 계기를 제공했다. 더구나 UN 등에서 중국은 러시아를 두둔하는 모습을 보이기도 했고, 수출길이 막힌 러시아 에너지를 싼 값에 사들이기도 했다.

바이든 행정부는 상품 분야에서 중국에 대한 의존도를 줄이고, 반도체·전기차·의약품·핵심 광물 등 4대 전략기술 분야에 대해서는 미국에 생산기반을 구축하기로 했다. 이들 4개 산업 중 반도체는 최우선 분야이며, 중국과 기술 격차를 벌이기 위해 2022년 10월 수출통제 조치를 발표했다. 미국산 기술, 장비, 소프트웨어를 중국 반도체 기업이 사용하지 못하도록 만든 것이다. 특정 국가의 산업을 대상으로 수출통제를 적용한 것도 처음이지만, 제3국이 미국산 기술을 사용하여 만든 반도체 품목을 특정국 산업 전체에게 판매하지 못하도록 한 것도 전례가 없다.

트럼프 대통령 시절 출범한 '인공지능 안보 위원회'를 이끈 피터 쉬미트(Peter Schmidt) 전 구글 회장은 국가안보를 강화하기 위해 인공지능을 발전시켜야 하고, 이를 위해서는 첨단반도체 개발이 필수적이라고 역설했다. 바이든 대통령이 "반도체＝국가안보"라는 공식을 언급하게 된 배경이다. 선진국들은 반도체 산업을 집중지원하고 있다. 미국의 반도체산업 지원은 2021년 "인프라투자법", 2022년 "반도체 및 과학법", "인플레이션 감축법"에 두루 포함되었다. EU도 "유럽 반도체 지원법"을 제정하여 2030년까지 430억 유로를 지원하고 있다. 일본은 2022년 5월 경제안전보장추진법을 제정·공포하여 대만 TSMC 공장을 구마모토현에 유치하기 위해 생산설비 건설 비용의 절반(최대 4천760억 엔, 약 4조 6천억 원)을 지원해 주기로 했다.[1]

국내 반도체산업 지원을 위해 우리나라는 2022년 8월 "국가첨단전략산업 경쟁력 강화 및 보호에 관한 특별조치법"(반도체특별법)을 시행시켰다. 미국의 "반도체 및 과학법" 지원 내용에 자극받아 반도체특별법 시행 당일 반도체 추가 지원을 위해 모 정당은 '반도체산업경쟁력강화법안'을 제안했다. 이 법안은 '국가첨단전략산업법 개정안' 및 '조례특례제한법 개정안'으로 구성되어 있다. 개정안은 반도체 등 국가첨단전략산업 시설투자에 대한 세액공제 기간을 2030년까지 연장하고 대기업 세액공제 비율을 기존 6%에서 20%로 확대하기로 했다. 이 개정안이 발효되면 삼성전자와 SK하이닉스가 발표한 신규 투자에 대해 약 5조~7조 원의 세액공제 혜택을 볼 수 있을 것으로 예상된다.

다. 깨어진 '무역을 통한 평화론'

러시아의 우크라이나 침공은 중국 주도 무역블록 형성을 가속화할 수 있다. 크림반도 합병 이후 국제사회의 경제제재가 강화되자 러시아는 미국 주도 경제제재에 참여하지 않던 중국과 경제교류를 강화시켰다. 중국 역시 미국의 디커플링 정책 이후 러시아와의 경제교류 확대가 불가피했다. 디커플링과 금융제재에 대비하여 중국은 위안화 국제결제시스템(CIPS)을 구축해 왔고, SWIFT 배제 이후 러시아는 CIPS를 SWIFT 우회로로 활용하였다.

미국 내 상품 수급 문제로 미국이 일시적으로 중국에 대한 제재 수준을 낮출 수 있지만,[2] 장기적으로 보면 디커플링 정책은 지속될 것이고 중국은 '쌍순

---

1 TSMC는 2024년 12월부터 소니와 함께 공동으로 월 12인치 웨이퍼 4만 5000장을 생산하기로 하였다. 이 공장의 고용인원은 1700여 명(TSMC 파견 인력 320여 명)인 것으로 알려져 있다.

2 2018년 트럼프 행정부는 2천 200여 개 중국 품목을 추가관세 부과 대상으로 설정하였으나, 미국 내 사정을 이유로 2020년 말 549개로 축소했다. 2022년 3월 바이든 행정부는 이중 352개를 일시적으로 제외시켰다. 이 조치가 대중국 유화 제스처인지 인플레 대응정책으로 추진된 것인지는 명확하지 않다.

환' 전략을 추진하면서 러시아, 이란 등이 참여하는 '상하이 협력기구(SCO)'를 중심으로 경제블록을 형성하고자 할 것이다.3 '빚더미 지원'으로 국제사회의 비판을 받고 있는 일대일로(OBOR)정책이 좌초될 위기를 맞고 있어 중국은 SCO를 중심으로 미국의 디커플링 전략에 대응할 가능성이 있다.

트럼프와 마찬가지로 바이든 행정부는 중국을 더 이상 현재의 다자통상체제에 잔류하도록 허용할 수 없다는 입장을 여러 차례 밝혔다. 대공황 이후 자유무역체제를 확립한 코르델 헐(Cordell Hull) 국무장관 이래 미국은 '무역을 통한 평화'가 가능한 것으로 봤다(Irwin 2008). 닉슨 대통령을 포함하여 20세기 미국 대통령들은 체제전환국가들이 자유무역체제에 편입되면 자연스레 정치체제를 민주화시킬 것으로 낙관했다.4

폴 크루그만 교수가 지적했듯이, 중국과 러시아는 미국의 기대를 저버렸다. 미국은 중국에 대해 '무역을 통한 변화와 평화'를 기대했지만, 중국은 정치적으로 퇴보해 '1인 통치'시대로 되돌아갔고, 잔인한 독재자가 통치하는 러시아는 우크라이나를 침공했다. 오늘날 세계화는 국가 간 화합보다는 '국제적 대결을 위한 새로운 국경을 만든 것 같다'고 크루그만 교수는 평가했다(Krugman 2022a,b). 사실상 만장일치 의사결정 제도를 가진 WTO는 한 국가가 반대해도 어떠한 규정도 변경할 수 없다. 이로 인해 오바마 대통령 시절부터 미국은 WTO 기능을 마비시키는 전략을 추진했다.

상소기구 기능 중단으로 WTO는 이미 무기력해졌고, 2차 세계대전 이후 국

3 SCO는 1996년 중국 상하이에서 중국·러시아 주도로 카자흐스탄·키르기스스탄·타지키스탄이 참여하여 '상하이5'를 결성했다. 2001년 우즈베키스탄이 합류하면서 SCO로 명칭을 정했다. 2015년 파키스탄과 인도가 가입하여 회원국은 8개국이다. 이란, 벨라루스, 몽골, 아프가니스탄 4개국은 준회원국이다. 이스라엘, 이집트, 캄보디아, 우크라이나, 몰디브, 네팔, 시리아, 아르메니아 등은 대화 파트너 국가로 참여하고 있다.
4 무역자유화가 평화를 가져다줄 것이란 점에 대해 Cordell Hull(1887-1955)은 확고한 신념을 갖고 있었다. 12년간(1933-44) 미 국무장관을 지낸 그는 대공황 기간 각국이 취한 보호무역 기조에서 탈피하기 위해 1934년 상호무역법 제정을 주도하였다. 1938년 2월 6일 연설에서 Hull 국무장관은 자신이 주도해 통과시킨 상호무역법을 옹호하면서 평화 유지 조치로서 국제 통상협상을 통해 전 세계적인 무역자유화를 추구해야 할 시급성을 강조했다. Irwin(2008)은 Hull 국무장관의 발언을 다음과 같이 소개하고 있다.
"1914년에 전쟁이 일어났을 때 나는 두 가지 점을 생각하게 되었다. … 상업의 개념을 전쟁과 평화의 개념과 분리할 수 없다는 것을 보았다. … 전쟁은 주로 불공정하게 수행된 경제적 경쟁으로 인해 발생했다. … 12년 동안 국무장관을 하면 방해받지 않은 무역은 평화와 잘 맞는(dovetailed)다는 것을 알았다. 높은 관세, 무역장벽 및 불공정한 경쟁은 전쟁을 낳는다. 다른 요인들이 관련되어 있겠지만, 무역의 흐름이 더 자유롭게 된다면 전쟁을 초래하는 경제적 불만을 없애고 평화를 지속할 수 있으며 모든 국가는 경제적으로 나아질 것이다."

제무역질서를 이끌어 온 미국이 향후 어떤 형태의 통상질서를 구축할 것인가는 아직 명확하지 않다. WTO 위상과 역할이 위축되었다고 해도 국제무역에 결정적인 문제가 발생하는 것은 아니다. WTO 규범은 이미 모든 회원국 국내법에 반영되어 이행되고 있다. 인도 · 태평양경제프레임(IPEF)에 대한 미국의 구상이 제시되고 있으나, WTO를 대체할 수 있는 새로운 다자통상체제를 구축할 것인가에 대해 미국은 입장을 제시하지 않고 있다. 하지만 중국에 대한 디커플링은 시간이 갈수록 강화되고 있고, 바이든 대통령 집권 이후 국제사회에 대한 미국의 영향력은 커지고 있다.

2. 수출통제체제에 대한 미국의 평가

가. 미국 수출통제 제도에 대한 평가

전시와 같은 특수상황이 아니라면 대부분의 경우, 개인이나 국가가 수출통제에 대해 우호적인 입장을 갖기는 어렵다. 돌출행동을 일삼던 트럼프 전 대통령이 국가안보를 이유로 수출통제 강화 정책을 추진하자 우방국은 물론이고 미국 내에서도 비판이 적지 않았다. 국가안보 분야 미국의 대표적인 싱크탱크인 CSIS(2019)는 ECRA에 규정된 "신흥기술 및 기초기술"의 잠재적 이전에 대해 BIS가 제대로 조사할 수 있을 것인에 대한 의문을 제기했다. 중국으로의 첨단기술 이전을 차단하는 것이 ECRA 법의 취지라는 것은 이해하지만, 미국 국가안보에 필수적인 기술의 범위가 넓을 뿐만 아니라 군사적 유용성을 정확하게 추정할 수 없으며, 어떤 경우에는 기술개발의 방향을 사전적으로 예측하기 어렵다고 비판했다. 많은 신흥기술을 사전적으로 파악하여 상업통제목록(CCL)에 기재하기 어렵고, 국가안보 효과성을 평가하는 것도 결코 용이하지 않으며 더구나 다자간 수출통제체제가 확실하게 작동하지 않는다면 통제의 실효성을 담보하기 어려울 것이라고 반론했다.[5]

---

5 2018년 12월 바세나르협약 총회에서 회원국들은 새로운 기술에 초점을 둔 새로운 수출통제 채택을 논의하기로 했으나 이후 진전되지 않았다. 다만, 2019년 5월 BIS는 바세나르 협약과 일치하는 방식으로 새로운 기술에 대한 수출통제가 가능하도록 EAR 규정을 개정했다.

그림 12-1 국제안보분야 미 싱크탱크(CSIS)에서 경제안보에 대해 토론하는 정인교 교수

자료: 저자 촬영

    BIS가 포괄적인 통제를 하고 있지만, 산업계는 수출통제의 대상이 어디까지인지, 즉 임계치를 파악할 수 없어 과도하게 비즈니스 리스크를 안고 있다고 불평했다. 더구나 상황허가(캐치올) 제도는 지나치게 너무 많이 규제할 수 있는 잠재적 문제점을 갖고 있다고 비판했다. 최종사용자 및 최종사용자 목록을 정확하게 제시하되, 어디까지나 중국 군대 및 보안 관련 기관과 연계된 최종사용자에 한정해야 한다는 것이다. 즉, 상업적 이해 손실을 최소화하기 위해 중국 민간인 및 상업단체와 협력할 수 있는 가능성을 열어줄 것을 요구했다. 통제의 범위를 좁게 지정해야 통제의 효과를 높일 수 있다는 점도 지적되었다.

    Mercator Center(2018) 역시 부정적인 의견을 냈다. ECRA에 근거한 수출통제 범위가 폭발적으로 늘 수 있고, 미국 수출산업의 국제경쟁력을 위협하고 기술의 상업적 적용을 방해하는 부작용을 우려했다. 지정된 신흥기술은 이미 소비자와 기업 모두에게 도움이 되는 다양한 방식으로 사용되고 있는데, 수출을 제한하게 되면 중요한 기술혁신에서 미국이 뒤처질 수 있다는 것이다. 정보기술 & 혁신재단(Information Technology & Innovation Foundation, 2019)은 ECRA 발효 시 미국 산업에 최대 563억 달러의 손실을 초래할 것으로 추정했다.

    또한 신자유주의 통상정책 연구에 높은 전문성을 갖고 있는 페터슨국제경제

연구소(PIIE, 워싱턴DC 소재)의 Bown(2020) 박사는 미국의 수출통제 정책이 동맹국과의 분열을 야기하고 불필요한 경제손실을 발생시키는 등의 문제점이 있음을 지적했다.[6] 제2차 세계대전 이후 서방세계는 수출규제에 대한 규정을 합의하고 비공식 국제 협의체인 코콤을 운영하였다. 법적 구속력이 없었음에도 브레턴우즈 체제를 확립한 미국의 리더십에 의해 서방세계 국가들이 자발적으로 코콤 수출통제를 실시하였다.

하지만, 트럼프 대통령의 무리한 자국 우선주의와 신고립주의로 우방국과의 간극이 벌어진 상황에서 무역확대법 232조 발동과 수출통제 강화는 우방국들이 미국에 등을 돌리는 계기를 만들었다. 유럽 등 다수 동맹국들은 트럼프 행정부의 일방적인 수출통제 조치가 국가안보와는 무관한 정치적인 판단이면서 경제적인 조치라고 폄하하였다. 조치 발동으로 미국은 혜택을 볼 수 있지만, 동맹국들은 피해를 보고 있다는 것이다. 이로 인해 트럼프 행정부의 수출규제 정책은 전형적인 근린 궁핍화 정책(beggar-thy-neighbor)의 예가 될 수 있다고 Bown(2020)은 지적했다.

나. 바세나르 체제에 대한 미 당국의 평가[7]

미국은 바세나르 체제가 신제품과 신기술에 대한 통제가 미흡하다는 점을 우려해 수출통제개혁법(ECRA) 제정 등을 통해 자체적인 규정을 강화해 왔다. 2022년 러시아에 대한 수출통제는 바세나르 체제의 수출통제를 훨씬 초과하고 있지만, 서방세계가 별 이의 제기 없이 수용했다. 앞으로 미국은 자국의 수출통제체제를 기준으로 신바세나르 체제를 구축해 나갈 것으로 전망된다. 신바세나르 체제는 ECRA가 보호하는 신흥기술과 기반기술을 포함할 것이며, 이는 미국의 대중국 견제 및 첨단분야 디커플링 핵심수단이 될 것이다.

그동안 미국은 바세나르 체제의 한계에 대한 불만을 갖고 있었다. 무엇보다 이행력과 구속력이 결여된 협의체가 빠른 기술발전과 급변하는 글로벌 안보환경에 적극적으로 대응할 수 없는 상황을 개선해야 한다는 점에 높은 관심을 갖

---

6 Bown(2020) 참조.
7 이 부분은 정인교(2022a)를 중심으로 작성하였다.

그림 12-2 2023년 바세나르체제 총회

자료: 저자 촬영

고 있다. 출범 당시에 워낙 느슨한 규정을 도입했기에 미국이 독자적인 개선안을 관철시키는 것은 어려웠다. 이로 인해 미국은 수출통제에 대한 국내법을 강화시키게 되었다. 앞서 언급한 바와 같이, 트럼프 행정부가 의욕적으로 제정했던 ECRA는 국제통상법에 상충되는 내용이 적지 않다. 미국이 국내법에 근거하여 발동한 러시아에 대한 수출통제는 역대 최고 수준으로 제재강도가 높다.

미국은 바세나르 협정에 대해 다음 세 가지를 우려하고 있다. 먼저, 산업기술과 신제품이 빠르게 발전하는데, 이러한 추세에 통제제도가 신속하게 대응하지 못하는 것을 우려했다. 다음으로 회원국의 구성에도 문제가 있다는 인식을 갖고 있다. 구 소련 붕괴 후 민주주의를 채택한 러시아는 바세나르 체제에 가입했다. 하지만, 블라디미르 푸틴 대통령이 집권하면서 바세나르 체제 운영에 방해가 되곤 했다. 바세나르 규칙 개정에 종종 반대했을 뿐만 아니라 규칙을 준수하지 않아 체제를 무력화시키는 데 주범이 되어 왔다(Corr, 2003). 2014년 크림반도 군사행동에 이어 2022년 2월 바세나르 체제 회원국인 러시아가 무기와 병력을 동원하여 우크라이나를 침략한 것부터가 바세나르 체제와 정면으로 배치된다. 러시아·우크라이나 전쟁이 한창이던 2022년 3－4월 오스트리아 비엔나에서 열린 바세나르 체제 전문가회의(EG)에서도 러시아가 부적절한 행동을 하여 다른 회원국이 이구동성으로 불만을 제기하기도 했다.

기존 4대 다자간 수출통제체제는 만장일치제 의사결정 원칙을 적용하고 있고, 특정 국가나 그룹을 타기팅하지 않아야 하고 선의의 민간거래를 방해하지 않도록 해야 한다(전략물자관리원 2022c). 하지만, 미국은 이러한 규정으로 급변하는 세계안보환경에 대처할 수 없다고 판단했고, 미국은 자국만의 통제리스트를 적용해 왔다. 2022년 미 BIS가 수출규제 품목으로 검토했던 9개 품목 역시 바세나르 협정 리스트에 포함되어 있지 않다. 그럼에도 불구하고 미 정부가 통제하려는 물품 통제의 효과를 높이기 위해 다른 국가들의 참여와 협력이 필요하다. 이른바 통제의 비대칭성 문제, 즉 제3국 조달 가능성에 대해 미국은 고민해 왔다(Bown 2020).[8] 1987년 도시바기계의 코콤 위반 사건 이후 일본은 미국의 수출통제 정책에 적극적으로 협력해 왔다. 통제의 비대칭성 문제에 대해 미국은 일본과 긴밀한 협의를 해 왔다. 2020년 일본은 첨단기술을 보유한 일부 국가만의 수출통제체제 구축을 거론했고, 미국과 일본은 대중국 수출규제를 위해 첨단기술 수출통제체제를 협의했다. 몇 개월 후 미국과 EU는 수출통제를 TTC 협력 분야로 추가했고, 미국의 BIS 당국자도 새로운 수출통제체제 구축 필요성을 언급했다(전략물자관리원 2022c).[9]

   바세나르 수출통제체제[10]는 기술발전에 따라가지 못하고 있고, 미국은 자체적으로 규정을 만들어 적용해 왔다. 통제품목의 수도 코콤보다 많았고, 미국은 코콤 외 품목의 수출을 일방적으로 통제해 왔다. 대표적으로 해외직접제품규정(FDPR)은 미국 역외에서 제3국 기업이 생산한 제품이라도 미국이 통제대상으로 규정한 미국산 소프트웨어나 기술, 장비를 사용했을 경우 미 상무부가 수출을 문제 삼을 수 있도록 한 미국 국내법 조항이다. 국내 조치가 역외에 적용되는 것이다. FDPR의 시초는 1959년으로 거슬러 올라갈 수 있으나 현재의 FDPR 규정은 트럼프 대통령 시절 EAR 개정을 통해 도입되었다.

---

8 예를 들어 트럼프 대통령 집권 기간 미국은 자국의 기업인 GE에 제트엔진이 중국으로 수출하지 못하도록 했으나, 유사 엔진을 생산하는 영국의 롤스로이스가 참여하지 않으면 효과를 기대하기 어렵기에 동일한 내용의 조치 발동을 영국에게 요청했다.

9 자세한 내용은 이서진(2022) 참조.

10 자세한 내용은 이서진(2022) 참조.

3. 미국의 신수출통제 제도 요약

2020년 화웨이 수출통제에 이어 러시아·벨라루스 경제제재, 중국 반도체산업에 대한 전면적인 수출통제 발동으로 미국은 수출통제를 새로운 무역 패러다임으로 상당 부분 국제화시킨 것으로 볼 수 있다(정인교 2022g). 케빈 울프(Kevin Wolf) 전 상무부 수출통제 담당 차관보 지적과 같이 미국이 독자적으로 발동한 수출통제 제도는 기존 다자간 수출통제와는 상당한 차이가 있다. 2022년 10월 발표된 바이든 행정부의 "국가안보전략(National Security Strategy)"에서는 이례적으로 우방국과의 수출통제 제도 조화 및 업그레이드 추진 정책을 밝혔다. 권위주의 정권이 통치하는 우려 국가에 대해 미국은 입장을 같이 하는 우방국의 수출정책을 조화시켜 새로운 다자간 수출통제체제를 구축할 것으로 예상된다.

러시아·벨라루스에 대한 수출통제는 군부를 겨냥한 반면, 중국에 대해서는 반도체 산업을 정조준하고 있다. 제재 대상 국가의 산업과 특정 계층에 대해 발동할 수 있는 체제를 갖추었고, 미국과의 기술협력이 필요한 우방국들도 동참하도록 유도하는 장치도 활용하고 있다. 통제 내용이 많아 일목요연하게 정리하는 것이 어려우나, <표 12-1>과 <표 12-2>는 미국의 신수출통제 적용 대상품목과 주요 정책 수단을 독자 입장에서 종합적으로 이해할 수 있게 정리한 것이다.

미국은 통제 대상품목과 수출통제 수단을 조합하여 타깃 국가에 대해 다양한 형태의 수출통제를 부과할 수 있게 제도화했다. 수출통제 대상품목을 통제 분류목록(CCL)으로 기술의 유사성과 특성을 기초로 카테고리별로 구분하고 품목별 통제코드(ECCN)를 부여하고 독자적인 수출통제 적용 범위를 정해왔다. 다른 국가와 달리 미국은 모든 ECCN 품목 및 소비재(EAR99)가 수출통제 대상이 될 수 있도록 수출통제 제도를 확립했다. 각 코드에서 두 번째 자리가 D(소프트웨어)와 E(기술)로 분류된 품목만이 FDPR 통제대상 품목이 된다. 참고로 우리나라 전략물자 분류는 전략물자 수출입고시 [별표 1]에 제시되어 있다. 본서의 <부록 1>에서는 산업통상자원부가 관리하는 전략물자·기술을 예시하고 있다.

러시아와 벨라루스에 대해 미국은 C3-C9 ECCN 품목 전체와 소비재(EAR99) 품목을 수출통제 범주에 포함하였다. 전자기기, 통신기기, 항법장치, 해

표 12-1 미국 수출통제분류목록(CCL) 및 통제 범위

		품목별 코드 및 특성			조치별 미국의 독자제재 범위		
		분야	ECCN 코드	코드별 특성	화웨이 등	러시아/벨라루스	중국 반도체
C C L 카 테 고 리	0	핵 물질, 시설, 장비	0A001 ~0E984	A: 시스템, 기기, 부품 B: 장비 (시험, 검사, 제조) C: 재료 D: 소프트웨어 E: 기술	• 화웨이 등 제재 기업 한정 적용 • 반도체 개발 및 생산 기술과 소프트웨어	• 국가 전체 적용 • C3-C9 ECCN 품목 • 제재 추가: 전자기기 등 58개 품목 • 심해 시추 장비 • EAR99 품목, 사치품 통제 (MEU 연계) • 군사 제재 강화(MEU, MIEU) • EAR 전체 품목 • 러시아 행 항공기 제재(수리 등) • 미국 등 우방 국 기업, 예외 적용	• 고사양 반도체 개발 및 생산 기술과 소프트웨어 • 제재 기업 명단 확장성 • 특정국 타깃 산업 사실상 전체 제재 • 우방국 기업, 예외 적용
	1	첨단재료, 생화학	1A001 ~1E998				
	2	재료가공	2A001 ~2E994				
	3	전자	3A001 ~3E991				
	4	컴퓨터	4A001 ~4E993				
	5 (P1)	통신기기	5A001 ~5E991				
	5 (P2)	암호장치	5A001 ~5E992				
	6	센서와 레이저	6A001 ~6E993				
	7	항법과 항공전자	7A001 ~7E994				
	8	해양관련	8A001 ~8E992				
	9	추진장치, 비행체	9A001 ~9E993				
EAR99		ECCN 미분류 품목. 주로 범용소비재					

자료: 저자 작성

양시추 등 58개 품목 외에, 심해 석유 및 셰일가스 시추장비 등 러시아가 해외 수입에 의존해야 하는 전략물자를 수출통제 대상으로 지정했다. 최종군사사용 자(MEU)에 대해서는 EAR 품목 외에 사치품까지 통제대상으로 설정하고, 러시 아에 착륙하는 제3국 항공기에 대해서도 제재조치를 발동했다. 이를 위반한 항 공기에 대해서는 미국 및 우방국 공항에서의 이착륙, 수리, 급유 등을 금지하였

다. 단, 승용차, 스마트폰 등과 같은 순수 소비재를 거래하는 미국 등 우방국 기업에 대해서는 러시아 수출통제 예외 적용이 가능하도록 했다.

2019~2020년 화웨이 제재를 기초로 미국은 2022년 8월 중국 고성능 반도체산업 전반에 대한 강력한 수출통제 조치를 발동했다. 미국 및 우방국 기업의 첨단반도체 기술, 장비 및 소프트웨어의 수출, 재수출 및 이전이 통제되도록 EAR 규정을 개정했다. 특정 수준 이상의 기술을 다루는 중국 기업들을 우려 거래자 혹은 미검증 기관 리스트에 등재할 수 있도록 상무부에 재량권을 부여했다. 등재된 산업의 생태계 전반은 미국 관련 기술과 차단된다.

미 상무부는 수출통제 목적별 및 국가별 통제를 지정할 수 있고, 리스크 수준에 따라 우려 거래 국가를 지정할 수 있는 권한을 갖고 있다. 더구나 미국인이 중국 반도체 개발 및 제조에 기여하지 못하도록 하기 위해 인적교류 제한조치를 발동했다. 사람을 통한 기술유출을 방지하기 위해 당사자가 알았던 몰랐던 간에 중국 반도체 분야에 대한 미국인의 관여를 금지시키고 불법으로 규정했다.

2018년 수출통제개혁법은 BIS가 다양한 안보환경에 대응할 수 있게 통제목적, 국가별 통제, 우려 거래자 리스트, FDPR, 허가 거부와 면제, 편입기준(최소허용기준) 등 다양한 수출통제 수단을 사용할 수 있게 상무부에 허용했다. 통제목적으로 기존 다자간 수출통제 목적인 CBW(생화학무기), NP(핵 비확산), FC(재래식 무기), MT(미사일 기술) 4개 외에 NS(국가안보), RS(지역안정), FC(재래식 무기), CC(범죄 통제), AT(반테러) 4개를 추가하여 총 8개로 구분했다. 대부분의 전략물자와 이중용도 물품은 NS 차원에서 통제된다.

국가별 통제는 A－E 5개 그룹으로 나눠지며, A 그룹은 수출통제에 대한 신뢰도가 높은 국가로 대부분의 우방국이 해당된다. 문제는 D 그룹과 E 그룹이며, D 그룹은 러시아와 중국을 포함한 체제전환국들을 통칭하고, E 그룹은 테러 연관 국가들로 미국이 경제제재를 부과하고 있는 국가들이다. 2022년 10월 기준 우려 거래자 리스트 종류는 총 5개로, 러시아와 벨라루스의 200여 개 기업을 우려 거래자 리스트에 등재하여 엄격한 수출통제를 적용하고 있다.

표 12-2 최근 미국 수출통제 수단과 조치별 주요 규정

통제 수단	개요	국가·기업 조치별 특정 규정		
		화웨이 등	러시아/ 벨라루스	중국 반도체
통제 목적(사유)	CBW, NP, NS, MT, RS, FC, CC, AT	NS	NS	NS
국가별 통제	• 국가별 리스크에 따라 A-E 5개 그룹 • D 그룹: 중국, 러시아 등 구 공산권 국가, WMD 우려국가 • E 그룹: 북한·이란·시리아·수단·쿠바 등 미국 제재대상 국가			
인적 통제	• '인지' 기준 요건			• 금지원칙
우려거래자 리스트	• Denied Persons List(개인, 기업) • Entity List(기관, 기업) • Unverified List(기관, 기업) • MEU List(군수 관련 기관, 기업) • MIEU List(군사정보 관련 기관, 기업)	• Entity List (해외 관련 기업) • C3-C5, 16개 ECCN 품목	• 러/벨 200여 개 단체(기업, 기관)를 Entity List 등재 • 기존 49개 MEU List를 Entity List 이관	• Entity List: 28개 기업 (2022.10) • Unverified List: 31개 기업(2022. 10)
해외직접제품 규정(FDPR)	• 일반 FDPR • 국가안보 • 품목: 9x515(위성), 600시리즈(군수) • 특정 국가 FDPR • 특정 품목 FDPR	• 품목 FDPR (Entity List)	• 러시아 FDPR (C0-C9 CCL 품목) • MEU FDPR (C0-C9, EAR 99 품목 MEU 리스트 수출)	• 품목 FDPR • 고사양 반도 체 관련 기술 과 소프트웨어
허가 거부	• 거부정책 • 거부 추정		• 거부정책	• 거부정책 • 거부 추정
최소허용기준 (De Minimis)	E 그룹(북한, 이란, 시리아, 수단, 쿠바)에 대한 수출은 10%, 나머지 국가에게는 25% 적용 단, 초민감 품목의 경우 단 얼마라도 포함되면 EAR 적용 대상 품목이 됨.			
허가면제	19개에서 17개로 축소(2020)		7개로 축소 적용	

주: CBW(생화학무기), NP(핵 비확산), NS(국가안보), MT(미사일 기술), RS(지역안정), FC(재래
    식 무기), CC(범죄 통제), AT(반테러)

자료: 저자 작성

표 12-3 러시아·벨라루스에 대한 허가예외 사유

순번	예외 코드	주요 내용
1	GOV	정부간 협력, 화학무기(CWC) 사찰, 국제우주정거장(ISS) 물품 (재)수출
2	BAG	일반인과 승무원의 개인 수화물
3	AVS	외국의 항공기나 선박의 미국 내 일시적 체류 후 출항할 경우, 미국 항공기나 선박 혹은 관련 기자재가 일시적 해외 체류 목적으로 미국에서 이탈하는 경우
4	ENC	일부 암호화 물품과 소프트웨어 (재)수출
5	CCD	제재국 소비자의 통신에 사용되는 기증 물품의 (재)수출
6	TMP	일시적 수출입 및 재수출, 일시적 미국 체류 (재)수출품, 베타버전의 소프트웨어 (재)수출
7	TSU	영업용 기술/소프트웨어 및 업데이트 프로그램, 공개 암호 소스코드 (재)수출

자료: 김희준(2022) 수정보완

　　러시아·벨라루스와 중국에 대해 매우 엄격한 수출통제 제도를 적용하기 위해 우려 거래자 리스트에 등재된 기관에 대한 수출 허가신청은 원칙적으로 거부정책이 적용된다. 특히 침략전쟁을 일으킨 러시아와 벨라루스에 대한 수출허가 가능성을 낮추기 위해 허가면제 조항 17개 중 7개(⟨표 12-3⟩)만 적용 가능하도록 규정했다. 즉, 정부간 협력을 위한 수출, 일반인 및 승무원이 개인 수화물 등에 대해 제한적으로 허용하되 산업적 의미가 있는 수출에 대해서는 불허를 원칙으로 수출을 통제하고 있다. 앞으로 개정을 통해 최소허용기준을 낮출 수 있고, 적용 대상품목을 확대하게 되면 수출통제의 파급영향은 지금보다 훨씬 더 확대될 수 있다.

4. 향후 전망

가. 바이든 행정부의 국가안보전략

　　1980년대 이후 미국의 신행정부는 관행적으로 집권 1년 차 말에 "국가안보전략" 보고서를 발표했으나, 바이든 행정부는 코로나19 팬데믹, 국내 정치적 요인 및 다양한 지정학적 요인으로 집권 2차인 2022년 10월 14일 발표했다. 중국과 러시아를 미국의 패권에 도전하는 국가로 분류하고, 특히 중국에 대해서는 경계감을 노골적으로 밝혔다. 국제질서 재편 의도와 목표 달성을 위한 경제·외교·군사·기술 역량을 갖춘 세계 유일의 국가로 중국을 지목했다. 국가안보전략 보고서에서 미국은 자국 수출통제 제도의 국제화를 거론하면서 우방국 간 규범적 격차 해소 필요성을 강조했다.

시진핑 주석 집권 이후 미·중 간에는 협력보다는 갈등 요인이 부각되었고, 미국은 중국에 대한 견제를 본격화했다. 2013년 미·중 정상회의에서 시주석은 오바마 당시 미 대통령에게 '신형대국관계(新型大國關係)'를 제안하였고, 2021년 대통령으로 취임한 바이든에게도 이를 제안했다. 미국식 자본주의시장경제와 '중국특색사회주의시장경제'의 공존을 거론한 것이지만, 미 대통령의 심기는 편치 않았을 것이다. 미국 중산층의 장기간 소득 정체와 러스트벨트(쇠락한 공업지대)가 중국의 WTO 가입과 '세계공장화'와 깊은 관련이 있다는 판단이 지배적인 가운데, '중국몽', '중국제조 2025'와 '일대일로' 등으로 시주석하의 중국이 글로벌 패권을 넘보는 것을 파악한 미국은 EU 및 일본과 함께 중국을 '시장경제' 국가로 인정하지 않기로 했다.

오바마 행정부는 WTO를 식물기구화하면서 환태평양경제공동체(TPP) 결성을 통해 중국 포위전략을 추진했다. 트럼프 대통령은 WTO 탈퇴와 신고립주의를 언급하다가 2018년 중국과 전면적인 관세전쟁에 돌입하였고, 아시아 국가들과의 경제번영네트워크(EPN)를 제안하여 중국 배제와 WTO를 대체할 새로운 국제통상체제를 모색했다. 또한 수출통제개혁법을 제정하여 우려 국가에 대한 강도 높은 수출통제 제재를 가할 수 있도록 국내법 기반을 마련했다.

새로운 국제통상질서 구축이 현실적으로 가능하지 않음을 판단한 바이든 행정부는 수출통제 제도를 통해 중국과의 디커플링을 추진하고 있다. 미국의 요청에 의해 동맹국들이 바세나르 체제 등 현재의 다자간 수출통제체제에 참여하고 있으나, 미국 외 대부분의 국가들은 상업적 이해관계로 인해 동 제도를 소극적으로 준수해 왔다. 회원국들의 반대로 규정을 개정하기 어려웠기에 미국은 다자간 수출통제체제에 대한 불만이 적지 않았고, 미국은 독자적인 수출통제 제도를 강화해 왔다. 집권 2년 차에 바이든 행정부는 자국 수출통제 제도의 다자규범화 추진 계획을 국가안보전략에서 내비쳤다.

2001년 9·11 테러가 발생하자 미국은 국가안보 차원에서 독자적인 수출통제를 강화했고, 국내 이해관계자에게 이를 널리 알리고 위반 사항에 대해 벌금 및 형사적 처벌을 부과해 왔다. 2022년 러시아가 우크라이나를 침공하자, 동맹국들은 미국이 주도한 경제제재와 이에 포함된 미국식 수출통제를 수용하고 이행했다. 최근 몇 년 사이 중국에서의 인권 문제, 홍콩 보안법, 대만 이슈 등이 제기되면서 다수 동맹국들이 미국의 대중국 정책을 지지하기 시작했다.

미국은 FDPR과 같은 규정을 통해 동맹국의 미국 수출통제 제도 참여를 직간접적으로 압박했다. 최근 미 카네기재단은 미국이 자국의 첨단기술을 기존의 자유경제 체제 방식으로 제3국과 공유하지 않을 것으로 전망했다.[11] 즉, 우려국가에 대한 기술유출 방지가 담보된 우방국에 한정하여 기술협력을 추진할 것임을 추론해 볼 수 있고, 국가안보전략 보고서에서도 이를 시사하고 있다. CSIS(2022)도 그동안 미국은 기술에 대해 자유방임해 왔다고 비판한 바 있다. 미국의 수출통제는 반도체산업에 국한되지 않을 것이다.

미·EU 간 무역기술이사회(TTC)에서 논의되고 있는 바와 같이 우방국 간 기술협력 논의가 진전되면 기술 보호를 위해 다자간 수출통제체제를 강화하게 될 것이다. 미국의 수출통제 제도는 이미 다자간 수출통제체제를 크게 능가하고 있고, 미 당국자들은 수출통제 제도의 파급영향을 긍정적으로 평가하고 있다. 미국 내에서는 파급영향 극대화를 위해 자국 수출통제 제도의 국제화를 제안하고 있다. 따라서 미국은 현재의 수출통제 범위를 확대하고, 우방국들이 미국의 제도를 국내법에 반영할 것을 요구할 가능성이 높다. 우방국들은 미국의 제도를 수용하지 않을 수 없을 것이다.

나. 포괄적 수출통제 제도의 국제규범화

종합하면, 미국의 수출통제 제도는 기존 바세나르 수출통제의 범위를 훨씬 초과하고 있다. 다자간 수출통제 속성상 빠른 기술발전과 글로벌 통상환경 변화를 수출통제에 반영하기 어렵기도 하지만, 만장일치 의사결정 규칙으로 인해 수출통제제도를 변경하는 것이 쉽지 않다. 앞서 언급한 바와 같이, 미국은 현재

---

11 이에 대해서는 Chivvis(2022) 참조

의 다자간 수출통제체제에 대한 불만에다가, 최근 미국이 도입한 독자적인 수출통제 제도를 국제화시키기 위해 노력할 것이다. 특히 역외적용, 금융제재, FDPR 수출허가 면제조항(licensing exemption) 등으로 제3국이 미국의 정책을 채택하도록 유도(압박)하는 규정을 도입했다.[12] 수출허가 면제조항은 일종의 성실 납세자에 대해 세무조사를 면제해 주는 것과 유사한 것으로 우방국의 대러시아 경제제재 동참 유도 효과를 발휘했다. 러시아의 침공 직후 우리나라는 미국의 경제제재 참여 입장을 유보했다가, 미국이 수출허가 면제 국가 리스트에서 제외시키자 급거 입장을 바꾸었다.

과거 수출통제 운영과 관련하여 미국은 유럽 등 세계 주요 동맹국과 마찰을 빚기도 하였다. 우크라이나 침공에 대한 러시아 경제제재에 미국은 서방세계가 자발적으로 참여하도록 유도했다. 미국의 수출통제 제도가 국제적으로 확산된 것이다. FDPR 사전 수출허가 면제조항의 역할이 컸다. 대외경제정책연구원 (2022)은 면제 조건을 고려할 때, 결과적으로는 미국의 수출통제와 유사한 품목 및 강도로 수출통제가 적용되는 것으로 분석했다.

향후 미국은 러시아 경제제재를 바탕으로 새로운 다자간 수출통제체제를 추진할 것으로 예상된다. 이와 관련하여 정인교(2022g)는 "수출통제체제 강화는 이미 미·유럽연합(EU) 간 무역기술이사회(TTC)에서 논의했고 인도·태평양경제 프레임(IPEF)에서도 논의 대상이 될 것으로 예상된다. 러시아에 대한 경제 제재 와 중국에 대한 반도체 수출통제는 이미 국제통상 질서의 일부로 받아들여지고 있다. 포괄적 수출통제체제는 미국이 생각하는 새로운 국제통상 질서가 될 것 으로 보인다"고 분석했다.

미국 시각에서 보면, 바세나르 체제는 너무 허술하다. 신냉전 시대 우방국들 은 경제적 손실을 감내하더라도 국가안보 차원에서 전략물자 관리를 강화해야 한다는 생각이 강해지고 있다. 2022년 국가안보전략에서 미국은 수출통제를 수 차례 언급했다. 이전 전략에서는 없던 사항이다. TTC와 같이 미국은 우방국 중 심으로 수출통제를 논의하면서 새로운 기구를 출범시킬 수 있다. 미국이 구상

---

12 2020~21년 미국이 중국 화웨이에 적용했던 FDPR과 대러시아 FDPR의 차이점은 자발적 제재 동참국 (partner)에 미 상무부의 사전 수출 승인을 면제해 주기로 했다. 이들 국가는 Russia FDPR과 Russia MEU FDPR의 예외를 인정받아 러시아 수출 시 미국의 사전 승인을 받을 필요가 없다.

하는 것은 단순한 수출통제체제가 아니고 러시아에 대한 경제제재와 같이 타깃 국가를 포괄적으로 타격하여 실질적인 손실을 입힐 수 있는 형태로 새로운 바세나르 체제 구축을 염두에 두고 있을 것이다.

새로운 수출통제체제는 기존 전략물자와 이중용도 품목 외에 미국이 수출통제하려고 하는 신흥기술과 기반기술은 물론이고, 경제안보 효과를 제고하기 위해 강제이행력, 역외적용, 금융제재 등을 포함시키며, FDPR 승인면제 규정과 같이 참여국가에게 특혜를 제공하는 등의 당근도 제시될 것이다. 이번 대러시아 경제제재에 참여한 우방국에게 미국은 FDPR 승인절차 면제 국가 리스트를 만들어 무역상의 불편을 줄여주었다.[13] 트럼프 행정부 이후 미국의 수출통제 조치는 FDPR을 포함하고 있고, 앞으로 적용 대상품목이 확대될 것이다.

미·중 패권경쟁이 본격화된 이후 WTO의 위상과 역할이 상당수준 줄어들었다. 세계 주요 국가들은 미국 국내 규범 제정 동향에 주목하지 않을 수 없게 되었다.[14] 미국은 러시아 경제제재에 참여한 서방세계의 분위기를 신냉전 시대 국제통상 질서 구축에 전략적으로 활용할 것이다. 현재의 바세나르 체제와 별도로 다자간 수출통제체제를 설정하여 경제안보 및 글로벌 안보환경에 대응하고자 할 것이다. 우리나라는 최근 미국의 수출통제체제와 향후 국제질서를 면밀히 분석하여 선제적으로 대응함으로써 신냉전 시대 통상국가로서의 위상을 확립하고 경제안보 역량을 강화해야 할 것이다(정인교 2022a).

2019년 일본의 반도체 핵심물질 수출규제를 계기로 국내에서 수출통제에 대한 인식이 개선되었으나, 여전히 수출통제에 대해 수동적으로 대응하고 있다.[15] 국내 정책당국은 수출통제와 경제안보를 깊이 고려하지 못하고 있다. 대부분의 중소기업들은 수출통제 자체를 인식하지 못하고 있다. 향후 미국이 수

---

13 우리나라는 FDPR 승인절차 면제 리스트에 포함되어 있지만, 현실적으로 수출애로가 발생하고 있다. 수출입 대금을 결제하는 은행들이 러시아 거래자가 우려거래자가 아니다라는 증빙을 수출자에게 요구하고 있으나, 중소기업들은 이를 증명하는 데 적지 않은 애로를 겪고 있다.

14 수출통제 관련 조치는 말할 것 없고 미국의 입법 동향에 관심을 가질 필요가 있다. 2022년 8월 발효된 "인플레이션 감축법"이 대표적인 사례이다. 태양광 패널, 배터리 등에서 우리 기업들이 혜택을 볼 수 있지만, 미국 내 조립공장을 갖고 있지 않은 전기차 업체들은 보조금 혜택을 받지 못하게 되었다.

15 중국 반도체 규제를 앞두고 미국은 우방국에게 공동규제 발표를 제안했으나, 한국을 포함한 다수 국가는 동의하지 않았다. 동아일보(2022), New York Times(2022a)를 참조하기 바란다.

출통제 제도를 국제화하게 되거나 적용 국가와 범위를 확대하게 되면 일정 수준 이상의 기술제품을 생산하는 기업들이 수출할 경우 미국 규정 저촉 여부를 점검해야 할 것이다. 미국은 사후에라도 수출통제를 위반한 기업을 적발하여 처벌하고 있으므로 국내 기업들도 미국 제도를 인식하고 비즈니스 현장에서 유의할 필요가 있다. 위반 기업은 벌금과 형사적 처벌 외에 미국 시장접근이나 기술협력 애로를 직면할 수 있다.

현재의 다자간 수출통제체제 대신 새로운 수출통제체제를 통해 전략물자와 기술을 보호하려는 미국의 의지는 명확한 것으로 보인다. 중국에 대한 미국의 수출통제 조치가 발표된 일주일 후에 뉴욕타임즈에 기고한 컬럼에서 폴 크루그만 교수는 '진정한 무역전쟁'이 시작된 것으로 평가했다.[16] 트럼프 전 대통령의 반글로벌화 정책을 반대했던 그는 화웨이와 러시아에 대한 수출통제가 성과를 냈다고 바이든 행정부를 두둔했다. 그는 "무엇보다 경제안보 측면에서 저는 바이든 행정부가 전임자처럼 사나운 것이 아니라 진정한 강인함으로 변한 것에 대해 바이든 행정부를 비난할 수 없습니다"라고 적었다.[17] 국내 통상정책 당국과 기업들은 신냉전 체제하에서 기술과 무역의 패러다임이 미국의 고강도 포괄적인 수출통제체제로 변화하고 있음을 인식하고 미리 대비해 나가야 할 것이다.

---

16 Krugman(2022a) 참조.

17 "I can't fault the Biden administration for its turn toward toughness — genuine toughness, not the macho preening of its predecessor"(Krugman, 2022a).

제13장 미국의 외국산직접제품 규칙(FDPR)[1]

전통적으로 미국은 국가안보 관점에서 수출통제를 폭넓게 활용해 왔고, 최근에는 외국산직접제품 규칙(Foreign Direct Product Rule, 이하 FDPR)을 변형 및 확장시켜 첨단기술 보호 수단을 강구해 오고 있다. 중국 화웨이, 러시아 경제제재 및 중국에 대한 반도체 수출통제의 핵심 수단은 FDPR이다. FDPR은 제3국 기업의 생산 및 무역 거래에 직접적인 영향을 미치게 되므로 그 파급 영향이 클 수밖에 없다. 이 장에서는 미 상무부의 강력한 수출통제 수단 중 하나인 FDPR의 확대 내용을 분석하고, 수출통제의 전개 과정과 파급 영향을 논의하고자 한다. 2022년 국제사회는 FDPR의 위력을 목격하였지만, 국내외적으로 FDPR에 대한 연구자료가 부족하다. 이에 본 장은 향후 FDPR 연구 및 대응방안 모색에 널리 활용될 수 있을 것으로 생각된다.

1. 서론

2022년 10월 7일 미국 상무부는 중국의 반도체 분야에 대한 수출통제를 대폭 강화하는 조치를 발표하였다. 동 조치는 중국의 군사 분야가 현대화되고 있으며, 중국 국내 감시정책에 인공지능 및 슈퍼컴퓨팅 시스템이 사용되고 있다는 우려를 반영하여, 국가 안보 정책의 일환으로서 시행되었다. 조치의 내용은 고성능 컴퓨팅 칩과 관련 제품의 對中 수출을 차단하고, 특히 슈퍼컴퓨터, 고사양 반도체 관련 용도로의 수출을 통제하는 것이다. 특히 주목할 사항으로는 2020년 중국 화웨이에 대한 수출통제 수단으로 사용되었던 외국산직접제품 규칙(FDPR)의 새로운 유형이 발표되었다는 점이다.

FDPR은 미국산 부품이나 기술이 포함되지 않은 외국산 제품이라 할지라도 제조 과정에서 미국산 기술(기술에 SW 포함)이 사용된 경우, 또는 미국산 기술로

---

1 이 장은 정인교·채수홍(2023)을 본서 체제와 맞게 편집·수정한 것이다. 이를 허용해 준 국제통상학회에 감사드린다.

제조된 장비가 사용된 경우 그 제조품에 대해서도 미국의 수출통제 대상이 되도록 하는 미국의 특유한 제도이다. FDPR은 미국이 아닌 제3국 기업이 생산하는 제품에 대해서도 미국의 수출통제를 적용하는 제도이므로 전 세계 공급망에 매우 강력한 영향을 미치게 된다. 중국뿐 아니라 세계 어디서든지 반도체를 생산하는 과정에서 미국산 반도체 설계 SW, 그리고 미국산 기술이 포함된 제조 장비가 대부분 사용된다는 점을 생각할 때 FDPR이 반도체 시장에서 매우 강력한 효과를 가져올 것임을 충분히 예상할 수 있다. 또한 자국 내에 반도체 제조 기반이 약한 미국으로서는 중국으로의 반도체 제품, 장비나 기술의 유입을 차단하기 위해서는 단순히 미국에서의 중국으로의 수출을 통제하는 기본적 수출통제 제도뿐 아니라 전 세계로부터 중국으로의 수출을 통제할 수 있는 FDPR이 필요했다고 보인다.

2022년 10월 조치로 인해 미국산 기술을 이용하여 제조되는 반도체나 장비들은 비록 100% 외국에서 제조되었을지라도 미국 정부의 수출허가 없이는 중국으로 수출되지 못하게 되었다. 이로 인해 중국에서 반도체 제조 공장을 운영하는 제3국 기업들도 동 조치로 인해 장비를 중국으로 반입하지 못하게 되는 등 타격을 입게 될 수밖에 없다. 이에 따라 미 상무부는 중국에서 제조시설을 운영하나 본사는 중국 외에 위치한 외국 기업들에 대한 수출은 일정 기간 허용하는 유예 조치를 둠으로써 중국 내의 외국 기업들에 대한 타격을 줄이기 위한 장치를 두고 있다.[2]

2. 미국의 재수출통제

미국 정부는 미국산 품목이 일단 해외로 수출된 후에도 해당 지역 또는 사용자에서 다른 지역이나 사용자에게 재수출 또는 재이전하기 위해서는 미국 정부의 허가를 받도록 요구하고 있다. 이를 "미국은 수출통제를 수출한다"는 말로 표현하기도 한다. 즉 미국산 품목을 수입해오면 그 품목뿐 아니라 미국의 수출

---

2 한편 이와 별도로, 중국에서 제조공장을 운영하는 외국 기업들에게는 별도의 개별 통지를 발송하여 해당 기업의 중국 내 공장을 운영할 수 있도록 1년간 임시적으로 거래를 허용하였다(통지 내용은 비공개이나, 해당 제조공장으로 제품을 공급하려는 기업들은 동 통지 내용을 제공받아 수출 가능 여부를 확인할 수 있다).

통제 준수 의무가 따라온다는 것이다. 그러므로 일단 미국 정부의 허가를 받아 수입해왔다 할지라도 그 제품을 다시 다른 곳으로 재수출하기 위해서는 미국 정부의 허가를 다시 받아야 한다. 다시 말해, 수출허가 대상인 미국산 제품을 수입한 기업은 미국 정부의 적법한 허가를 받아 수입해왔더라도, 그 제품을 재수출할 때 다시 수출허가를 받아야 하며, 이를 위반할 경우 위반기업에 대한 수출금지, 과태료, 또는 벌금까지 부과받을 수 있다. 이는 미국 수출통제의 특징으로서 미국 외의 지역에까지도 미국의 권한이 미치는 소위 역외(extraterritorial) 적용(김준범·박정민, 2021)이라고 칭한다. 이는 미국산 품목이 세계 시장에서 갖는 압도적 지위를 바탕으로 운용되는 제도로서 특히 기술패권을 통해 다른 국가들이 동 국가의 제품이나 기술을 사용해야만 하는 독점력을 지닌 국가만이 활용 가능한 것이라고 할 수 있다.

가. 최소비율 방식의 재수출통제

제품 전체가 미국산인 완제품뿐만 아니라 미국산 부품이 일부만 사용된 제품에도 미국의 수출통제가 적용될 수 있다. 가령 우리나라 기업이 미국산 부품(통제 대상)을 수입하여 국산 부품과 함께 조립하여 최종제품을 만들었다면 이를 다른 나라에 수출할 때 미국 정부의 수출허가를 받아야 할 수 있다.[3] 다만 미국산 부품이 조금이라도 포함되기만 하면 모두 미국 정부의 수출허가 대상이 되는 것은 아니고 최종 제품에 미국산이 최소 비율(De Minimis[4]) 이상이 포함된 경우에만 미국 정부의 수출허가를 받도록 되어 있다. 통상적인 최소 비율은 25%가 적용되므로, 수출품에 미국산이 25%를 초과하여 포함되어 있을 경우에 미국의 수출통제 대상이 된다.[5] 다만 일부 민감한 품목을 수출하거나, 민감한 국가로 수출하는 경우 이보다 더 강화된 0% 또는 10% 기준이 적용되기도 한다.[6]

---

3 SW의 경우 최근 SW의 제작은 여러 SW의 모듈들을 결합하여 최종 SW 제품을 만들어내는 방식이 사용되고 있으며 그 경우 모듈 중 하나가 미국산일 경우 최종 SW 완제품이 미국의 수출통제를 적용받을 수 있다.

4 https://www.bis.doc.gov/index.php/documents/pdfs/1382-de-minimis-guidance/file

5 다만, 미국산 부품(또는 SW나 기술)의 비율을 계산할 때 수출허가 대상인 미국산 부품(또는 SW나 기술)만을 포함하여 계산하며(즉, 수출허가 대상이 아닌 미국산은 비율 계산 시 넣지 않음), 가액 기준으로 계산함.

6 가령 미국 정부가 지정한 테러지원국(이란, 북한, 시리아 등)에 수출하는 경우에는 10%가 적용되며, 일부 암호화품목 등 민감한 품목에 대한 수출에는 0%(조금만 포함되어도 허가 대상)가 적용된다. 2023년 10월 미 상무부는 첨단 IC(Integrated Circuit) 제조에 사용되는 미국산 장비가 포함되는 외국산품목에 대해서는

그러므로 우리나라를 포함한 해외 기업들은 자사의 취급 제품에 통제 목록에 포함된 미국산이 포함되어 있는지 확인하여야 하며, 만일 이를 무시하고 허가 없이 수출하는 경우 미국 정부에 의해 우려거래자[7]로 지정되어 미국산을 수입

표 13-1 미국 상무부 산업안보국(BIS) 우려거래자 목록(김희준, 2021)

목록명	최초 발행일	주요 내용	등재자 수 (2021.7.27. 기준)	등재근거
Denied Persons List	1996.3.25	• EAR 위반에 따라 수출금지 처분 • 등재자와는 EAR 품목 관련 모든 거래 불가	447	연방관보 고시
Entity List	1997.2.3	• 미 국가안보 또는 대외정책에 반하는 행위 관련 대상자(개인/기업)를 등재 • EAR 대상품목의 거래 시 등재자별 허가요건(License requirement)에 따라 허가신청	1,665	EAR 744 별첨4
Unverified List	2002.6.14	• 합법성이나 진정성을 확인하기 어려운 자 • 등재자와 거래 시 등재자로부터 "UVL" 진술서 수령 필요	141	EAR 744 별첨6
Military End-User List	2020.12.23	• 중국, 러시아, 베네수엘라에 위치한 군사 최종사용 관련 기업 • 등재자에게 MEU 품목(EAR 744 별첨 2) 수출 시 허가 필요	114	EAR 744 별첨7
Military Intelligence End-User List	2021.4.9.	• 중국, 러시아, 베네수엘라 및 E:1, E:2에 위치한 군사정보최종사용 관련 기관 • 등재자에게 EAR 품목·기술 이전 시 허가 필요	8	EAR 744.22(f) (2)

자료: 김희준(2021) 및 미국 수출관리규정(EAR) 744조

0% 기준을 적용하였다(다만 해당 품목을 이미 수출통제 리스트에 포함한 국가로부터 수출되는 품목에 대해서는 적용하지 않는다).

7 미국 상무부가 수출 제한을 가하는 우려거래자 리스트는 Entity List(안보 등 우려가 있는 개인 또는 단체로서 미국산 수출 시 허가요건이 강화되는 대상임), Unverified List(해당 개인이나 단체의 합법성을 미 정부가 확인 곤란한 경우로서 수출 시 일정 서류 제출의무가 부과되며 등재 기간이 길면 Entity List로 이관될 수 있음), Denied Persons List(미국 수출관리규정 위반으로 인해 수출관리 대상 품목을 일체 취급하지 못하는 개인이나 단체임) 등이 있다.

하지 못할 수도 있다.

 미국 수출통제의 가장 강력한 점 중 하나는 미국의 제도를 위반한 외국 기업을 상무부가 관리하는 우려거래자 목록에 등재시킴으로써 해당 기업에 대한 미국산 품목의 이전을 차단해버린다는 점이다. 이로 인해 해당 기업은 미국산이 독점적 기술력을 지닌 분야의 시장에서 더 이상 사업을 영위할 수 없는 사태까지 이를 수 있다. 미국 상무부가 운영하는 우려거래자 목록 중 대표적인 것이 Entity List인데 이에 등재될 경우 해당 기업(개인도 포함된다)으로의 미국산 품목을 이전할 경우 엄격한 허가심사 대상이 되며 허가는 원칙적으로 거부한다는 심사정책이 적용된다.

나. 외국산 직접제품 규칙(FDPR)

 앞서 제시한 미국의 수출통제 적용 사례는 미국산이 일부라도 최종 제품에 포함된 경우에 한하여 미국의 통제가 적용되는 경우이다. 그러므로 미국산을 조금도 포함하지 않은 순수 외국산 제품에 대해서는 상기 제도를 통해서는 미국의 수출통제가 적용되지 않는다. 따라서 미국산이 전혀 포함되어 있지 않은 외국산 제품에 대해서는 다른 방식의 수출통제를 적용해야 하며, 그것이 바로 FDPR을 이용한 통제이다. FDPR은 특정 미국산 기술이나 SW(이하 FDPR의 설명에서는 SW를 포함하여 "기술"만 지칭)를 사용하여 외국에서 제조된 품목을 소위 직접제품(Direct Product)이라고 명칭하며 이를 미국산으로 취급한다. 또 직접제품(가령,

표 13-2 최소기준 재수출통제와 FDPR의 비교

구분	최소기준	FDPR
대상	미국산 품목(SW, 기술 포함)이 포함된 외국산 품목	미국산 품목이 포함되지 않은 외국산 품목
요건	최종 제품에 미국산 품목이 일정 비율(경우에 따라 0+α%, 10%, 25%) 이상 포함	제조 과정에서 미국산 장비, 기술이나 SW이 사용됨
허가신청의무	미국산과 동일 취급	미국산과 동일 취급
허가심사정책	미국산과 동일 취급	대개 허가 거부 원칙(Presumption of Denial)을 적용

자료: 저자 작성

미국산 기술을 사용하여 제조된 공장이나 장비)을 사용하여 제조된 품목도 직접제품으로 취급한다. 가령 어떤 반도체 제조장비가 미국산 기술로 제작된 경우 그 반도체 제조장비가 직접제품일 뿐 아니라, 그 반도체 장비(해외 어느 곳에 있더라도)로 생산된 반도체도 직접제품으로서 미국산으로 취급된다. 그러므로 세계 어느 곳에서, 어느 기업이 생산하든지 미국산 기술로 만든 장비로 제조되면 미국산으로서 미국의 통제 대상이 되는 것이다.

미 정부가 최소기준 방식이 아닌 FDPR을 사용하는 배경에는 두 가지가 있다. 첫째, 최종 제품에 전혀 미국산이 포함되어 있지 않은 외산 품목에 대해서는 최소기준 방식으로는 통제가 불가능하다. 공급망의 국제적 분화가 폭넓게 이루어져 있는 반도체 분야의 경우 미국은 설계 기술 분야에 강점이 높은 반면, 실제 제조는 중국, 대만, 일본, 우리나라 등에서 이루어지고 있다. 만일 이들 해외 기업들이 최종 반도체 제품에 미국산 부품을 포함하지 않을 경우 최소기준 방식으로는 미국의 수출통제 적용이 불가능하다. 미국산이 포함되어 있지 않지만 제조 과정에서 미국산 기술이나 장비를 사용하는 경우 미국산으로 간주하는 FDPR을 사용하게 된다.

둘째, FDPR은 최종 완제품에 미국산이 포함되어 있지 않더라도 제조 과정에서 미국산 장비 또는 기술을 사용하기만 하면 미국 수출통제 대상이 되므로 앞서 언급한, 최소기준을 사용한 재수출통제보다 훨씬 강력한 통제효과를 발휘하게 된다. 반면에 해당 분야의 제조 과정에서 반드시 사용되어야 하는 장비 또는 기술을 보유하는 독점력이 없다면 그 통제 효과는 떨어질 수밖에 없다. 마치 미국산 부품을 사용하지 않음으로써 미국의 최소기준 방식의 재수출통제를 회피하듯이, 미국산 장비나 기술을 사용하지 않음으로써 FDPR도 회피할 수 있기 때문이다. 즉, FDPR은 강력한 기술 우위를 바탕으로 시행되는 통제 방식으로서 어떤 분야에서 장비 또는 기술을 독점적으로 공급하는 국가가 활용할 수 있는 제도이다. 강력한 기술적 우위나 독점력이 없다면 언제든지 다른 기술로 우회할 수 있으므로 FDPR는 의미가 약해질 것이다. 반도체 분야의 경우 미국이 설계 기술에서 압도적인 우위를 점하고 있으며 대부분의 반도체 업체는 미국산 기술을 사용하거나, 미국산 기술이나 SW를 이용하여 제조된 장비로 반도체를 생산한다.[8]

---

8 10nm 이하 반도체 제조 등 초미세공정에 사용되는 극자외선(EUV) 장비는 네덜란드 ASML社가 공급하나 이 장비의 제조 과정에도 미국 기술이 사용된다.

그림 13-1 반도체 분야별 각국의 부가가치 점유율

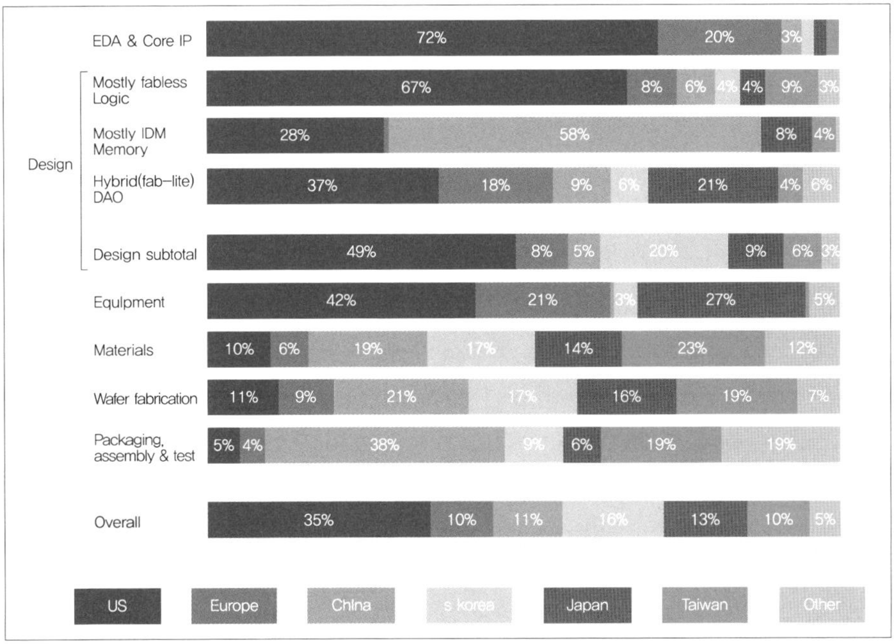

자료: Semiconductor Industry Association(2022)

두 번째로 FDPR을 사용함으로써 미국의 수출통제에 따른 미국 기업의 상대적인 불이익을 감소시킬 수 있다. 미국의 수출통제로 인해 미국 기업들은 특정 국가에 수출할 수 없는 데 반해, 미국 수출통제를 적용받지 않는 외국 기업들은 자유롭게 수출할 수 있다면 미국 기업들은 상대적인 매출 손실 등 불이익을 받게 된다. 그러므로 미국 기업뿐 아니라 미국산 기술이 사용된 장비나 기술을 이용하여 제조한 품목에 대해서도 수출통제를 가함으로써 미국 기업 또는 미국산 제품과 동일한 수출통제를 적용하여 미국 기업 입장에서 공평한 제도를 구현하게 된다.

3. 통제 타깃별 외국산직접제품규칙(FDPR)

가. FDPR의 발전 경과

FDPR은 2020년 이전까지 2개의 유형이 정립되어 있었다. 첫 번째 유형은 해외에서 생산된 품목들이라 해도 미국의 기술로 제조된 품목은 미국의 수출통제 대상으로 1959년 선언한 법령에서 비롯된다. 이 유형은 국가안보 FDPR이라고 부르며, 국제수출통제체제 중 하나인 바세나르체제(WA, Wassenaar Arrangement)의 통제 기술을 대상으로 한다. 미국은 이들을 국가안보(NS, National Security) 사유의 통제대상으로 지정하고 이들 기술을 사용하여 제조된 품목을 통제한다.

두 번째 유형은 2013년 미국의 수출통제 개혁조치가 시행되어 그 일환으로 미 국무부의 국제무기거래규정(International Traffic in Arms Regulations) 소관 방산물자 중 일부가 미 상무부 수출관리규정(Export Administration Regulations) 소관의 통제목록으로 이관되면서 도입된 것이다. 이 유형에는 두 가지 종류의 FDPR이 포함되어 있다. 첫째는 600시리즈 FDPR로서, 600시리즈는 과거 미국 국무부가 통제하는 방산물자 목록에 있던 것들 중 미국 상무부의 통제목록으로 이관한 품목들에 대해 600번대의 통제번호를 새로 부여함에 따라 붙여진 명칭이다.[9] 둘째는 2014년 도입된 9x515 FDPR로서 주로 위성 관련 품목, 즉 통제번호 9D515 또는 9E515가 부여되어 있는 기술이나 SW[10]로 제조된 품목을 통제한다.

이들 두 가지 유형의 FDPR은 "특정한 국가들"을 목적지로 하여 수출될 경우 적용된다는 점에서 이후의 FDPR이 "특정한 기업", "특정한 국가", 또는 "특정한 분야"를 대상으로 통제하게 된 것과 대조된다. 그리고 또 주목할 점은 이들 FDPR이 다루는 기술을 사용하여 만들어진 제품은 외산품목이라도 통제하되, 동 외산품목이 제조과정에서 사용된 기술과 동일한 사유 또는 동일한 통제번호로 통제되는 품목인 경우에 한해 통제한다는 점이다. 즉, 이들 FDPR에서는 미국산 기술을 사용하여 만든 제품이라고 해도 최종제품이 통제기준에 미달하는 상용제품이라면 통제하지 않았다. 그러나 이후 화웨이를 대상으로 하는

---

9 Federal Register / Vol. 78, No. 73, p22666 / 2013년 4월 16일
10 통제번호 9x515(여기서 x는 여러 알파벳을 통칭하는 표현)가 부여된 품목들은 위성(Spacecraft) 관련, 내방사선 마이크로전자회로 등이다.

FDPR을 도입하면서는 그러한 기준을 적용하지 않고, 미국산 기술을 사용하여 제조되기만 하면 최종 제품의 사양이 어떤 것이든, 즉 통제품목이 아닌 일반 상용 품목인 경우에도 통제대상으로 포함시켰다.

2020년 5월 미국 상무부가 미국의 안보와 외교정책에 반한다는 이유로 중국 화웨이사에 대해서 강력한 수출통제를 부과하며 그 수단으로 FDPR을 사용하면서 FDPR은 크게 탈바꿈하게 된다. 당시 미국은 2019년부터 중국 화웨이사에 대해서 몇 차례에 걸쳐 수출통제를 강화하는 조치를 취하는데,[11] 이에 대해 화웨이사가 제품 조달처를 다변화하는 등으로 대응하자[12] 2020년 5월에 화웨이社를 타깃으로 하는 새로운 유형의 FDPR을 발표하였다.[13] 전 세계에 위치한 화웨이 관련사 114개를 Entity List에 등재하고 화웨이를 목적지로 할 경우 미 상무부의 허가없이는 목적국에 상관 없이 수출을 하지 못하도록 통제해버린 것이다. 이를 통해 화웨이가 외국 파운드리 기업을 이용하여 반도체를 위탁생산하여 조달하는 것을 차단하였고, 이후 2020년 8월에는 아예 화웨이가 연루된 모든 거래를 차단함으로써 완성된 반도체의 구입조차 차단해버렸다.[14] 이를 Entity List 방식의 FDPR이라고 하는데 최초로 특정 기업을 타깃으로 하는 통제가 도입되었다. 2023년 1월 미 상무부는 자국 기업들의 화웨이 수출 허가 자체를 중단하며 이 기업에 대한 미국 기술 판매를 전면 금지를 시사했다.[15]

FDPR은 크게 두 가지 축을 중심으로 형성되며, 이들 축의 조합으로 그 유형이 만들어진다. 첫 번째 축은 어떤 기술을 통제할 것이냐의 결정이다. 2020년 이전까지의 FDPR은 WA에서 통제하는 기술, 위성 관련 기술, 그리고 군수 관

---

11 https://www.federalregister.gov/documents/2019/05/21/2019-10616/addition-of-entities-to-the-entity-list

12 2019년 5월, 미국은 화웨이社에 대해 안보 우려를 이유로 하여 Entity List에 등재하였고, 화웨이社는 미국으로부터의 반도체 수입이 불가능하게 되자, 반도체를 직접 설계하고 이를 외국 제조 업체(파운드리)에 위탁하여 제조하는 방식으로 반도체를 조달한다.

13 https://www.federalregister.gov/documents/2020/05/19/2020-10856/export-administration-regulations-amendments-to-general-prohibition-three-foreign-produced-direct

14 https://www.federalregister.gov/documents/2020/08/20/2020-18213/addition-of-huawei-non-us-affiliates-to-the-entity-list-the-removal-of-temporary-general-license-and

15 비록 상무부가 수출통제를 하고 있지만, 미국 기업들이 수출허가를 받아 합법적으로 타깃 기업에 수출함으로써 당초 조치 취지 효과를 상쇄시킨다는 지적이 미 정치권에서 수차례 제기되었다. 이에 미 당국은 화웨이에 대한 수출 허가 제도 자체를 제외하기로 한 것이다.

련 기술 등 일반적으로 미국 안보상 중요하다고 판단되는 기술을 타깃으로 하였다. 그런데 2020년 화웨이사에 대해 수출통제를 강화하면서 특정 기업에 맞춤형으로 통제 대상 기술을 설정하였다. 즉 화웨이사가 주로 취급하는 품목인 반도체와 통신 분야의 기술을 주로 타기팅하여 총 16개의 통제번호에 해당하는 기술을 통제 대상으로 설정하였다.16 이는 기술 자체의 특성을 고려하였을 뿐 아니라 특정 기업을 표적으로 제재를 가하기 위해 설계되었다는 점을 보여준다.

두 번째 축은 상대방(제재 대상으로서의 목적지)으로서 누구를 통제할 것이냐를 결정한다. 기존 세 가지 유형의 FDPR에서는 수출통제 대상을 일정한 국가그룹으로 설정하여 소위 우려도가 높은 국가들을 대상으로 수출을 통제하고 있었다. 그런데 2019년 세계 각국의 화웨이 소속 기업들을 Entity List에 등재하고 미국산 품목의 수출을 통제하기 시작하고, 2020년에 Entity List에 등재된 화웨이 기업들을 타깃으로 FDPR을 적용하면서 특정 단체를 대상으로 하는 FDPR을 최초로 만들어내었다(김희준·안다영, 2020). 그래서 FDPR이 기업(및 단체)를 대상으로 하는 통제 수단으로 사용되게 되었다.

2020년 화웨이社에 대한 FDPR을 신설한 2년 후인 2022년 미국은 두 차례에 걸쳐 새로운 유형의 FDPR을 추가하였는데 <그림 13-2>에서 보는 바와 같이 통제 목적에 따라 통제기술의 범위, 그리고 목적지 기준을 변화시켜가며 통제 유형을 만들어내고 있음을 볼 수 있다. 2022년 두 차례에 걸쳐 신설된 FDPR에 대해서는 후술한다.

미 상무부는 2022년 2월 러시아에 대한 신종 FDPR을 부과하기 앞서, 먼저 화웨이 대상 FDPR을 포함하여 총 4종류의 FDPR을 정리하여 발표하였다. 각 FDPR의 유형을 어떤 기술에 해당하는 지(기술 요건), 그리고 어디로 수출되는지(목적지 요건)에 따라 네 종류로 분류하여 제시하였다.

---

16 여기서 특징적인 점은 기존의 FDPR은 통제대상 기술로 만들어진 최종 제품도 해당 통제번호로 통제되는 경우에만 통제하였으나 화웨이를 대상으로 신설한 FDPR에서는 최종 제품의 통제 사양 충족 여부는 상관하지 않고 해당 기술로 만들어지기만 하였으면 모두 통제하였다.

그림 13-2 외국산 직접제품 규정(FDPR)의 변천(2022년 12월 기준)

자료: 저자 작성

표 13-3 외국산 직접제품 규정(FDPR)의 분류(2022년 2월 기준)(김지혜, 2022)

구분	품목 요건	목적지(또는 최종사용자) 요건
국가안보 (National Security, NS)	① 외산품목이 수출 허가 시 최종수하인 등의 서면확약서가 필요한(NS 사유 통제) 미국산 기술이나 SW(또는 동 기술이나 SW의 "직접제품"인 공장 또는 주요장비)의 "직접제품" <u>이고(and)</u> ② 동 외산품목이 국가안보(NS)사유로 통제되는 경우	국가 그룹 D:1, E:1, E:2
9x515	외산품목이 9D515 또는 9E515로 분류되는 미국산 기술이나 SW(또는 동 기술이나 SW의 "직접제품"인 공장 또는 주요장비)의 "직접제품"이며, 또 동 외산품목이 9x515에 해당하는 경우 * 9x515: 위성(Spacecraft) 관련 품목, 내방사선 마이크로전자회로	국가 그룹 D:5, E:1, E:2

600시리즈	① 외산품목이 "600 시리즈(군수품)"로 분류되는 미국산 기술이나 SW (또는 동 기술이나 SW의 "직접제품"인 공장 또는 주요장비)의 "직접제품" **이고**(and) ② 동 외산품목이 600 시리즈에 해당	국가 그룹 D:1, D:3, D:4, D:5, E:1, E:2
Entity List	외산품목이 특정* 미국산 기술이나 SW(또는 동 기술이나 SW의 "직접제품"인 공장 또는 주요장비)의 "직접제품" * 3D001, 3D991, 3E001, 3E002, 3E003, 3E991, 4D001, 4D993, 4D994, 4E001, 4E992, 4E993, 5D001, 5D991, 5E001, 5E991	① 동 외산품목이 Entity List에 표시된* 자에 의해 생산, 구매, 또는 주문되는 "파트", "부품", "장비"의 생산 또는 개발에 사용되거나 포함될 경우, **또는**(or) ② Entity List에 표시된* 자가 동 외산품목의 거래에 참여하는 경우 (가령 구매자, 중간수하인, 최종수하인, 또는 최종사용자) * 허가정책란 각주(footnote) 1에 표시됨.

표 13-4 국가그룹 분류(EAR §740 부록 1)

구분	내용
D그룹	특정 사유로 통제하는 목적지 국가 D:1(국가안보 사유), D:2(핵 사유), D:3(생화학 사유), D:4(미사일기술 사유), D:5(무기금수국)
E그룹	E:1(테러지원국), E:2(일방적 통제대상국)

나. 러시아 대상 FDPR 도입

  2022년 2월 러시아가 우크라이나를 침공함에 따라 미국은 러시아를 대상으로 대대적인 제재 및 수출통제를 부과하는 한편, 러시아만을 특정하여 대상으로 하는 신규 FDPR을 도입하였다. 새로 도입된 FDPR은 거의 대부분 미국산 이중용도 기술[17]로 제조된 품목에 대해 러시아로 수출시 미 상무부의 허가를 받도록 규정하고 기본적으로 허가거부 정책을 적용함으로써 러시아로의 수출을

---

17 이중용도 품목은 품목이 속한 분야에 따라 카테고리 0~9까지로 구분된다. 2022년 2월 4일에는 상무부 수출통제 목록(CCL: Commerce Control List)상의 카테고리 3~9까지의 통제번호가 부여된 이중용도 기술에 대해 통제하였고, 4월 14일에는 모든 카테고리(0~9)의 이중용도 기술에 대해 통제하는 것으로 범위를 확대하였다.

차단하였다. 이로 인해 다른 나라들이 미국산 기술이나 장비로 이중용도 품목을 제조하였다면 러시아로 수출할 수 없게 되었다.[18] 미국은 2종의 FDPR, "러시아·벨라루스 FDPR(이하 러·벨 FDPR)"과 "러시아·벨라루스 군사용도(MEU, Military End-Use) FDPR(이하 러·벨 MEU FDPR)"을 도입하였고, 러·벨 FDPR은 모든 러시아로의 수출을, 러·벨 MEU FDPR은 군사용도(MEU) 최종사용자로 지정된 자에 대한 수출을 규제한다.

당시 독특한 것은 미 상무부가 FDPR 면제라는 제도를 도입하여 러시아에 대해 미국과 실질적으로 유사한 수출통제를 부과하기로 한 국가에 대해서는 러시아를 대상으로 하는 2종의 FDPR("러시아·벨라루스 FDPR"과 "러시아·벨라루스 MEU FDPR")의 적용을 면제해주었다는 점이다. 이 면제 제도는 해당 국가의 기업이 미국산 기술이나 장비로 이중용도 품목을 제조하였더라도 미 상무부에 허가신청을 할 필요 없이 자국 정부의 허가를 받아 수출할 수 있도록 하는 제도이다.[19] 우리나라도 2022년 3월 10일 러시아를 대상으로 엄격한 수출통제를 가하는 국제적 공조에 동참하기로 하고 FDPR 면제국에 합류하였다(산업통상자원부, 2022).

이 면제제도를 사용함으로써 각국은 유례없이 신속하게 대러 수출통제 공조체제를 갖춘 것으로 판단된다. 미국이 러시아를 표적으로 하여, 4대 국제수출통제체제 등 국제적으로 정한 통제품목 외에도 미국의 독자적 통제품목에 대한 수출통제를 강화하였는데, 이러한 미국의 독자 통제품목을 반영하여 對러 수출통제를 시행하는 국가에 대해 FDPR을 면제해 주는 유인수단을 제시한 것이었다. 그로 인해 미국의 37개 우방국들은 이미 자국 통제리스트에 반영되어 있는 다자간 통제품목 외에도 미국의 독자적 통제품목까지 수출통제 대상으로 포함시켜 對러 수출통제를 하게 되었다.

---

18 2022년 2월 4일 對러시아 수출통제 조치를 강화하고 3월 2일에는 벨라루스에 대해서도 유사한 수출통제 조치를 부과하였다.

19 물론 원칙적으로 면제 대상국 정부는 미국과 유사한 對러시아 수출통제를 운영하고 있을 것이므로 미국 정부에 비해서 더 허가를 쉽게 발급받을 수 있는 것은 아니다.

표 13-5 러시아 대상 직접제품 규정(FDPR)(김지혜, 2022b)

구분	품목 요건	목적지(또는 최종사용자) 요건
러시아/벨라루스 *韓은 同 FDPR 적용제외국 (§734.9(f))	① 외산품목이 미 상무부 통제목록 (CCL)상 통제번호가 부여된 미국산 기술이나 SW(또는 동 기술이나 SW의 "직접제품"인 공장 또는 주요장비)의 "직접제품"이고(and) ② 동 외산품목이 제746조 부록6 (Supplement no. 6 to part 746)*에 해당하거나, 또는(or) EAR99**가 아닌 경우 * '22.9.15, EAR99 중에서 對러/벨 통제대상으로 명시된 품목(러시아 생화학무기 생산능력, 첨단제조 능력 향상에 중요한 품목(양자컴퓨터 관련 등)들을 포함) ** CCL에 명시되지 않은 EAR 적용 대상 품목을 의미	① 동 외산품목이 러/벨을 목적지로 하는 것을 아는 경우, 또는(or) ② EAR99 이외의 부품, 부분품, 또는 장비의 생산 또는 개발에 사용·편입되며, 러/벨에서 생산되거나 이 두 국가를 목적지로 함을 아는 경우
러시아/벨라루스 - MEU *韓은 同 FDPR 적용제외국 (§734.9(g))	① 외산품목이 미 상무부 통제목록 (CCL)상 통제번호가 부여된 EAR 적용대상 기술이나 SW(또는 동 기술이나 SW의 "직접제품"인 공장 또는 주요장비)의 "직접제품"	① 동 외산품목이 EL의 허가정책란에 각주 3 표시가 되어 있는 자에 의해 생산, 구매, 또는 주문되는 부품, 부분품, 장비의 생산 또는 개발에 사용·편입될 경우, 또는 (or) ② EL의 허가정책란에 각주 3 표시가 되어있는 자가 동 외산품목의 거래에 참여하는 경우(가령 구매자, 중간수하인, 최종수하인, 또는 최종사용자)

다. 중국 내 특정 분야를 대상으로 하는 FDPR

2022년 10월 7일, 미국 상무부는 반도체 분야에서 중국에 대한 수출통제를 대폭 강화하는 조치를 발표하였다. 동 조치는 중국의 군사 분야의 현대화를 막고, 중국의 감시정책에 인공지능 및 슈퍼컴퓨팅 시스템이 사용되지 못하도록 차단한다는 목적하에 고성능 컴퓨팅 칩과 관련 제품의 對中 수출을 차단하고, 특히 슈퍼컴퓨터, 고사양 반도체 관련 용도로의 수출을 통제하는 것이다. 그리고 이번에도 중국에 대해 새로운 FDPR을 부과하였는데, 기존의 Entity 방식의

FDPR을 중국에 대해 강화하는 한편, 고성능컴퓨팅 FDPR과 슈퍼컴퓨터 FDPR 이라는 2종의 FDPR을 새로 도입하였다.

신규로 도입된 2종의 FDPR은 기술 요건에 관해서는 화웨이사를 대상으로 했던 방식과 유사하게 관련 기술의 통제번호를 지정하는 방식으로 하였고, 목적지 요건에 관해서는 러시아 FDPR과 유사한 방식으로 중국 전체를 대상으로 하되, 좀더 용도를 특정하는 방식을 취하였다. 목적지 요건에 관해서 기존의 FDPR이 국가그룹을 대상으로 하다가, 화웨이 때 특정 기업을 대상으로 하였고, 대러 수출통제 시 특정 국가를 대상으로 하게 되었다. 이번에는 특정 국가를 대상으로 하되 좀더 분야를 좁혀 특정 분야를 대상으로 하는 것으로 FDPR이 발전되는 것을 볼 수 있다.[20]

2022년 10월 미국의 對中 반도체 수출통제 조치는 미국산 기술이 사용된 반도체 제조 장비가 중국으로 가지 못하게 차단하였고 이는 중국 내 공장을 운영하고 있는 외국 반도체 기업들이 타격을 입을 수 있는 조치였다. 그래서 미 상무부는 일정 조건하에서는 동 조치를 임시로 유예하는 규정을 마련하는 한편, 각 개별 기업에게는 별도의 통지문(letter)을 발송하여 1년간 유예조치를 제공함으로써 외산장비를 중국 현지 공장에 조달할 수 있도록 허용하였다.[21]

2022년 10월 중국에 대해 발동된 2종의 FDPR에 대해서는 러시아 FDPR의 경우에서처럼 면제조치가 도입되지 않았다. 對러 수출통제에서는 러시아의 전쟁 수행능력 약화를 위해 전면적인 산업적 제재가 필요하였고 이를 위해서는 각 국가들의 수출통제 대상 확대 및 허가심사 정책 강화 등 정부 차원에서의 수출통제 강화 공조가 필수적이었다. 그러므로 각국 정부의 협력을 이끌어내기 위해서 미국 정부가 제공할 수 있는 일종의 반대 급부로서 FDPR 면제 조치를 부여한 것으로 보인다. 반면 對中 수출통제에서는 고성능컴퓨팅과 슈퍼컴퓨터 분야에서의 역량 약화를 목표로 하는 집중적 수출통제로서 반도체 관련 기업들의 협조와 준수가 필수적이므로 다른 나라 정부에게 제공하는 당근책인 FDPR

---

20 러시아를 대상으로 하는 FDPR에 있어서도 전면적인 경제 금수는 아니었고, 전쟁 수행능력 약화를 위해 이중용도 수출통제부터 시작하여 산업용 품목에 대한 수출통제 등 점차 그 분야를 넓혀갔다. 2022년 10월 발표된 중국에 대한 FDPR은 상대적으로 훨씬 좁은 분야를 타기팅하여 부과되었다.

21 미국은 2023년 10월 대중 반도체 수출통제 조치를 개정하면서 우리나라에 대해서는 VEU 지정 내용을 변경하여 중국 내 공장을 운영하는 데 지장이 없도록 허용하였다.

표 13-6 2022년 10월 도입된 對中 특정 분야 대상 FDPR(김지혜, 2022b)

구분	품목 요건[22]	목적지(또는 최종사용자) 요건
Entity List (EL) (§734.9(e))	외산품목이 특정 EAR 적용대상 기술이나 SW(또는 동 기술이나 SW의 "직접제품"인 공장 또는 주요장비)의 "직접제품" ※ '22.10 기준, 28개 중국 군사/WMD/슈퍼컴퓨터 관련 단체에 적용	① 동 외산품목이 EL의 허가정책란에 각주 4 표시가 되어 있는 자에 의해 생산, 구매, 또는 주문되는 부품, 부분품, 장비의 생산 또는 개발에 사용·편입, 또는(or) ② EL의 허가정책란에 각주 4 표시가 되어 있는 자가 동 외산품목의 거래에 참여(예: 구매자, 중간수하인, 최종수하인, 또는 최종사용자)
고성능 컴퓨팅 (§734.9(h))	① 외산품목이 특정 EAR 적용대상 기술이나 SW(또는 미국산 동 기술이나 SW의 "직접제품"인 공장 또는 주요장비)의 "직접제품"이고(and) ② 외산품목이 다음의 조건 중 하나를 만족하는 경우 i) 3A090, 3E001(for 3A090), 4A090, 4E001(for 4A090), 또는(or) ii) 집적회로, 컴퓨터, 전자조립체(electronic assembly), 또는 부분품(component)이 3A090 또는 4A090의 통제사양을 만족	① 외산품목이 직접 또는 美상무부 통제목록(CCL)에 해당하는 부품, 부분품, 컴퓨터, 장비에 편입되어 중국으로 수출되는 경우임을 알았거나(or) ② 중국에 본사가 있는 기업에 의해 마스크, 집적회로 웨이퍼 및 다이 생산을 위해 개발된 기술인 경우 ※ 수출자의 혼선을 최소화하기 위해 공급자로부터 수령하는 모델 확인서 참고양식 추가(의무부과는 아님) (§734 Supplement No. 1)
슈퍼 컴퓨터 (§734.9(i))	① 외산품목이 특정 EAR 적용대상 기술이나 SW의 "직접제품"이거나(or) ② 외산품목이 특정 미국산 기술이나 SW의 "직접제품"인 공장 또는 주요장비의 "직접제품"	① 중국에 위치하거나 중국으로 도착 예정인 슈퍼컴퓨터의 설계, 개발, 생산, 운영, 설치, 유지, 수리, 보수, 정비에 사용되는 경우, 또는(or) ② 중국에 위치하거나 중국으로 도착 예정인 슈퍼컴퓨터에 사용하기 위한 "부품, 부분품, 장비"의 "개발 또는 생산"에 사용되거나 이에 편입되는 경우

면제 조치보다는 개별 기업에게 임시적 유예 조치를 제공하는 것으로 충분하다고 판단한 것으로 보인다.

이듬해인 2023년 10월, 미국 상무부는 기존의 對中 반도체 수출통제 조치의

---

22 각 FDPR의 종류별 통제 대상 품목의 상세 내용은 미 수출관리규정 734.9 참고

효과를 높이기 위해 기존 대중국 고성능컴퓨팅 FDPR의 목적지 범위를 확대하여 미국 정부의 수출허가가 필요한 목적지 국가를 기존 중국 및 마카오에서 소위 우려목적국23으로 대폭 확대하였다(또한 마카오나 D5에 모회사 또는 본사가 있는 회사에 수출하는 경우라면 세계 어디로 수출하든지 미 정부의 수출허가가 필요하다). 이를 통해 외국산 제품이 다른 국가로 우회수출되어 결국 중국으로 반입되는 것을 차단하고 해외

표 13-7 미국 상무부의 FDPR 요약

FDPR 구분	목적지 범위	관련 품목
국가안보 FDPR (1996년 규칙의 업데이트 버전)	국가그룹 D:1, E:1, E:2	WA의 이중용도 품목 및 기술 및 군수품 목록에 있는 품목(NS 통제 사유 적용 대상)
9x515 FDPR (2014년 제정)	국가그룹 D:5, E:1, E:2	통제번호 9×515
"600 시리즈" FDPR (2013년 제안)	국가그룹 D:1, D:3, D:4, D:5, E:1, E:2	통제번호 0A919 또는 "600 시리즈"
EL(Entity List) FDPR (2020년 5월)	EL 등재자가 관련되거나 사용	특정 통제번호가 부여된 품목
러시아/벨라루스/크림반도 FDPR (2022년 3월)	러시아, 벨라루스 또는 임시로 점령된 크림반도	통제번호가 부여된 품목 또는 미 수출관리규정 제746조의 부록 6 또는 7에서 명시된 품목
러시아/벨라루스-군사 최종사용자 FDPR (2022년 3월)	EL 등재자가 관련되거나 사용	통제번호가 부여된 기술 또는 SW 전체
첨단컴퓨팅 FDPR (2022년 10월)	우려대상국	반도체 관련 품목
"슈퍼컴퓨터" FDPR (2022년 10월)	중국/마카오 기반의 고성능 컴퓨팅(슈퍼컴퓨터) 용도	슈퍼컴퓨터 개발 및 유지보수 관련 품목
이란 FDPR (2023년 2월)	이란	미 수출관리 규정 카테고리 3-5 또는 7에 해당하거나, 미 수출관리 규정의 제746조 부록 7 적용 대상

23 미국 수출관리규정에서 규정하는 국가그룹 중 D:1, D:4, D:5 중 하나에 해당하면서 A:5나 A:6에는 속하지 않는 국가들이다.

공급망에서 중국이 고성능 컴퓨팅 관련 제품 등을 조달하지 못하도록 통제하고 있다.

그간의 FDPR의 전개 양상을 볼 때 미국이 통제의 목적, 그리고 산업 구조에 따라 정교하게 맞춤형으로 통제 조치를 설계하고 있는 것으로 보인다. 이러한 맞춤형 통제 조치는 오히려 제재 대상으로 하여금 제재를 회피할 가능성을 높여주기 때문에 부적절하다는 비판도 있으나(John Bolton, 2022), 최근의 미국 수출통제 조치는 점점 더 표적화된(targeted) 접근 방법을 취하는 경향이 관찰되고 있다. 특히 중국의 경우 중국과의 완전한 디커플링이 현실적으로 불가능하다는 점을 고려할 때 정책 목적에 따라 표적화된 맞춤형 조치가 불가피한 측면도 있었다고 보인다.

4. FDPR의 향후 전개방향과 정책적 함의

가. 기술 통제수단으로서의 FDPR

미국은 2018년 수출통제개혁법(Export Control Reform Act, 이하 "ECRA")을 제정하며 미국의 국가 안보는 과학기술, 제조 분야의 리더십을 유지할 것을 요구한다고 천명하고(Section. 1752), 대통령은 기술 이전을 통제함으로써 미국의 기술 우위(advances)를 보호해야 한다고 요구하고 있다(Section. 1753). ECRA는 기존의 이중용도 수출통제를 넘어서 소위 신흥 및 기반 기술을 식별하고 이에 대한 적절한 통제를 수립하도록 요구하고 있는 바(Section. 1758),[24] 수출통제가 단순히 대량살상무기의 확산을 막는 목적 외에도 미국의 기술적 우위와 제조 분야의 리더십을 유지하기 위해 사용되고 있음을 볼 수 있다.

그러나 반도체 분야의 경우 미국이 설계 SW 등 핵심기술은 보유하고 있으나 그 제조 기반은 미국 외에 주로 위치하여 대만, 우리나라, 중국 등 해외에서 고성능 반도체가 제조되어 공급되고 있다. 그러므로 단순히 미국으로부터의 수출을 통제하는 방식의 수출통제로는 해외 곳곳에서 생산되는 반도체의 공급을

---

24 다만, 아직 미국 상무부는 ECRA가 요구한 신흥 및 기반 기술(emerging and foundational technologies)을 구체적으로 식별하지 못하고 있는 실정이다.

차단할 수 없다. 특히 중국의 반도체 제조 역량을 억제하기 위해서는 미국으로 부터의 수출만을 통제한다고 해서 전 세계에서 공급되는 고성능 반도체나 장비를 차단할 수 없기 때문에 미국 기술이 사용되기만 하면 세계 어디서 생산되든지 통제할 수 있는 FDPR을 활용할 수밖에 없다. 그래서 FDPR을 사용하여 전 세계적으로 미국 기술이 사용된 장비나 부품 등이 표적이 된 대상에게 공급되지 못하도록 차단하고 있다.

특히 주목할 점은 화웨이 이전의 FDPR은 미국산 기술이나 장비로 제조된 최종 제품이나 장비 또한 통제기준을 만족하는 경우에만 통제하고 있었다. 그러나 화웨이를 대상으로 하는 FDPR이 도입되면서 최종 제품이나 장비에 대한 요건을 삭제해버렸고, 미국산 기술이나 장비를 사용하여 제조되기만 하면 모조리 통제대상으로 포함시켰다. 그래서 단순히 최종 제품에 대한 통제를 넘어서 장비나 부품에 대해 전반적으로 차단하였기 때문에 FDPR의 표적이 된 대상의 제조 역량이나 기술 개발을 억제하는 데 사용될 수 있었다. 미국은 FDPR을 통해 미국 안보에 위협으로 간주되는 해외 기술 내지 제조 역량을 억제하는 한편, 최근 미국 내 생산된 제품에 대한 특혜 조치 등을 통해 자국의 제조 역량을 강화하는 전략을 사용하는 것으로 보인다.

구체적으로 2020년에는 중국 화웨이사가 미국의 안보와 외교정책에 반한다는 이유로 화웨이사의 반도체 역량을 낮추기 위해 FDPR을 사용하였고, 화웨이사는 통신 분야에서는 여전히 세계에서 우위를 차지하고 있으나 반도체 분야에서는 제품이나 장비를 조달할 수 없어 크게 위축되는 결과를 가져왔다. 2022년 2월 러시아의 우크라이나 침공에 대응하여 미국은 러시아의 전쟁 수행능력 약화를 위해 FDPR을 통해 전 세계로부터 전략물자가 러시아로 유입되지 못하도록 차단하였고, 10월에는 중국의 고성능 반도체와 슈퍼컴퓨터 분야에 대한 FDPR을 도입하여 해당 분야의 역량을 표적으로 수출통제를 가하였다. 2023년 2월에는 이란산 무인항공기(UAVs, Unmanned Aerial Vehicles)가 러시아에 의해 우크라이나 전쟁에서 사용되는 것에 대응하기 위해 이란에 대한 FDPR을 발동하여 미국산 기술이 이란산 무인항공기 제조에 사용되지 못하도록 차단하였다.[25]

---

25 2023년 2월에 도입된 對이란 FDPR에 따르면, 미국 수출통제 리스트의 Category 3에서 5(전자, 컴퓨터, 통신 등 분야), 또는 Category 7(항공 분야)에 해당하는 기술이나 장비로 제조된 품목이 상기 Category에

이러한 동향을 볼 때 최근 FDPR은 특정 국가, 특정 분야의 기술 역량을 약화시키기 위한 정책적 도구로 활발하게 활용되기 시작하였고, 여러 우회 지원 경로까지 차단하는 수단으로 사용되고 있음을 알 수 있다.

나. 다자적 수단으로서의 FDPR

과거 냉전 이후 특정한 국가에 대한 전면적 수출통제는 북한이나 이란과 같은 일부 국제연합(이하 UN)의 제재대상국에만 적용되던 것이었다. 舊공산권 국가들에 대한 수출통제를 조정하던 대공산권수출통제위원회(COCOM, Coordinating Committee for Multilateral Export Controls)가 1994년 해체된 이후 수출통제는 국가를 대상으로 하기보다는 일부 우려 개인이나 단체를 주로 대상으로 하고 있었다. 각 국가는 수출허가 제도를 통해 이중용도 품목이 군사용도나 대량살상무기 용도에 전용되지 않도록 최종사용자를 확인하여 심사하였고, 수출허가 제도는 UN 제재가 아니고서는 특정 국가를 대상으로 제재하는 수단으로는 거의 사용되지 않았다. 그러나 최근 러시아의 우크라이나 침공으로 인해 러시아에 대한 전면적인 수출통제가 개시되었고, 특히 러시아와 같은 UN안보리 상임이사국이자 국제수출통제체제의 회원국26에 대해 서방 국가들이 공조하여 전면적 수출통제를 가한 것은 최초의 사례라 할 수 있다.

사실 UN안보리 상임이사국으로서 거부권을 행사할 수 있는 러시아에 대해서 UN 제재 조치가 발동될 가능성은 거의 없고, 또 회원국의 만장 일치제로 운영되는 국제수출통제체제에서도 그 의사결정의 특성상 회원국인 러시아에 대한 수출통제 조치가 부과될 가능성도 거의 없다. 게다가 다자간 수출통제체제는 그 강령상 특정한 국가를 대상으로 하지 않는다고 명시해놓기까지 하였다(Wassenaar Arrangement, 2019). 그러므로 UN이나 국제수출통제체제를 통하여서는 러시아의 우크라이나 침공을 저지하기 위해 對러 제재 또는 수출통제 조치

해당되는 제품이거나 미 수출관리규정 제746조 부록7에 나열된 제품(항공엔진, 통신장비 등)에 해당될 경우 미 상무부 허가가 필요하다. 아울러 러시아/벨라루스 FDPR도 수정하여 외국산 제품이 미 수출관리규정 제746조 부록7에 해당하는 경우에도 러시아/벨라루스 FDPR의 통제 범위에 포함되도록 하였다.

26 러시아는 4개의 국제수출통제체제 중 바세나르체제(Wassenaar Arrangement), 미사일기술통제체제(Missile Technology Control Regime), 핵공급국그룹(Nuclear Suppliers Group)의 회원국이다.

를 가하는 것은 기대하기 어려운 것이었다. 그런데 유례없이 신속하게 서방국의 대러 수출통제 공조가 실현되었고 이는 미국의 FDPR 면제 조치가 큰 역할을 한 것으로 보인다. 미국의 FDPR 면제조치로 인해 무려 37개 국가가 러시아에 대한 수출통제 공조에 참여하도록 이끌어낸 것이다.[27] 사실 국가들이 특정 국가에 대한 수출통제를 이렇게 단시간에 조율해낸 것은 유례를 찾기 어려운 것인데(Kevin Wolf, 2022), FDPR 면제조치는 그 조율에 있어 핵심적인 역할을 하여 신속한 국제적 공조를 만들어내었다. 그간 국제수출통제체제에서조차 이중용도의 통제기준을 정하는 회의에서 합의를 도출하기까지 수년이 소요되거나 아예 결론에 이르지 못하는 경우도 많았다.

참고로 이와 유사한 방식으로, 미국은 강력한 달러 패권을 이용하여 미국이 시행하는 금융제재를 세계 각국의 금융기관들이 준수하도록 하고 있다. 대부분의 국제 거래는 기축통화로서의 달러를 이용하게 되어 있는 바, 미국의 제재 법령을 위반할 경우 미국 금융기관이 위반자나 위반기관과의 달러 거래를 거부하기 때문에 외국의 금융 기관들도 미국의 제재 대상자와의 거래를 회피할 수밖에 없다. 또는 미국의 금융기관이 미국 내로 유입된 제재 대상자의 자산을 동결해버리기 때문에 제재 대상자뿐 아니라 그 자산을 취급하는 금융기관들도 손실을 우려하여 미국 제재 대상자와의 거래를 회피하게 된다. 이를 세컨더리 보이콧(Secondary Boycott)이라고 부른다. 2005년 방코델타아시아(BDA) 사건을 통해 세컨더리 보이콧의 위력을 인식하게 된 금융기관은 미국의 금융 제재를 준수하게 되고, 그 위력이 전 세계적으로 미치게 된다(김희준·정영재, 2021).

다. 정책적 함의

최근 미국의 강력한 대러 및 대중 수출통제는 단순히 미국만의 문제가 아니라 우리나라에도 정책적으로 또 산업적으로 큰 영향을 미치는 문제가 되고 있다. 서방국의 대러 제재 및 수출통제는 지속적으로 강화되면서 그 통제의 범위가 계속 확대되고 있다. 중국의 반도체 분야에 대해서 미국의 수출통제는 지속

---

27 37개 국의 명단은 미국 수출관리규정(EAR, Export Administration Regulation)의 Part 746의 SUPPLEMENT NO. 3 (COUNTRIES EXCLUDED FROM CERTAIN LICENSE REQUIREMENTS OF § 746.8) 참고

적으로 강화되고 있어 우리 기업들에 미치는 영향도 크다. 최근 미국의 기술 패권이 위협을 받고 있다는 판단하에 미국은 FDPR을 더 정교하게 설계하고 더 빈번하게 활용하고 있는 것으로 보인다.

최근 중국에 대한 FDPR은 주로 반도체 분야에 관련되어 있는데 마침 우리나라도 반도체 제조 분야에서 강점을 갖고 있는 바, 그러한 FDPR은 우리나라 산업에 큰 영향을 미치는 부정적인 측면도 있으나 다른 측면으로는 우리나라가 그러한 수출통제 제도 설계에 관해 적극적으로 대응하면서 협력 방안을 모색해 볼 가능성도 있다. 2023년 4월부터 네덜란드와 일본은 미국의 수출통제 제도를 시행하기로 했다. 이는 미국의 FDPR을 의미한다. 앞으로 미국은 우리나라도 동참할 것으로 요구할 것으로 예상된다. 분명 장점과 단점이 있지만, 우리나라가 강점을 가진 분야에 관해 국제적인 공급망 재편 동향을 관찰하면서 기술 및 산업적인 연관관계가 높은 주요 국가들과 적극적인 협력 논의를 하는 것이 바람직하다고 판단된다.

미국이 주도하여 2022년 5월 23일 출범한 인도태평양 경제프레임워크(Indo-Pacific Economic Framework, IPEF)는 무역, 공급망, 청정 경제, 공정 경제 등 4개의 필러(Pillar)를 제시하고 인도 태평양 지역 국가들의 참여를 유도하고 있다. 당초 미 상무부는 2022년 3월 11일부터 수출통제가 포함된 6개 필러의 IPEF 구상에 대한 산업계 의견을 수렴하였고, 산업계는 수출통제를 포함시키는 것에 대해 부정적인 입장을 제시했다. 미국 단체들은 IPEF를 통해 일방적 수출통제가 아닌 다자간 통제를 구현하고, 회원국 간 수출통제 제도에 관해 협력하여 불필요한 부담을 제거하고 규정 준수 강화를 통해 공정한 시장 환경을 조성해야 한다는 의견을 제시하였다. 미국만의 일방적 수출통제를 지양하고 미국 수출통제 제도의 다자화를 요구한 것이다.

비록 수출통제가 명시적으로 4대 필러에 포함되지는 못하였으나, 현재 IPEF가 실질적인 유인책을 제시하지 못하는 평가를 받고 있다는 점을 감안하면 향후 수출통제가 IPEF에서 일종의 유인책으로 등장할 가능성이 있다. 지난 2022년 2월 대러 수출통제 조치에서 미국의 FDPR 면제 조치가 37개국을 대러 수출통제 공조로 규합하는 성과를 올렸다는 점을 감안하면, 향후 수출통제 제도에 있어서 각국의 조율이 IPEF 또는 그 일부 회원국에서 협력을 유도할 주요 의제가 될 수 있다. 더구나 미국 정부가 IPEF를 일종의 시장개방 협정으로 활용할 생각이 없다는 입장인 것을 감안하면 그 외 무역상의 조치가 회원국에 대한 유인책으로 제시되어야 하는 바, 수출통제 또는 투자심사 등에서의 혜택 등이 제시될 가능성이 높은 것으로 볼 수 있다. 앞으로 국제정세를 봐서 미국은 IPEF에서 수출통제 의제를 제안할 것으로 예상된다.

5. 결론

미국의 수출통제 조치 중 FDPR을 사용하여 해외에서 미국의 수출통제를 적용하는 것은 잠재적으로 가장 강력한 제재이다(Annie Froehlich, 2022). FDPR은 반도체 등 미국산 첨단 기술 또는 장비로 만든 제품이 위치한 공급망에 영향을 미친다. FDPR이 적용되는 품목에 관해서는 제재 대상 목적지로 수출하는 것이 차단되고, 또 해외로부터 수입해올 경우에도 제재 대상 기업이 거래에 연루되지 않았다는 것을 입증해야 할 수도 있다.

미국은 기술 우위를 바탕으로 FDPR을 시행하고 있으며 최근 미국의 기술 패권이 위협을 받고 있다는 판단하에 FDPR을 더 정교하게 설계하고 더 빈번하게 활용하고 있는 것으로 보인다. FDPR은 계속 특정 대상을 표적으로 하여 정교하게 되어 왔고 앞으로도 이러한 방향이 당분간 유지될 것으로 보인다. 미국의 대중 수출통제 강화 조치는 중국에서 생산설비를 운영하는 국내 기업들에게 매우 큰 영향을 미치고 있으며, 미국의 유예 기간이 종료된 후 어떻게 대응할 것인가에 유의할 필요가 있다. 또 앞으로 어떤 분야에 대한 FDPR이 설계될 것인지를 사전에 분석하고 잠재적으로 통제가 예상되는 기술 및 기업에 대한 검토가 필요하다.[28] 또 우리 기업은 단순히 미국산 부품이나 완제품을 취급하지 않는다고 해서 안심할 것이 아니라 미국산 기술이 해당 공급망에서 어떤 위치를 차지하는지를 확인하고 이에 대비해야 할 것이다.

---

[28] 미국은 2022년 10월 7일 중국의 양쯔메모리테크놀로지(Yangtze Memory Technologies Company, YMTC)를 Unverified List에 등재하고 60일간 최종사용용도 검증이 완수되지 않으면 Entity List에 전환 등재할 수 있다고 공지하였고, 실제 2022년 12월 15일 동 기업을 Entity List에 등재하였다.

 한편, 향후 공급망 안정화를 위한 각국의 프렌드쇼어링 등 공급망 재편을 위한 협력 움직임 가운데 수출통제는 상품과 기술의 유통을 공급망 내에서 원활하게 하는 제도적 수단으로 작용할 수 있다. 그러므로 향후 FDPR 등 수출통제 강화 조치에 선제적으로 대비하는 한편, 우리나라의 산업에 영향이 큰 분야에서 수출통제 관련 완화 조치들을 부여받을 수 있도록 관계 국가들과의 협의가 긴요하다고 보인다. 이를 위해서는 최근 논의되는 새로운 수출통제체제 등 국가간 협의체에서 주도권을 확보할 수 있도록 수출통제 관련 적극적인 양자 및 다자간 협력이 필요할 것이다.

참고문헌

강유덕(2021), "기술 경쟁과 글로벌 공급망의 재편: 유럽연합(EU)의 공공이익사업 (IPCEI) 사례", EU학연구, 26(3), 51−85.

강호(2018), "미국 수출통제법의 역외적용에 관한 고찰", 경희법학, 53(2), 349−377.

고경민(2012), "정보기술과 민주화의 패러독스?: 미국의 정보기술 수출통제정책 변화와 중국의 인터넷 발전", 평화학연구, 13(3), 25−50.

국제금융센터(2021), "중국 쌍순환 정책에 대한 평가 및 시사점", KCIF, 2020.10.

국제무역통상연구원(2021), "우리나라와 주요국의 희토류 공급망 현황 및 시사점", 한국 무역협회 국제무역통상연구원.

국제무역통상연구원(2022a), "글로벌 공급망 위기와 우리기업의 대응 현황", 한국무역협 회 국제무역통상연구원.

국제무역통상연구원(2022b), "글로벌 무역통상 환경 변화와 우리의 대응 과제: NEXT", 한국무역협회 국제무역통상연구원.

국회 산업통상위원회(2021), "국회 대외무역법 일부개정법률안 검토보고서", 국회 의안번 호 제2107424호, 국회 산업통상자원중소벤처기업위원회.

기획재정부(2022), "우크라이나 사태 관련 주요국 제재 현황(3.28 현재)", 국제경제과.

김규판(2022), "일본의 과학기술·경제안보전략 추진 동향과 시사점", KIEP 이슈분석 207호.

김성한(2021), "미국 바이든 행정부의 대(對) 중국 전략: 봉쇄에서 변환으로", 신아세아 28(2), 70−90.

김연규(2022), "가난한 미국 부유한 중국 미·중 희토류 패권과 21세기 경제안보 전략", 라의눈.

김준범, 박정민(2021), "경제제재, 수출통제 관련 외국법령 역외적용 동향 및 시사점", 무 역안보 Brief 2021−1, 전략물자관리원.

김지혜(2022a), "美 상무부, 외국산 직접제품 규정(Foreign Direct Product Rule, FDPR) 명확화", 수출통제 Issue Report 2022−7, 전략물자관리원.

김지혜(2022b), "미국의 대중 반도체 통제로 FDPR의 추가확대", 수출통제 Issue Report 2022−79, 전략물자관리원.

김희준(2021), "미 상무부 군사정보최종사용자 제도 신설 개요", 수출통제 Issue Report 2021−25, 전략물자관리원.

김희준(2022), "미국 상무부, 對러시아·벨라루스 수출통제 추가조치", 전략물자관리원 수출통제 Issue Report(2022−36).

김희준·안다영(2020), "미국의 中 화웨이社 추가제재 주요 내용", 수출통제 Issue Report 2020−09, 전략물자관리원.

나수엽, 김영선(2020), "국의 「외국인투자위험심사현대화법(FIRRMA)」 발효와 미국의 대
중 투자규제", KIEP 오늘의 세계경제.

대외경제정책연구원(2022), "우크라이나 사태와 대러 제재의 경제적 영향", KIEP 오세경,
2022.03.22.

대한무역진흥공사(1990), "코콤, 우리의 대응방안: 내부통제제도", 무공자료 90 – 73.

동아일보(2022), "美, 동맹국에 中반도체 규제 공동발표 요청… "韓 등 난색에 불발", 10
월 15일.

劉宇(2021), "중국의 새로운 발전 구도 '雙循環(쌍순환)'과 중한 협력에 관한 연구", 中國
學 第76輯 (2021.09.30.)

무역신문(2021), "[세계는 지금] 탈중국, '어떻게'가 관건… 핵심은 구조적 공급망 안정",
12월 17일.

박언경, 왕상한(2021), "미국 수출통제개혁법 제정의 함의", 법제연구 제61호(2021).

산업연구원(2022), "글로벌 반도체 공급망 재편 움직임과 정책적 시사점", I–KIET
산업경제이슈 제137호 [2022 – 11].

산업통상자원부(2022), "한국의 對러시아/벨라루스 FDPR 면제국 확정 관련 산업부 – 美
상무부 공동성명 발표", 보도자료(2022년 3월 8일).

산업통상자원부(2020), "글로벌 공급망(GSC) 붕괴 쇼크 어떻게 극복할 것인가?."『월간
통상』, 96.

서울경제신문(2022), "어설픈 중립외교에.. 美에 미운털 박혀 휘청이는 한국경제[양철민
의 경알못]", 3월 1일.

송준헌(2022), "일본의 수출통제 제도에 관한 연구", 通商法律 2022 – 01.

안성진(2022), "포스트코로나 시대 경제안보와 기술안보 전략", 국회 포스트코로나경제연
구포럼 토론(4월 21일).

연원호(2021), "미국 바이든 행정부의 대중국 정책 전망과 시사점", 대외경제정책연구원
세계경제포커스 4 – 15.

오영해·김희준(2019), "미국의 수출통제개혁에 관한 분석", 무역경영연구, 제18호.

위민복(2021), "코로나19 백신 관련 EU와 미국의 수출통제", 통상법률, 2, 137 – 173.

유준구, 김석우, 김종숙(2015), "미국 수출통제 법제의 특성과 시사점", 미국헌법연구,
26(3), 81 – 117.

이규철(2021), "미국 달러 패권의 메커니즘과 중국의 대응전략", 한국동북아논총, 26(4),
55 – 80.

이데일리(2022), "1월부터 준비했는데…러 제재 늑장 참여 괘씸죄 불똥", 6월 6일.

이병문·박미봉(2021), "중국 수출통제법에 관한 주요내용 및 시사점", 무역상무연구 제
89권.

이서진(2022), "미국 상무부 BIS와 EU DG – TRADE의 수출통제 분야 의견 수렴과정에서

제출된 주요 코멘트 검토", 해외 연구동향 Report 2022-14.

이서진(2019), "미·중 경쟁과 수출통제 변화", 전략물자관리원 전략물자 수출통제 Brief 2019 Vol. 1.

이은호(2022), "역사를 바꾼 기술과 전략물자: 역사와 사례 분석", 율곡출판사.

이효영(2022), "경제안보의 개념과 최근 동향 평가", 외교안보연구소 주요국제문제분석 2022-08.

전략물자관리원(2021a), "무역안보 Brief: 경제제재/수출통제 관련 외국법령 역외적용 동향 및 시사점", Vol. 1.

전략물자관리원(2021b), "무역안보 Brief: 미국의 금융제재 방식 및 활용 검토", Vol. 2.

전략물자관리원(2021c), "수출통제 총람: 국제 수출통제 및 우리나라 제도", Vol. 1.

전략물자관리원(2021d), "수출통제 총람: 국내 수출통제와 전략물자관리원", Vol. 2.

전략물자관리원(2021e), "수출통제 총람: 주제별 비교", Vol. 3.

전략물자관리원(2021f), "中「반(反) 외국제재법」 관련 제재부과 동향", 수출통제 Issue Report 2021-26.

전략물자관리원(2022a), "美 BIS의 對 러시아 추가 제재를 위한 Entity List 등재", 수출통제 Issue Paper 2022년 3월 11일.

전략물자관리원(2022b) "日「경제안보추진법(안)」제정 최신 동향" 수출통제 Issue Report 2022-44.

전략물자관리원(2022c), "국제수출통제 동향과 주요 이슈", 2022년 경제안보 유관 연구기관 공동세미나, KOEX, 6월 2일.

정구현(2021), "글로벌 공급망이 왜 문제인가?."『J Commentary』, 26.

정유한(2021), "국내 산업기술 보호 역량 제고를 위한 한국과 일본의주요 정책 비교연구: 신제도주의 관점을 기반으로", 한국산업보안연구학회 한국산업보안연구 11(3).

정익래(2021), "블록체인을 활용한 전략물자 관리 개선 방안", 전략물자관리원.

정인교(2020), "[정인교칼럼] RCEP에 대한 오해와 진실", 서울경제신문 시론(11월 17일).

정인교(2021a), "[시시비비] 확대 G7 정상회의 기대", 아시아경제신문 시론(6월 5일).

정인교(2021b), "[정인교 칼럼] 조용하지만 철저한 미국의 對中 디커플링 정책", 서울경제신문 시론(8월 31일).

정인교(2021c), "2022년 글로벌 공급망 재편과 아시아 국가의 대응", 서울대학교 아시아연구소, 2022년 아시아 정세전망(6).

정인교(2022a), "[정인교 칼럼] 미국의 新바세나르 체제 대비해야", 서울경제신문 시론(4월 13일).

정인교(2022b), "[정인교 칼럼] IPEF 가입과 공급망 안정화", 서울경제신문 시론(5월 18일).

정인교(2022c), "중국 WTO 가입 20년의 회고 [정인교의 경제 돋보기]", 매거진한경 시론(1월 5일).

정인교(2022d), "우크라이나 전쟁이 초래한 세계 식량위기", 헌정회 헌정 7월호.

정인교(2022e), "[정인교 칼럼] 심각해지는 러시아발 애그플레이션 위기", 서울경제신문 시론(6월 29일).

정인교(2022f), "[시론] 미국 '인플레 감축법' 비밀 입법 후폭풍", 중앙일보 9월 5일.

정인교(2022g), "[정인교의 경제 돋보기] 미국 수출통제 제도의 국제적 확산", 한경 BUSINESS 10월 17일.

정인교·조정란(2020), "무역안보 연구센터 구성 및 운영방안", 전략물자관리원 연구과제.

정인교·조정란(2021), "수출통제 GVC 분석 모형 및 미·중 디커플링 파급영향 추정," 전략물자관리원.

정인교·채수홍(2023), "미국의 안보정책과 수출통제 수단으로서의 외국산 직접제품 규칙(FDPR)", 국제통상학회지 28권 1호

조선일보(2022a), "경찰, 산업기술 유출 96명 검거...중소기업 피해 78%", 6월 6일.

조선일보(2022b), "[단독] 장보고−Ⅲ급 잠수함 방산 기술, 대만에 넘어갔다", 6월 7일자. https://www.chosun.com/national/national_general/2022/06/07/DP4WCJNF3VET XN4G2ZF6R2UGY4/

조정란(2016), "FTA 원산지론", 법문사.

조철(2021), "반도체 동맹의 의미와 전망", 선진통상포럼 발표자료(6월 3일).

중앙일보(2022), "美, 중국 반도체 봉쇄…中 "미국 이성 잃어"", 10월 10일

진재근(2021), "산업보안과 산업기술유출 대응에 관한 연구: 미국, 일본 및 독일을 중심으로", KBM Journal 5(2).

최동준(2021), "최근의 미국과 중국의 수출통제 제도 강화 경향에 대한 비교연구", 이화여자대학교 법학논집 제25권 제3호 통권 73호.

최동준(2021), "한국과 일본의 전략물자 수출통제 제도 비교연구 −양국 간 무역 갈등과 관련된 주요쟁점을 중심으로−", 동아대학교 법학연구소 國際去來와 法.

최수아(2021), "美 인공지능국가안보위(NSCAI), 최종 보고서 요약", 전략물자관리원.

최수아(2021b), "분산원장 기술을 활용한 통제품목 관리에 대한 기고문 요약", 전략물자관리원.

최원목(2022), "포스트코로나 시대 경제안보와 기술안보 전략", 국회 포스트코로나경제연구포럼 토론(4월 21일).

崔弼洙, 李賢泰(2021), "쌍순환 구상과 14·5계획에 나타난 중국의 산업정책과 한국의 대응방안", 중소연구 제44권 제4호, 2020/2021 겨울.

코트라(KOTRA, 2020), "對러시아 서방국들의 경제 제재, '잃어버린 7년'?", 해외시장정보 8월 20일자.

코트라·국제통상연구원(2022), "미국의 대러시아 수출통제 조치 해설서", KOTRA 자료 22−057.

태평양(2019), "미국 투자 관련 유의사항−미국 외국인투자심의위원회(CFIUS) 개정법 FIRRMA 발효", 법무법인 태평양.

한국무역협회 전략물자무역정보센터(2006), 「수출통제: 이론과 실무」. 박영사.

한국무역협회(2020), "미국 수출관리규정(EAR) 매뉴얼".

한국무역협회(2021), "중국 수출통제법의 주요 내용과 시사점".

허윤(2022), "포스트코로나 시대 경제안보와 기술안보 전략", 국회 포스트코로나경제연구 포럼 토론(4월 21일).

현대경제연구원(2022), 러시아-우크라이나 전쟁 발 슬로플레이션 가능성 점증 – 최근 경제동향과 경기판단(2022년 1분기), 경제주평.

Alden, Edward(2022), "Washington Raises Stakes in War on Chinese Technology", Foreign Policy(OCTOBER 11, 2022)

Arcuri, Gregory(2022), "The CHIPS for America Act: Why It is Necessary and What It Does", CSIS Blog. https://www.csis.org/blogs/perspectives-innovation/chips-america-act-why-it-necessary-and-what-it-does

Baldwin, R. E. (2006), "Globalisation: the great unbundling(s)." Globalisation challenges for Europe, Helsinki: Secretariat of the Economic Council, Finnish Prime Minister's Office.

Baldwin, R. E. (2006), "Globalisation: the great unbundling(s)." Globalisation challenges for Europe, Helsinki: Secretariat of the Economic Council, Finnish Prime Minister's Office.

Berman, Harold J. and John A. Garson(1967), "United States Export Controls—Past, Present, and Future," Columbia Law Review 67, no. 5 (May 1967), p. 792.

Bloomberg Economics(2022), "When Will China Be the World's Biggest Economy? Maybe Never", Feb. 11.

Bloomberg(2022), "US Chip Suppliers Pull Back From China's Yangtze Memory After Biden Ban", Oct. 12, 2022. https://www.bloomberg.com/news/articles/2022-10-12/us-chip-suppliers-pull-back-from-china-s-yangtze-after-biden-ban?leadSource=uverify%20wall

Bolton, John(2022), "The US needs a sanctions policy revolution", The Hill. https://thehill.com/opinion/international/3757034-the-us-needs-a-sanctions-policy-revolution/

Bown, Chad(2020), "Export Controls: America's Other National Security Threat", PIIE Report.

Bureau of Industry and Security(BIS, 2021), "2020 Annual Report", Annual Report to Congress for Fiscal Year 2020. U.S. Department of Commerce.

Bureau of Industry and Security(BIS, 2022), "15 CFR Parts 734, 736, 740, 742, 744, 762, 772, and 774 [Docket No. 220930-0204]", US Department of Commerce.

federalregister.gov/d/2022－21658

Celasun, O., Hansen, N－J., Mineshima, A., Spector, M. and Zhou. J (2022), "Supply Bottlenecks: Where, Why, How Much, and What Next?", IMF Working Papers, No 2022/031, International Monetary Fund, February.

Chen, Xuechen & Xinchuchu Gao(2021), "Analysing the EU's collective securitisation moves towards China", Asia Europe Journal(2021). https://doi.org/10.1007/s10308－021－00640－4

Chivvis, C. S.(2022), "The Three Important Shifts Tucked Within the New National Security Strategy", Carnegie Endowment for International Peace, Oct. 13, 2022. https://carnegieendowment.org/2022/10/13/three－important－shifts－tucked－within－new－national－security－strategy－pub－88160

Cigna, S., Gunnella, V., and Quaglietti, L. (2022), "Global value chains: measurement, trends and drivers", Occasional Paper Series, No 289, ECB, Frankfurt am Main, January.

CISTEC(2016), "Historical Background of Export Control Development in Selected Countries and Regions". https://www.cistec.or.jp/english/service/report.html

Congressional Research Service(CRS, 2020), "The U.S. Export Control System and the Export Control Reform Initiative", US CRS R41916.

Congressional Research Service(CRS, 2021), "The U.S. Export Control System and the Export Control Reform Act of 2018", US CRS R46814.

Corr, Christopher F.(2003), "THE WALL STILL STANDS! COMPLYING WITH EXPORT CONTROLS ON TECHNOLOGY TRANSFERS IN THE POSTCOLD WAR, POST－9/11 ERA". file:///C:/Users/admin/Downloads/hjil－25－3－corr.pdf

CRS(2021), "Huawei and U.S. Law", Congressional Research Service Report R46693.

CSIS(2019), "Comments to the Department of Commerce, Bureau of Industry and Security", CSIS Report(January 9, 2019).

CSIS(2022), "The Indo－Pacific Economic Framework and Digital Trade in Southeast Asia", May 5, 2022. https://www.csis.org/analysis/indo－pacific－economic－framework－and－digital－trade－southeast－asia

CUPITT, R., & GRILLOT, S. (1997), COCOM Is Dead, Long Live COCOM: Persistence and Change in Multilateral Security Institutions. British Journal of Political Science, 27(3), 361－389. doi:10.1017/S0007123497000185

Deloitte(2022), "Government trends 2022: Building resilient, connected, and equitable government of the future".

Diplomat, the(2021), "How Taiwan Underwrites the US Defense Industrial Complex", November 09, 2021. https://thediplomat.com/2021/11/how－taiwan－underwrites

－the－us－defense－industrial－complex/

Dunn, Tara L.(2005), " Surviving United States Export Controls Post 9/11: A Model Compliance Program", 33 Denv. J. Int'l L. & Pol'y 435 (2005).

EU Parliament(2019), "United States: Export Control Reform Act (ECRA)".

European Commission (2021), "Strategic dependencies and capacities", Commission Staff Working Document, 5 May.

European Commission (2022), "Digital sovereignty: Commission proposes Chips Act to confront semiconductor shortages and strengthen Europe's technological leadership", press release, 8 February.

European Commission(2019), "From where do we import energy?".

EY(2019), "Trade Watch", September 2019

Farrell, Henry and Newman, Abraham L.(2019), "Weaponized Interdependence: How Global Economic Networks Shape State Coercion", International Security 2019; 44 (1): 42-79. doi: https://doi.org/10.1162/isec_a_00351

Friedman, Thomas L.(2022), "We Are Suddenly Taking On China and Russia at the Same Time", October 12, 2022. https://www.nytimes.com/2022/10/12/opinion/china－semiconductors－exports.html

Froehlich, Annie(2022), "Foreign Direct Product Rule: Is Russia the next Huawei?", Atlantic Council, Econographics(Feb. 3, 2022).

Gahlaut, Seema(2021), "Mental block? Time to revisit the potential of distributed ledger technology." The journal of export controls and sanctions. ISSUE # 103.

Inside US Trade(2022a), "BIS considering 'what comes next' for multilateral export control regimes", April 13, 2022.

Inside US Trade(2022b), "U.S., EU eye export control deal that could focus on chips, include Japan", May 17, 2022.

Irwin, Douglas A.(2008), "Trade Liberalization: Cordell Hull and the Case for Optimism", Council on Foreign Relations. https://www.cfr.org/sites/default/files/pdf/2008/07/CGS_WorkingPaper_4.pdf

Jones, Scott(2021), "Think twice before bringing back the COCOM export control regime", Defense News, April 10, 2021. https://www.defensenews.com/opinion/commentary/2021/04/09/think－twice－before－bringing－back－the－cocom－export－control－regime/

Krugman, P.(2022a), "When Trade Becomes a Weapon", Oct. 13, 2022. https://www.nytimes.com/2022/10/13/opinion/china－tech－trade－biden.html

Krugman, Paul(2022b), "Trump's Big China Flop and Other Failures", New York Times, Feb. 15, 2022. https://www.nytimes.com/2022/02/15/opinion/china－trade

－war－trump.html

Lagarde, Christine(2022), "A new global map: European resilience in a changing world", Keynote speech at the Peterson Institute for International Economics. 22 April 2022.

Lewis, J. Andrew(2020), "Semiconductors and Modern Defense Spending", CSIS Commentary, September 8, 2020.

Lewis, Rand C.(1990), "COCOM: An International Attempt to Control Technology", The DISAM Journal, Fall 1990.

Li, Mu(2014), From CoCom to Wassenaar Arrangement and UNSCR 1540: A Historical Review of Multilateral High－tech Export Control Policy Development (May 31, 2014). https://ssrn.com/abstract＝3664946 or http://dx.doi.org/10.2139/ssrn.3664946

Libbey, James K.(2010), "CoCom, Comecon, and the Economic Cold War", Russian History 37 (2010) 133-152.

Lim, B., Yoo, J., Hong, K., & Cheong, I. (2021). "Impacts of Reverse Global Value Chain (GVC) Factors on Global Trade and Energy Market." Energies 14(12). 3417.

McKinsey & Company(2018), "The rise of Digital Challengers － How digitization can become the next growth engine for Central and Eastern Europe".

New York Times(2022a), "With New Crackdown, Biden Wages Global Campaign on Chinese Technology", https://www.nytimes.com/2022/10/13/us/politics/biden－china－technology－semiconductors.html#:~:text＝With%20China%2C%20the,measures%20from%20allies

New York Times(2022b), "Biden Administration Clamps Down on China's Access to Chip Technology", 2022년 10월 7일. https://www.nytimes.com/2022/10/07/business/economy/biden－chip－technology .html

OECD(2020), "COVID－19 and global value chains: Policy options to build more resilient production networks". http://www.oecd.org/coronavirus/policy－responses/covid－19－and－global－value－chains－policy－options－to－build－more－r esilient－production－networks－04934ef4/

OECD(2020), "COVID－19 and global value chains: Policy options to build more resilient production networks". http://www.oecd.org/coronavirus/policy－responses/covid－19－and－global－value－chains－policy－options－to－build－more－r esilient－production－networks－04934ef4/

OECD(2021), "Global value chains: Efficiency and risks in the context of COVID－19", Policy Responses to Coronavirus (COVID－19).

Posen, Adam S.(2022), "The End of Globalization? What Russia's War in Ukraine

Means for the World Economy", Foreign Affairs (March 17, 2022).

Reinsch, William A., Thibault Denamiel, and Eric Meyers(2023), "Optimizing Export Controls for Critical and Emerging Technologies", Center for Strategic & International Studies.

Reuters(2022), "U.S. aims to hobble China's chip industry with sweeping new export rules", October 10. https://www.reuters.com/technology/us-aims-hobble-chinas -chip-industry-with-sweeping-new-export-rules-2022-10-07/

Semiconductor Industry Association(2022), "State of the U.S. Semiconductor Industry", 「SIA Report」, p. 21.

Senate Republican Policy Committee(RPC, 2021), "SEMICONDUCTORS: KEY TO ECONOMIC AND NATIONAL SECURITY", APRIL 29, 2021.

Stimson Center(2020), "Blockchain for Export Controls", Washington: The Henry L. Stimson Center. https://www.stimson.org/2020/blockchain-for-export-controls/

The Information Technology & Innovation Foundation(2019), "How Stringent Export Controls on Emerging Technologies Would Harm the U.S. Economy". https://itif.org/publications/2019/05/20/how-stringent-export-controls-emer ging-technologies-would-harm-us-economy

The Mercator Center(2018), "Emerging Tech Export Controls Run Amok", The Mercator Center at George Mason University. https://www.mercatus.org/ commentary/emerging-tech-export-controls-run-amok

Thorbecke, Willem(2022), "Exogenous shocks, industrial policy, and the US semic- onductor industry", Tokyo: RIETI. https://www.rieti.go.jp/en/columns/v01 _0182.html?id=nl

U.S. Government Accountability Office(GAO, 2010), High-Risk Series: An Update, GAO -07-310, January 2010.

U.S. Government Accountability Office(GAO, 2017), Progress on Many High-Risk Areas, While Substantial Efforts Needed on Others, GAO-17-317, February 2017.

U.S. Government Accountability Office (GAO), Substantial Efforts Needed to Achieve Greater Progress on High-Risk Areas, GAO-19-157SP, March 2019.

US Department of State(2011), "Catch-all Controls". https://2009-2017.state.gov/ strategictrade/practices/c43179.htm.

US-China Business Council(2021), "Member survey".

USTR(2020), "2020 National Trade Estimate Report".

Wall Street Journal(2022), "U.S. Goes Full-Court Press on China's Chip Sector", October 10, 2022. https://www.wsj.com/articles/u-s-goes-full-court-press -onchinas−chip−sector−11665403410

Wassenaar Arrangement(2019), "Initial Element I−4", Public Documents Vol I. (Founding Documents), p. 4.

White House(2017), "National Security Strategy of the United States of America", December 2017.

White House(2021), "Building resilient supply chains, revitalizing American manufacturing, and fostering broad−based growth", June.

White House(2022), "National Security Strategy 2022", October 14.

Wolf, Kevin(2022), "Why a new multilateral export control regime is needed− COCOM's daughter?", WorldECR, Issue 109.

부록

우리나라 전략물자 수출입고시 및 관련 별표[1]

부록 1 [별표 1] 전략물자·기술 예시

제5부 정보통신 및 정보보안(일부 편집)

제1장- 정보통신

5A1 시스템, 장비, 구성품

5A001.a. 통신장비

5A001.b. 통신용 전송장비와 시스템, 관련 전용 설계된 구성품, 부속품

5A001.c. 광섬유

5A001.d. 전자조정 위상배열 안테나

5A001.e. 무선 방향 탐지 장비(Radio direction finding equipment)

5A001.f. 전파방해 기기, 감시 장치 및 관련 전용 설계된 구성품

5A001.g. 위치 시스템, 장비

5A001.h. 급조 폭발물 방지 장비와 관련 장비

5A001.j. 인터넷 망(IP network) 통신 감시 시스템 혹은 장비와 전용 설계된 구성품

5A101. 원격측정과 원격제어장비(Telemetering and telecontrol equipment)

5B1 시험, 검사 및 생산용장비

5B001.a. 제5부1장에서 통제되는 장비, 기능 혹은 특성의 "개발", "생산"이나 "사용"을 목적으로 전용 설계된 장비

5B001.b. 원격통신 전송장비 혹은 교환기의 "개발"을 위하여 전용 설계된 장비 및 이의 전용 설계된 부품 및 부속품

5C1 소재 - 없음

5D1 소프트웨어

5D001.a. 상기 5A001 혹은 5B001에서 규제되는 장비 혹은 기능, 특성의 "개발", "생산"이나 "사용을 위해 전용 설계" 혹은 개조된 "소프트웨어"

5D001.c. 5A001 이나 5B001가 규제하는 장비의 특성, 기능 혹은 특징을 제공하기 위해 전용 설계되거나 개조된 특정(specific) "소프트웨어"

5D001.d. 원격통신 전송장비 혹은 교환기의 "개발"을 위하여 전용 설계되거나 개조된 "소프트웨어"

5D001.e. 법 집행에 의한 감시나 분석을 위해 전용 설계되거나 개조된 "소프트웨어"

5D101.　5A101에서 규정된 장비의 "사용"을 위해 전용 설계되거나 개조된 "소프트웨어"

5E1　기술

5E001.a. 5A001에서 통제되는 장비 및 기능, 혹은 5D001.a 혹은 5D001.e에서 통제되는 "소프트웨어"의 "개발", "생산"이나 "사용(운영 제외)에 대한 [일반기술해설]에 명시된 "기술""

5E001.b. 해당되는 "기술"

5E001.c. 원격통신 전송장비 혹은 교환기 "개발" 혹은 "생산"을 위한 [일반기술해설]상의 "기술"

5E001.d. 정보통신을 위해 전용 설계된 마이크로웨이브 단일칩 집적회로(MMIC) 전력 증폭기의 "개발" 혹은 "생산"을 위한 [일반기술해설]상의 "기술"

5E001.e. 정보통신 전용 설계되고 "초전도" 재료 이용 제작된 구성품을 포함하고 있는 전자 장치 및 회로 및 "초전도" 재료 중 최소 하나의 "임계 온도"보다 낮은 온도에서 작동되도록 전용 설계된 전자 장치 및 회로의 "개발" 혹은 "생산"에 대한 [일반기술해설]에 따른 "기술"

5E101.　5A101에 명시된 장비의 "개발" 혹은 "생산"이나 "사용"을 위한 [일반기술해설]에 따른 "기술"

제2장 - 정보보안

5A2　시스템, 장비 및 구성품

5A002.a. '기술된 보안 알고리즘'을 가진 '정보 기밀성을 위한 암호화'를 사용하기 위해 설계되거나 개조되고, 그 암호 기능이 사용할 수 있거나 활성화 되었거나 혹은 보안 방법을 채용하지 않은 "암호 활성화" 수단에 의해 활성화될 수 있는 것으로서 다음의 것

5A002.b. '암호 활성화 토큰'

5A002.c. "양자암호화"를 사용하거나 수행하기 위해 설계되거나 개조된 것

5A002.d. 초광대역(ultra-wideband) 변조기술 시스템을 위한 채널코드, 스크램블링코드, 혹은 네트워크식별코드를 생성하는 암호화기법을 사용하고자 설계되거나 개조된 것

5A002.e. "주파수 호핑"(frequency hopping)시스템을 위한 호핑 코드(hopping code)

를 포함하여 5A002.d.에서 통제되지 않는 "확산 스펙트럼" 시스템을 위한 스프레딩 부호를 생성하기 위한 암호화기술을 사용하고자 설계되거나 개조된 것

5A003.a. 부정한 침입을 탐지하기 위해 기계적, 전기적 혹은 전자적인 방법으로 설계되거나 개조된 통신케이블 시스템

5A003.b. 건강, 안전 혹은 전파간섭 기준을 위해 필요한 것 이상으로 정보 신호의 방사(발산)를 줄이기 위해 전용 설계되거나 개조된 것

5A004.a. '암호분석 기능' 수행을 위해 설계되거나 개조된 것

5A004.b. '미가공 데이터를 추출' 과 "인증" 이나 장치의 승인 제어를 회피를 수행하기 위해 설계된 것

5B2   시험, 검사 및 생산용장비

5B002.a. 5A002 혹은 5B002.b가 통제하는 장비의 "개발" 혹은 "생산"용으로 전용 설계된 장비 일체

5B002.b. 5A002, 5A003, 5A004가 통제하는 장비 혹은 5D002.a 혹은 5D002.c에서 통제되는 "소프트웨어"의 "정보보안" 기능을 평가 및 확인하기 위하여 전용 설계된 측정 장비

5C2   소재 - 없음

5D2   소프트웨어(SW)

5D002.a. 5A002~5A004에서 통제되는 장비 혹은 5D002.c.1~5D002.c.3가 통제하는 "소프트웨어"의 "개발" 혹은 "생산"이나 "사용"을 위해 전용 설계 혹은 개조된 "소프트웨어"

5D002.b. 5A002.b에 명시된 '암호 활성화 토큰'의 특성을 갖는 "소프트웨어" 일체

5D002.c. 5A 일부 품목(5A002.a., 5A002.c., 5A002.d., 5A002.e.)에 대해 통제되는 장비, 혹은 5A003에서 통제되는 장치, 혹은 5A004에서 통제되는 장치 중 하나의 특성을 갖거나, 그 장치들 중 하나의 기능을 수행 혹은 시뮬레이션 하는 "소프트웨어"

5E2   기술

5E002.a 5A002(3, 4) 혹은 5B002에서 통제되는 장비 혹은 5D002.a 혹은 5D002.c가 통제하는 "소프트웨어"의 "개발", "생산"이나 "사용 목적"인 [일반기술해설]

상의 "기술"

5E002.b 품목이 "암호 활성화" 방법에 의해 제5부 제2장에서 명시되지 않은 품목을 암호화 기술해설(제5부 제2장의 주3)에 의해 통제대상에서 제외되지 않는 5A002.a. 혹은 5D002.c.1.상의 품목으로 변환하기 위한 "기술", 혹은 "암호화 활성화" 수단으로 이미 제5부 제2장에 명시된 품목 중 5A002.a.에 명시된 추가 기능이 가능토록 하기 위한 "기술"

부록 2 [별표 2] 이중용도품목 예시

※ (통제체제)는 해당 품목의 원천 통제체제 및 통제번호를 나타내며 각 기호는 다음을 의미함(IL(Industrial List: 산업용) → 바세나르체제(이중용도품목), NR/NT → 핵공급국그룹, MT → 미사일기술통제체제, AG → 오스트레일리아그룹(생화학무기), CWC → 화학무기의 개발·생산·비축·사용 금지 및 폐기에 관한 협약, BWC → 세균무기(생물무기) 및 독소무기의 개발·생산·비축 금지 및 폐기에 관한 협약). **전략물자·기술 예시**

	제1부 특별소재 및 관련 장비
1A 1A001 (IL1.A.1) 1A001.a	시스템과 장비, 구성품 불소화합물로 만들어진 구성품으로 다음의 것: a. 1C009.b. 혹은 1C009.c.에 명시된 소재가 중량기준 50% 초과 투입되고 "항공기" 혹은 우주선용으로 전용 설계된 seals, gaskets, 밀봉제(sealants), 연료용 bladders
1A002 (IL1.A.2) (MT6A.1) (NR2.A.3)	"복합재료" 구조물 혹은 적층구조물(laminate)로 된 다음의 물품: 주의: 1A202, 9A010 및 9A110 참조
1A002.a 1A002.a.1 [초민감] [민감]	a. 다음 중 어느 하나를 사용하여 만들어진 것: 1. 유기물 "Matrix"를 갖고 1C010.c. 혹은 1C010.d.에 명시된 "섬유상 혹은 필라멘트 소재"로 만들어진 것; 혹은

1A002.a.2
 	
1A002.b
1A002.b.1
	2. prepregs 혹은 preforms으로 1C010.e.상에 명시된 것
	b. 금속 혹은 탄소 "Matrix"로 만들어지고 다음에 해당하는 것:
	  1. 탄소"섬유상 혹은 필라멘트 소재"로서:
	    a. "비탄성률" 기준 10.15×106 m 초과; 그리고
	    b. "비인장강도" 기준 17.7×104 m 초과하는 것; 혹은

1A002.b.2	2. 1C010.c.에 명시된 소재들
	--- 이하 생략 ---

부록 3 [별표 2의2] 상황허가 대상품목 예시

일반해설(General Notes)

1. 통제되는 부품이 제품의 주요 요소이고, 다른 목적을 위해 사용될 수 있거나 이를 위해 분리될 수 있는 경우, 1개 혹은 그 이상의 통제대상인 부품을 포함하는 통제대상이 아닌 제품(플랜트를 포함)의 수출로 인해 별표 2의2에 포함되어 있는 통제의 목적이 방해되어서는 안 된다.

   주의: 통제되는 부품이 주요 요소에 해당하는지 여부에 대해 판단함에 있어서는 관련 수량, 가격, 기술적 노하우 및 통제되는 부품이 생산되는 제품의 주요 요소가 되도록 할 수도 있는 기타 특수한 환경 등을 감안하는 것이 필요하다.

2. 별표 2의2에 명시된 품목은 신제품과 중고제품을 모두 포함한다.

번호	대상품목	상세사양	별표 2의 관련 품목	수출 지역
1	공작기계 (Machine Tools)	공작기계나 부품(components), 수치제어장치(numerical controls)로 다음 중 하나에 해당하는 품목 a. 연삭가공 공작기계로서 한 개 이상의 직선축의 모든 가능한 보정 후 위치결정 정확정밀도가 ISO 230/2(1988)이나 국내 동등 규격에 따라 15 μm 이하(같거나 더 우수한)인 것 주: 본 규정은 별표 2의 2B201.b, 2B001.c에서 통제하고 있는 연삭가공 공작기계에 대해서는 적용되지 않는다. b. 별표 2의 2B001, 2B201, 혹은 a항에 의해 통제되는 공작기계를 위해 "전용설계"된 부품(components) 및 수치제어장치(numerical controls)	2B201.b 2B001.c	이란, 파키스탄
2	유동성형기 혹은 회전성형기	별표 2상의 2B009, 2B109, 혹은 2B209에서 통제하지 않는 회전성형기 혹은 유동성형기로서 롤러 하나의 힘이 60 kN 초과 물품과 이를 위해 "전용설계"된 부품 기술해설: 회전성형과 유동성형기능을 겸하고 있는 기계는 본 항에서는 유동성형기로 간주한다.		이란, 파키스탄
3	치수/	컴퓨터 제어 혹은 수치제어되는 3차원측정기(CMM)	2B006.a	이란,

	변위 측정기	혹은 치수검사기로서 장비의 작동범위 내의 어떤 점에서 3차원 기준 최대 허용오차(MPPE)가 국제표준기구(ISO) 10360-2 (2001)에 따라 3+L/1,000㎛ 이하인(같거나 우수한) 것(L은 측정길이(mm))과 이를 위해 설계된 측정용 탐침		파키스탄
3의2	진동시험 시스템	별표 2의 2B116에서 통제하지 않는 진동시험시스템, 장비 및 부품으로서 다음 중 하나에 해당하는 품목 a. 피드백 혹은 폐쇄회로 기법을 사용하면서 디지털 제어기를 가진 진동시험시스템으로서, 'bare table' 측정에서 주파수 범위 0.1 Hz ~ 2 kHz 사이의 전 영역에서 0.1g rms 이상의 가속도로 진동시킬 수 있고, 50 kN 이상의 힘을 전달할 수 있는 것 b. 디지털 제어기로서 "전용설계"된 진동시험 소프트웨어를 장착하고 실시간 대역폭(bandwidth)이 5 kHz 초과이며 a항에 제시된 진동시험시스템과 함께 사용하기 위해 설계된 것 c. 가진기(vibration thruster)로서 증폭기 장착여부에 관계없이 피진동체에 미치는 힘이 'bare table' 측정에서 50 kN 이상으로 a.항의 진동시험시스템에 사용할 수 있는 것 d. 시험체 지지구조물(test piece support structures) 및 전자장치로서 다수의 가진기를 결합하여 'bare table' 측정에서 유효결합력 50 kN 이상을 가할 수 있는 완전한 가진 장치를 구성할 수 있도록 설계된 것으로서 a항의 진동시험시스템에 사용가능한 것 기술해설: 'Bare table'이란 고정구(fixture)나 피팅(fitting)이 없는 평평한 테이블, 혹은 표면을 말한다.	2B116	이란, 파키스탄
3의3	밸런싱 머신(균형 시험기)	밸런싱 머신 및 관련 장비로서 다음 중 하나에 해당하는 품목 a. 치과 혹은 기타 의료장비용으로 설계 혹은 개조된 밸런싱 머신으로 다음과 같은 특성을 모두 갖고 있는 물품 1. 3kg을 초과하는 로터/조립체를 밸런스 할 수 없는 것 2. 12,500 rpm을 초과하는 속도로 회전하는 로터/조립체를 밸런스 할 수 있는 것 3. 2개 평면 이상의 불균형을 교정할 수 있는 것 4. 로터 질량 1 kg 당 0.2 g mm까지의 잔여비불균형을 밸런싱 할 수 있는 것 b. a항에서 통제하는 밸런싱 머신에 사용하기 위해	2B119	이란, 파키스탄

		설계되거나 개조된 지시계 헤드(indicator heads) 기술해설: 지시계 헤드는 때로는 밸런싱 계측장비로 알려져 있다.		
4	스테인리스 강판	판(sheet) 혹은 플레이트 형태의 철강 합금이면서 다음 중 둘 혹은 그 이상의 특성을 가지는 물품 a. 293K (20℃)에서 '견딜 수 있는' 최대인장강도가 1,200 MPa 이상인 것; 혹은 b. 질소 안정화 처리된 듀플렉스 스테인리스강 주: 합금은 열처리 이전과 이후의 합금을 포함한다. 기술해설: '질소 안정화 처리된 듀플렉스 스테인리스강'은 질소 첨가에 의해 미세구조가 안정화 되며, 페라이트강과 오스테나이트강의 결정립들로 구성된 2상(相)의 미세구조를 가진다.	1C116 1C216	이란

부록 4 [별표 2호의3] 상황허가 면제대상(제50조 관련)

번호	HS 코드	내용
1	제1류	산 동물
2	제2류	육과 식용설육
3	제3류	어류 · 갑각류 · 연체동물 및 기타 수생무척추동물
4	제4류	낙농품 · 조란 · 천연꿀 및 다른 류에 분류되지 아니한 식용의 동물성 생산품
5	제5류	다른 류에 분류되지 아니한 동물성 생산품
6	제6류	산 수목과 기타의 식물, 인경 · 뿌리와 이와 유사한 물품 및 절화와 장식용의 잎
7	제7류	식용의 채소 · 뿌리 및 괴경
8	제8류	식용의 과실 및 견과류와 감귤류 혹은 멜론의 껍질
9	제9류	커피 · 차 · 마태 및 향신료
10	제10류	곡물
11	제11류	제분공업의 생산품과 맥아, 전분, 이눌린 및 밀의 글루텐
12	제12류	채유용 종자 및 과실, 각종의 종자 및 과실, 공업용 혹은 의약용의 식물, 짚과 사료용 식물
13	제13류	락 · 검 · 수지 및 기타의 식물성 수액과 엑스
14	제14류	식물성 편조물용 재료와 다른 류에 분류되지 아니한 식물성 생산품
15	제15류	동식물성 유지 및 이들의 분해생산물, 조제식용지와 동식물성의 납
16	제16류	육류 · 어류 · 갑각류 · 연체동물 혹은 수생무척추동물의 조제품 일체
17	제17류	당류와 설탕과자 일체
18	제18류	코코아와 그 조제품 일체
19	제19류	곡물 · 곡물분 · 전분 혹은 우유의 조제품과 베이커리 제품
20	제20류	과실 · 식물 · 채소 혹은 견과류의 기타 부분의 조제품
21	제21류	기타 조제식료품
22	제22류	음료 · 알콜 및 식초
23	제23류	식품 공업에서 생기는 잔재물 및 웨이스트와 조제사료
24	제24류	담배와 제조한 담배대용물
25	제41류	원피(모피를 제외한다)와 가죽
26	제42류	가죽제품 · 마구 · 여행용구 · 핸드백 및 이와 유사한 용기와 동물의 거트의 제품
27	제43류	모피와 인조모피 및 이들의 제품
28	제44류	목재와 그 제품 및 목탄
29	제45류	코르크와 그 제품

30	제46류	짚 혹은 기타 조물재료의 제품과 농세공물
31	제47류	목재, 섬유질 셀룰로스재료의 펄프와 판지, 관련 웨이스트 및 스크랩
32	제48류	지와 판지, 펄프 혹은 판지 제품
33	제50류	견사, 견
34	제51류	양의 모 · 섬수모 혹은 조수모 · 마모사 및 이들의 직물
35	제52류	면
36	제53류	기타 식물성 방직섬유와 지사, 지사의 직물
37	제60류	메리야스 편물, 뜨게질 편물
38	제66류	산류 · 지팡이 · 채찍 및 부분품
39	제67류	우모와 솜털 및 제품, 조화, 인모로 만든 제품
40	제92류	악기 및 부분품, 부속품
41	제95류	완구 · 운동용구 및 부분품과 부속품
42	제96류	잡제품
43	제97류	예술품과 골동품

비고: 각 분류의 세부내용에 관하여는 「관세법 시행령」 제98조에 따른 관세 · 통계통합품목분류
표에 따른다.

부록 5 [별표 3] 군용물자목록 예시

ML13	장갑 혹은 보호 장비, 시설물 및 구성품으로서 다음에 해당하는 것:

장갑 혹은 보호 장비, 시설물 및 구성품으로서 다음에 해당하는 것:
a. 다음에 해당되는 금속성 혹은 비금속성의 장갑판:
   1. 군용표준 혹은 군용규격에 부합하게 제조된 것; 혹은
   2. 군용으로 적합한 것;
   주의사항. 방호복 용으로 사용될 수 있는 플레이트는 ML13.d.2. 참조
b. 군사용 방탄 전용으로 설계된 금속 혹은 비금속 재료의 시설물 및 조합물과 이들 물품을 위해 전용으로 설계된 구성품
c. 군용표준 혹은 규격, 혹은 그와 상응한(혹은 동등한) 자국 기준에 의거하여 제조된 헬멧과 관련 전용 헬멧 덮개, 라이너 혹은 안락패드;
   주의. 다른 군용헬멧 구성품 혹은 엑세서리는 관련 ML 참조할 것.
d. 방호복 또는 방탄조끼와 구성품으로서 다음의 것:
   1. 군용표준 혹은 규격에 따라 제조되었거나 이에 동등한 성능을 가진 연성방호복 혹은 방탄조끼 및 관련 전용 설계된 구성품.
      주 ML13.d.1.상의 군용표준 혹은 규격은 파편 방지용에 대해 최소한의 사양을 적용하고 있다.
   2. Ⅲ등급 품목(NIJ 0101.06, 2008년 7월) 혹은 동등기준 이상인 방탄 능력을 갖는 경성방호복으로 제작된 플레이트
  주 1. ML13.b은 폭발 대응 장갑 및 군용 대피소 구축에 사용하기 위해 설계된 소재를 포함한다.
  주 2. ML13.c. 품목은 어떤 형태의 보조적인 장치를 부착할 수 있도록 개조 혹은 설계되지 않았거나 그러한 보조 장치를 달고 있지 않은 재래식 철재 헬멧(철모)은 제외한다.
  주 3. ML13.c. 및 d.항은 개인용 헬멧, 방호복, 혹은 방탄조끼 등 순수 민수용에는 적용되지 않는다.
  주 4. ML13.c에 명시된 폭탄 제거반 전용으로 설계된 헬멧에 한해 군용으로 전용 설계된 헬멧에만 적용된다.
  주의 1 이중용도품목 목록상의 1A005 사항 참조
  주의 2 군용 방호복용 및 헬멧 제조에 사용되는 "섬유상 혹은 필라멘트 소재"에 대해서는 이중용도품목 목록 1C010 참조

부록 6 [별표 4] 통제번호의 국제수출통제체제별 분류

국제수출통제체제/협약		통제번호	비고
바세나르체제 (약어 WA)	이중용도품목	1A~9E까지. 해당 품목에서 000~099	* 수출통제품목에 따라 다양한 다자간 수출통제체제 및 협약에서 중복 통제 가능. (통제품목별로 해당되는 정확한 체제별 품목분류는 전략물자수출입고시」별표2와 별표3상의 "통제번호(통제체제)" 참고)
	군용물자품목	ML 1~22	
핵공급국그룹 (약어 NSG)	원자력 관련 전용품목	0A000~0E999	
	이중용도품목	1A~9E까지. 각 품목에서 200~299	
미사일기술통제체제 (약어 MTCR)	Category I (CAT I)	7A003 7A117 7B001 7B003 7B103.a 7B103.b 7D101 7D104 7E001 7E002 7E003 7E101 9A004 9A005 9A007 9A008.d 9A009, 9A012.a, 9A104, 9A105.a, 9A106.c, 9A108.c, 9A109, 9A116, 9A119, 9B115, 9B116, 9D101, 9D104, 9D105, 9E001, 9E002, 9E101, 9E102의 품목 중 사거리 300km, 탑재중량 500kg의 완성 운반체나 완성 하부시스템을 위해 설계되거나 개조되었으며 MTCR Annex의 품목 1 및 품목2와 동등한 기술수준의 것에 한한다. ML3, ML4, ML10.c, ML21, ML22	
	Category II	1A~1E 2A~2E 3A~3E 4A~4E 5A~5E 6A~6E 7A~7E 8A~8E 9A~9E의 각 세부품목 100~199의 번호에 해당하는 품목	
오스트레일리아그룹 (약어 AG)	AG1	1C350.1~89 1E001	
	AG2	2B350 2B351 2D351 2E001 2E002 2E301 9A350	
	AG3	2B352 2E001 2E002 2E301	
	AG4	1C351 1C353 1E001	
	AG5	1C354 1C353 1E001	
화학무기의 개발·	1종	1C350.4(23, 29)	

생산 · 비축 · 사용 금지 · 폐기에 관한 협약 (약어 CWC)		1C351.d.11(12) ML7.b.1.a-c ML7.b.2.a.1-9 ML7.b.2.b.1-3 ML7.b.2.c.1-3 ML7.b.4.c.1-4
	2종	1C350.1, 3, 5, 11, 12, 13, 17, 18, 21, 22, 26, 27, 28, 31, 32, 33, 34, 35, 36, 54, 55, 56, 57, 63, 65 1C450.a.1-3 1C450.b.1-6 ML7.b.3.a
	3종	1C350.2, 6, 7, 8, 9, 19, 30, 38, 46, 51, 52, 59 1C450.a.4-7 1C450.b.7, 8
세균(생물)무기 · 독소무기 개발 · 생산 · 비축 금지 · 폐기 협약 (BWC)		1C351 1C353 1C354 1C901
무기거래조약(ATT)		ML 1-6, ML 9-10

부록 7 [별표 6] 전략물자 수출지역 구분(제10조 관련)

1. 전략물자 수출지역은 다음 각 목과 같이 구분한다.

구분	지역명	해당 국가
가.	가의1 지역	아르헨티나, 호주, 오스트리아, 벨기에, 불가리아, 캐나다, 체코, 덴마크, 핀란드, 프랑스, 독일, 그리스, 헝가리, 아일랜드, 이탈리아, 룩셈부르크, 네덜란드, 뉴질랜드, 폴란드, 포르투갈, 노르웨이, 스페인, 스웨덴, 스위스, 우크라이나, 터키, 영국, 미국 (미국 4개 자치령 포함: 괌, 북마리아나제도, 미국령 버진아일랜드, 푸에르토리코)
	가의2 지역	일본
나.	나의1 지역	홍콩, 아이슬란드, 이스라엘, 인도, 멕시코, 인도네시아, 쿠웨이트, 요르단, 리히텐슈타인, 리투아니아, 마카오, 에스토니아, 아프가니스탄, 알바니아, 알제리, 앤티가바부다, 안도라, 앙골라, 아르메니아, 아제르바이잔, 바하마, 벨라루스, 바레인, 방글라데시, 바베이도스, 베냉, 부탄, 벨리즈, 보츠와나, 브라질, 볼리비아, 보스니아헤르체고비나, 브루나이, 부르키나카보베르데, 캄보디아, 파소, 부룬디, 카메룬, 차드, 칠레, 코모로, 콩고, 코스타리카, 중국, 콜롬비아, 코트디부아르, 크로아티아, 도미니카연방, 도미니카공화국, 에콰도르, 쿠바, 사이프러스, 지부티, 이집트, 엘살바도르, 적도기니, 에리트레아, 에스와티니, 가봉, 감비아, 조지아, 에티오피아, 피지, 가나, 그레나다, 과테말라, 기니비사우, 가이아나, 기니, 아이티, 온두라스, 이란, 자메이카, 카자흐스탄, 케냐, 키리바시, 키르기스스탄, 라오스, 라이베리아, 라트비아, 레소토, 마다가스카르, 말라위, 몰디브, 말리, 몰타, 말레이시아, 모로코, 마셜제도, 모리타니아, 모리셔스, 마이크로네시아연방, 모나코, 몽골, 몬테네그로, 모잠비크, 미얀마, 나우루, 네팔연방, 니카라과, 니제르, 나미비아, 나이지리아, 북마케도니아, 오만, 팔라우, 파나마, 파푸아뉴기니, 사모아, 산마리노, 파라과이, 파키스탄, 사우디아라비아, 세인트루시아, 세인트빈센트그레나딘, 세네갈, 페루, 필리핀, 카타르, 루마니아, 러시아, 르완다, 세인트키츠네비스, 상투메프린시페, 세르비아, 세이셸, 시에라리온, 몰도바, 싱가포르, 슬로바키아, 슬로베니아, 솔로몬제도, 수리남, 대만, 타지키스탄, 태국, 교황청, 동티모르, 남아프리카공화국, 스리랑카, 토고, 통가, 트리니다드토바고, 튀니지, 투르크메니스탄, 탄자니아, 우루과이, 우즈베키스탄, 바누아투, 투발루, 우간다, 아랍에미리트, 베네수엘, 라볼리바르, 베트남, 짐바브웨, 잠비아 등 가 목 및 나의2 지역으로 분류되지 않는 국가 및 지역
	나의2 지역	중앙아프리카공화국, 북한(제3국 경유 재수출되는 경우에 한함), 콩고민주공화국, 이라크, 레바논, 리비아, 소말리아, 남수단, 수단, 시리아, 예멘

2. 수출지역 구분은 품목의 최종목적지를 기준으로 한다. 다만 최종목적지가 가의1 지역
   이라 하더라도 가의2, 나의1 혹은 나의2 지역 경유 경우에는 각각의 지역으로의 전략
   물자 수출로 간주한다.

부록 8 [별표 12] 바세나르체제 기본 지침

I. 목 적

1996년 7월 11－12일자 총회에서 최초로 기본 지침(Initial Elements)을 채택했으며 2001년 12월 6－7일자 총회에서 특별 개정되었다.

1. 바세나르 체제는 재래식무기와 이중용도 품목 및 기술의 불법축적 방지를 위해 그 이전에 대한 투명성과 책임을 강화함으로써 국제안보 및 지역안정에 기여하기 위해 설립되었다. 회원국은 동 체제의 취지를 훼손시키는 군사력 증강이나 개발에 기여하거나 전환되지 않도록 이러한 품목 및 기술의 이전을 자국의 정책을 통해 보장해야 한다.

2. 동 체제는 위험이 최고조에 달하는 지역으로 무기와 민감 이중용도품목이 이전되어 발생될 수 있는 국제평화와 지역안보 위협에 초점을 두고 있으며, 투명성을 증진하고 책임성을 강화하도록 고안된 다른 국제체제와 마찬가지로 대량파괴무기와 이들의 운반 시스템을 위한 기존 통제 체제를 보완하고 강화할 것이다.

3. 또한 동 체제는 한 국가의 행동 혹은 지역적 상황이 현재 회원국들에게 심각한 우려의 원인이거나 향후 원인이 될 경우, 무기 및 민감 이중용도품목의 취득이 금지되도록 회원국 간 협력을 강화하기 위한 것이다.

4. 동 체제는 특정 국가나 특정 국가군을 대상으로 하지 않을 것이며 선량한 의도로 이루어지는 민간 거래를 저해하지 않을 것이다. 또한 유엔헌장 51조에 따라 자국의 방어를 위해 합법적으로 취득할 수 있는 개별 국가의 권리를 침해하지도 않을 것이다.

5. 이와 같은 취지에서, 회원국은 테러리스트뿐만 아니라 테러 집단이나 조직이 재래식무기와 이중용도물품 및 기술을 획득하지 못하도록 지속적으로 노력해야 한다. 이러한 노력은 전 세계가 테러리즘에 맞서 싸워야하는 필수 요소이다.

II. 범 위

1. 회원국은 재래식무기와 이중용도물품 및 기술의 이전을 책임감 있게 관리하고 국제적이고 지역적인 평화와 안보를 추구하기 위해 정기적으로 회합한다.

2. 이러한 목적을 위해 회원국은 자발적으로 거래의 투명성을 향상시키는 정보를 교환하고 무기뿐만 아니라 민감한 이중용도물품 및 기술의 이전에 대해 모든 회원국의 의견을 이끌어내야 한다. 또한 회원국들은 이러한 품목의 이전으로 야기되는 위험에 대한 공통의 이해가 발전되도록 도와야 한다. 이러한 정보를 토대로 회원국은 위협

에 대처하기 위한 국가 통제 정책의 조정 범위를 평가해야 한다. 교환되는 정보는 개별 회원국이 다른 회원국에 주의를 요청하는 의제 혹은 합의를 벗어나는 고시가 그렇게 되기를 희망하는 어떤 의제라도 포함된다.

3. 품목의 이전 혹은 거부의 결정은 전적으로 각 회원국이 책임져야 한다. 동 체제에서 동의된 모든 조치는 회원국의 법률과 정책에 부합해야 하며, 회원국의 결정권을 기반으로 이행되어야 한다.

4. 회원국은 동 체제의 규정에 따라 이전 및 거부 사실을 통보하는데 동의하였다. 이러한 통보는 모든 비회원국에게도 적용된다. 그러나 이러한 통보의 범위는 동 체제의 목적과의 관련성뿐만 아니라 일반적이고 특정 정보 교환 관점에서 검토될 것이다. 거부 사실의 통보는 다른 회원국의 책무를 유사 이전 거부에 강요되지는 않는다. 다만, 회원국은 최근 3년 동안에 다른 회원국이 거부한 것과 본질적으로 동일한 거래(민감 및 초민감 품목에 한한다)에 대해 허가할 경우에는 모든 회원국에게 가능한 한 30일 이내(최장 60일 이내)에 해당 사실을 통보하여야 한다.

5. 회원국은 축적된 경험을 고려한 지침과 절차를 신속하게 마련하는 데 합의 한다. 이 작업은 계속되며, 특히 부속서3에 명시된 범주를 벗어나는 정보와 통보를 확대하는 관점에서 재래식 무기의 범위를 어디까지 설정할 것인지에 대한 지속적인 검토도 포함된다. 회원국은 여러 통제리스트 사이의 중복되는 영역을 어떻게 취급할 것인지 향후 논의하기로 한다.

6. 회원국은 동 체제의 전반적인 기능을 정기적으로 평가하기로 합의 한다.

7. 항목 I에 규정된 동 체제의 목적을 이행하기 위해 회원국은 특히 다음의 지침이나 요소, 절차를 자국법의 제정과 정책에 적용하여 의사 결정의 기본이 되도록 합의해야만 한다.

　－ "Elements for Objective Analysis and Advice Concerning Potentially Destabilising Accumulations of Conventional Weapons" － 1998년 12월 총회에서 채택 및 2004년, 2011년 수정

　－ "Best Practice Guidelines for Exports of Small Arms and Light Weapons (SALW)" － 2002년 12월 채택 및 2007년 12월 수정

　－ "Elements for Export Controls of Man－Portable Air Defence Systems (MANPADS)" － 2003년 12월 채택 및 2007년 12월 수정

　－ "Elements for Effective Legislation on Arms Brokering" － 2003년 12월 채택

　－ "Statement of Understanding on Control of Non－Listed Dual－Use Items" － 2003년 12월 채택

　－ "Best Practices for Implementing Intangible Transfers of Technology Controls" － 2006년 12월 채택

　－ "Best Practices to Prevent Destabilising Transfers of Small Arms and Light Weapons (SALW) through Air Transport" － 2007년 12월 채택

 – "Best Practice Guidelines on Internal Compliance Programmes for Dual–Use Goods and Technologies" – 2011년 12월 채택
 – "Best Practice Guidelines on subsequent Transfer (Re–export) Controls for Conventional Weapons System continued in Appendix 3 to the WA Initial Elements" – 2011년 12월 채택
 – "Elements for Controlling Transportation of Conventional Arms Between Third Countries" – 2011년 12월 채택

III. 통제품목

1. 회원국은 불법이전 혹은 재이전을 방지하기 위해 부속서(이중용도물품 및 기술, 군용물자)에 있는 모든 품목을 통제해야 한다.
2. 이중용도물품 및 기술(Dual–Use List)은 민감품목(Sensitive List)과 초민감품목(Very Sensitive List)으로 구분한다.
3. 통제리스트는 군사력에 중요한 이중용도물품 및 기술 분야를 포함하여 기술의 발달과 회원국들의 축적된 경험을 반영하여 정기적으로 재검토될 것이다. 따라서 관련 품목에 대한 적절한 투명성 수준을 정립하기 위한 통제리스트의 연구가 최초 개정과 일치되도록 완성되어야 한다.

IV. 일반정보(General information) 교환절차

1. 회원국은 필요시 이러한 위험과 싸우기 위한 동등한 국가적 통제 정책 범위를 고려할 목적으로 재래식 무기나 이중용도물품 및 기술의 이전과 부합되는 위험의 일반적인 정보 교환에 합의 한다.
2. 회원국은 정보 교환의 목적을 촉진하고 최고 위험지역으로 판단되는 모든 목적지, 특히 분쟁이 발생하고 있는 지역으로 무기 및 민감 이중용도물품이 수출되는 경우 국가정책의 일환으로 최대한 이를 제한하는 방침을 유지하도록 바세나르체제의 목적에 부합되는 지역에 대한 정보도 교환하기로 한다. 이러한 지역 조회는 "Elements for Objective Analysis and Advice Concerning Potentially Destabilising Accumulation of Conventional Weapons"(1998년 총회에서 채택)의 항목 2를 기반으로 이루어져야 하나 이에 한정되는 것은 아니다.
3. 비회원국에 대한 일반적 정보교환의 대상 요소 목록은 부속서 1에 포함되어 있다.

V. 이중용도물품 및 기술관련 정보 교환절차

1. 회원국은 거부 사유가 동 체제의 목적에 따른 것은 이중용도물품 및 기술 목록상의 품목에 대한 허가가 비회원국에게 거부된 사실을 통보해야 한다.
2. 이중용도물품 및 기술(Dual-Use List)이 비회원국에 거부된 모든 사실을 회원국은 일괄 집계하여 1년에 2회 통보해야 하며 거부통보서의 기재 예시 항목은 부속서 2에 있다.
3. 민감품목(Sensitive List)과 초민감품목(Very Sensitive List)이 비회원국에 거부된 모든 사실을 회원국은 건별로 통보해야 한다. 회원국은 시의 적절하게, 즉 거부일로부터 가능한 한 30일이내(최장 60일이내)에 통보되도록 합의하며 거부통보서의 기재 예시 항목은 부속서 2에 있다.
4. 민감품목(Sensitive List)과 초민감품목(Very Sensitive List)이 비회원국에 유포되거나 이전된 사실을 회원국은 일괄 집계하여 1년에 2회 통보해야 하며, 유포 및 이전 통보서의 기재 예시 항목은 부속서 2에 있다.
5. 회원국은 초민감목록(Very Sensitive List)에 포함된 품목을 수출할 경우 자국의 상황과 기준에 따라 최대한 엄격하게 심사해야 한다. 이후 이들에 대한 각국의 사례를 비교 논의한다.
6. 회원국은 위에 규정된 사항 이외의 특정 거래에 관한 정보는 공식 외교채널을 통해 요청할 수 있음을 합의한다.

VI. 무기에 관한 정보 교환절차

1. 회원국은 동 체제의 목적을 달성하기 위해 무기개발의 새로운 동향이나 특별한 무기체계의 축적과 같이 개별 회원국에게 우려되는 관심을 유발하는 모든 사항을 포함시켜 무기에 대한 정보를 교환할 수 있음에 합의한다.
2. 바세나르체제 출범 첫 단계로써 회원국은 UN 재래식 무기 등록제도(UN Register of Conventional Arms)에 따른 부속서 3에 명시된 재래식 무기를 비회원국으로 이전 시, 이에 대한 정보를 6개월마다 교환해야 한다. 이 정보에는 수량과 수입국, 모델과 타입 등 주요 재원이 반드시 포함되어야 한다(미사일 및 미사일 발사대의 경우는 제외).
3. 회원국은 위에 규정된 사항 이외에도 특정 거래에 관한 정보를 공식 외교채널을 통해 요청할 수 있음을 합의한다.

VII. 회의 및 운영

1. 당사국은 협정에 관한 다음 사항을 결정하기 위해 정기모임을 갖는다.
   ① 협정의 목적 및 발전방향
   ② 통제품목의 재검토
   ③ 효과적 수출통제 구현을 위한 협력 방법의 모색
   ④ 정보공개등 상호 관심사항의 토론
2. 정기총회는 매년 1회 이상 개최하며 의장국은 매년 순환되며 재원은 정기총회에서 채택된 정기예산으로 충당한다.
3. 정기총회가 결정할 경우 실무그룹을 둘 수 있다.
4. 업무수행을 위한 사무국을 설치한다.
5. 모든 의사결정은 회원국의 만장일치에 의한다.

VIII. 참여

신체제는 세계주의 및 무차별주의 원칙에 따라 부속서4(회원국 기준)에 부합하는 성실한 후보국에게 개방되어 있다. 신규회원국 결정은 전회원국의 합의(consensus)에 의한다.

IX. 보안(confidentiality)

교환된 정보는 대외비로 유지되며 외교 특권 교환으로 간주된다. 이러한 보안정책은 회원국 간의 모든 정보 이용과 토의에도 적용된다.

찾아보기

공저자 약력

정인교

인하대학교 국제통상학과 교수로 재직하고 있으며, 국민경제자문회의(NEAC) 위원(경제안보 분과 분과장), 통상교섭자문위원회 공동 위원장으로 활동하고 있다. 미국 미시간주립대학(Michigan State University)에서 경제학박사 학위를 받았다.

대외경제정책연구원(1996.1~2004.2) 재직 기간 FTA 정책 및 동아시아 경제통합을 포함한 통상정책을 연구하였고, 인하대 교수로 부임한 이후에는 통상협상전략, 경제안보와 수출통제, 중소기업 수출지원 등으로 연구분야를 확대하였다. 한국통상학회 회장(2010), 한국협상학회 회장(2011~2012), 국회 입법자문위원(2009~2013), 대한무역투자진흥공사 사외이사(2009~2012), 경제인문사회연구회 평가단장(2013.12~2015.9), 인하대학교 부총장(2015.7~2018.9), 정부부처 자문위원(외교부, 통상교섭본부, 산업통상자원부, 기획재정부, 교육부, 관세청) 등을 역임하였다.

22편의 SSCI 학술논문을 포함한 60여편의 연구논문을 발표하였다. 우수한 연구실적으로 전경련 시장경제대상, 동북아연구재단(NEAR) 우수학술연구자상 등을 수상하였고, 『FTA 통상론』, 『한미 FTA, 하나의 협정 엇갈린 진실』, 『한미 FTA 논쟁, 그 진실은?』, 『동아시아 경제통합론』, 『신보호무역주의』, 『East Asian Economic Regionalism』 등의 저서를 발간하였다.

조정란

일본 동경 소재 타쿠쇼꾸(拓殖)대학에서 상학(통상·무역)박사를 취득하였고, 국제통상체제 및 FTA 특혜원산지기준 관련 연구에 특화해 왔다. 최근 몇 년 사이 전략물자 관리 및 수출통제에 대한 연구를 다수 수행하였다. 현재 인하대학교 일반대학원 FTA통상정책·비즈니스컨설팅전공 교수로 재직 중이다. 한국국제통상학회 이사, 관세청(인천) 원산지심사위원회 위원, 면세점 제도개선 위원회 위원, FTA활용연구포럼 사무국장 등으로 활동하였다.

『FTA원산지론』, 『우리나라 FTA원산지규정(ROO) 연구 및 실증분석』, 『동아시아 경제통합』, 『한미 FTA, 100% 활용하기』, 『수출통제의 GVC 분석모형 및 미중 디커플링 파급영향 추정』 등의 저서와 "한국과 일본의 FTA 원산지규정 비교분석 및 한일 FTA 원산지규정 시사점" 등 다수의 연구논문을 발간하였다.

이은호

전략물자관리원 원장으로 재직하고 있으며, 서울대학교에서 기계설계 학사와 석사 학위 취득 후 미국 조지아 공대(Georgia Tech)에 문교부 국비장학금으로 유학하여 기계공학 박사학위를 받았다. 이후 귀국하여 연구활동을 하다가 공무원으로 특채되어 26년간 국제표준, 통상, FTA 협상, 외교, 갈등해소 등 다양한 분야의 업무를 수행했던 드문 이력의 소지자이다.

산업통상자원부에서 포항지열발전조사지원단장, 동북아통상과장, 전자상거래과장, 국제표준과장 등을 역임했고 대통령실 지식경제비서관실 선임행정관으로 근무하였다. 또한 주UAE대사관과 주베트남대사관에서 공사참사관과 1등 서기관으로 각각 재임하였고 ISO(국제표준화기구)에서는 2년간 Council 이사와 개도국지원작업반 의장으로 활동하였다.

저서로는 『세상을 지배하는 표준 이야기: 글로벌 표준전쟁의 최전선에서』(2012), 『역사를 바꾼 기술과 전략물자─역사와 사례 분석』(2022)이 있고, 로봇, 무인헬기, 마이크로 머신, 공장 자동화 등에 대한 연구 논문 수십 편을 발간했다.

제2판
경제안보와 수출통제

초판발행	2023년 1월 5일
제2판발행	2024년 4월 10일

지은이	정인교 · 조정란 · 이은호
펴낸이	안종만 · 안상준

편 집	배근하
기획/마케팅	김민규
표지디자인	BEN STORY
제 작	고철민 · 조영환

펴낸곳	(주) 박영사
	서울특별시 금천구 가산디지털2로 53, 210호(가산동, 한라시그마밸리)
	등록 1959. 3. 11. 제300-1959-1호(倫)
전 화	02)733-6771
f a x	02)736-4818
e-mail	pys@pybook.co.kr
homepage	www.pybook.co.kr
ISBN	979-11-303-1976-6 93320

정 가   24,000원